教育部人文社会科学重点研究基地重大项目
北京大学中国古代史研究中心
"10—13 世纪政治与社会再探研"
（编号：22JJD770005）阶段性成果

文献清源与史学问径

苗润博 ◎ 著

WEN XIAN QING YUAN YU SHI XUE WEN JING

中华书局
ZHONGHUA BOOK COMPANY

图书在版编目(CIP)数据

文献清源与史学问径/苗润博著. —北京:中华书局,2023.8
(北京大学中国古代史研究中心丛刊)
ISBN 978-7-101-16189-2

Ⅰ.文… Ⅱ.苗… Ⅲ.①文献学-研究②史学-研究
Ⅳ.①G256②K0

中国国家版本馆 CIP 数据核字(2023)第 063683 号

书　　名	文献清源与史学问径
著　　者	苗润博
丛 书 名	北京大学中国古代史研究中心丛刊
责任编辑	朱兆虎
责任印制	管　斌
出版发行	中华书局
	(北京市丰台区太平桥西里38号　100073)
	http://www.zhbc.com.cn
	E-mail:zhbc@zhbc.com.cn
印　　刷	三河市宏达印刷有限公司
版　　次	2023年8月第1版
	2023年8月第1次印刷
规　　格	开本/710×1000毫米　1/16
	印张 20½　插页2　字数300千字
印　　数	1-3000册
国际书号	ISBN 978-7-101-16189-2
定　　价	98.00元

北京大学中国古代史研究中心丛刊

（第二十二种）

出版弁言

北京大学中国古代史研究中心，自 20 世纪 80 年代初一路走来，已经将近而立之年。

中心创立伊始，我们的前辈邓广铭、周一良、王永兴、宿白、田余庆、张广达等先生曾经共同制定了"多出人才，快出人才；多出成果，快出成果"的方针。全体同仁在这片清新自由的学术天地中勤勉奋励，从容涵育，术业各自有专精，道并行而不相悖。

为有效凝聚学术力量，积极推动中国古代史研究的持续发展，并集中展示以本中心科研人员为主的学术成果，我们决定编辑《北京大学中国古代史研究中心丛刊》。《丛刊》将收入位于前沿、专业质量一流的研究成果，包括中心科研人员、兼职人员、参加中心项目成员和海外长期合作者的个人专著、文集及重大项目集体研究成果等。

致广大，尽精微，这是中心学人共同的方向。我们将为此而努力。

北京大学中国古代史研究中心

2010 年 5 月

自　序

眼前的这本小册子记录了我在过去十余年间由文献入史学的历程。

求学南开之初，在王晓欣老师课上习得"读史料、做卡片、写札记"的实证史学心法，此后一直奉为圭臬、身体力行，逐渐养成了不动笔墨不读书的习惯。在我看来，自主、系统性地阅读原典文献，是一切人文学问的起点，而随时记录、考证辩难则是读书的自然延伸；所谓读书得间，最终是要落实到笔头上的，因为写作才是对思维、逻辑最严酷的拷问，也是学术思考真正完成闭环的最终步骤；平时随手札记如涓滴细流，汇聚滋养，必要时则恢廓规模，连缀成篇，"取一瓢饮"。从本科到博士求学十年，这样日常性的读写联动给予我一种持续而踏实的积累感和安顿感，至今仍觉深深受益。收入本书的二十四篇文字中有十七篇皆在此期间完成，少作未毁而敝帚自珍，更多源于对那段岁月的怀恋。

负笈燕园以后，刘浦江老师常说，每个优秀的治史者都要至少有一样"看家本事"，他的看家本事就是文献；而这种本事的具体传授、训练过程包含断代史料与通代文献两种，前者如《辽史》的点校，后者则是《四库全书总目》的研读。反复温习揣摩之间，我勉强窥得门径，对此看家本事的养成也日渐有了自己的理解：断代史料阅读的重点在于对资料的批判、解析与阐释,深入历史的切面和肌理,培养的是一种情境感和纵深感;通代文献阅读的第一要义,则在于对文献本体、通例及其内在约束性、复杂性的体认,培养的是一种整体感和贯通感。两者一横一纵,构成了历史学视野下文献研究的经纬。本书主体内容在上、中两篇,以"宋元史籍"与"四库文献"相分别,既存旧时痕迹,亦系学理使然。

关于文献学与史学的关系,人们大抵都会承认前者是后者的基础,但在实际的对话语境和学术生态中,"搞文献的"又往往含有"低人一等"的意味。在不少史学工作者看来,文献学多流于饾饤考据,缺乏必要的理论思辨和问题意识,而在文献研究者那里,似乎又颇有一份"低头拉车""不问前程"的雍容。这样各说各话的怪现状,恰恰反映出从业者对于学术内在关联缺乏省思。就个人体会而言,由文献入史学或可分为三途:其一,具体的史料学层面。抓住重要史籍的文献学问题,或提供新的史学资料,或对旧有议题的依据加以离析、重审,从而产生具有牵动性的影响。其二,中观的分析方法层面。文献学的核心在于"源流"二字,兼具整体贯通的视野与局部纵深的思维,以此面对传统的史学议题,更易跨越断代藩篱、实现通体关照。其三,宏观的历史认识层面。每一文献系统、不同文本层次的源流脉络都可能牵涉到历史叙述的复杂衍变,关系到记忆与遗忘的竞争,文献学的抽丝剥茧、正本清源本身就是历史叙述由一元到多元的逆向呈现,也是打破既定框架,开出全新史学问题和丰富历史图景的必由之路。理解这种天然的血脉关联,对我来说,经历了一个在亲身实践中尝试摸索的漫长过程,由自在到自觉,从成长到长成——本书所收篇什各有侧重,反思力度亦不无参差,或许就是最真切的证明。

小书得以付梓,全赖北京大学中国古代史研究中心荣新江、罗新两位老师敦促支持,责编朱兆虎先生鼎力襄助、多所匡正,李寒箫、任家豪、孙润泽、上官婧琦、张砚衡、初京郴、陈琪诸君帮忙校核文字,敬致谢忱!

书中所收文字较初刊时有不同程度的修订,谨此说明。

苗润博

2023 年 6 月 11 日于北京大学朗润园西所

目　录

中篇　四库文献

下篇　随札论学

上篇　宋元史籍

再论宋太宗即位大赦诏

——诏令文书流传变异的文献学考察

宋太祖、太宗兄弟间的皇权授受问题，历来受到宋史学界的高度关注。作为此间的一大关节，太宗的即位大赦诏自然备受瞩目。然而传世文献有关该赦书内容的记载差异极大，这使得本就聚讼纷纭的"斧声烛影"一案更加扑朔迷离。

目前所见这一赦书主要有四种版本，分属于两个文献系统。一个系统是《续资治通鉴长编》及《太平治迹统类》，可称为"长编系统"；另一个系统是《宋大诏令集》与《宋朝事实》，可称为"诏令系统"。同一系统的不同版本间仅有文字的歧异和详略的区别，而不同系统之间则存在根本性的差异。其中蹊跷，不能不让人心生疑窦。

首先发现并试图破解这一谜团的是邓广铭先生。他在《试破宋太宗即位大赦诏书之谜》一文（以下简称邓文）中，指出并分析了《长编》与《太平治迹统类》所载赦书详略不同的问题，进而对长编系统与诏令系统两种文本之间的差异进行了比较，并将其置于太宗得位不正，极力掩盖篡位真相的政治背景中进行考量。其基本结论是，诏令系统的赦书系太宗即位之初仓促撰成,其中有许多不当之处,而长编系统的赦书则是后来重新撰写的,由此造成两种内容迥异的赦书并行于世的结果。①

自邓文发表后,研究者在涉及相关问题时,多直接援引上述观点,缺乏更深入的探讨。惟邓小南教授曾征引周必大《二老堂杂志》“史官改定制诏”的记载,指出史官改诏在当时并不罕见,为邓文的结论提供了新的佐证。②

前辈学者的发现和探索,无疑具有重要的启发意义。然而,全面检核相关史料不难发现,对于两种赦书文本的现存面貌及其存在重大差异的真正原因,已有论断多存可商之处。至于前人研究尚未涉及的两种文本的史源问题,对于揭示诏令文书流传变异的真相则更具普遍性意义,实有深入讨论的必要和可能。故而勾稽考索,追本溯源,草成此文,以求正于方家。

一、现存太宗赦书文本的基本面貌及其相关问题

关于太宗即位大赦诏,最为人们所熟知的记载见于《长编》卷一七开宝九年(976)十月:

> 乙卯,大赦天下,常赦所不原者咸除之。令缘边禁戢戍卒,毋得侵挠外境。群臣有所论列,并许实封表疏以闻,必须面奏者,阁门使即时引对。风化之本,孝弟为先,或不顺父兄,异居别籍者,御史台及所在纠察之。先皇帝创业垂二十年,事为之防,曲为之制,纪律已定,物有其常,谨当遵承,不敢逾越,咨尔臣庶,宜体朕心。③

这段文字略嫌简单草率,文义也不甚通畅。《太平治迹统类》卷二《太祖太宗

①邓广铭:《试破宋太宗即位大赦诏书之谜》,《历史研究》1992年第1期;收入《邓广铭全集》第7卷,河北教育出版社,2005年,第277—286页。
②邓小南:《祖宗之法——北宋前期政治述略》,生活·读书·新知三联书店,2006年,第261—262页。
③李焘:《续资治通鉴长编》(以下简称《长编》)卷一七,开宝九年十月乙卯,中华书局,2004年,第382页。

授受之懿》中有一段与此类似却更为完整的记载：

> 乙卯，大赦天下，常赦所不原者咸除之。其赦文略曰："<u>先皇帝勤劳
> 启国，宵旰临朝。万机靡倦于躬亲，四海方成于开泰。念农民之疾苦，
> 知战士之辛勤。氛祲尽平，生灵永逸。而寒暄或厉，寝疾弥留。方臻偃
> 革之期，遽抱遗弓之叹。猥以大宝，付与冲人。宜覃在宥之恩，俾洽维
> 新之泽。可大赦天下，常赦所不原者咸赦除之。</u>令缘边禁戍戍卒，毋得
> 侵挠外境。群臣有所论列，并许实封表疏以闻，必须面奏者，阁门使即
> 时引对。① 风化之本，孝弟为先。或不顺父兄，异居别籍者，御史台及所
> 在纠察之。先皇帝创业垂二十年，事为之防，曲为之制，纪律已定，物有
> 其常。谨当遵承，不敢逾越。咨尔臣庶，宜体朕心。"②

邓广铭先生首先注意到这两个文本之间的差异，发现《太平治迹统类》"其赦
文略曰"至"可大赦天下，常赦所不原者咸赦除之"一段文字（即以上引文加
下划线部分）不见于辑本《长编》。邓文认为，《太平治迹统类》一书实为《长
编》之纪事本末，故其所载赦书自应抄自《长编》，而这段文字之所以不见于
辑本《长编》，则应是在传抄或辑录过程中漏掉的。在《对有关〈太平治迹统
类〉诸问题的新考索》一文中，邓广铭先生更明确指出，《长编》的这一纰漏当
系清人辑本之误。③

关于《长编》所载太宗赦书文字脱漏的原因，邓广铭先生的上述判断当
可信从，但这段文字究竟脱落于何时，恐怕还值得再加斟酌。今存《长编》最
早的版本为南宋书坊所刻五朝节本，④经检核，其所载太宗赦书与辑本《长

---

① 此句《宋会要辑稿》仪制六之三（中华书局影印本，2012 年，第 1935 页）引作："自今内外群臣有所
论列，并许实封表疏诣阙以闻，必须面奏者，仰阁门吏即时引对。"知《长编》《太平治迹统类》所载
当有删节。

② 彭百川：《太平治迹统类》，《适园丛书》本，叶 18a—叶 18b。

③ 邓广铭：《对有关〈太平治迹统类〉诸问题的新考索》，《季羡林教授八十华诞纪念论文集》，江西人
民出版社，1991 年，第 265—266 页。收入《邓广铭全集》第 9 卷，第 529—530 页。

④ 参见陈智超：《宋刻〈续资治通鉴长编〉影印本序》，《中国史研究动态》1995 年第 11 期，第 26—30 页。

编》并无出入。① 再者,成书于元初的《宋史全文续资治通鉴》北宋部分系以《长编》为蓝本,②其卷二所载太宗赦书,除略去"常赦所不原者咸除之"一语外,其余文字亦与辑本《长编》无异。③ 从以上诸书脱漏情况基本一致这一点来判断,《宋史全文》所据《长编》、宋节本《长编》与清辑本《长编》三者当源出一共同祖本。这一祖本应是南宋时流传较广的一个版本,太宗赦书的脱漏在此本中当已形成,遂为后来源出此本的各个本子所因袭。如此看来,《长编》所见太宗赦书脱漏状况由来已久,不当归咎于清人辑本之误。

与此有别的是,同是取材于《长编》的《太平治迹统类》所载太宗赦书却并无上述脱漏。显然,彭百川编纂此书时所据《长编》应是出自另一版本系统。据邓广铭先生研究,《太平治迹统类》的成书时间大约在宁宗末至理宗初年,④距《长编》成书仅四十年左右,且彭氏与李焘同为眉州丹稜人,其所见《长编》或许是蜀中早期传本,因而保留了李焘所记太宗赦书的原貌。

除长编系统外,太宗赦书还见于诏令系统的《宋大诏令集》和《宋朝事实》。《宋大诏令集》卷一载开宝九年十月乙卯《太宗即位赦天下制》云:

> 门下:王者继统承祧,所以嗣神器;节哀顺变,所以宁万邦。顾历代之通规,谅旧章而可法。先皇帝勤劳启国,宵旰临朝,万几靡倦于躬亲,四海方成于开泰。念农民之疾苦,知战士之辛勤,氛祲尽平,生灵永逸。而寒暄遘厉,寝疾弥留。方臻偃革之期,遽起遗弓之叹。猥以大宝,付予冲人。遵理命而莫获固辞,涉大川而罔知攸济。负荷斯重,攀号莫任。宜覃在宥之恩,俾洽惟新之泽。可大赦天下云云。

恭惟先皇帝推诚损己,焦思劳神,念将士之忠勤,知战伐之辛苦。

---

① 《续资治通鉴长编》卷一七,《中华再造善本》影辽宁省图书馆藏宋刻本,国家图书馆出版社,2006年,叶8a。

② 《四库全书总目》卷四七史部编年类《宋史全文》提要,中华书局,2003年,第428页。

③ 《宋史全文续资治通鉴》卷二,开宝九年十月乙卯,《宋史资料萃编》第2辑影明初刻本,文海出版社,1980年,第111页。

④ 参邓广铭《对有关〈太平治迹统类〉诸问题的新考索》,第254页。

衣粮禄赐,无非经手经心;土地官封,不惜酬勋酬效。生灵是念,稼穑为忧,罢非理之差徭,去无名之侵耗。不贪游宴,尽去奢华,减后宫冗食之人,停诸司不急之务。方岳止甘鲜之贡,殿庭碎珠玉之珍。狱讼无冤,刑戮不滥,凡关物务,尽立规绳。予小子缵绍丕基,恭禀遗训,仰承法度,不敢逾违。更赖将相公卿,左右前后,共遵先旨,同守成规。庶俾冲人,不坠洪业。宣布遐迩,咸使闻知。①

这一赦书文本亦见于《宋朝事实》卷二,仅有个别文字存在歧异。但若与长编系统所见太宗赦书相比较,则可发现两者之间存在重大差异:其一,赦书的第一段内容在两个系统中均有记载,仅因节录不同而有详略之别。其中下划线部分不见于长编系统,而长编系统"可大赦天下,常赦所不原者咸赦除之"以下涉及赦令的具体条文,则又不见于诏令系统。此外,还需要说明的是,《宋会要辑稿》中也有几处节引太宗即位大赦诏的内容,涉及叙用贬降官员、扩大加恩范围等内容,均为赦令的具体条文,②而这些文字大都不见于长编系统和诏令系统,想必也是被节略的内容。其二,赦书的第二段内容与长编系统"先皇帝创业垂二十年"以下一段文字完全不同。这是太宗即位大赦诏所存在的一个最大疑点,下文将围绕这个疑点展开进一步的讨论。

二、太宗赦书何以会存在两种内容迥异的文本?

以上分析表明,太宗赦书显然存在两种内容差异极大的文本,无法用节录详略之不同或传本文字之差谬来解释,那么究竟为什么会出现这种情况呢? 这就是本节所要回答的问题。

邓广铭先生认为,见于《宋大诏令集》和《宋朝事实》的赦书文本,当系太

---

① 《宋大诏令集》卷一,中华书局,1962年,第1页。据《宋朝事实》卷二《登极赦》(《宋史资料萃编》第1辑影武英殿聚珍本,文海出版社,1967年,第59—60页)校订。

② 见《宋会要辑稿》职官七六之一、仪制一〇之六、礼二九之一至二。

宗即位之时仓促撰成,其内容及文字多欠斟酌,如"冲人"、"予小子"之类的说法显然与太宗的身份不符,这样的用词理应为年幼的皇太子继承皇位时所使用,而太宗仅比太祖小十二岁,时已三十有六,在即位诏书中使用此类自称显然不妥,这就是后来改撰诏书的主要原因。① 在我看来,这一解释似乎还有再斟酌的余地。

"冲人"一词,语出《尚书》,作为帝王惯用谦称,在唐宋史料中并不鲜见。如唐宣宗大中六年(852)授裴休中书门下平章事制书中有"委是丕构,付予冲人"一语,②宣宗时年四十有二。又如宋宁宗嘉定四年(1211)《赐赵建大已下御札》有"祖宗鸿业付冲人"之语,③宁宗时年四十有三。如此看来,"冲人"并非年幼帝王专用之词。其实,《太宗实录》所载太平兴国九年(984)九月丙寅及十一月丁卯两封诏书中均有"冲人"一词,④当时太宗年已四十有五,尚不忌"冲人"一语,更何况九年前刚刚即位之时? 再者,邓广铭先生也已注意到,晚出的《长编》系统文本中仍有一处保留了"冲人"二字,与其上述推断亦不免抵牾。"予小子"一词亦出自《尚书》,用法与"冲人"类似。《册府元龟》载唐肃宗至德二年(757)十二月戊午诏,有"岂予小子,能集大勋"一语,⑤肃宗时年四十有六。又宋太宗太平兴国九年《宰相三上表答诏》,亦称"肆予小子,嗣守丕基"。⑥ 由此可见,太宗赦书以"冲人"、"予小子"自称并无不妥,显然这不是后来重新改撰的真正原因。

既然邓广铭先生提出的上述解释不足采信,那么太宗赦书何以会出现两种面貌迥异的文本,就需要重新加以思考。通检史料可知,宋太宗即位大

---

①这一判断也得到了其他学者的认同,参见张其凡《宋太宗》,吉林文史出版社,2004 年,第 46—47 页;顾宏义:《宋初政治研究——以皇位授受为中心》,华东师范大学出版社,2010 年,第 249 页。

②《文苑英华》卷四五〇《授裴休中书门下平章事依前判盐铁制》,中华书局影残宋本配明刻本本,1966 年,第 2280 页。

③《咸淳临安志》卷一二"礼部贡院",《宋元方志丛刊》影振绮堂刊本,中华书局,1990 年,第 3477 页。

④《太宗皇帝实录》卷三一,《四部丛刊》本,商务印书馆,1936 年,叶 4b、叶 11a。

⑤《册府元龟》卷八七帝王部·赦宥六,中华书局影明刻本,1982 年,第 1032 页。

⑥《宋大诏令集》卷一一六,第 393 页。

赦诏(以下简称"太宗诏")与《册府元龟》卷九六记载的周世宗显德元年(954)即位大赦诏(以下简称"世宗诏")在内容上高度雷同,这不能不引起我们的特别关注。① 现将两者相同或相似的内容列表比对如下:②

表一　周世宗与宋太宗即位大赦诏对照表

周世宗即位大赦诏	宋太宗即位大赦诏	备注
大行皇帝山陵有期,准遗命不得劳扰百姓者,宜令所司奉承先旨,无至墬违。应缘山陵公事,合使工人役夫,并须先给钱物雇觅,诸杂费用一切取官物供给。	大行皇帝山陵有期,准遗诏不得劳扰百姓,宜令所司奉承先旨,应缘山陵支费一取官物供给,工人役夫并先用官钱佣雇。(《宋会要辑稿》礼二九之二)	
今后内外臣僚或有所见,及有所裨益,可具实封章表以闻。或欲面对,便仰阁门司画时引见。	自今内外群臣有所论列,并许实封表疏诣阙以闻,必欲面奏者,仰阁门吏即时引对。(《宋会要辑稿》仪制六之三。《长编》《太平治迹统类》略同)	
化理之本,孝弟为先……其有士庶之内,凶率之徒,不顺于父兄……及父母在,异财别居,略不供侍,如此之辈……宜令御史台及本军本使所在州县厢界弹举觉察。	风化之本,孝弟为先。或不顺父兄,异居别籍者,御史台及所在纠察之。(《长编》《太平治迹统类》)	
恭惟先皇帝推诚损己,焦思劳神。念将士之忠勤,知战伐之辛苦。糇粮禄赐,无非经手经心;土地官封,不惜酬勋酬效。生灵是念,稼	恭惟先皇帝推诚损己,焦思劳神。念将士之忠勤,知战伐之辛苦。衣粮禄赐,无非经手经心;土地官封,不惜酬勋酬效。生灵是念,稼	此为赦书结尾部分,仅有三处异文,兹以着

①在本文写作过程中,得闻张呈忠先生撰有《是谜非谜——"宋太宗即位大赦诏书之谜"献疑》一文(未刊),也发现太宗诏与世宗诏在内容上存在雷同之处。但他认为此系《宋大诏令集》误将世宗诏后半部分混入太宗诏所致,并试图将《宋大诏令集》所载赦书的前半部分与《长编》所载后半部分拼接起来,以"还原"太宗诏的本来面貌。

②世宗诏见《册府元龟》卷九六帝王部·赦宥十五,第1145—1147页。该赦书部分条目亦散见于《册府元龟》其他诸卷,今据以校订。参陈尚君《旧五代史新辑会证》卷一一四《周书五·世宗纪一》,复旦大学出版社,2005年,第3511—3513页。另,表中所录太宗诏以诏令系统文本为主,并以《长编》《太平治迹统类》及《宋会要辑稿》的内容加以补充。

续表

周世宗即位大赦诏	宋太宗即位大赦诏	备注
稿为忧。罢非理之差徭,去无名之侵耗。不贪游宴,尽去奢华,减后宫冗食之人,停诸司不急之务。方岳止甘鲜之贡,殿庭绝珠玉之珍。狱讼无冤,刑戮不滥,凡关物务,尽立规绳。予小子缵绍丕基,恭禀遗训,仰承法度,不敢逾违。更赖将相公卿,左右前后,共遵先旨,同守成规,庶裨冲人,不坠洪业。	稿为忧。罢非理之差徭,去无名之侵耗。不贪游宴,尽去奢华,减后宫冗食之人,停诸司不急之务。方岳止甘鲜之贡,殿庭碎珠玉之珍。狱讼无冤,刑戮不滥,凡关物务,尽立规绳。予小子缵绍丕基,恭禀遗训,仰承法度,不敢逾违。更赖将相公卿,左右前后,共遵先旨,同守成规。庶俾冲人,不坠洪业。(《宋大诏令集》《宋朝事实》)	重号标识。按太宗诏仅诏令系统有此段文字,长编系统末段则与此完全不同。

通过以上对比不难看出两封赦书的相似之处:在赦令的具体条文部分,太宗诏有明显因袭世宗诏的痕迹,虽然长编系统对赦令条文多有删节,但通过散见于《宋会要辑稿》的若干引文,可以更清楚地看出两封赦书之间的源流关系;更能说明问题的是赦书最后一段内容,太宗诏的这段文字仅见于诏令系统而不见于长编系统,将其与世宗诏相比较,除个别文字的歧异之外,几乎可以说是直接照抄!如此看来,太宗诏应是以世宗诏为蓝本撰写而成的,而保存在诏令系统中的文本正是它的原貌。那么,宋太宗即位大赦诏为何竟会抄袭周世宗即位诏的内容呢?这个问题其实并不难理解,我们知道,尽管对于宋代历史上的"斧声烛影"一案至今还存在不少争议,但太祖、太宗皇权授受成于仓促之间,则是一个众所周知的事实。可以想象,在当时那种特定的情况下,临时受命撰写太宗即位诏的词臣,行文必极为仓促,以致于大段抄袭周世宗即位诏以敷衍成篇,是完全有可能的。这就是两封诏书内容雷同的原因所在。

行文至此,我们可以对太宗赦书何以会存在两种内容迥异的文本做出一个合理的解释,太宗赦书存在"抄袭"的硬伤应是后来改撰的主要原因。如上所述,太宗赦书的最后一大段文字完全照抄自周世宗即位诏,极易为后人所察觉,皇帝即位诏存在如此硬伤,自然是一件有失体统的事情,故后来对这段文字进行了重新改写,见于长编系统的文本正是这样一个改写本。

三、宋代赦书的两个文献源流系统

以上我们基本解开了宋太宗即位大赦诏的谜团,然而问题尚未得到彻底解决,某些关键环节仍值得进一步深究。太宗赦书究竟是何时被改写的?长编系统和诏令系统的两种不同文本究竟反映了怎样的文献源流?邓广铭先生对此提出了以下推断:可能是宋太宗在位期间,授意某位文臣对赦书进行了重新改写,并颁之史馆,因此留下了两种内容迥异的赦书文本。这一解释主要出于推测,缺乏具体论证。实际情况究竟如何,还需要从现存两种文本系统的史源上去加以考察。而对史源的深入考索,也将有助于我们跳出太宗即位大赦诏的个案,去进一步揭示诏令文书流传变异的真相。

首先讨论长编系统赦书的史源问题。众所周知,李焘修《长编》所依据的主要史源是历朝实录以及三部国史,尤以实录为主干,亦兼采他书。倘记载有异,则参酌考订,并在小注中详加辨析,如无异文则往往删润实录、国史原文而不注出处。①《长编》所载赦文自然也主要出自实录、国史等官修史书,如元符三年(1100)正月记徽宗即位云:“庚辰,大赦天下。”其下有李焘小注:《实录》前例,赦书条目并合具载。今录但载赦书首尾,余并削去,非例也。当考详增入。”②由这条小注即可知道,《长编》所载赦书通常是出自历朝实录,太宗即位大赦诏也理当如此。因此,太宗赦书的长编系统实属官修史书系统。

接下来重点分析诏令系统的史源,《宋大诏令集》和《宋朝事实》所载太宗赦书均属于这个系统。据《直斋书录解题》,知《宋大诏令集》乃“绍兴间

---

① 参见裴汝诚、许沛藻《〈续资治通鉴长编〉考略》,中华书局,1985年,第55—56页。
② 《长编》卷五二〇,元符三年正月庚辰,第12368页。

宋宣献(即宋绶)家子孙所编纂",①《宋朝事实》则成书于南宋初年,②二者成书时间相去不远,应该不存在相互因袭的关系。而《宋朝事实》"登极赦"、"郊赦"两门所载北宋诸帝赦文,与《宋大诏令集》内容大抵相近,应属同一文献系统,当出于共同史源。相比较而言,《宋大诏令集》的记载更为系统,史源也更为明确,故拟从此书入手,追索诏令系统赦书的文献源流。

关于《宋大诏令集》一书的史源问题,由于缺乏相关记载,前人尚无深入研究。就此书的性质来推断,我们首先想到的是,北宋历朝诏书类编可能构成了它的主要资料来源,其中收录太宗朝诏令的主要有《建隆景德杂麻制》、《嘉祐学士院草录》等书;③另外,此书对所收诏令史源间有记载,这些记载所提供的信息表明,实录、文集等也是它的另一资料来源。不过,这样笼统的推测并不能真正解决问题,只有将《宋大诏令集》与其他文献中的诏书进行比对才能得出更为明确的结论。由于《长编》等书通常仅少量节录部分诏书,无法进行系统比较,而实录所载诏令文书较为完备,且《太宗实录》又恰有残本传世,故下面将其所载诏书与《宋大诏令集》的相关部分做一系统比较,以对后者的史源问题有一个更为清晰的认识。

残本《太宗实录》今存太平兴国八年(983)六月至雍熙三年(986)二月,雍熙四年五月至端拱元年(988)九月,至道二年(996)正月至三年三月三个时段的记载。经检核,《宋大诏令集》中属于这三个时段的诏令共计71件,其中69件皆见于残本《太宗实录》。而这些诏令中,有64件与《太宗实录》所载大体相同,仅存在个别文字歧异;另外五件则与《太宗实录》在内容上有明显出入,并非简单的传写致异所能解释,而这五件恰恰均为赦书:即《太平兴国九年南郊改雍熙元年赦天下制》、《至道二年南郊赦天下制》(以上两件赦书亦见于《宋朝事实》),以及太平兴国八年八月壬辰《霖雨河决后年丰德

---

① 陈振孙:《直斋书录解题》卷五诏令类《本朝大诏令》,徐小蛮、顾美华点校,上海古籍出版社,2006年,第134页。
② 此书成书时间之推定,主要依据四库本卷末所附《江阳谱》有关作者李攸生平的记载。
③ 王应麟:《玉海》卷六四《诏策》,广陵书社影浙江书局本,2003年,第1215页。

音》、雍熙二年九月丙午《降死罪以下德音》、至道三年二月甲寅《在京畿县降杂犯死罪放流罪已下德音》。值得注意的是,这也是上述三个时间段内《宋大诏令集》所收录的全部赦书。

下面以《太平兴国九年南郊改雍熙元年赦天下制》与《至道二年南郊赦天下制》为例,列表呈现《宋大诏令集》与《太宗实录》所载赦书的差别。

表二 《宋大诏令集》《太宗实录》所载赦书对照表

	《宋大诏令集》	《太宗实录》
太平兴国九年南郊改雍熙元年赦天下制	惟皇抚运,树鸿业于中区;惟辟奉天,表至诚于大报。既谨就阳之礼,宜覃及物之恩。用庆昌期,式符前典。朕自虔膺宝运,嗣守瑶图。九载于兹,一心无怠。虽寰区既乂,敢忘于盱食宵衣;而风雨弗迷,屡睹于年丰俗阜。加以非烟甘露,雾霏继洒于人寰;瑞兽珍禽,驯扰咸归于御苑。四塞之干戈自息,八方之文轨大同。集是丕休,匪由凉德。斯盖玄穹之所降鉴,清庙之所储祥。朕所以躬事禋燔,告谢天地。千官景从,陪玉辂以拱宸;诸侯骏奔,仰元坛而助祭。矧乃文物大备,声明孔修。当六变以升闻,荷百神之昭格。纯嘏之锡,岂独在予。思与万邦,同兹大庆。仍改纪元之号,遝均作解之恩。①	惟皇抚运,树洪业于中区;惟辟奉天,表至诚于大报。朕自祗膺睠命,嗣守丕基,夕惕晨兴,宵衣盱食。九年于此,罔敢怠荒。而丰岁屡臻,五兵不试,符瑞昭应,书轨大同。顾惟冲人,何能致此。盖玄穹之所降鉴,宗社之所储休,所以躬事禋燔,告谢天地。文物以之大备,声明于是孔昭。六变升闻,百神降假,纯嘏之锡,岂独在予。思与万邦,同兹大庆。宜改纪元之号,仍覃作解之恩。②
至道二年南郊赦天下制	我国家千龄启运,百世其昌。惟列圣之在天,介鸿休于下土。朕自祗膺眷命,嗣守皇图,垂二十余年,居亿兆之上。域中四大,常师古圣之言;天下一家,幸接隆平之运。远肃而蛮夷率服,时和而风雨弗迷。尽禹别之九州,来修厥贡;懋尧咨之四岳,咸建庶官。刑政于是相宜,声明以之大备。夫何凉德,集是丕休。皆由九庙之储灵,实荷二仪之降鉴。得不讨论方策,博采乎礼经;祗奉郊丘,	我国家诞膺玄贶,光启鸿图。列圣在天,鉴临乎下土;群后在位,翊戴于眇躬。奄有多方,殆兹二纪。凤夜寅畏,若涉渊谷,小心祗惕,罔敢违宁。而风雨弗迷,蛮夷率服。疆场甫定,无复金革之声;田畴屡登,聿起京坻之咏。流亡云集,富庶可期。天瑞荐

①《宋大诏令集》卷一一九,第408页。据《宋朝事实》卷四《郊赦一》(第147—148页)校订。
②《太宗皇帝实录》卷三一,太平兴国九年十一月丁卯,叶10b至叶11a。此段又见《宋会要辑稿》礼五四之二,仅个别文字有歧异。

续表

	《宋大诏令集》	《太宗实录》
	兴崇于祀事。达孝思于清庙，祈景福于上玄。用荐精诚，斯为大报。百神效祉，诸侯骏奔。罗羽卫于康庄，烟霞动色；设宫县于两观，金石成文。千官扈跸以云从，万姓欢呼而雷动。礼终严祀，喜成昭事之心；候属载扬，广布惟新之庆。宜覃恩宥，溥洽寰区。①	臻，朝政粗治。非三灵之眷命，九庙之储祥，不谷不德，安能致此。是用讲求典礼，祇祀郊丘，爰祈福于天宗，因让德于穹昊。高烟上达，既展于精诚；丽泽滂流，宜覃于大庆。②

由于《太宗实录》只录有这两件赦书的开头部分和中间的赦令条文，删去了其结尾部分，而《宋大诏令集》则未载赦令条文，因此可供比对的只有赦书的开头部分。从上表可以看出，两种文本差异极大，《太宗实录》的文字显然更为古雅凝练，应该是反复斟酌推敲的结果。特别是《至道二年南郊赦天下制》，几乎每句话的措辞都存在较大差异，但又明显可以看出《太宗实录》脱胎于《宋大诏令集》文本的痕迹。除上述两件大赦诏外，其余三件均为德音，不见于《宋朝事实》，只有《宋大诏令集》与《太宗实录》可资比对，其间差异与上述两件赦书大体相同，都呈现出《太宗实录》的文辞源出《宋大诏令集》文本而更加圆熟精致的特征。

通过对《宋大诏令集》与残本《太宗实录》所载诏令文书进行系统比较，我们发现，两书太宗朝诏令的绝大部分皆属于同一文本系统，其中仅有的五件赦书却无一不存在重大差异。从这一情况来判断，《宋大诏令集》所载赦书与其他诏令的来源当有所不同，推测其直接或间接出处有可能是某种赦书类编。这种赦书类编在宋代较为常见，通常被称为"赦书德音"，与《刑统》、《编敕》等同样具有法律效力，③甚至地方政府有时也会编集刊布类似的

①《宋大诏令集》卷一二〇，第 409 页。据《宋朝事实》卷四《郊赦一》（第 151—152 页）校订。
②《太宗皇帝实录》卷七六，至道二年正月辛亥，叶 1b 至叶 2a。
③ 宋代的赦书编集始于太宗端拱、淳化间，以后历朝皆有续编，相关记载详见《玉海》卷六六《律令下》。有关赦书德音的刊布情况，可参见戴建国《宋代刑法史研究》，上海人民出版社，2008 年，第 347—348 页。

文书。这种赦书类编在社会上广泛流传,《宋大诏令集》以及《宋朝事实》所载赦书大概就源出于此。需要说明的是,赦书类编的性质实属档案文献,因此收录的应该是赦书原件,不可能也没有必要进行大量的文字改动,而《太宗实录》则属"纂修之史",其所载赦书的不同文本应是经史官删修润色之后的结果,因此才会形成两种差异明显的文本系统。

为了进一步说明上述两个文本系统的差异,我们不妨来看两个具体的例证。《长编》天禧三年(1019)八月丁亥云:"以天书再降于乾祐县,大赦天下。"并记载了此次大赦的赦文:

> 朕寅奉丕基,抚宁中宇,庆灵积厚,高明博临。受河、洛之秘书,开圣真之鸿绪,陈嘉牲于崇巇,沈瑄玉于隆脽。顺拜文閟之坛,恭荐镂琼之版。储精渊妙,敷化醇醲。矧惟咸、镐之区,是为神明之奥,名山之内,福地在焉。载严曲密之都,式伫鸿濛之驾,清心昭格,璿极鉴观。由兹鹑首之封,荐锡龙绨之检。谕朕以辅德,勖朕以爱民。告临降之先期,述延洪之景祐;介子孙于千亿,保宗稷于大宁……①

从"矧惟咸、镐之区"以下一段文字可以明显看出,此次大赦起因于天书降临,故这一赦书后来也曾遭到史官删改。李焘对此有一段详确的考证:

> 郊恩密迩,忽降大赦,盖以乾祐天书再降故也。及周怀政、朱能等败,史官讳之,遂改易制辞。自"恭荐镂琼之版"以下,但云"迨兹二纪,驯致小康,邦本既宁,天休允集。顾惟阴骘,奚独在子,思与万邦,共膺纯嘏"。遂大赦天下。臣焘初读《实录》、《国史》,固疑此赦之必有所为也。检《会要》,云以天书,而赦文殊不及之,因令于诸州所编录《建隆以来赦文》内寻出全本,则其辞盖昭然。且朱能等伪造天书,《实录》、正史皆略之,惟此制辞差详,恐其亡逸,今特著于此。原史官所以深讳者,为过举也。过而能改,善莫大焉,此尤可见真宗之盛德也。若乃未发其事,窜改其辞,使后人漫不可晓,既失史官之职,又没帝王改过之善,臣

①《长编》卷九四,天禧三年八月丁亥,第2163页。

焘所不敢从也。此《会要》乃《三朝会要》,今《五朝会要》已改云"以天下小康,故降赦",盖从史也。①

从这段注文可以知道,李焘在阅读《实录》、《国史》等官修史书时,对此次大赦的原因产生了很大疑问,遂将其赦文与诸州编集的《建隆以来赦文》所载"全本"进行了比对,结果发现其中有一大段迥然不同的文字,由此得知史官曾因讳言天书降临事而对赦文加以改写,故在官修史书中已全然看不出此次大赦的缘由所在。经核《宋大诏令集》所载此次大赦诏与李焘所见《建隆以来赦文》的内容基本相同,②进一步坐实了前文关于《宋大诏令集》所载赦书出自赦书类编的判断,以及修实录时对赦书多有改易的情况。

另一个例证亦见于《长编》,李焘所记至道三年真宗即位大赦诏有云:"先朝庶政,尽有成规,务在遵行,不敢失坠。然而缵图伊始,惧德弗明。所宜拔茂异之才,开谏诤之路。抚绥鳏寡,惠复疲羸。庶几延宗社之鸿休,召天地之和气。"③而此段文字在《宋大诏令集》中则是另一番面貌:"恭念先朝庶政,尽有成规,谨守奉行,不敢失坠。所宜开谏诤之路,拔茂异之材。鳏寡无告之民,悉令安泰;动植有生之类,冀获昭苏。庶几延宗社之鸿休,召天地之和气。"④按是年王禹偁《上真宗论军国大政五事》称:"伏睹陛下即位赦书云:'所宜开谏诤之路,拔茂异之材'",⑤与《宋大诏令集》同而与《长编》异,可见《长编》所载赦书文本亦当有所改易。从这个例证也可以看出诏令系统与官修史书系统之间的差异。

综上所述,通过对太宗即位大赦诏这一个案的考察,可以看出宋代赦书普遍存在两个不同的文献源流系统:其一是诏令系统,主要保存于中央和地

---

① 见《长编》卷九四,天禧三年八月丁亥条李焘小注,第 2163—2164 页。
② 见《宋大诏令集》卷二一六,第 821 页。
③《长编》卷四一,至道三年四月乙未,第 863 页。《太平治迹统类》卷二九《官制沿革上》略同。
④《宋大诏令集》卷一,第 2 页。《宋朝事实》卷二《登极赦》所载赦文与此全同。
⑤ 见赵汝愚:《宋朝诸臣奏议》卷一四五,北京大学中国中古史研究中心点校,上海古籍出版社,1999 年,第 1649 页。

方政府刊行的各种赦书类编,《宋大诏令集》及《宋朝事实》所载赦书均来源于此,由于这一系统具有档案文献的性质,故基本保留了赦书的原貌。其二是官修史书系统,该系统以历朝实录为源头,国史、会要及《长编》所载赦书皆属于这一系统。上文的研究表明,史官纂修实录时往往会对赦书进行不同程度的改写,如见于《长编》的太宗即位大赦诏,就很可能是真宗朝修《太宗实录》时重新改撰的文本。① 为简明起见,兹将以上两个系统的文献源流图示于下:

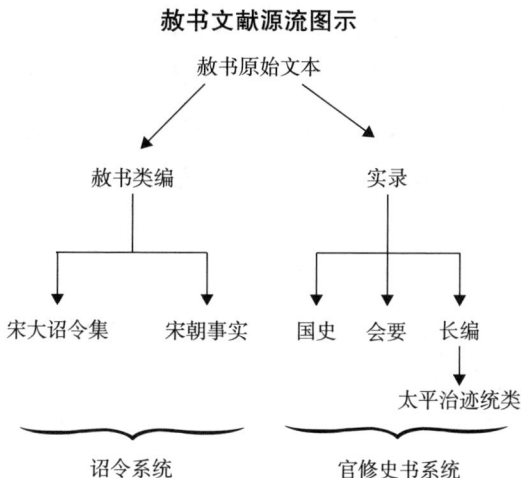

赦书文献源流图示

赦书原始文本

赦书类编　　　实录

宋大诏令集　宋朝事实　国史　会要　长编

太平治迹统类

诏令系统　　　官修史书系统

关于史官纂修实录时对诏书内容多有改易的现象,宋人曾有所论及,周必大《二老堂杂志》卷二《史官改定制诏》云:

> 本朝列圣实录,凡当时所下制诏往往为史官改易,殆以文体或未古也。……本朝太祖受周恭帝禅诏,元本载《五代开皇纪》,与今《实录》无一字同,此事由来久矣。②

按周必大的说法,史官改易制诏主要是出于修饬文字的考虑,然而从上文谈到的太宗即位大赦诏及真宗天禧三年大赦诏的情况来看,史官对于赦书的

①值得注意的是,改写后的太宗赦书首次将太祖朝的施政方针概括为"事为之防,曲为之制",论者多以为这一祖宗之法的提出始于太宗朝。从本文的研究来看,这一结论恐怕还值得重新考虑。
②《丛书集成初编》本,中华书局,1985年,第17—18页。

改易,不仅仅是追求文辞的雅驯,可能更多还是着眼于某些内容的违碍。所谓"国恶不可书",①正反映了当时史官普遍具有的一种价值倾向。

不过,需要指出的是,诏令文书存在的不同文本,未必都是后世史官改易所造成的。《宋大诏令集》中就有两个颇能说明问题的例子,如卷二三四治平二年(1065)十月二日《赐夏国主取问无名举兵迫大顺城诏》与紧随其后的《赐夏国主令遵守藩仪诏》实系一诏之重出,前者题下有小注云:"王珪撰,与《实录》不同,重出。"②按《赐夏国主令遵守藩仪诏》今见王珪《华阳集》卷一九,③可知前者出自《英宗实录》,后者取自《华阳集》。两者虽同为一诏,但文辞却全然不同,一点看不出彼此间有何因袭关系。又如卷六六天圣七年(1029)二月丙寅《张士逊罢相出知江宁府制》与《张士逊罢相刑部尚书知江宁府制》亦为一诏之重出,后者题下有小注云:"与《实录》不同,重载于此。"④可知前者出自《仁宗实录》,后者虽未明著出处,当亦采自某文集。《宋大诏令集》之所以将两文并列于此,是因为二者间除了官职差遣外其他内容全无相似之处。从以上两例情况来看,两种文本的不同似乎不能用纂修实录时史官改易制诏来解释,更大的一种可能性是,当时曾由不同的词臣草拟过两个文本,其中一个文本虽未经采用,但后来也被收入作者文集而传之于世。这种情况提醒我们,诏令文书的流传变异现象可能是多种原因造成的,需要综合分析制度背景、文献源流等各种复杂因素进行深入的探讨,才能揭示其背后的真相。

(原载《中国史研究》2014 年第 2 期)

---

①此系孙抃语,见《长编》卷一七一皇祐三年(1051)十月末条,第 4116 页。
②《宋大诏令集》,第 913 页。
③台北商务印书馆影印文渊阁《四库全书》本,1986 年,第 1093 册,第 134 页。
④《宋大诏令集》,第 322 页。

《说郛》本王易《燕北录》名实问题发覆

一、问题缘起:作者出使时间与文本记载时间的矛盾

陶宗仪《说郛》收录《重编燕北录》一部,题原本三卷,宋王易著①。此本凡十三条,一直以来被视作王氏《燕北录》存世的最主要版本,其中有关契丹礼仪、法制、风俗等多方面的珍贵材料受到相关研究者的高度重视,特别是书中描摹的六个契丹字,更是传世文献中关于该文字仅有的直接记录②,每每为治契丹语文学者所称引。然而,与其中史料被大加利用形成鲜明对比的是,学界对于《说郛》所收《燕北录》这部文献本身的来历却鲜有关注,以至于许多本应在使用之前先予厘清的重要问题遭到了忽视。本文的研究就是着眼于此的一点尝试,它将证明这十三条广为征引的珍贵记载或许与王易

---

① 《说郛》卷三八,中国书店影印涵芬楼本,1986 年,叶 16a(以下所引《说郛》皆以此为底本,参校他书,详见附录)。宛委山堂重编本无"重编"二字,当系后人妄删,已非陶氏之书原貌;《四库全书》所收《说郛》径将此书全部删去。

② 陶宗仪《书史会要》卷八"辽"有类似记载,当亦据此转录。

《燕北录》并无关涉。

让我们从前人对王易及其《燕北录》的认识说起。关于王易其人,大部分研究者或避而不谈,或称生平未详。只有少数学者曾对此作过切实而有益的探索,这些成果由于关注点的不同,明显分为两途。第一种意见的代表是《契丹小字研究》小组,他们注意到《说郛》本《燕北录》首条有如下记载:"清宁四年戊戌岁十月二十三日,戎主一行起离靴甸,往西北约二百七十余里,地名永兴甸,行柴册之礼。"根据其中的明确系年,研究小组认为王易当在辽道宗清宁四年(宋仁宗嘉祐三年,1058)出使辽朝,并写下了《燕北录》一书。又因刘挚《忠肃集·宫苑使閤门通事舍人王公墓志铭》记载传主王易(1004—1081)曾出使辽朝,而将二者比定为一人,考证出其籍贯生平①。另一种观点则为李裕民所提出,他注意到南宋中前期学者程大昌(1123—1195)曾在《演繁露》中征引此书,且云"国初有王易者,著《燕北录》",并根据《长编》中庆历二年(1042)八月王易奉命出使契丹的记载,将《燕北录》的创作时间断在庆历二年末或三年初②。两种观点各有发明,使我们基本可以确定,《燕北录》的作者应该就是出使辽朝的王易,但二者又都未能综合所有材料进行考察,前者并未注意到程大昌的引文及《长编》的记载,后者则对《说郛》所收之本未加考虑。倘若将这两种大相径庭的意见放在一起,问题就马上显现出来:庆历二年出使辽朝的王易怎么会记载嘉祐三年之事?

对于这一问题,前贤实际上已经多少有所察觉。刘浦江注意到《长编》记载王易曾于庆历二年和皇祐四年(1052)两次以贺正旦副使的身份出使辽朝,而嘉祐三年并无其出使的记载,且刘挚所写王易墓志记载其充当契丹国信副使当在庆历末至皇祐初,与嘉祐三年不符。但刘文对此所作的解释是,

---

① 清格尔泰、刘凤翥等:《契丹小字研究》,中国社会科学出版社,1985 年,第 628 页。
② 李裕民:《宋高丽关系史编年(续五)》,《城市研究》1998 年第 4 期,第 62—65 页。如下文所示,王氏实际上曾两度出使契丹,《燕北录》究竟作于哪次出使之后尚不得而知。

《说郛》本《燕北录》首条所记柴册仪时间与《辽史·道宗纪》仅相差数日①，可见前者所记十分可信，估计王易嘉祐三年可能也曾出使辽朝，而墓志行文稍有差池②。刘文注意到了作者出使时间与文本记载时间的龃龉，但仅从记载的可靠性出发为之弥缝，而未及查考更多相关材料，从文献源流的角度加以深究。

在我看来，这一明显的矛盾不能简单归咎于《长编》或墓志的漏记、误记。关于王易的两次出使，《长编》记载明确，卷一三七庆历二年八月壬辰云："盐铁判官兵部员外郎方偕为国主正旦使，礼宾副使王易副之。"卷一七三皇祐四年八月癸巳云："太常博士、直集贤院、同修起居注、判盐铁勾院韩绛为契丹正旦使，东头供奉官、阁门祇候王易副之。"③王易墓志称其于庆历末至皇祐初"迁西头供奉官，再任，俄充契丹国信副使"④，应该是指皇祐四年这次出使，惟《长编》中的东头供奉在墓志中作西头供奉。明确了以上基本事实，我们再从两个层次来排除王氏曾于嘉祐三年第三次出使的可能。其一，宋辽交聘，制度谨严，除个别突发情况外，每年仅有贺正旦、贺生辰使节，新皇登基又有贺登位、祭奠使、吊慰使等。宋朝官方有着严密健全的档案、修史机制，对于所有赴辽使者都有详细记录，它们通过《长编》《宋会要辑稿》《宋史》等书所抄录的《实录》《国史》文字保留至今。特别是《长编》，逐日系事，每年的出使情况靡有遗漏，而《长编》仁宗朝的记载并无阙佚，因此基本可以排除如下可能：嘉祐三年曾有过一次完全不见于任何记载的出使活动。其次，嘉祐三年遣使赴辽只有正月、八月两次，遣使理由及所有十二位正副使节皆详见于《长编》，傅乐焕《宋辽聘使表稿》逐一列出，根本不存在漏记的

①《辽史》卷二一《道宗纪一》系此事于清宁四年十一月六日癸酉（中华书局，2003年，第257页），《说郛》本《燕北录》则系于是年十月二十三日。

②刘浦江《契丹族的历史记忆——以"青牛白马"说为中心》，原载《漆侠先生纪念文集》，河北大学出版社，2002年，此据氏著《松漠之间——辽金契丹女真史研究》，中华书局，2008年，第111页。

③中华书局，2004年，第3289、4169页。

④刘挚著，裴汝诚、陈小平点校，《忠肃集》卷一二《宫苑使合门通事舍人王公墓志铭》，中华书局，2002年，第258页。

可能①。可以断定，王易除庆历二年及皇祐四年外，并未在嘉祐三年第三次出使契丹。既然如此，我们就不得不对这一不可调和的矛盾进行新的审视：作者出使与文本记载在时间上的抵牾是否存在其他解释？如果将视野放宽，对《说郛》本《燕北录》的内容与其他类似记载进行比较，我们就会发现，这可能会牵扯到一桩"张冠李戴"的文献学公案。

二、局部雷同：武珪《燕北杂录》的对比与启示

在宋人记载辽朝风物的众多著述中，有一部书与《燕北录》仅有一字之差，名唤《燕北杂录》（又名《燕北杂记》），作者武珪。此书今亦无传本，学界通常所知者，仅见曾慥《类说》引十九条，陈元靓《岁时广记》引十一条②。引起我们注意的是，《类说》所引《燕北杂记》有一条记载与《说郛》本《燕北录》高度雷同。

《说郛》本《燕北录》第四条云："戎主及契丹臣庶等如见旋风时，便合眼，用鞭子空中打四十九下，口道坤不克七声（原注：汉语瑰风也）以禳厌。"③与之极其相似的记载见于《类说》卷四引《燕北杂记》："旋风　契丹见旋风合眼，用鞭望空打四十九下，口道坤不克七声。"④两相比较，主体记事完全相同，而在具体文字稍有参差，前者详而后者略。对比《类说》与《岁时广记》所引《燕北杂录》，《岁时广记》引十一条中有十条见于《类说》，但同一记载《广记》所引文字往往加详，二者显然并非传抄关系，当属同源异流，《类说》所引

---

① 收入氏著《辽史丛考》，中华书局 1984 年版，第 209 页。嘉祐三年出使之人：正月朱处约、潘若冲为祭奠使副，李师中、雍规为吊慰使副，八月周堪、王咸有为国母生辰使副，李及之、王希甫为国主生辰使副，朱寿隆、王知和为国母正旦使副，祖无择、王怀玉为国主正旦使副。

② 涵芬楼本《说郛》卷四引《燕北杂录》五条，皆见于《类说》，且文字基本相同，当自《类说》转引。其余宋元文献如《契丹国志》《海录碎事》《敬斋古今黈》等亦有零星引用，皆未出《岁时广记》及《类说》之范围。

③ 卷三八，叶 18a。

④ 曾慥：《类说》卷五，明天启六年刻本，叶 3a。《岁时广记》未引此条。

多有删节①。上引"旋风"一条，《类说》所引较《说郛》本《燕北录》文字稍略，想必也是同样的情况。两段史料所述契丹风俗，不见于其他任何记载，二者显然同出一源。如此罕见而相似的记载出现在两部作者迥异的著作之中，而两书的题名又恰恰仅有一字之差，怎能不令人心生疑窦？要解决此问题，就必须对这两部书作一对比研究，以弄清二者究竟有何关联，而这实际上也正是上节所示矛盾的症结所在。

先来看看武珪《燕北杂录（记）》的基本情况。对于此书，宋人曾有过零星的记载。《直斋书录解题》著录云："《燕北杂录》五卷《西征寨地图》附，思卿武珪记，嘉祐六年宫苑使、知雄州赵（某）进于朝，珪（亦）自契丹逃归，事见《国史传》。"②其中称进书人姓赵而名脱一字，据《长编》有关此时知雄州人选的记载可以考知，此人当即赵滋③。又郑樵《通志》有"《燕北杂记》三卷"④，当系郑氏据所见书目转抄。《宋史·艺文志》则著录为"《燕北杂录》一卷"，"不知作者"⑤，从该书的进呈时间判断，宋志此条当出自《两朝国史·艺文志》。关于武珪其人其书，学界以往讨论不多，所知亦多仅止于以上著录⑥。其实，在传世典籍中还可以找到其他一些重要信息。据《宋会要辑稿》记载，嘉祐六年三月，"以北人武珪为下班殿侍，以上所画《契丹广平淀

---

① 《四库全书总目》已指出《岁时广记》引用材料"备录原文，详记所出"（卷六七"史部·时令类"《岁时广记》，中华书局影印浙本，2008 年，第 592 页）。

② 陈振孙著，徐小蛮、顾美华点校，《直斋书录解题》卷五伪史类，上海古籍出版社，2006 年，第 139 页。括号内为《文献通考·经籍考》之异文。

③ 参见《长编》卷一九三嘉祐六年五月庚戌条，"宫苑使、忠州刺史赵滋知雄州"云云（第 4671—4672 页）。

④ 郑樵：《通志》卷六六《艺文略四》"蛮夷"，王树民点校《通志二十略》，中华书局，2009 年，下册，第 1586 页。

⑤ 《宋史》卷二〇三《艺文志二》，中华书局，1995 年，第 5123 页。

⑥ 陈第：《世善堂藏书目录》卷上"偏据伪史"著录"《燕北杂录》五卷（武珪）"（《丛书集成初编》本，中华书局，1985 年，第 25 页），或以此谓武氏之书至明末尚有全本。按陈第此目传世之本疑点众多，王重民、顾颉刚早已论及（王重民《中国目录学史料》（四），吉林省图书馆学会会刊，1981 年第 5 期；《暂学丛记》，收入《顾颉刚读书笔记》卷一四，中华书局，2010 年，第 171—172 页），此条记载亦不可轻信。

受礼图》。武珪本镇州（人），陷虏多年，颇知虏中之事，为沿边安抚司指使，至是因献图特录之"①。《长编》也有类似的记载："契丹归明人武珪为下班殿侍、河北沿边安抚司指挥。武珪本镇州人，陷敌岁久，颇知敌事，至是，上所画《契丹广平淀受礼图》，特录之。"②从这些记载我们可以看出，武珪确于嘉祐六年回到宋朝，为宋廷提供了许多关于契丹的情报，除了由他记录、赵滋进呈的《燕北杂录》一书外，尚有《契丹广平淀受礼图》等，并因此得到了官职。

另外一则关于《燕北杂录》的重要线索见于程大昌《演繁露》卷三"北虏于达鲁河钓鱼"条：

> 《燕北杂录》载契丹兴宗重熙年间衣制、仪卫、打围、射鹿、钓鱼等事，于景祐五年十月撰进，不书撰人姓名，而著其所从闻曰：思乡人武珪在虏十余年，以善歌隶帐下，故能习虏事详悉。凡其所录，皆珪语也。达鲁河钓牛鱼，北方盛礼，意慕中国赏花钓鱼，然非钓也，钩也。此之所记于虏为道宗清宁四年，其甲子则戊戌正月也。达鲁河东与海接，岁正月方冻，至四月而泮。其钩是鱼也，虏主与其母皆设次冰上，先使人于河上下十里间，以毛网截鱼，令不得散逸，又从而驱之，使集冰帐。其床前预开冰窍四，名为冰眼，中眼透水，旁三眼环之不透，第斫减令薄而已，薄者所以候鱼，而透者将以施钩也。鱼虽水中之物，若久闭于冰，遇可出水之处，亦必伸首吐气，故透水一眼，必可以致鱼，而薄不透水者，将以伺视也。鱼之将至，伺者以告，虏主即遂于斫透眼中用绳钩掷之，无不中者。既中，遂纵绳令去，久，鱼倦，即曳绳出之，谓之得头鱼。头鱼既得，遂相与出冰帐，于别帐作乐上寿。③

①《宋会要辑稿》蕃夷二之一九，中华书局影印本，2012年，第7701页。
②《长编》卷一九三嘉祐六年三月戊戌，第4663页。此记载中之"敌"字，原皆当作"虏"（见《宋会要辑稿》），系四库馆臣所改。
③许沛藻、刘宇点校，《全宋笔记》第四编，大象出版社，2008年，第8册，第179—180页。此记载之标题系据《续古逸丛书·子部》影印宋刻本校改（题作《程氏演蕃露》，江苏古籍出版社，2001年，第593—594页）。

在这段记载中，程氏简要介绍了其所见《燕北杂录》的情况，称此书乃"景祐五年(1038)十月撰进"，与前引《宋会要》《长编》《书录解题》三书所述"嘉祐六年"皆不合，恐有讹误。但程氏的记载却让我们得知了关于武珪其人其书的许多重要信息：首先，武珪在契丹的时间和身份。文中称武珪"在虏十余年"，以其归宋之嘉祐六年逆推，则其最晚在皇祐四年以前即已入辽，且"以善歌隶帐下"，即于辽廷任职。也就是说，他有机会亲历并记录下这十余年间(即兴宗后期至道宗初期)辽朝所发生之事①。其次，程氏还征引了一段不见于《类说》及《岁时广记》的《燕北杂录》佚文。这段佚文明确提到了时间是辽道宗清宁四年(嘉祐三年)，与本文开首所说《说郛》本《燕北录》首条有明确纪年者可谓若合符契，一为是年正月之钩鱼，一为十月之柴册仪，且二者记载的细密程度亦十分相像②。

　　行文至此，有必要停下来稍加梳理。我们首先发现，王易出使的时间与《说郛》本《燕北录》首条记载的时间不合，换句话说，庆历二年、皇祐四年两度出使辽朝的王易恐怕无法详细记录嘉祐三年才发生的契丹柴册仪。其次，本节开首所举《燕北录》与武珪《燕北杂录》的雷同文字，让我们将这两部书名极为类似的文献联系在一起。再加上程大昌《演繁露》所记武珪之书的具体时间和记述风格又恰恰与《说郛》本《燕北录》首条记载相当接近。有此三点，至少可以作出如下推论：《说郛》本《燕北录》开首那段关于嘉祐三年契丹柴册仪的记载，很可能是武珪《燕北杂录》的内容，而与王易《燕北录》无涉。

三、张冠李戴：《燕北杂录》与《说郛》本《燕北录》关系探微

　　有了上文对于《说郛》本《燕北录》首条的明确判断，加上"旋风"一条的

---

① 程氏称《燕北杂录》"载兴宗重熙年间"事，而其后所引又为辽道宗初年事，可知此书内容以兴宗朝事为主，而兼及道宗朝事。又上引《书录解题》称"思卿武珪"，论者多因此称武珪字"思卿"，然程大昌此处记作"思鄉人武珪"，似更近情理，疑《书录解题》"卿"乃"鄉"形近之误。

② 除此条外，《演繁露》卷一尚引《燕北杂礼》一则，不著撰人，所记乃辽兴宗、道宗间衣服制度之事。按"燕北杂礼"一名不见他书，疑此亦当为《燕北杂录》佚文，惟书名末字误作"礼"。

高度雷同，我们自然可以循着这一思路进一步追问：《说郛》所收《燕北录》，究竟是偶尔混入了武珪《燕北杂录》的零星记载，还是全部来自武氏之书？要回答这一问题，就有必要对此本所收十三条内容作一通体考察。

《说郛》本王易《燕北录》所收十三条（可参见本文附录），除第一条记载清宁四年（嘉祐三年）柴册仪外，第二条记载契丹皇后及普通妇女的生育习俗；第三条记载契丹帝后臣僚应对降雪、月蚀、日蚀等气候天象变化的习俗；第四条即上引又见于《燕北杂录》的鞭打旋风；第五条记载辽朝军队的汉名和契丹名；第六至八条则是对于契丹银牌、长牌、木牌的记载，其中皆附图，且描摹契丹文字，三条可视作一整体；第九至十二条是对契丹刑法的记载，涉及铁瓜、沙袋的形制及其使用范围，行文相互关联，亦可视为一个整体；第十三条记载契丹四时捺钵的地点。

首先需要指出的是，没有任何迹象表明，《说郛》本《燕北录》首条与其余诸条有何不同，更不能视其为混入之文。相反，它们在内容、行文方面的诸多一致之处倒是很容易找到。如首条首句称"清宁四年戊戌岁十月二十三日，戎主一行起离靴甸"，同条下文又称"五日却来靴甸，受南朝礼物"，而第十三条记载冬捺钵之具体地点正为"靴甸"，按"靴甸"即广平淀，当时又有藕丝淀、大平地、中会川、长宁淀等多种异称①，其中称"靴甸"者并不多见，而上述三条却一致记作此名，显然存在紧密的内在关联。再如，首条记载契丹军旗"旗上错成番书归字（汉语正军字）"，而第六、七、八三条皆有"上是番书某字"的记载，行文风格如此一致，很难想象出于不同作者之手。如此看来，将《说郛》本《燕北录》视作一个整体，能够得到更多的证据支持。换句话说，着眼于文献内在的统一性可以提出如下猜想：《说郛》本《燕北录》其余诸条可能与其首条记载一样，亦出自武珪《燕北杂录》。

接下来，从王易《燕北录》与武珪《燕北杂录》的差异上来进一步论证上述观点。

---

①参见傅乐焕《辽代四时捺钵考五篇·广平淀考》《广平淀续考》，收入氏著《辽史丛考》，第63—75、173—178页。

（一）文体和内容的差别。我们知道，宋人关于辽、金等周边少数民族政权内部的实时消息一般有两大来源，由此也形成了两类内容、风格差异较大的文体。一种是出使归来的使臣所写的报告，即通常所说的语录或行程录；另一种则是归明人、归正人以及因故羁留北地的使臣返回宋朝后的回忆和追述。前者以使者的时间、行程为主线，穿插叙述在北地的所见所闻，因而其所记多一时一地发生之事，叙述亦相对表浅，如王曾《上契丹事》、陈襄《使辽语录》、楼钥《北行日录》等等①；而后者则通常是基于长年留居当地的经历而形成的更为系统、详实的记录，史料价值往往远高于前者，如赵志忠《虏廷杂记》、洪皓《松漠纪闻》、张棣《金虏图经》等。

以上述二分的视角来审视《燕北录》，很容易看出其中存在的明显问题。王易两次出使皆为正旦使，依惯例，八月任命，准备一两月，提前一月出发，大概于十二月至辽，一月返回②，其所著《燕北录》应该是一部典型的行程录，所记当为沿途见闻之事。程大昌《演繁露》引此书两条，皆不见于《说郛》本，如"幞头垂脚不垂脚"条云："国初有王易者，著《燕北录》，载契丹受诸国聘觐，皆绘画其人物冠服，惟新罗使人公服幞头略同唐装，其正使着窄袖短公服横乌，正与唐制同，其上节亦服紫同正使，惟幞头则垂脚……"③同书卷一三"牛鱼"条引王易《燕北录》云："牛鱼嘴长鳞硬，头有脆骨，重百斤，即南方鳣鱼也。"④以上引文也是除《说郛》本外《燕北录》一书现今仅存的内容，衡以上文关于王易之书的判断，尽相符合。前者自然是王氏在辽廷朝觐时所

①参见傅乐焕《宋人使辽语录行程考》，原载《国学季刊》5卷4号，此据氏著《辽史丛考》，第1—28页；刘浦江《宋代使臣语录考》，张希清主编《10—13世纪中国文化的碰撞与融合》，上海人民出版社，2006年，第253—296页。

②据《辽史》卷一九《兴宗纪二》，王易庆历二年（辽重熙十一年）首次出使，当在是年十二月己未至辽（第228页）；而对王氏第二次出使，《辽史》则无相关记载。有关北宋中期以后正旦使赴辽的一般行程推算，参见傅乐焕《宋辽聘使表稿》附《辽帝后生辰改期受贺考》，原载《中央研究院历史语言研究所集刊》14本，1949年12月，此据氏著《辽史丛考》，第241页。

③程大昌《演繁露》卷一二，第9册，第100页。其中称王易为"国初"之人，这在今天看来或许不够准确，但可能恰恰反映了当时人对于本朝历史分期的看法。

④程大昌《演繁露》卷一三，第109页。

见,而后者则是因其出使时正值岁末,刚好得以观摩辽帝冬捺钵钩牛鱼,遂有此记录。

与程氏引文明显不同的是,《说郛》所收《燕北录》的记载涉及契丹社会的方方面面,且所记事情发生的时间往往跨度较大,绝不是王易一两次出使所能亲历。如此本第三条云:"戎主及契丹臣庶每年取祈降雪,戎主、太后嚏喷时,但是近位番汉臣僚等并齐道'治兜离',汉语万岁也。契丹如见月蚀,当夜各备酒馔相贺,戎主次日亦有宴会。如日蚀,即尽望日唾之,仍背日坐。戎主及契丹臣庶,每闻霹雳声,各相钩中指,只作唤雀声,以为禳厌也。"王易使辽皆在冬季,发生霹雳这样气象的几率微乎其微,而要在两次短暂的出使中,碰巧遇到祈降雪的活动及月蚀、日蚀、霹雳所有这些天象气候,更是难上加难。又如此本第十三条云:"四时捺钵,春捺钵多于长春州东北三千里就添甸住坐,夏捺钵多于永安山住坐,秋捺钵无定止,冬捺钵多在靴甸住坐。所谓捺钵者,戎主所至处也。"其中春捺钵、冬捺钵具体到了某一个甸,且冬捺钵地靴甸与此本首条所见两处"靴甸"完全一致,当为作者亲历,而两次出使皆在年末的王易显然不可能如此具体而微地记录下一年四季的捺钵之地。其余记载多与此类似,特别是大量关于契丹语言、文字的记录,以及各阶层妇人生产习俗、戎主太后寝帐内事及日常法律等情况的详实描述,若无长期深入的留心观察,断不可能完成。寻常使者如王易,所记见闻中有个别内容并非亲历,道听途说,自然不难理解,但此书中如此众多乃至几乎所有的记载皆得自传闻,所记之事却又如此详实、可靠,就不得不令人生疑了。

如果以同样的二分视角来考察武珪《燕北杂录》一书,恰恰可以得到完全不同的印象。前文已述,武珪在辽为官、生活十余年,这样的条件使得他完全有机会、有能力完成上述系统而精微的记载。更重要的是,《说郛》本《燕北录》的许多内容,与《类说》《岁时广记》所引《燕北杂录》在记录风格和行文用字上颇有类似之处,其中最为显著的例子莫过于对契丹语言、文字的使用和记录——这背后所反映的契丹语能力,无疑是武珪、王易二人在写作方面存在的最大差别。

　　（二）作者契丹语能力的差异。据《类说》《岁时广记》所引，武珪《燕北杂录》在记录契丹风物时，常常会在描述中加上契丹本民族语言对此事物的称呼。如《岁时广记》卷七"妳捏离"条引武珪《燕北杂记》云："每正月一日，戎主以糯米饭、白羊髓相和为团，如拳大，于逐帐内各散四十九个。候五更三点，戎主等各于本帐内窗中掷米团在帐外，如得双数，当夜动蕃乐，饮宴；如得只数，更不作乐，便令师巫十二人，外边绕帐撼铃执箭唱叫，于帐内诸火炉内爆盐，并烧地拍鼠，谓之'惊鬼'。本帐人第七日方出，乃禳度之法，番呼此谓之'妳捏离'。汉人译曰：'妳'是'丁'，'捏离'是'日'。"①同书卷二三"讨赛离"引《燕北杂记》云："五月五日午时，采艾叶与绵相和，絮衣七事，戎主着之，番汉臣僚各赐艾衣三事。戎主及臣僚饮宴，渤海厨子进艾糕，各点大黄汤下，番呼此节为'讨赛离'。"②在介绍完契丹风俗时，加上一句"番呼"云云，来标注其契丹语名，这样的行文习惯在《类说》《岁时广记》的征引中随处可见。而类似的文字在《说郛》本《燕北录》中也不难找到踪迹，此本第九条云："铁瓜（番呼鬃睹）以熟铁打作八片，虚合成，用柳木作柄，约长三尺，两头铁裹，打数不过七下。"第十条："沙袋（番呼郭不离）以牛皮夹缝，如鞋底，内盛沙半升以来，柄以柳木作，胎亦用牛皮裹，长二尺，打数不过五百。"与上引《燕北杂录》的行文习惯完全吻合，《说郛》本《燕北录》频频出现的"番书"（即契丹文字，见第一、七、八、九条），以及其他契丹语词（如第三条之"治兜离"、第五条之"蕃珂忍"），想来也与此行文习惯及语言能力有莫大的关联。显然，掌握这些契丹文字，得益于武珪长期在契丹生活的耳濡目染，某种程度上可以说是其生存、为官的必备技能之一，这才使得他在归宋之后能够将其如实地记录下来。相比之下，宋人派往辽朝的使者，除余靖这样的个例外，通晓契丹语者极少，各种外交活动尚且需要通事从中传话、转译③，又怎

①《岁时广记》卷七"妳捏离"，《丛书集成初编》本，中华书局，1985年，第76页。又见《类说》卷五，所引多有节略。

②《岁时广记》卷二三"讨赛离"，第278页。又见《类说》卷五，所引稍有节略。

③参见仝相卿《宋朝对辽外交活动中的"翻译"初探》，《史学月刊》2013年第8期，第119—124页。

么可能不厌其烦而且准确切实地记下如此众多的契丹语言、文字？我想这正是契丹文字的真实模样不见于其他宋人记载的根本原因，同时也构成了武珪《燕北杂录》最大的特色、价值所在。

以上分析基本涵盖了《说郛》本《燕北录》的全部十三条记载，可以看出，它们的确是一个内部统一、联系紧密、特点鲜明的整体，其中内容很可能完全出自武珪《燕北杂录》。我们不得不承认，《说郛》所收所谓"王易《燕北录》"恐怕是一部彻头彻尾的名实不符之书①。

那么，这一情况究竟是如何产生的呢？如前所述，王易《燕北录》在宋代鲜见于诸家书目著录，现存文献仅有程大昌一家征引，足见其在当时传本已稀②。今存《说郛》本称其所收乃"重编《燕北录》"，其实本身就透漏出并非原本的信息。据我推测，此书在南宋以后或已亡佚，后人仅知其名而未得其实，有藏家获武珪《燕北杂录》一本，未题撰人，而书名又恰好在流传过程中脱一"杂"字，遂误以其为王氏之书，进而对该书加以重新编排并补题作者③。这一重编后的本子在元末明初为陶宗仪所得，收入《说郛》，遂成为后世所传王易《燕北录》的唯一版本④——以上或许就是这桩"张冠李戴"案的真相。

本文意在论证《说郛》本《燕北录》的名实不符，但这绝不是要否定其中内容的史料价值。恰恰相反，如若以上论断不差，这十三条记载果真出于在辽为官多年、通晓契丹语文的武珪之手，那么，它们的史料价值不仅不会有

---

① 拙文发表后，获见昌彼得《说郛考》一书（文史哲出版社，1979 年）。其中《书目考》有"重编燕北录"一条（第 249 页），称王易始末未详，但注意到《说郛》所收此书"契丹主见旋风"条与《类说》所引武珪《燕北杂录》同，推测"此所谓《重编燕北录》者，当即重编珪之书"。按昌说虽失之简略，但其关于两书关系的基本判断仍然具有不可忽视的学术史意义。

② 按尤袤《遂初堂书目》"地理类"著录《燕北录》一部（《丛书集成初编》本，中华书局，1985 年，第 16 页），未题作者、卷数，或即此书。

③ 前引郑樵《通志》记《燕北杂录》有三卷本，而此所谓重编《燕北录》又恰是三卷，或亦可为上述推测之一助。

④ 陶宗仪作《说郛》时似乎并未看到武珪《燕北杂录》的传本，只是从《类说》中转引了五条，自然也无法发现所谓"王易《重编燕北录》"与武氏之书的关系。

丝毫折损,反而会显得更加珍贵。传世文献关于契丹字形貌仅有的直接记录当归于武氏《燕北杂录》,现存宋人记载中保留契丹语材料最集中者亦非它莫属,而《说郛》中这十三条近两千字的内容则是此书最大宗的遗文①。以往治辽史及契丹语文学者利用此书,时因不明来历而心怀疑虑,倘藉此小文而有所纾解,则亦幸矣。

附录:武珪《燕北杂录》佚文辑校②

1 清宁四年戊戌岁十月二十三日,戎主一行起离靴甸,往西北约二百七十余里③,地名永兴甸,行柴册之礼。于十一月一日先到小禁围内宿泊,二日先于契丹官内拣选九人与戎主身材一般大小者,各赐戎主所着衣服一套,令结束。九人假作戎主,不许别人知觉,于当夜子时与戎主共十人,相离出小禁围,入大禁围内。分头各入一帐,每帐内只有蜡烛一条、椅子一只,并无一人。于三日辰时,每帐前有契丹大人一员,各自入帐列何骨臑④(汉语捉认天子也⑤),若捉认得戎主者,宣赐牛羊驼马各一千。当日,宋国大王(戎主亲弟)于第八帐内捉认得戎主,番仪须得言道:我不是的皇帝,其宋国大王却言道:你的是皇帝。如此往来番语三遍,戎主方始言是,便出帐来,着箱内番仪衣服毕,次第行礼。先望日四拜,次拜七祖殿、木叶山神,次拜金神,次拜太后,次拜赤娘子,次拜七祖眷属,次上柴笼受册,次入黑龙殿受贺。当日行礼罢,与太后、太叔同出大禁围,却入小禁门内,与近上番仪臣僚夜宴,至三更

---

① 按《类说》引《燕北杂录》十九条约七百字,《岁时广记》引十一条约一千余字,而《说郛》卷三八所引十三条则多达一千八百余字。三者所引契丹语文材料删义重复共得二十七则。
② 附录中"( )"内为原本小注,"【 】"内为此次校勘所加按语。底本无误者概不出校。
③ 二百七十 厉鹗《辽史拾遗》卷一五(《中华再造善本》,国家图书馆出版社 2009 年版)引"王易燕北录"同,宛委山堂重编本(以下简称"宛委本",见《说郛三种》影印本,上海古籍出版社 2012 年版,第 5 册,第 2583—2586 页)作"二百八十"。
④ 列何骨臑 "何",《辽史拾遗》所引同,宛委本作"阿",未知孰是。
⑤ 捉认天子 "子",原作"时",与上下文义不谐。《辽史拾遗》引此句作"捉认天子";宛委本作"题认大字",虽误甚,然亦可佐证末字当作"子"。今据改。

退。四日歇泊。五日却来靴甸,受南朝礼物。小禁围在大禁围外东北角,内有毡帐二三座,大禁围每一面长一百一十步,有毡帐十座,黑毡兵幪七座。大小禁围外有契丹兵甲一万人,各执枪刀、旗鼓、弓箭等,旗上错成番书㞼字(汉语正军字)。七祖者,太祖、太宗、世宗、穆宗、景宗、圣宗、兴宗也。赤娘子者,番语谓之"掠胡奥",俗传是阴山七骑所得黄河中流下一妇人,因生其族类,其形木雕彩装,常时于木叶山庙内安置,每一新戎主行柴册礼时,于庙内取来作仪注,第三日送归本庙。七祖眷属七人俱是木人,着红锦衣,亦于木叶山庙内取到。柴笼之制①,高三十二尺②,用带皮榆柴叠就,上安黑漆木坛三层,坛上安御帐,当日戎主坐其中,下有契丹臣僚三百余人。【涵芬楼本《说郛》卷三八,以下至第13条皆出于此】

2 生产　皇后生产,如过八月,先起建无量寿道场,逐日行香礼拜一月,与戎主各帐寝。预先造团白毡帐四十九座,内一座最大,径围七十二尺。皇后欲觉产时,于道场内先烧香,望日番拜八拜,便入最大者帐内。其四十八座小帐于大帐周围放卓,每帐各用有角羊一口,以一人纽羊角,候皇后欲产时,令诸小帐内人等,一时用力纽羊角,其声俱发,内外人语不辨,番云:此羊代皇后忍痛之声也。仍以契丹翰林院使抹却眼,抱皇后胸,稳婆是燕京高夫人,其皇后用甘草苗代秆草卧之。若生儿时,方产了,戎主着红衣服,于前帐内动番乐,与近上契丹臣僚饮酒,皇后即服酥调杏油半盏③。如生女时,戎主着皂衣,动汉乐,与近上汉儿臣僚饮酒,皇后即服黑豆汤调盐三分④。其用羊差人牧放,不得宰杀,直至自毙。皇后至第九日却归戎主帐。其余契丹妇人产时,亦望日番拜八拜,候入帐内,以手帕子抹却契丹医人眼,抱妇人胸,卧甘草苗。若生儿时,其夫面涂蓬子胭脂,产母亦服酥调杏油⑤(其蓬子八月

①柴笼之制　"笼",原误作"龙",据上文改。
②三十二尺　《辽史拾遗》所引略同,宛委本作"三十三尺"。
③酥调杏油　原作"调酥杏油",据本段下文及宛委本乙正。
④调盐三分　宛委本作"调盐三钱",疑是。
⑤酥调杏油　"油"字原脱,据本段上文及宛委本补。

收,以粗布绞汁,用时以浸布水涂面,番妇人时常亦用作妆饰)。或生女时,面涂炭墨①,产母亦服黑豆汤调盐②。番言用此二物涂面,时宜男女。贫者不具此仪。

3 戎主及契丹臣庶每年取祈降雪,戎主、太后嚏喷时,但是近位番汉臣僚等并齐道"治兜离"③,汉语万岁也。契丹如见月蚀,当夜各备酒馔相贺,戎主次日亦有宴会。如日蚀,即尽望日唾之,仍背日坐。戎主及契丹臣庶,每闻霹雳声,各相钩中指,只作唤雀声,以为禳厌也。

4 戎主及契丹臣庶等如见旋风时,便合眼,用鞭子空中打四十九下,口道"坤不克"七声④(汉语浽风也⑤),以禳厌之⑥。【此条又见《类说》,文字稍略。】

5 凡兵马,应是汉兵,多以"得胜"或"必胜"二字为号,诸番兵以蕃珂忍号⑦,汉语龙虎二字也。

6 银牌有三道(上是番书"朕"字),用金镀银成,见在内侍左丞宣宋璘处收掌⑧,用黑漆匣盛。每日于戎主前呈封一遍,或有紧急事宜,用此牌带在项上,走马于南北大王处抽发兵马,余事即不用也。

7 长牌有七十二道(上是番书"敕走马"字),用金镀银成,见在南内司收掌。每遇下五京诸处取索物色及进南朝野味鹿茸果子,用此牌信,带在腰间。左边走马。【图略】

----

①面涂炭墨　宛委本此句上有"其夫"二字。
②黑豆汤调盐　"盐"字原脱,据本段上文及宛委本补。
③治兜离　宛委本作"治夔离",《辽史拾遗》引"燕北录"同。
④坤不克　"坤"原作"神",据宛委本及《类说》改。
⑤汉语浽风也　"浽",《辽史拾遗》引作"魂",似皆不通,宛委本作"鬼",疑是。
⑥以禳厌之　"之"字原脱,据宛委本补。
⑦蕃珂忍　宛委本作"荄珂忍",《辽史拾遗》引作"荄珍思"。
⑧左丞宣宋璘　《辽史拾遗》所引同,宛委本作"右丞宣朱璘"。按辽代文献未见有名"朱麟"者,《高丽史》卷七文宗元年(1047,辽重熙十六年)九月壬午有"契丹遣福州管内观察使宋璘来册王",或即此人,惟左、右丞宣未知孰是。

8 木刻子牌约有一十二道（上是番书"急"字①），左面刻作七刻，取其本国已历之世也。右面刻作一刻，旁是番书"永"字，其字只是用金镀银叶陷成，长一尺二寸已来。每遇往女真、达靼国取要物色、抽发兵马，用此牌信带在腰间。左边走马，其二国验认为信。【图略】

9 铁瓜（番呼鬃睹）以熟铁打作八片，虚合成，用柳木作柄，约长三尺，两头铁裹，打数不过七下。【图略】

10 沙袋（番呼郭不离）以牛皮夹缝，如鞋底，内盛沙半升以来②，柄以柳木作，胎亦用牛皮裹，长二尺，打数不过五百。【图略】

11 戎主、太后寝帐内事不论大小，若传播出外，捉获者，其元传播人处死，接声传人决沙袋五百。

12 契丹盗衣服钱绢诸物等捉获，赃重或累倍估计价钱，每五贯文决沙袋一下，累至一百五十文决沙袋五百，配役五年。若更有钱时，十贯文打骨鉢一下，至骨鉢五十已上更有钱时处死。

13 四时捺钵，春捺钵多于长春州东北三十里就泺甸住坐③，夏捺钵多于永安山住坐，秋捺钵无定止，冬捺钵多在靴甸住坐④。所谓捺钵者，戎主所至处也。

14 每正月一日，戎主以糯米饭、白羊髓相和为团，如拳大，于逐帐内各散四十九个。候五更三点，戎主等各于本帐内窗中掷米团在帐外，如得双数，当夜动蕃乐，饮宴；如得只数，更不作乐，便令师巫十二人，外边绕帐撼铃执箭唱叫，于帐内诸火炉内爆盐，并烧地拍鼠，谓之"惊鬼"。本帐人第七日方出，乃禳度之法，番呼此谓之"妳捏离"。汉人译曰"妳"是"丁"，"捏离"是

---

①番书急字　"急"，原作"鱼"，据宛委本改。

②内盛沙半升以来　"升"字原脱，宛委本同，《辽史拾遗》引作"内盛沙半升"，据补。"以来"，与上文第8条"长一尺二寸已来"用法同，表约数之意。

③春捺钵多于长春州东北三十里就泺甸住坐　"春捺钵"三字原脱，"三十"原作"三千"，据宛委本改补；"泺"原作"烁"，宛委本作"乐"，据《辽史拾遗》引文改。

④秋捺钵无定止冬捺钵多在靴甸住坐　"无定止冬捺钵"六字原脱，据宛委本补。

"日"①。【《岁时广记》卷七"妳捏离";略见《契丹国志》卷二七"正旦";《类说》卷五"压禳法"引此条多有节略。】

　　15 二月一日,番中姓萧者并请耶律姓者于本家筵席,番呼此节为"瞎里厨"。汉人译云"瞎里"是"请","厨"是"时"。【同上卷一三"瞎里厨";又略见《类说》卷五"萧姓请耶律"、《契丹国志》卷二七"中和"。】

　　16 三月三日,戎人以木雕为兔,分两朋走马射之。先中者胜,其负朋下马,跪奉胜朋人酒,胜朋于马上接杯饮之,番呼此节为"淘里化"。汉人译云"淘里"是"兔","化"是"射"。【同上卷一八"淘里化";又略见《类说》卷五"木兔"、《契丹国志》卷二七"上巳"。】

　　17 四月八日,京府及诸州各用木雕悉达太子一尊,城上舁行,放僧尼、道士、庶民行城一日为乐。【同上卷二〇"雕悉达";又见《契丹国志》卷二七"佛诞日",《类说》无此条。】

　　18 五月五日午时,采艾叶与绵相和,絮衣七事,戎主着之,番汉臣僚各赐艾衣三事。戎主及臣僚饮宴,渤海厨子进艾糕,各点大黄汤下,番呼此节为"讨赛离"。【同上卷二三"讨赛离";又略见《契丹国志》卷二七"端五";《类说》卷五"艾衣"所引多有删节。】

　　19 七月十三日夜,戎主离行宫,向西三十里卓帐宿,先于彼处造酒食。至十四日,应随从诸军并随部落动番乐设宴,至暮,戎主却归行宫,谓之迎节。十五日动汉乐大宴,十六日早却往西方,令随行军兵大嗷三声,谓之"送节",番呼此节为"赛离舍"。汉人译云:"赛离"是"月","舍"是"好",谓月好也。【同上卷三〇"赛离舍";又见《契丹国志》卷二七"中元";《类说》卷五"三节"所引多有删节。】

　　20 八月八日,戎主杀白犬,于寝帐前七步埋其头,露其嘴。后七日移寝帐于埋狗头地上,番呼此节为"捏褐妳"②。汉人译云:"捏褐"是"狗","妳"

①番呼此妳捏离及捏离是日　二"捏"字,《契丹国志》同,《类说》皆作"担"。
②番呼此节为捏褐妳及捏褐是狗　二"捏"字,原作"担",《类说》同,据《契丹国志》改。按契丹小字**伏为**、蒙古语"Nahai",于义为"狗",音与"捏褐"合。

是"头"。【同上卷三三"捏褐妳";又见《类说》卷五"埋狗"、《契丹国志》卷二七"中秋"。】

21 戎主九月九日打围斗射虎,少者输重九一筵席。射罢,于高地处卓帐,与番臣汉臣登高,饮菊花酒,出兔肝切生①,以鹿舌酱拌食之。番呼此节为"必里迟离",汉人译云九月九日也。【同上卷三六"必里迟";又见《契丹国志》卷二七"重九";此条《类说》卷五"打围斗射虎"所引颇有异同:九月九日打围斗射虎,少者输重九一筵席。射罢,于地高处卓帐,饮菊花酒,出兔肝切生,以鹿舌酱拌食之,呼此节为一十赛(一十是九,赛是九)。】

22 十月内,五京进纸造小衣甲并鎗刀器械各一万副。十五日一时堆垛,戎主与押番臣寮望木叶山,奠酒拜,用番字书状一纸,同焚烧奏木叶山神②,云"寄库",番呼此为"戴辣"。汉人译云"戴"是"烧","辣"是"甲"。【同上卷三七"戴辣时";又见《契丹国志》卷二七"小春";《类说》卷五"木叶山"所引节略颇多。】

23 戎人冬至日杀白马、白羊、白雁③,各取其生血代酒④,戎主北望拜黑山,奠祭山神。言契丹死,魂为黑山神所管。又彼人传云:凡死人悉属此山神。【同上卷三八"奠黑山";亦见《契丹国志》卷二七"冬至";《类说》卷五"奠黑山"所引文字稍略。】

24 腊日,戎主带甲戎装,应番汉臣诸司使已上并戎装。五更三点坐朝,动乐饮酒罢,各等第赐御甲、羊马,番呼此节为"秒离㕥"。汉人译云:"秒离"是"战","㕥"是"时",谓战时也。【卷三九"秒离㕥";又见《契丹国志》卷二七"腊月";《类说》卷五"戎装饮"所引文字稍略。】

25 六月十八日,耶律姓却请萧姓者,亦名瞎里㕥。【《类说》卷五,天启六年刻本。以下至第32条皆出于此。】

---

①出兔肝切生 "出"字原脱,据《类说》《契丹国志》补。
②同焚烧奏木叶山神 "奏"字原阙,据《契丹国志》补。
③白马白羊白雁 《类说》《契丹国志》皆作"白羊、白马、白雁"。
④生血代酒 "代",《类说》《契丹国志》皆作"和",于义更胜。

26 番呼种田为提烈。

27 正月十三日，放契丹做贼三日，如盗及十贯以上，依法行遣，呼为"鹘吕盵"（鹘吕是偷①，盵是时）。【此条亦见《契丹国志》卷二七"治盗"。】

28 戎主别有鼓十六面，发更时擂动，至二点住，三更再擂，呼为"倍其不离鼓"（是惊鬼）。

29 契丹富豪民要裹头巾者，纳牛、驼七十头，马百疋，并给契丹名目，谓之"舍利"。【此条亦见《契丹国志》卷二七"舍利"。】

30 契丹行军不择日，用艾和马粪，于白羊琵琶骨上灸，灸破便出行，不破即不出。

31 番兵每遇午日，如不逢兵，亦须排阵望西大喊七声，言午是番家大王之日。【此条亦见《契丹国志》卷二七"午日"。】

32 北界汉儿方为契丹凌辱，骂作十里鼻。十里鼻，奴婢也。

33《燕北杂录》载契丹兴宗重熙年间衣制、仪卫、打围、射鹿、钩鱼等事，于景祐五年十月撰进，不书撰人姓名，而著其所从闻曰：思乡人武珪在虏十余年，以善歌隶帐下，故能习虏事详悉。凡其所录，皆珪语也。达鲁河钩牛鱼，虏中盛礼，意慕中国赏花钓鱼，然非钓也，钩也。此之所记于虏为道宗清宁四年，其甲子则戊戌正月也。达鲁河东与海接，岁正月方冻，至四月而泮，其钩是鱼也。虏主与其母皆设次冰上，先使人于河上下十里间，以毛网截鱼，令不得散逸，又从而驱之，使集冰帐。其床前预开冰窍四，名为冰眼，中眼透水，旁三眼环之不透，第斫减令薄而已，薄者所以候鱼，而透者将以施钩也。鱼虽水中之物，若久闭于冰，遇可出水之处，亦必伸首吐气，故透水一眼，必可以致鱼，而薄不透水者，将以伺视也。鱼之将至，伺者以告，虏主即遂于斫透眼中用绳钩掷之，无不中者。既中，遂纵绳令去，久，鱼倦，即曳绳出之，谓之得头鱼。头鱼既得，遂相与出冰帐，于别帐作乐上寿。【程大昌《演繁露》卷三"北虏于达鲁河钩鱼"条，许沛藻、刘宇点校，《全宋笔记》第四

---

① 呼为鹘吕盵鹘吕是偷　二"吕"字，《契丹国志》皆作"里"。

编,大象出版社,2008 年,第 8 册,第 179—180 页;标题据《续古逸丛书·子部》影印宋刻本校改,江苏古籍出版社,2001 年,第 593 页。】

34 今使北者,其礼例中所得有韦而红,光滑可鉴。问其名则徐吕皮也,问其何以名之,则曰:"徐氏、吕氏二氏,实工为之也。"此说出于虏传,信否殊未可知矣。予案《燕北杂礼》所载虏事曰:"契丹兴宗尝禁国人服金玉犀带及黑斜喝里皮,并红虎皮靴。及道宗及位,以为靴带也者,用之可以华国,遂弛其禁,再许服用此,即靴带之制矣。及问徐吕皮所自出,则曰:'黑斜喝里皮,谓回纥野马皮也,用以为靴,骑而越水,水不透里,故可贵也。红虎皮者,回纥獐皮也,揉以硇砂,须其輭熟,用以为靴也。'"本此而言,则知徐吕皮也者,斜喝里声之转者也。然斜喝里之色黑,而徐吕之色红,恐是野马难得,而硇砂熟韦可以常致,故染而红之,以当獐皮也,为欲高其名品,遂借斜喝里以为名呼也。【同上"徐吕皮"条,第 146 页;个别文字据《续古逸丛书》影印宋刻本第 578—579 页校改。其中所谓"燕北杂礼"者,未见他处,疑"礼"为"录"或"记"之误,《辽史拾遗》卷一五"仪卫志二"引此条即作《燕北杂记》。】

(原载《文史》2017 年第 3 辑)

李纲《梁溪集》版本源流再探

——文献著录与稀见抄本的综合考察

一、前言

李纲（1083—1140），字伯纪，祖籍福建邵武，生于无锡梁溪，自号"梁溪病叟"。政和二年（1112）进士，官至尚书右仆射、中书侍郎，兼具将相之才，一生力主抗金，屡遭排挤，卒谥忠定。生前著述颇丰，留存至今者主要有诗文合集《梁溪集》一百八十卷。① 因其一度处于两宋之际政治中枢，是诸多重大史事的亲历者乃至决策者，《梁溪集》留下的大量相关记载具有十分珍贵的史料价值；同时，李纲诗文"雄深雅健，磊落光明"，②为方家所激赏，故此集

---

① 此外尚有词集《丞相李忠定公长短句》一卷，见中国国家图书馆藏《典雅词》本。明清时期中、日、朝有李纲奏议、文集选本多种，内容皆不出一百八十卷本《梁溪集》之范畴；同时，集末所收《建炎时政记》《建炎进退志》《靖康传信录》三书亦有单行本传世。又美国哈佛燕京图书馆藏有《论语详说》一部，著录为李纲所撰，已有专文考辨其误，参见徐潇立《哈佛燕京图书馆〈论语详说〉作者考辨》，《中国学研究》第 10 辑，济南出版社，2007 年，第 366—375 页。

② 《四库全书总目》卷一五六《梁溪集》提要，中华书局，2008 年，第 1345 页。

的文学价值亦颇堪重视。然而与其学术价值并不相称的是,有关《梁溪集》这部文献本身的研究长期以来却并不尽如人意,许多重要问题仍存待发之覆,本文所要讨论的版本源流就是其中之一。

《梁溪集》凡一百八十卷,以卷数记,仅次于周必大《文忠集》、刘克庄《后村集》,在传世宋人别集中名列前茅。这样一部卷帙浩繁的宋集能够流传至今,本身就是一个值得重视的问题,但以往的研究似乎未能很好地揭示出个中的来龙去脉。有关此书版本源流最早也是最重要的研究成果当推祝尚书《宋人别集叙录》,其中对《梁溪集》有一段五六千字的解题,根据部分传本之序跋及历代主要书目之著录,依次考证了《梁溪集》在宋、明、清三朝的编刻流传情况,大致勾勒出此书流传过程的基本面貌,但仍有许多关键问题并未得到彻底解决,如此书在宋代的初刻时间、由宋到明再到清的流传脉络,今传诸本与宋刻本的关系,清代刻本的刊刻时间等,都值得进一步检讨。① 此外,王瑞明在点校《李纲全集》时,虽未特别关注此书的文献源流,但从诸本文字异同的角度,对其部分版本之间的关系做出了判断,具有一定参考价值。② 近年来,陆续出现多篇题名讨论此书版本问题的专文,但多属介绍、罗列性质的文字,或明或暗地因袭、重复祝尚书之观点,偶尔根据个别书目著录提出己见,又多难成立,可以说对问题的解决并没有太多实质的发明与推进。③

因此,不得不承认,关于《梁溪集》这样一部重要文献的源流问题,已有研究虽然数量不少,但总体上看深度明显不足。具体说来,存在以下两个主要问题。其一,对《梁溪集》传世版本了解不够全面,利用不够深入。以往研究者注意到并加以利用的此书版本主要包括:上海图书馆藏宋刻残本(《中

① 祝尚书:《宋人别集叙录》,中华书局,1999年,第767—777页。下文引祝氏说皆出于此。
② 王瑞明:《李纲全集》"点校说明",岳麓书社,2004年,第1—6页。
③ 王卫婷:《〈李纲集〉版本综汇》,《科技信息(科学·教研)》2008年第15期,第520、531页;王路璐:《〈梁溪先生文集〉版本概述》,《黑龙江史志》2013年第23期,第126、128页;只诚:《〈梁溪集〉版本问题初探》,《黑龙江史志》2014年第3期,第151—152页。

华再造善本》影印,存三十八卷)、《文渊阁四库全书》本、清"道光"刻本、中
国国家图书馆藏傅增湘据朱文钧抄本校"道光"本(《宋集珍本丛刊》影印)
及季锡畴校跋本,但据本人目验及书目著录可知,此集除了这些本子之外,
尚有明抄残本一部,清抄本十余部(详见文末附表一),其中包含众多关于此
书版本源流的珍贵信息,前人均未涉及。其二,对于其他文献中有关此书的
记载发掘不足。既往研究关注点在于宋至清主要藏书目录特别是官方公藏
目录的著录,未能全面搜讨明清私家藏书目录,而且其他诸如方志、文集、年
谱等文献中亦存有不少相关记载,实有待发现与利用。鉴于以上二端,本文
拟立足于所知见的多部抄本,充分调动其他文献中的相关著录,对二者加以
综合考察,以期对《梁溪集》的版本源流有一个更为清楚的认识。① 同时,透
过这一个案,我们还可以观察到,尽管当今的文史研究在大数据洪流的影响
下"突飞猛进",但这并不意味着传统的文献学方法会就此失去用武之地。
实际情况可能恰好相反,许多为人忽视、亟需深耕细作的基本问题,或许仍
一直静静等待着拙朴的拓荒者。

二、李纲文集宋代编刻诸问题

关于李纲文集在宋代的编刻,先要从其生前亲自编定文集的留存问题
说起。祝尚书已指出,李纲生前曾自编《湖海集》《迁论》二书,今皆存其序。
实际上,这两部自编集的内容应该都保留在了今本《梁溪集》中。《湖海集》
见卷一七至二七,开首为序文,文末称"今蒙恩北归,裒葺所作,目为《湖海
集》,将以示诸季,使知往反万里四年间所得盖如此云,庚戌清明日梁溪病叟
序",②次为建炎元年(1127)至四年(岁次庚戌)所作诗。此前之卷一至一六
以及之后卷一八至三二亦皆为诗,按创作年月排序,但皆无单独序文,可知

①本文主要讨论《梁溪集》全本的源流问题,暂不涉及诸家选本。
②《李纲全集》点校本,第213页。

今本《梁溪集》卷一七以下的十一卷应该大致保留了《湖海集》的原貌。① 与此类似，今本卷一四五至一五四皆题作"迂论"，盖即出自李纲所编《迂论》，收罢相后所撰史论，序文则见于卷一三七中。这两部作者亲自编定之集不见于他处著录，或仅在家族内流传，后来被整体收入全集。

如前人已经指出的，李纲绍兴十年（1140）去世后很长一段时间里，其全集并未得到刊刻。《梁溪集》卷末附其弟李纶所作行状称其殁后"文章、诗歌、奏议凡百有余卷"，可见仅初步编次，而未有定稿。三十余年以后的淳熙三年（1176），其子李秀之曾搜集纲所著奏议表章编为八十卷，请陈俊卿作序，陈氏序作于淳熙六年。后四年，朱熹亦为此奏议合集作序。但直到嘉定二年（1209），李纲孙李大有方才在章颖等人的资助下将这八十卷的奏议刊刻完成，大有作跋云："集合政路帅府所纪为篇百有七十，而以《传信录》、《时政记》、《进退志》附益。表札奏议凡八十卷，是为今书，盖其后诸人所离合撰次也，得之先子。"②可知当时李纲全集已编定为一百七十卷，而作为附益的《靖康传信录》等三书凡十卷，正与流传至今的一百八十卷本构成完全一致。李大有当时只刻了奏议八十卷，其他的只能留待他日。

（一）嘉定初刻时间确考

关于李纲全集的初刻时间，祝尚书认为当在嘉定六年，其主要依据是以下三则跋文：

> 忠定公三朝耆德，彭寿愿执鞭而不可得。分符樵水，适在郑乡，公之去世六七十载，英风义概凛凛如存，敬以公所著刊于郡斋。若夫出处

---

① 需要说明的是，《湖海集》系李纲"往反万里四年间所得"，当以其归家为内容下限，故今本《梁溪集》卷二七所收诗作并非全出于此。卷首小注称卷内所收"道中作四十六首及抵家以后三十二首"，自开首至《靖康丙午冬道江南宿龟降寺建炎庚戌秋北归再过行遽不果到长老智光见访成三绝句以遗之》，属"道中作"，原本当系《湖海集》之内容；自《自海外归间关万里经涉五载初抵家与诸季会饮成长句兼简邹德久昆仲》以下则为"抵家以后"所作，与《湖海集》无涉。
② 上引陈、朱、章、李序跋皆见于今传诸本卷首及卷末。可参点校本第1—4、1765—1766页。

大节,前辈诸公言之详矣,彭寿窃附名以托不腐。嘉定癸酉(六年,1213)立秋日天台陈彭寿书。

……官画锦之乡,即事未数月,史君以公文集锓诸板,且命登董其事,因得尽观其所为文。……是集刊于秋之九月,成于冬之十二月,其为册三十有三,为卷一百八十。……迪功郎、邵武军军学教授黄登拜手谨跋。嘉定癸酉年某月某日。

……邵武乃公之故乡,郡斋已刊奏议,独文集尚缺……会丞相之孙制机(引者按:即李大有)与其族孙国录示以全帙,注盥手熏诵……鸠工刻梓,属泮师董其事,凡三月而后成,于以传示将来,启迪后学。注亦得以记名编末,与有荣耀。嘉定岁次庚辰(十三年,1220)冬十有二月朝议大夫权知邵武军兼管内劝农事赐绯鱼袋姜注谨书。①

三段跋文所述均为初刻全集之事,祝氏根据陈彭寿、黄登两段跋文的落款时间皆在嘉定癸酉,认为第三段姜注跋文落款中"庚辰"当为"癸酉"之误,如此三者方可吻合,进而断定李纲全集初刻于嘉定六年。这一判断乍看合理,但若进一步检核其他史料,就会发现其中存在明显的问题。据落款可知,上述三跋的作者皆为邵武地方官,检现存最早的邵武地方志嘉靖《邵武府志》卷四"秩官"部分,陈彭寿于嘉定五年任知邵武军事,而姜注则是嘉定十二年方任此职,黄登任该军军学教授的时间也是嘉定十二年。② 显然,姜注跋文落款署十三年庚辰不误,而真正有问题的应该是黄登跋文中的"嘉定癸酉"。黄登嘉定十二年方任军学教授,显然不可能在六年以前写作此跋。其跋中称"官画锦之乡,即事未数月,史君(即使君,指姜注)以公文集锓诸板,且命登董其事","是集刊于秋之九月,成于冬之十二月",与姜注跋文中"属泮师(即黄登)董其事,凡三月而后成""岁次庚辰(十三年,1220)冬十有二月"云云若合符契,黄登跋文当作于十三年末该书刊刻完成之后。再者,

①《李纲全集》点校本第 1767—1768 页。此本间有脱误,据其他诸本校补。
②邢址:(嘉靖)《邵武府志》卷四"秩官",上海古籍书店,《天一阁藏明代方志选刊》第 40 册影印嘉靖刻本,1982 年,叶 3a。

细审黄跋落款时间,实际上也可发现破绽。其余诸跋皆具署年月,惟此跋作"嘉定癸酉年某月某日",有年而无月日,由此推断,黄氏跋文本来应仅署结衔,而未著时间(或因与姜注跋文写作时间相近,无需再书),今本之时间当系后人抄录时所妄题:其为求前后形式一致,未及深究,仅根据此前陈彭寿跋之落款署作嘉定癸酉,而月日阙如,不仅于实有乖,更贻误后人。经过以上分析可知,嘉定六年时知邵武军事陈彭寿拟刊刻李纲全集,但并未成行,至嘉定十三年新的知军事姜注任上方才真正完竣。也就是说,李纲全集的初刻时间当重新厘定为嘉定十三年,而此时距其辞世之绍兴十年已整整八十载。纲乃一代名臣,彪炳史册,然其毕生主战,与高宗政见不合,生前一再遭贬,殁后久无谥号,直至高宗去世,方于淳熙十六年(1189)得谥"忠定",①其全集刊刻延宕如斯,除因卷帙浩繁外,恐亦与政治环境之变化不无关联。

(二)绍定补刻时间辨疑

李纲全集初刻后十余年,其书版藏于邵武郡斋,绍定年间经兵火毁坏,时知邵武军事赵以夫曾予以补刊,并作跋曰:

> ……武阳旧有集,辛卯(引者按:即绍定四年,1231)春闰,郡遭寇毁,官书散落殆尽。明年之春,予被简命来此,首访公集,缺五百板。又明年,境内稍安,即刊补之……余假守一年有半,值寇荒交急之秋,北(引者按:当为比之误)公时曾不过蚤疥癣耳,而须发为白,于以知公之为难也。追感前事,识于卷末。壬辰(五年,1232)日南至长荣赵以夫书。②

跋中所述之事能够得到其他记载的印证。刘克逊嘉熙元年(1237)《丞相李忠定公长短句跋》云:"樵川官书,经兵后仅存《丞相李忠定公大全集》,

---

① 《宋史》卷三五《孝宗纪三》,中华书局,1985年,第691页;《李纲全集》附录,第1752页;李心传:《建炎以来朝野杂记》乙集卷一二《刘李二忠定得谥本末》,徐规点校,中华书局,2000年,第689页。
② 《李纲全集》点校本,第1768—1769页。个别文字系据他本校改。

然犹散阙五百余板。今左司赵卿以夫为守日,汲汲刊补,迄成全书,四方人士皆欲得之。"① 足见赵氏补刊李纲全集一事在当时影响甚大,但关于此次补刊的时间,学界有两种不同的说法。第一种是祝尚书提出的绍定五年说,祝氏指出绍定四年辛卯无闰月,疑赵以夫跋中"辛卯春闰"当为"庚寅春闰"之误,而落款之绍定五年庚辰应该就是此次补刊之年。② 另一种说法则是王可喜《赵以夫年谱》提出的绍定六年说,他注意到嘉靖《邵武府志》记载赵氏任知邵武军事在绍定五年壬辰,认为这正与上引跋文中"辛卯(四年)……明年之春,予被简命来此"相合,而跋中称"又明年"补刊此书,则当在绍定六年。③二者各执一词,究竟孰是孰非?

我们认为,绍定五年更为合理,但目前祝氏之说以推测居多,还需结合其他材料做进一步论证,特别是要对王氏提到的方志史料做出解释。

首先,如祝氏所说,绍定四年辛卯确无闰月。从当时人的记载及后人的历谱推算皆可确知绍定三年庚寅闰二月,四年辛卯不置闰,④换句话说,跋文中"辛卯春闰"必有讹误。这是绍定六年说无法回避的漏洞。

其次,跋文中"明年之春,予被简命来此"与方志所记绍定五年赵氏始任知军事所指并非一事。嘉靖《邵武府志》宋代任官部分逐一列出历任长官,其记绍定年间知军事者云:"绍定四年王遂,绍定五年赵以夫。"⑤此条为逐年记录,当源自可靠的官方档案,从表面上看,赵以夫跋中"被简命来此"似乎就是指绍定五年。然而,揆诸其他史料即可发现,事实并非如此。刘克庄所撰赵以夫神道碑述其任职邵武之事云:"时淮西兵驻邵武,下瞿诸峒陆梁,

①中国国家图书馆藏《典雅词》本卷末,索书号 11254。

②祝氏《宋人别集叙录》以赵跋落款"壬辰日"连读,疑为"壬辰年"之误。按"日南至"乃古时冬至之别称,无需置疑。近出同氏所编《宋集序跋汇编》(卷二四,中华书局,2010 年,第 1108 页)已改正。

③王可喜:《宋代诗人丛考·赵以夫年谱》,武汉大学文学院博士学位论文,2014 年,第 280 页。又见王可喜、王兆鹏《南宋词人赵以夫生平及词作编年考》,《词学》第 30 辑(2013 年第 2 期),第 145 页。

④《宋史》卷五六《天文志九》(第 1221 页)、真德秀《西山文集》卷四五《仙都大夫李君墓志铭》(《四部丛刊初编》影印正德刊本,上海书店,1989 年,集部 210 册,叶 15b)皆记"绍定三年闰二月",陈垣《二十史朔闰表》(中华书局,1956 年,第 144 页)同。

⑤邢址:(嘉靖)《邵武府志》卷四"秩官",叶 3a。

建、泰饥人相食。陈公请以公摄郡事，乞盐招籴，以活饿孚。生获杨李二酋，余贼歼尽。俄为真。"①这段碑文记载绍定间赵以夫参与剿灭福建晏彪叛乱，其中的"陈公"即当时平乱主将陈韡，由此可知赵以夫最初任职邵武是由陈韡举荐而暂摄郡事，后来因剿寇安民有功方才成为真正的邵武知军事。而刘克庄的另一篇文字《邵武军新建郡治谯楼记》则称前任知军事王遂上任不久，即"以风闻去"，"诏用赵侯以夫代之"，②并明确称赵氏于绍定四年八月开始修复谯楼，则其摄郡事必在此前。将这些史料与上引跋文对读，可知赵跋所称"明年之春，予被简命来此"应当是指绍定四年春因陈韡举荐接替王遂暂摄邵武军事，这也正是此跋下文"余假守一年有半"中"假守"的真正含义，而嘉靖《邵武府志》记载的绍定五年应该是其建功后正式成为知军事的时间。

其三，绍定五年说可得到其他史料印证。据刘克庄所著陈韡神道碑，晏彪叛军攻占邵武当在绍定三年（庚寅）春，③上引跋文"辛卯春闰"如作"庚寅春闰"，则正与此相合；晏彪叛乱于绍定四年平定，至五年余党基本剿灭，故赵跋是年"境内稍安，即刊补之"；赵氏于绍定四年春摄邵武军事，至跋文写作时间之绍定五年冬至，刚好符合其所谓"一年有半"。

综上可知，前引赵以夫跋文除将"庚寅"误作"癸卯"外，余皆可与其他记载一一印合。赵氏于绍定四年春至邵武，开始寻访、补刊李纲全集，历时一年半，至五年冬至补刊完成。下文将会证明，这部绍定五年补刊本对后世的影响远远超过了嘉定十三年初刻本。

在宋人书目中，可以找到关于李纲全集宋刻本的踪迹。赵希弁《郡斋读书附志》著录"《梁溪先生文集》一百七十卷"，④祝尚书已指出此称一百七十

① 刘克庄：《后村集》卷一四二《虚斋资政赵公神道碑》，辛更儒《刘克庄集笺校》，中华书局，2011年，第5660页。部分标点有改动。
② 刘克庄：《后村集》卷八九，第3781页。《宋史》卷四一五《王遂传》（第12461页）称其至邵武郡"抚摩创痍，翦平凶孽，民恃以安"，"未几，言者以遂妄自标致，邀誉沽名，罢"，与刘文所述合。
③ 刘克庄：《后村集》卷一四六《忠肃陈观文神道碑》，第5764—5765页。《宋史》本传略同。
④ 赵希弁：《郡斋读书附志》别集类三，孙猛《郡斋读书志校证》，上海古籍出版社，1990年，第1192页。

卷当是"不计附益三种"(即前引李大有跋称《靖康传信录》等三书),所言甚是,但祝氏径称此著录者乃嘉定初刻本,却有失审慎。按赵氏《读书附志》约作于宋理宗淳祐十年(1250),时嘉定初刻本与绍定补刻本皆已问世,未可遽断赵氏所录为何。又《宋史·艺文志》著录"李纲文集十八卷",①此"十八"或为"百八十"之讹,从著录来源上考虑,这一记录可能照抄自宋理宗淳祐宝祐年间成书的《中兴四朝国史·艺文志》,该志据内阁藏本著录,彼时李纲集之初刻本与补刻本亦皆行世,此禁中所藏究竟是何版本,下节将结合明代内阁藏本的情况作出推断。

三、明清时期全本《梁溪集》的文献源流

厘清《梁溪集》在宋代的编刻情况,目的是解决此书的"源头"问题,接下来将着重探讨这部宋集究竟是如何流传至今的。

除抄撮旧目的《文献通考·经籍考》、《宋史·艺文志》外,《梁溪集》在元代未见于任何实藏著录。至明初修《永乐大典》曾多次引用此书所收诗文,题作"李纲集"、"李忠定公诗"、"李忠定公集"或"李忠定公梁溪集",共53首,皆见于今本,②就此推测当时所据之本与今传诸本区别不大。正统间修《文渊阁书目》著录此集云:"李忠定公《梁溪集》(一部四十册)。"③此当即修《大典》所据之本。至万历间所编《内阁藏书目录》亦著录此书,且更为详细:"《梁溪先生文集》三十六册不全。宋李纲著,凡一百八十卷。阙五十六至六十一,一百四至一百八,一百三十三至三十七,一百四十九至五十四卷,

---

① 《宋史》卷二〇八《艺文志七》,第 5373 页。

② 王瑞明点校本称《大典》卷五四〇所引《木芙蓉》一首不见于今本,遂将其附于诗集之末(点校说明第 6 页、正文第 433 页)。按此诗实见于今本卷一二,题作《芙蓉》。

③ 杨士奇:《文渊阁书目》卷九"日字号第三橱·文集",《宋元明清书目题跋丛刊》影印《读画斋丛书》本,中华书局,2006 年,第 4 册,第 88 页。钱溥《秘阁书目》及叶盛《菉竹堂书目》皆据此转抄,并非实藏。

外附年谱、行状二册。又二十册不全。"①此处著录了两部不全的《梁溪集》，将第一本与《文渊阁书目》的著录对比可知，此本所缺四部分卷帙应当刚好对应原本的四册，由此可知明初内阁所藏当为全本，至万历时已有残阙。②

祝尚书曾据上述著录指出，李纲全集元明时期似未重刻，至明代传本已稀，除以上目录外，其他私家书目皆不见全集踪影，之后又列举《四库全书》本、清刻本及部分清抄本情况等等。这些叙述并无太大差误，但其中的一个枢纽问题却没有解决，那就是由明到清此书究竟是如何实现从不绝如线到抄、刻流布的？现存诸本与宋代刻本究竟有何关联，能否找到清晰的流传脉络？

解决这一问题的关键在于《梁溪集》卷末所附《年谱》。通行诸本《梁溪集》一百八十卷正文之外，皆有附录六卷，包括李纲年谱、行状、谥议、像赞等内容。其中行状末明确署其作者为李纲之弟李纶，而《年谱》则亦被研究者众口一词地称作李纶所作。③然检今传一百八十卷全本所附年谱实未题作者，且绝大部分谱首残阙，谱文始于"（元祐）七年壬申、八年癸酉、绍圣元年甲戌"。与此稍有不同的是，《四库全书》本与北大藏清抄本（详情见附表一2号）在此前则多出"（元丰）六年癸亥公生　七年甲子　八年乙丑　元祐元年丙寅　二年丁卯　三年戊辰　四年己巳　五年庚午　六年辛未"一段，但亦无作者，且无任何记事，与年谱开首当介绍谱主基本信息及出生具体时间的通例不合，不能不令人怀疑其为后人据年龄推算所补，而非谱首原文。那么，这部年谱开首原本的内容究竟是什么？其与《梁溪集》的版本源流问题

①张萱：《内阁藏书目录》卷三，《宋元明清书目题跋丛刊》影印《适园丛书》本，第4册，第333页。

②陈第《世善堂藏书目录》卷下著录"《梁溪集》一百二十八卷"（《宋元明清书目题跋丛刊》影印《知不足斋丛书》本，第5册，第35页），此卷数不见于他书，陈氏此目多为后人所增窜，真伪参半，不可尽信。

③赵效宣：《李纲年谱长编·略例》，香港新亚研究所1968年初版，此据1980年再版，台北商务印书馆，第4页；昌彼得：《宋人传记资料索引》，鼎文书局，1976年，第902页；王德毅：《中国历代名人年谱总目》，华世出版社，1979年，第66页；吴洪泽：《宋人年谱集目·宋编宋人年谱选刊》，巴蜀书社，1995年，第19、156页；杨殿珣：《中国历代年谱总录（增订本）》，北京图书馆出版社，1996年，第133页；《北京图书馆藏珍本年谱丛刊》，北京图书馆出版社，1999年，第21册；《国家图书馆普通古籍总目》第5卷"传记门"，国家图书馆出版社，2008年，第248页等。

又有何关系？

幸运的是，我们在一部罕为人知的明抄本《梁溪先生文集》中找到了线索。此本藏华东师范大学图书馆，五十卷，附年谱一卷、谥议行状一卷，一函五册，每半叶十行廿二字，蓝丝栏纸抄，白口单鱼尾，四周单边，钤有"陈之问"等印。卷一末有朱笔校语云："皇明万历辛亥（三十九年，1611）八月二十五日对赵玄度所抄阁本校正。谢兆申识于金台华严庵。"卷末有万历三十九年赵琦美（字玄度，1563—1624）跋曰：

> 曩予官留台日，常与弱侯焦先生谈靖炎间事，辄恨钦、高不能终用李忠定公，以至北狩南辕。一人定国正，忠定也。常见公奏议六十九卷及《靖康传信录》、《建炎进退志》、《建炎时政记》等，而不得睹先生全集，遍访士大夫家未遇也。辛亥余官奉常，得交中翰范君可慢，因假内阁藏本《梁溪集》三十六册，辄录一部。中阙五十六卷之六十一卷，一百四卷之一百八卷，一百三十三卷之一百三十七卷，一百四十九卷之一百五十四卷，凡阙二十二卷；复假阁中散乱之秩二十册检之，凡得十六卷，以补其不足，尚缺一百四卷之一百八卷及一百三十七卷，凡缺六卷，而一百三十七卷复于乱秩又检出首五叶，止缺五卷半矣。后又借得《李忠定公奏议》，检之为补一百四卷之一百七卷，今所少惟一卷半耳。其一百八卷书札也，一百三十七卷序文也，又三十三卷中亡七八二张，一百五十三卷中亡第七叶之后半，几为全书矣。倘天作之合，予不遽死，尚当物色之耳。时万历三十九年季秋三之日二鼓书于奉常公署。清常道人赵琦美志。

由跋文可知，此本乃赵氏于万历三十九年自明廷内阁抄出，跋中所述内阁藏本的情况与上引《内阁藏书目录》完全吻合，[①]其一本阙四册，另一本则为"散乱之秩二十册"。赵氏将内阁所藏两部残本相补配，又补以他书，几成

[①] 赵氏《脉望馆书目·冬字号》（《宋元明清书目题跋丛刊》影印涵芬楼秘笈本，中华书局，2006年，第4册，第977页）著录此本云："《李忠定公集》二十本，少一百八卷书札、一百八卷序文；三十三卷内少七、八二张表本诏书；一百五十三卷内少第七叶迁论。"其中"一百八卷序文"当为"一百三十七卷序文"之误。

全本(仅阙一卷半内容),然今仅存前五十卷及部分附录。① 检此本卷末所附年谱,主体内容与其他诸本年谱别无二致,兹于谱文首尾各摭一段列表对比如下:

表1 《梁溪先生年谱》明抄本与通行本内容对照表

明抄本	通行点校本
徽宗皇帝建中靖国元年辛巳　公年十九。正月七日丁韩国夫人忧。按龟山杨公所撰墓志云:夫人姓吴氏,括苍人,奉议郎长兴府君之女,名犯渊圣庙讳。公庐毗陵锡山茔次,书释氏《妙法莲华经》七卷置椁中,手植松柏数十万。	徽宗皇帝建中靖国元年辛巳　公年十九。正月七日丁韩国夫人忧。按龟山杨公所撰墓志云:夫人姓吴氏,括苍人,奉议郎长兴府君之女,名犯渊圣庙讳。公庐毗陵锡山茔次,书释氏《妙法莲华经》七卷置椁中,手植松柏数十万。
(绍兴)十年庚申　公年五十八。正月十一日,中使徐玿传宣抚问。十五日,公薨。初,公叔弟校书公博学多识,公所以期待者甚远,入馆未几,不幸早世,公悼恨不已。适上元具祭,抚几号恸,仓卒感疾,即薨于楞严精舍。迁特进致仕,特赠少师。官其亲族十人,奏补一子四孙外,其夫人请于朝,授公之侄鼎之、从侄昌之,母舅吴彦举、甥周伯骏、外孙黄同寅,从公素志也。又命公弟自浙东宪移闽部,以营襄奉。十二月十四日,葬于福州怀安县桐口大家山之原。后四年癸亥,以长子仪之升朝,遇郊祀恩,赠太保。又三年丙寅,再赠太傅。	(绍兴)十年庚申　公年五十八。正月十一日,中使徐玿传宣抚问。十五日,公薨。初,公叔弟校书公博学多识,公所以期待者甚远,入馆未几,不幸早世,公悼恨不已。适上元具祭,抚几号恸,仓卒感疾,即薨于楞严精舍。迁特进致仕,特赠少师。官其亲族十人,奏补一子四孙外,其夫人请于朝,授公之侄鼎之、从侄昌之,母舅吴彦举、甥周伯骏、外孙黄同寅,从公素志也。又命公弟自浙东宪移闽部,以营丧事。十二月十四日,葬于福州怀安县桐口大家山之原。后四年癸亥,以长子仪之升朝,遇郊祀,恩赠太保。又三年丙寅,再赠太傅。

很明显,上引两段,除划线部分个别文字稍有出入外,②两种版本内容完全相同,通观整部年谱皆是如此,可以肯定,二者根本就是同一篇文献。但值得特别注意的是,与通行诸本年谱首叶残阙不同,明抄本的谱首多出了如

①此本首为"梁溪先生文集目录",至卷五〇止,其最后一叶笔迹与之前及其后正文明显不同(内容为卷五〇末三篇名及附录年谱行状、《梁溪先生》文集目录终),当是此本在流传中散逸,仅遗五十卷,后世收藏者重装并删改目录,使其与正文相符,以残充全。

②以明抄本校点校本,所得异文往往多见于现存其他抄本,并非孤证。如上表划线部分之"以营襄奉",即亦见于傅增湘校本。

下内容:

> 梁溪先生年谱　门生左奉议郎、充福建路安抚司主管机宜文字赐绯鱼袋郑昌龄编
>
> 先生姓李讳纲字伯纪,邵武军邵武县人,侍先卫公家于常州之无锡梁溪,因自号梁溪病叟。
>
> 神宗皇帝元丰六年癸亥　　公生于是年闰六月初十日子时。按《抵沙阳之夕民居延火几爇官司诗》有"生辰端是穷申未"之句,自注云"生辰己未火甲申水",则知己未为月,甲申为日,时乃甲子。
>
> 七年甲子
>
> 八年乙丑
>
> 哲宗皇帝元祐元年丙寅
>
> 二年丁卯
>
> 三年戊辰
>
> 四年己巳
>
> 五年庚午
>
> 六年辛未
>
> 七年壬申(引者按:自此以下全同于通行本)
>
> 八年癸酉
>
> 绍圣元年甲戌

显然,这些文字应该就是通行诸本谱首所阙佚的内容,只不过它告诉我们,李纲年谱的作者并不是以往所想象的其弟李纶,而是其门生郑昌龄。①郑昌龄字梦锡,生平事迹略见于《宋会要辑稿》、《系年要录》、《淳熙三山志》

---

① 曾有部分研究者注意到此明抄本所附年谱为郑氏所著,却又将其与通行本之年谱并列为两种不同的年谱,而仍题后者作者为李纶,显然是未能仔细比对内容、弄清传本源流的结果。参见谢巍《中国历代人物年谱考录》,中华书局,1992 年,第 180 页;刘琳、沈治宏《现存宋人著述总录》,巴蜀书社,1995 年,第 62 页;黄秀文《中国年谱辞典》,百家出版社,1997 年,第 173—174 页;《宋人年谱丛刊》第 6 册《梁溪先生年谱》解题,四川大学出版社,2003 年,第 4076 页。

等书,《梁溪集》中亦有多处记载,与李纲交往密切。《系年要录》等书记绍兴十年郑氏寄禄官为左宣教郎,①此谱则署左奉议郎。按南宋京官(宣教郎以下)四年一磨勘,朝官(通直郎以上)三年一磨勘,可推知郑氏最晚于绍兴十四年转通直郎,历三年再转奉议郎,任期三年,故其任左奉议郎之时间下限当在绍兴二十年,而此年谱内容之时间下限则为绍兴十六年,故可大致判定此年谱当作于绍兴十六年至二十年之间。

以上引文为此明抄本年谱首叶,其中末三行即为其他大部分传本年谱的开首三行。明抄本每半叶十行廿二字,而今存宋刻残本每半叶九行廿字(参《中华再造善本》影印本),以行款计算,明抄本每叶正反面多出两行,而谱头交代生年一段(公生于是年……时乃甲子)在明抄本中占满三行,在宋刻本中需占四行,则又多一行,共多出三行,故明抄本末三行在宋本中原本当为第二叶开首三行,也就是说,明抄本较今存它本多出之内容恰好为宋本的一整叶。

以上考证说明,除明抄本外,今存诸本当皆源出于一部首叶阙佚的宋本。那么,这部宋本又是什么来历呢? 康熙年间,林侗曾新撰李纲年谱一部,其序文云:"戊寅(康熙三十七年,1698)夏,嘉兴朱彝尊先生至闽,云于内府录得《忠定公全集》,有年谱,然无若君之详核有据,盖并梓以传。遂以内府旧本遗予,已落其首页,次页首行所载始于哲宗元祐七年壬申公年十一岁,则亦以《宋史》卒于庚申五十八岁为断也。"②由此可知,朱彝尊曾在内阁中抄录李纲全集一部,年谱首叶已阙佚,次叶首行内容与今存大部分清抄本谱首完全一致,由此推断,竹垞所见内阁藏本很可能就是今存诸本的祖本。关于其抄录内阁藏书一事,朱氏自己曾明确记载道:"予分纂《一统志》,昆山徐尚书请于朝,权发明文渊阁书,用资考证。大学士令中书舍人六员编所存

①李心传:《建炎以来系年要录》卷一三七绍兴十年九月丙午,胡坤点校,中华书局,2013 年,第 2587 页;徐松辑:《宋会要辑稿》职官二七之二九,中华书局影印稿本,2012 年,第 2951 页。
②林侗:《李忠定公新旧年谱合刻序》,见张凤孙修(乾隆)《邵武府志》卷二一,北京大学藏乾隆刻本,叶 54a—56b。按林氏此谱已佚,仅存其序。

书目,中亦有《典雅词》一册,予亟借抄其副,以原书还库,始知是编为中秘所储也。"①朱彝尊参与修纂《大清一统志》事在康熙二十二年,②因职务之便,据"中书舍人六员编所存书目",按图索骥,抄录了不少明代文渊阁旧藏典籍,《梁溪集》应该也是在这一时期抄出的。

进一步追踪朱彝尊抄本的去向,有助于深化我们对上述问题的认识。此抄本在朱氏藏书目录中著录为四十册,③今恐已亡佚,不过,一部以竹垞抄本为底本的传抄本却幸运地保留了下来。此本今藏北京大学图书馆(LSB/1506),一百八十卷全,半叶十二行廿字。其正文卷一首叶称此本之底本为"宋知邵武军陈彭寿、史宣之、姜注、赵以夫缮梓"、④"大清秀水朱彝尊影钞,大兴徐松、汉阳叶志诜鉴藏","四库纂修官纪昀等阅,分校潘奕隽等签记",卷内随处可见何秋涛(1824—1862)之校语,其中多称"影宋抄"、"馆校"云云。根据以上信息,可以梳理出朱彝尊抄本的来龙去脉:首先,朱氏抄本为影宋抄本,其据以影钞的明内阁藏本当为赵以夫绍定补刊本。上引文称"姜注、赵以夫缮梓",检北大藏本末有赵以夫绍定五年跋,当得自朱氏影钞本,今存诸全本《梁溪集》卷末皆有此跋,亦可见其共同源于赵氏补刊本。其次,朱氏此本后入四库馆,成为四库底本。《四库全书总目》著录《梁溪集》为"编修汪如藻家藏本",《四库采进书目·国子监学正汪(按即汪如藻)交出书目》有"《梁溪集》四十本",⑤与朱氏本相合;又《文渊阁四库全书》本首叶所题校对官正为潘奕隽,何秋涛校语中"馆校"云云即指四库馆臣在底本上所加校语。其三,朱氏影宋钞本后自馆中流出,由徐松、叶志诜递藏,最终归

①朱彝尊:《曝书亭集》卷四三《跋典雅词》,《四部丛刊初编》影印康熙刻本,上海书店,1989年,集部 168册,叶4b。同书卷四四《宋本舆地广记跋》(叶3b)亦云:"徐尚书总裁《一统志》,请权发文渊 阁故书以资考验,是编首二卷存焉。予亟传写,遂成完书。"

②参张宗友:《朱彝尊年谱》,凤凰出版社,2014年,第294页。

③《潜采堂宋元人集目录》及《竹垞行笈书目》所载皆同,出处见附表二。

④其中"史宣之"原作"史君",后贴纸改,天头有校语称"史,府志查出",可知此处盖误以前引黄登跋 文中"史君"为刻书之人名(实即"使君",指姜注),又寻诸方志,竟将与刊刻此书毫无关联之人列入。

⑤吴慰祖校订:《四库采进书目》,商务印书馆,1960年,第180页。

于何秋涛,后据以传抄一部,即为北大藏本。检此本卷末附年谱,正文始自"六年癸亥公生",天头何秋涛校云:"影宋抄本原空十五行,元丰二字系馆本所加。"据此可知,影宋抄本原文即有"六年癸亥公生"云云,而《四库全书》本则在其前加"元丰"二字,核诸四库本果然如此。结合上引林侗所述可知,朱氏据以影抄之内阁藏本首叶残阙,其谱首"六年癸亥公生"至"六年辛未"的文字当为朱氏后来据推算所补,又为《四库全书》本及北大藏本所因袭。

至此可以确定,今存清代诸本皆当源出明内阁藏本,此本很可能是赵以夫绍定五年补刊之本。除四库本、何秋涛校本外,其余诸本皆未补"元丰六年"以下文字,可知其并非出自竹垞影抄本,而应是经由其他人自内阁录出而传抄流布,详情暂不可考。① 诸本遇宋讳多称"某某嫌讳"、"犯某帝讳"等,亦源出于宋本。今存清抄本中有个别不避康熙皇帝讳者(如附表一7号),当抄成于清初,早于朱彝尊抄本,然其内容存佚已与后来抄本无异,可见诸抄本之祖本——内阁藏宋本在清初以前即已基本形成了如今的面貌。仔细比对诸清抄本,其共同的阙佚内容,除上文提到的年谱首叶外,卷三三、一三四、一四二等处均有明显阙文。这些阙文与前引赵琦美抄本内容及其跋文所述加以对比,卷三三是两者共同的阙卷,其余部分则互有参差,可以确定,二者当源出于同一部略有残阙的内阁藏本,只不过抄录先后不同,内容略有出入。赵琦美抄录在前,内阁藏本的部分内容(如年谱首叶等)尚未阙佚,而后来抄出的清抄本之所以在其他内容(如赵本所阙之卷一〇八、一三七)有所增益,则有可能是赵氏补配、抄录之后,又曾有人对内阁藏本做过补配,诸清抄本皆自补配后的本子传抄。

综上所述,我们终于可以梳理出有宋以来《梁溪集》流传的主线。宋嘉定十三年姜注初刻李纲全集,后书版毁于兵燹,绍定五年赵以夫予以补刊,此补刊本理宗朝进入宋廷内阁(或即见于《宋史·艺文志》者,当转录自《中兴四朝国史·艺文志》)。宋元易代,宫廷藏书多数得以保全,此本或一

---

① 当时自内阁抄录《梁溪集》,除赵琦美、朱彝尊外,可考者尚有万历年间李春熙抄出文集部分,其后人据以刊刻选集,然当与今传诸全本无涉。

直庋藏内府。元明鼎革,幸未散佚,修《永乐大典》时再次为人所用,尚为完本。至万历年间,略有阙佚,后虽经补配,然终留微瑕。明末清初,多位慧眼识珠之士先后入内阁抄录此书,终令天壤间孤本得以流传于世,泽被后人——今存《梁溪集》一百八十卷全本皆出于此。①

四、《梁溪集》清刻本及相关史事考辨

经过以上考证可知,李纲全集自嘉定初刻、绍定补刊后,元明两朝再未付梓,明末清初,内阁所藏全本被抄出,这才逐渐辗转流传开来。不过,自清初以后的二百余年里,《梁溪集》一直还是以抄本的形态流布的。这不仅体现在如今传世为数甚夥的抄本,更体现在众多清代藏书家著录间大部分抄本今已不存(详见本文附表二),但仍可窥测此书困难却并不失热闹的流通状态。既然此集深为士林所好,又为何迟迟无人刊刻? 究其缘由,可能存在以下两方面的问题。其一,部头太大。面对煌煌一百八十卷的巨著,剞劂之费绝非寻常士家或书商所能负担。其二,政治环境。李纲一生力主抗金,其著作中往往大谈"服戎"、"御寇"之策,又尽以胡虏夷狄等字眼指称女真人,这在清中前期文网密布的环境下,显然极易触犯忌讳,不仅四库馆臣对其著作大加删改,更曾一度被某些敏感的地方官列为禁书。② 如此氛围之下,自然不会有人大张旗鼓地刊刻李纲全集,③这样的情况一直到晚清才有所改变。

①此处所论乃李纲全集流传的主要脉络,尚有个别残本、选本无法纳入其中,如今存宋刻残本三十八卷,上有文征明(1470—1559)、毛晋(1599—1659)等人藏印,可知其曾在明代民间流传,恐当时已是残阙之本。另外,今传十余部一百八十卷抄本,虽同出一源,但传写内容时有错讹互舛,加之绝大部分抄本并未交代底本为何,故诸抄本彼此之间的传抄关系暂难一一详考。
②乾隆四十六年九月二十八日《署云南巡抚刘秉恬奏遵旨查缴应禁书籍并请展限一年折》在禁书清单中列有"《李忠定文集》,一部,五本",同年十一月初十日《江苏巡抚闵鹗元奏续缴应禁各书并请再行展限一年折》禁书单中有"《李忠定奏议文集》,六本,明左光先选",皆为李纲著作之选集。参见中国第一历史档案馆编《纂修四库全书档案》,上海古籍出版社,1997年,第1402、1435页。
③康熙、乾隆间曾有人重刊、选刊李纲奏议及部分文集,但已删汰大半,远非全貌。

目前所知,李纲全集在清代重刻是道咸以后的事情。现存完整的清刻本版本特征完全一致,九行十八字,细黑口单鱼尾,四周双边。其中部分刻本卷末有道光十四年陈征芝跋,其文略云:

> ……公之遗集流传甚罕,邵武家祠选刻亦非完秩。余自弱冠宦游四方,舟车所至,未尝不留心寻觅兹一百八十六卷全集。今夏得自平湖友人钱姓,乃当时进呈真本。顾自宋至今历七百余年,全书尚未锓梓,异日得以校刊行世,岂非厚幸也。时道光十有四年(1834)五月二日同里后学陈征芝盥手谨跋于秀州官署之爱日堂。

现今国内外各大图书馆多据此跋落款将所藏刻本著录为道光十四年刊本,祝尚书则注意到此跋仅称"异日得以校刊行世,岂非厚幸也",而不详何年,认为径著录为十四年恐不确,"要之或当刻于道光年间",学界也一致称此本为道光刻本。然而,我们在书目著录中新发现的一则材料或许足以修正这一结论。

上引跋文作者陈征芝之孙陈树杓据其家中藏书编有《带经堂书目》,其卷四有云:

> 《梁溪集》一百八十卷附录六卷(旧钞本,平湖钱梦庐藏书) 宋李纲撰。有陈俊卿、朱文公为之序。……(引者按:此处全录上引陈征芝跋)谨按《李忠定全集》,先大父于道光辛卯夏日在秀州得自平湖钱梦庐先生……先大父收得是集,即欲付之剞劂,后因卷帙繁重,无力完板,姑序识之。咸丰初元,闽省大吏奏请忠定从祀先圣庙庭,并假予家藏全集付梓。彼时吏胥射利,钞录脱落刊削不全,今岁当事诸公新修忠定祠宇,复假予前本校补增讧,始为完书云……同治丁卯夏树杓谨识。①

此本显即以上所谓"道光刻本"之底本,有陈征芝跋,但陈树杓明确说,其祖确曾打算刊刻此本,但未能如愿(陈征芝约卒于1842年),只是"姑序识

---

①陈树杓:《带经堂书目》,《中国著名藏书家书目汇刊·明清卷》影印宣统顺德邓氏风雨楼铅印本,商务印书馆,2005年,第28册,第464—467页。

之",直到咸丰元年(1851)福建巡抚徐继畬(即树枌所云"闽省大吏")奏请李纲从祀孔庙获准以后,^①方才得以付梓。可知此书初刻并不在道光年间,而已至咸丰时。陈氏又称,此咸丰初刻本质量粗劣,刊刻不全,至同治五年(1866)地方政府又以其家藏本增订重刻。我曾目验数部清刻全本,皆避同治讳"淳",当为重刻之本。想来初刻本质量下乘,或许流传未广。

有清二百年李纲全集以抄本流传的情况到咸同年间得以改变,这应该与政治、学术环境的变化密切相关。道咸以降,中国内忧外患渐起,经历数千年未有之变局,强国御侮成为时代主题,经世之学被大加提倡,足以垂范的前代先贤也因此得到再发现、再利用。^② 在这样的背景下,向以忠义、经世著称的李纲得到了朝野上下的重视,不仅被抬出来从祀孔庙,其文集也在时隔六百余年后重新刊刻行世。^③

在上述时代潮流中,着手刊刻《梁溪集》的其实并不止陈征芝、徐继畬等人。尽管今天所能看到的清刻全集仅有咸同本一种,但从当时人留下的记载中,我们还是能发现其他刻本的踪迹。前文曾提到北大所藏清抄本系何秋涛据朱彝尊影宋抄本转抄,并写有大量校语。其正文卷一首叶除上引交代底本情况的文字外,还有两行重要的信息:"署邵武府知府山阴娄浩重镌","刑部候补主事光泽何秋涛校释"。由此可知,何秋涛抄校此本的目的是为了由当时邵武知府娄浩加以重刻。这一点亦可从北大藏本的用纸得知,此本用特制红格纸抄,书口皆印"李忠定公梁溪集卷"字样,则其很可能是打算作为刻本的清样来使用。至于何氏所加大量校记、按语,原本应该也

---

①参见《清文宗实录》卷二九咸丰元年三月辛丑,《清实录》,中华书局,1986 年,第 40 册,第 411—412 页。

②参见冯天瑜、黄长义《晚清经世实学》,上海社会科学院出版社,2002 年,第 158—311 页。

③如曾国藩《议覆宋臣李纲从祀文庙疏》即称(《曾国藩全集·奏稿一》,岳麓书社,1987 年,第 23 页):"臣等细观其文集、奏议,于政治得失言之深切著名,纯忠亮节,皎然不磨。核其品学经济,实与诸葛亮、陆贽、范仲淹、文天祥相等。自当一体从祀,以奖忠义。"另可参徐继畬《请宋臣李纲从祀文庙疏》,《松龛先生全集·奏疏》,《近代中国史料丛刊续编》第 42 辑,文海出版社,1977 年,第 44—46 页。

是打算随原文一同刊刻的。按娄浩于咸丰五年始任邵武知府，①当时何秋涛正归乡侍亲，"主讲邵属五书院"，②校刻是书的工作亦当在此时。可惜好景不长，咸丰七年邵武为太平军攻陷，娄浩被杀，此本最终未能刻成。关于这一刻本，时人杨希闵在所著《李忠定公年谱》卷首的《引用书目》中有一段比较详细的记载：

> 案公全集为《梁溪集》，凡一百八十卷附录六卷，四库著录，外间罕有。曩故友何愿船刑部（秋涛）得一钞本，讹脱特甚，愿船细为校正，随校随刻，已于邵武刻至四十五卷。闵尔时客邵武，每从假观，叹校本精善，促其竣功。俄寇乱，各分散，愿船由福州航海北上，携稿本并板以去。后闻愿船殁于保定，此书不知流落何所，思之惘怅。③

杨氏曾亲见何秋涛"随校随刻"，且"已于邵武刻至四十五卷"，太平军至邵武，秋涛携稿本北上，于同治元年逝世，其稿本亦流落四方，最终归于北大图书馆。④此本虽未刻成，但何秋涛为之付出的心血却保留下来，其中按语内容十分丰富，既有文字校勘，又有史实考证，还包括对比当时与宋代国势的政论文字，有待相关文史研究者进行深入的整理与发掘。

最后，还有必要提及一部鲜为人知的"准全集刻本"。今各大图书馆分别著录光绪年间湖南爱日堂所刻李纲零散著作多种，或为奏议，或为文集，或为杂史，很少引起研究者的关注。但若将这些名目不同的选刻本合而观之就会发现，这实际上是一次有计划的、类似全集刊刻的举动，只不过是分次进行且最终似乎并未刻完罢了。光绪二十九年（1903）所刻《李忠定奏

---

①王琛：(光绪)《重纂邵武府志》卷一四《职官·知府》，北大图书馆藏光绪刻本，叶16a—16b。

②王琛：(光绪)《重纂邵武府志》卷二一《人物·文苑·光泽县》，叶37a。

③杨希闵：《李忠定公年谱》，《宋人年谱丛刊》第6册，四川大学出版社，2003年，第4100页。

④何秋涛校刻李纲全集事，亦见龚显曾(1841—1885)《亦园脞牍》卷六"何愿船比部"（中国国家图书馆藏诵芬堂刻本，叶12a）："校锓《李忠定公全集》二百卷，所撰《忠定公年谱》多辨林同人、黄心斋之误，考勘确凿，非向壁虚造之谈。"其中记载全集卷数有误，所称何氏著《忠定公年谱》云云亦不见他处，疑其乃将杨希闵所著年谱混淆，当属道听途说。

议》，扉页内侧云："光绪癸卯岁夏五月湖南爱日堂谨遵文渊阁著录《梁溪集》原本校刻。"在其奏议正文之后有一署名为"平养居士"的长篇跋文，记载其从朋友处得到一部一百八十卷《梁溪集》抄本，脱落错误颇多，遂将其与诸选本详加校雠，并称："谨先将拟撰表本一卷、靖康拟诏一卷、建炎拟诏一卷、拟制诏四卷、表札奏议六十四卷、札子二卷、状三卷、年谱一卷刊布，使世之承学治国闻者得以览焉。其书牍二十二卷、靖康传信录三卷、建炎进退志四卷、诗集二十八卷、赋四卷、启二卷、记二卷、序六卷、赞二卷、颂箴铭辞一卷、论二卷、迁论十卷、传一卷、文一卷、说一卷、答释辩对一卷、非一卷、戒一卷、题跋三卷、祭文词疏二卷、碑一卷、墓志四卷、建炎时政记三卷、本传一卷、行状三卷，亦当次第刊之。"[1]按平养居士即王龙文（1864—1923），湖南湘乡人，此跋亦见王氏《平养堂文编》，文字略有异同。[2] 由跋文可知，王氏首先刊刻奏议及拟诏等七十余卷，其余打算陆续付梓。不仅如此，王氏还将"李忠定《梁溪全集》"列入由他主讲的益阳箴言书院的必读书目，[3]可见其确有刊刻全集以广其传的打算。不过，后来的刊刻工作似乎并未能按照王氏计划进行。除光绪二十九年刻奏议外，似仅又刻两种：其一，文集三十九卷，扉页内封题"光绪戊申（1908）湘乡爱日堂据旧本梁溪全集校刊"，内容包括论、迁论、杂著、题跋、序、记、赞、颂箴铭辞、哀祭、碑；其二，杂史三种十卷（即靖康传信录、建炎进退志、建炎时政记），附行状三卷、谥议一卷，未署刊刻时间。三种共计一百二十余卷，占全书三分之二强，其余诗、赋等篇什未见刊刻，或因情势变化，刻书计划亦随之调整。无论如何，作为李纲著作的最后一次大规模刊刻，王氏此举应在《梁溪集》版本流传史中占据一席之地。

---

①李纲：《宋李忠定奏议》卷六九末附，北京大学图书馆藏光绪刻本。

②王龙文：《平养堂文编》卷二《校刊宋李忠定公奏议跋》，《清代诗文集汇编》影印宣统三年思贤书局刻本，上海古籍出版社，2010年，第790册，第66—67页。

③王龙文：《平养堂文编》卷一〇《箴言书院学程》，第173页。

五、结论

本文对李纲《梁溪集》的版本源流重加检讨,基本廓清了这部重要宋集的来龙去脉,力图为相关文史研究者更好地利用此书提供必要的文献学基础。主要论点如下:(一)此集初刻于宋嘉定十三年,而非前人所称之嘉定六年;(二)以往关于此集补刻时间存在争议,根据方志、文集等材料可确定在绍定五年;(三)关于此集由宋至明的流传脉络,已有研究未得其实,藉由华东师大藏明抄本所提供的关键线索可知,今存一百八十卷本《梁溪集》皆出自同一部绍定补刻本,此本在南宋时进入内廷,历经宋元明易代而未散佚,遂成孤本秘籍,至明末清初为有识之士陆续抄出,始流传于世;(四)传世《梁溪集》所附年谱的作者并非通常认为的李纲之弟李纶,而应是其门生郑昌龄,此谱当作于绍兴十六年至二十年之间;(五)是集在晚清数次付梓,以往为人熟知的所谓道光刻本实刻于咸同年间,而何秋涛、王龙文分别校刻此书的史事也值得引起学界的关注;(六)《梁溪集》传世抄本众多,以华东师大藏明抄残本、北京大学藏何秋涛校抄本为代表,多具有较高的文献价值,实有待更为深入的发掘与研究。

在处理此个案过程中,本文尝试践行这样一种拙朴的研究路径:首先,尽可能多地占有传世版本,特别是利用一般不为人所重的抄本,在纷繁复杂的传抄关系中抓住问题的主线;其次,目光不限于通行的公藏书目著录,而尽力发掘私家书目、方志、文集、年谱等文献中与此书相关之史料。最终,将二者所得加以综合,与既有成说进行对话,力图对文献流传过程中的关键问题给出一些新的解答。尽管本文的研究成果或许远不能令人满意,但至少在我看来,这种传统却又常常为人忽视的方法的确是宋集研究题中应有之义。

"史学即是史料学",这一提法自其产生之日起即引发热议,至今仍有余响。无论如何,我们至少可以说,史学研究首先应该是史料学,更广义来讲应该是文献学。任何一部历史文献都是经历复杂的流衍过程才得以流传至今,个中的源流关系即是其生命所在。研究者在根据需要采撷、运用材料、探求历史真相之前,似乎应该首先对所用材料的母体,即文献本身的生命历程有所关照。这不仅仅涉及单纯的史料来源问题,更关系到研究者能否真正理解材料、多大程度上回归历史现场的问题,也往往会影响后续研究的深度、广度和准确度。从这一意义上讲,辨章学术、考镜源流的文献学方法,对于传统文史研究始终具有前提性、根基性的作用,其价值不仅不会因为新理论、新技术的冲击而有丝毫减损,反而会随着实证案例的不断涌现显得弥足珍贵。

附表一 《梁溪集》现存明清抄本简表

	藏地	行款	来历归属	避当朝讳	备注
1	华东师大图书馆 S/V45.6-11/5.151	十行廿二字	赵琦美抄并跋、谢兆申校、陈之问藏	无	存前五十卷及附录年谱、谥议、行状。
2	北京大学 LSB/1506	十二行廿字	何秋涛校,后为李盛铎、盛昱分藏	避讳至淳	所据底本为四库底本,即朱彝尊影宋抄本。前有总目,之后又有目录记每卷篇次,每卷前又有本卷篇次。
3	中国国家图书馆 3328	九行廿字	铁琴铜剑楼藏,季锡畴校跋	讳颙、琰不讳宁	卷一三、一四为季锡畴据周锡瓒藏宋本校。
4	中国社科院文学所 845.2/4027-00	十行廿字	杨文荪、张允垂藏	讳颙、琰不讳宁	序及目录有少量朱笔校改。
5	上海图书馆线善 T38994-9003	八行廿一字	顾氏艺海楼所抄	讳弘、历,不讳颙、宁字	此本不完整,内容实仅至卷七二,割裂原有卷帙以充全。如原本卷一有赋六篇,此本卷一则仅有前三篇,后三篇列为卷二,如此内容实不足一半,而卷次则标为一百八十。正文首行皆为"钦定四库全书",当源出南三阁之书。

续表

	藏地	行款	来历归属	避当朝讳	备注
6	上海图书馆线善 845491-522	九行廿字	徐时栋跋、玄冰主人荣法跋	讳玄、历不讳颙(抄补本讳宁不讳淳)	徐跋称此本缺卷一至四、一一六至一一八、一五二至一五四,共十卷。今本不缺,当为后人所抄补,字迹与旧本不同。<u>卷首陈俊卿、朱熹二序内容有错乱。</u>
7	上海图书馆线善 757628-75	十行廿字	曾为郁松年、盛宣怀藏	自玄字以下皆不避	《无锡文库》第4辑第77、78册即据此本影印。
8	上海图书馆线善 831442-73	九行十八字	徐乃昌藏	讳颙、琰不讳宁	首为四库提要;正文前有总目、目录(每卷篇次),每卷卷首又有该卷目次,同影宋抄本。
9	上海辞书出版社 223419	九行十八字	仅钤"中华书局图书馆藏"印	讳颙、琰不避宁	存前170卷。广东中山图书馆藏一本阙前170卷,存末十卷及附录,或与此原为一书。
以下未得目验,据书目著录					
10	浙江图书馆 5588	十行廿字	卢址、刘承干藏	自玄字以下皆不讳	<u>阙卷一三二。</u>另有一残本存八十六卷,九行廿字,避讳至宁,有补配,秦祖泽藏。
11	湖南图书馆善本 433/75	十行廿字	钱天树、陈征芝、赵春荣藏	不详	即咸丰同治刻本之底本。<u>卷首陈俊卿、朱熹二序内容有错乱。</u>
12	台湾"国图" 10377	十行廿字	钤"国立中央图书馆"藏印	不详	<u>阙卷一三二。卷首陈俊卿、朱熹二序内容有错乱。</u>
13—15	静嘉堂文库藏三本	不详	陆心源十万卷楼旧藏本、守先阁旧藏本	不详	其中一本残存七十四卷,一本有阙卷,其三为全本。

	藏地	行款	来历归属	避当朝讳	备注
16	福建省图书馆	不详	咸丰三山陈氏居敬堂抄本	不详	残存三十二卷,12 册

表注:

1. 除表中诸本外,尚存文渊、文津、文澜、文溯四阁《四库全书》本,经比对,文渊、文津二本皆出于朱彝尊影宋抄本;

2. 表中诸本除 1 号外,附录年谱首叶皆已阙佚,除个别卷末残阙外,皆有赵以夫跋;

3. 诸本皆源出于明内阁所藏绍定补刻本,内容大同小异,相互间传抄关系错综复杂,表中划线者当存在明显渊源,其他暂不一一详考。

附表二 清代私家实藏书目著录抄本《梁溪集》简表

作者+书名	著录内容	出处+备注
钱谦益《绛云楼书目》	李忠定公《梁溪先生集》二十册	《汇刊·明清卷》第 12 册,据清初抄本影印,第 195 页。《牧斋初学集》卷二〇《闽人陈遁鸿节过访,别去二十年矣》记此本得自陈遁(《钱牧斋全集》本,上海古籍出版社,2003 年,第 712 页),该诗作于崇祯十六年(1643)。
朱彝尊《潜采堂宋元人集目录》	李纲《梁溪集》一百八十卷。申国公陈俊卿序。四十册。	上海古籍出版社,2010 年,第 340 页。《竹垞行笈书目·心字号》亦载"《梁溪集》四十本"。
金檀《文瑞楼书目》卷六	《梁溪集》一百八十卷	《汇刊·明清卷》第 20 册,据嘉庆六年《读画斋丛书》本影印,第 408 页。金氏为清初人,此当为抄本。
吴焯《绣谷亭熏习录·集部》	《梁溪集》一百八十卷 宋丞相谥忠定邵武李纲伯纪著。梁溪名集者,忠定之父右文殿修撰夔葬于锡山,忠定尝庐墓并以为号云。赋四卷二十三篇、诗二十八卷一千五百三十八篇、表本诏书四卷十四篇、拟制诏四卷八十一篇、表札奏议六十四卷五百二十九篇、	《丛书集成续编》第 68 册,上海书店出版社,1994 年,据双照楼刻本影印,第 929 页。

续表

作者+书名	著录内容	出处+备注
	札子二卷八篇、状三卷二十四篇、书二十二卷七十五篇、启二卷三十七篇、记二卷十六篇、序六卷三十四篇、赞二卷十九篇、颂箴铭辞一卷十八篇、论二卷九篇、迁论十卷七十二篇、杂著六卷三十篇、题跋三卷五十五篇、祭文词疏二卷三十四篇、碑志五卷十二篇、《靖康传信录》三卷、《建炎进退志》四卷、《建炎时政记》三卷，有总目，有分卷目，每卷又有篇目。附录者，年谱、行状、谥议、祠记、祭文、挽诗、像赞、书跋。此集卷帙浩繁，无板本流传，行钞之久，又恐失真，余故详纪其篇目，使后之求《忠定集》者有考焉。旧有陈俊卿序、朱文公后序，见赵氏《读书附志》。	
卢址《四明卢氏藏书目录》	《梁溪先生文集》一百八十卷年谱附录六卷（宋李纲撰　精钞足本，间有朱笔校正）	《汇刊·明清卷》第 23 册，据北平图书馆传抄津寄卢抄本影印，第 44 页。按即附表一 10 号。
鲍士恭《知不足斋宋元文集书目》	《梁溪文集》（宋观文殿学士李纲著，邵武人，一百八十卷）诗文抄本	《汇刊·明清卷》第 23 册，据复旦大学藏清抄本影印，第 182 页。
陈世溶《问源楼书目初编》卷四	《梁溪集》一百八十卷附录六卷（宋李纲撰，写本）	《汇刊·明清卷》第 27 册，据天津图书馆藏清抄本影印，第 501 页。
黄澄量《五桂楼书目》	《梁溪集》一百八十卷附录六卷（宋李纲撰）	《清代私藏》第 3 册，据光绪二十一年刻本影印，第 685 页。此未言是抄是刻，按黄氏约为嘉道间人，书目有阮元序，时无刻本，当亦为抄本。
张金吾《爱日精庐藏书志》卷三一	《梁溪先生文集》一百八十卷附录六卷，抄本，宋李纲撰。后附年谱行状谥议等为附录六卷。（以下全抄诸家序跋，文不备录。）	《宋元明清》第 11 册，据爱日精庐刻本影印，第 548—552 页。

作者+书名	著录内容	出处+备注
瞿镛《铁琴铜剑楼藏书目录》卷二一	《梁溪先生文集》一百八十卷附录六卷,旧钞本。宋李纲撰,前有陈俊卿及朱子序,首列总目每卷首又列目,书中洁完敦廓字俱注某帝嫌讳,是从宁宗后刻本钞出者。	《宋元明清》第10册,据光绪瞿氏家塾刻本影印,第317页。按即附表一3号。
钱泰吉《甘泉乡人稿》卷九《曝书杂记下》	《梁溪先生文集》 此集向来传钞亦希,余从王兰泉先生哲嗣菱溪处钞录其副,储藏家大半从余处传钞。	《清代诗文集汇编》第572册,据同治刻、光绪续刻本影印,第115页。王兰泉即王昶,其子王肇和号菱溪。
路慎庄《蒲编堂鲁史藏书目》卷二四	《梁溪集》一百八十卷附录三卷。抄本,二函二十八册。	齐鲁书社,2021年,第871页。
陈树杓《带经堂书目》卷四上	《梁溪集》一百八十卷附录六卷(旧钞本,平湖钱梦庐藏书) 宋李纲撰。有陈俊卿、朱文公为之序……(以下前文已备引,此不赘)	《汇刊·明清卷》第28册,据宣统顺德邓氏风雨楼铅印本影印,第464页。即附表一11号。
丁日昌《持静斋续增书目》卷五	《梁溪集》一百八十卷 旧抄本	中华书局,2012年,第502页。
陆心源《皕宋楼藏书志》卷八〇	《梁溪先生文集》一百八十卷附录六卷,旧抄本(以下备录诸家序跋)	《宋元明清》第8册,据光绪万卷楼藏本影印,第901—906页。即静嘉堂文库所藏者。
王韬《弢园藏书志》	《梁溪集》一百八十卷附录六卷 宋李纲撰	《清代私藏》第8册,据稿本影印,第463页。
孔广陶《三十有三万卷楼书目略》	《梁溪文集》一百八十卷(平湖钱梦庐、闽中陈韬庵印藏,蓝丝栏校抄本,四函三十二本 四库著录 坊中近刊不如抄本。)	《汇刊·近代卷》第6册,据清抄本影印,第245页。即附表一11号。

续表

作者+书名	著录内容	出处+备注
丁丙、丁立中编《八千卷楼书目》卷一五	《梁溪集》一百八十卷附录六卷宋李纲撰（明刊本）	《海王村古籍书目题跋丛刊》第4册，中国书店，2008年，据聚珍仿宋印本影印，第238页。按此集明代未刻，此处著录恐误。丁氏《善本书室藏书志》未见此本，仅卷八著录"宋丞相李忠定公奏议六十九卷附录九卷明正德刊本"。
李嘉绩《五万卷阁书目记》卷四	《梁溪集》一百八十卷 附录一卷 宋李纲撰 重刻本	《清代私藏》第12册，据光绪三十年华清宫舍刻本影印，第412页。
王其毅《宿迁王氏池东书库简目》	《李梁溪先生文集》一百八十卷年谱一卷行状一卷附录一卷 宋李纲撰 旧钞本 十六本 二函	《汇刊·近代卷》第24册，据民国铅印本影印，第126页。
傅增湘过录《邵氏书目偶钞》	《梁溪集》一百八十卷 海昌别下斋蒋氏有钞本	《藏园订补郘亭知见传本书目》卷一三 13，中华书局，2009年，第1167页。按此蒋氏即蒋光煦。
傅增湘《藏园群书经眼录》卷一四	《梁溪先生文集》一百八十卷宋李纲撰附录一卷 影写宋刊本，十行二十字。附录一卷为年谱、行状、谥议、祠记、祭文、挽赞。	中华书局，2009年，第1007页。此本或即朱彝尊影钞宋本。
蒋汝藻藏，王国维编《传书堂藏书志》卷四	《梁溪先生全集》一百八十卷附录五卷 钞本，宋李纲撰。提要、陈俊卿序、朱子后序。 前后二序均为奏议而作。末附年谱一卷，弟纶所撰行状三卷，孙李大有所集谥议、祠记、祭文、挽诗、画赞一卷，有大有序及章颖跋。其录集于嘉定元年，则此集之编当在嘉定以后也。提要称附录六卷，此仅五卷耳。	上海古籍出版社，2014年，第974—975页。部分标点有校改。
莫伯骥《五十万卷楼藏书目录初编》	《梁溪集》一百八十卷（写本）	《汇刊·近代卷》第31册，据民国二十五年商务印书馆铅印本影印，第414页。

续表

作者+书名	著录内容	出处+备注
刘承干《嘉业藏书楼钞本书目》	《梁溪先生文集》一百八十三卷（宋李纲著，旧钞本，二十九册，抱经楼旧藏，缺卷一百三十二）	《汇刊·近代卷》第32册，据民国抄本影印，第92—93页。即附表一10号。
朱文钧藏，朱家潘等编《萧山朱氏六唐人斋藏书录》	《梁溪先生集》一百八十卷附录六卷　三十册，宋李纲撰。钞本，钤"李慎余堂藏书"印记。《梁溪先生集》五十卷年谱行状附明写本，明万历中，以闵本校过。	《萧山朱氏旧藏目录》，故宫出版社，2014年，第225页。按前者当即傅增湘据以校刻本者（傅校本今藏中国国家图书馆），后者当即华东师大所藏赵琦美抄本。

表注：

《汇刊》即《中国著名藏书家书目汇刊》，商务印书馆，2005年。

《清代私家》即《清代私家藏书目录题跋丛刊》，国家图书馆出版社，2010年。

《宋元明清》即《宋元明清书目题跋丛刊》，中华书局，2006年。

（原刊《汉学研究》第35卷第3期,2017年9月）

有关《裔夷谋夏录》诸问题的新考索

一、问题缘起：传本所题作者与前代著录之矛盾

十二世纪初叶，女真勃兴，吞辽灭宋，对中国历史影响深远。有关这一重大变局，两宋之际的人们曾有过为数众多的记载，但其中历经近千年流传至今者却寥寥无几，本文所要讨论的《裔夷谋夏录》就是这些幸存者之一。

是书今仅存残抄本数种，皆出同一系统（说详后文），题宋刘忠恕撰。然而，此传本所题作者与前代书目著录存在严重抵牾，不能不令人心生疑窦。故自晚清以降，不少藏书家与研究者皆对此有所论及。

最早提到传本与著录间矛盾的是陆心源，他在《皕宋楼藏书志》中著录所藏"《裔夷谋夏录》一卷，旧抄本，宋刘忠恕著"，并加按语云："案《书录解题》：《裔夷谋夏录》一卷，翰林学士新安汪藻彦章撰，此本题刘忠恕著，未知孰是。"①

---

① 《皕宋楼藏书志》卷二八载记类，中华书局影印光绪八年（1882）刻本，1990 年，上册，第 324—325 页。按此皕宋楼藏本今归日本静嘉堂，实为两卷，陆氏著录有误；又《直斋书录解题》著录《裔夷谋夏录》为七卷，此引作一卷，亦误。

陆氏注意到陈振孙《直斋书录解题》著录《裔夷谋夏录》作者为汪藻,而非自家藏本所题之刘忠恕,但并未对此作更多探究。几乎与陆氏同时的另一位大藏书家丁丙亦藏有《裔夷谋夏录》一部,其在所编藏书目录中也谈到了这一问题:"按《直斋书录解题》是书作七卷,且署翰林学士新安汪藻彦章撰,未知孰是,岂一名而两书耶?"①丁氏所据材料与陆心源完全相同,却更进一步猜测传本《裔夷谋夏录》并非汪藻所撰,而是另外一部同名之书。丁丙殁后,藏书在民国时归于江南图书馆,其中这部《裔夷谋夏录》曾为胡玉缙所寓目。胡氏对此写有一段简单的考证:"《裔夷谋夏录》三卷,宋刘忠恕撰。忠恕字里未详。……为江南图书馆所藏钞本。陈振孙《书录解题》载是书,作'七卷,翰林学士新安汪藻彦章撰',卷数撰人俱异,《绛云楼书目》同,盖别一书也。"②除据《书录解题》外,又称钱谦益《绛云楼书目》著录与陈振孙相同,因而得出了与丁丙完全一致的结论——同名异书。

与藏书家和目录学家的简单猜想不同,当今的史学研究者对上述问题有过详细论述。虞云国《静嘉堂藏〈裔夷谋夏录〉考略》(以下简称虞文)是迄今为止仅有的一篇关于《裔夷谋夏录》的专题研究,③此文根据静嘉堂文库所藏版本,对该书的作者、成书年代、卷数、史料价值等问题进行了考证。关于作者问题,虞文的主要论据有二:其一,《宋史·艺文志》"传记类"著录两种卷数不同的《裔夷谋夏录》,一题汪藻著,另一则未详作者,虞文认为后者即刘忠恕之书;其二,徐梦莘《三朝北盟会编》所引汪藻《谋夏录》中的一条记载不见于今本的相关部分。据此,虞氏得出结论,现存《裔夷谋夏录》确为刘忠恕所著,绝非汪藻之书。显然,该文的基本观点与上引丁丙、胡玉缙完全相同,只是在此基础上作了更为具体的论证。自虞文

---

① 《善本书室藏书志》卷一〇史部八,中华书局影印光绪辛丑丁氏刻本,1990 年,第 516 页下栏。

② 《四库未收书目提要续编》,收入《续四库提要三种》,上海书店出版社,2002 年,第 60 页。

③ 原刊(台北)《书目季刊》1995 年第 29 卷第 3 期,此据氏著《两宋历史文化丛稿》,上海人民出版社,2011 年,第 487—498 页。

发表至今已二十余年，后来的研究者们对此皆无异辞，同名异书之说似乎已成定论。①

对于萦绕《裔夷谋夏录》的疑云，除了上述主流说法外，清末民国的学者还曾有过另外一种意见。王国维在为蒋汝藻的藏书编写目录时称："《裔夷谋夏录》二卷（钞本）。宋刘忠恕撰，胡潜序。知不足斋钞本。案《直斋书录解题》：《裔夷谋夏录》七卷，翰林学士新安汪藻彦章撰。此本卷数与撰人均不合，且多记辽亡事，亦觉名实不符，疑后人依托为之也。"②除了前人都已注意到的传本与著录的矛盾外，王观堂还提出了传本的另外一个问题——"名实不符"，即他认为汪藻《裔夷谋夏录》理应主要记载金人灭宋之事，而此传世之书则多记辽朝覆亡之事，内容与标题不合。据此，王氏不仅认为其并非汪藻之书，更进一步对此书的真实性提出了质疑。

综合诸家论断可知，针对《裔夷谋夏录》传本与书目著录作者的歧异，无论是同名异书说，还是后人伪托说，以往的研究者皆认为今本《裔夷谋夏录》并非汪藻所著。③ 然而，通检史料不难发现，上述判断存在严重偏差，而这一偏差又直接影响到学界对于此书的定位与利用，实有必要予以辨明。在明确作者的基础上，本文拟对该书的来历、成书时间、卷数、版本、史源、编纂特点等诸多问题加以重新检讨，力图较为彻底地弄清这部文献的来龙去脉，以便相关研究者能够更好地利用其中的珍贵史料。

---

① 参见《裔夷谋夏录》"点校说明"，黄宝华整理，《全宋笔记》第五编第 1 册，大象出版社，2012 年，第 71 页；马玲莉：《汪藻史学成就探究》，上海师范大学硕士学位论文，2012 年，第 19—20 页。

② 《传书堂善本书志·上·史部二》，《王国维全集》第九卷，浙江教育出版社、广东教育出版社，2009 年，第 202—203 页。

③ 法国汉学家伯希和在注释《马可波罗寰宇记》中"Ciorcia"（意为女真）一词时，曾论及《裔夷谋夏录》（P. Pelliot, *Notes on Marco Polo*, I, Paris, 1959, pp. 373-374）。伯氏当时未见此书传本，仅根据前代著录及他人转引进行研究，结论多非确实，但其对作者之谜却提出了一点很值得重视的判断："在宋代绝不可能存在两部不同的书都冠以'裔夷谋夏录'这样罕见的书名，汪藻或刘忠恕必有一误（或二者皆误）。"

二、再论今本《裔夷谋夏录》与汪藻之关系

正如前人所指出,根据汪藻墓志铭及《直斋书录解题》等多处记载可知,汪藻确曾撰有一部《裔夷谋夏录》,这是毫无疑问的,而此书在宋代即为其他史书所征引。那么,要确定今本《裔夷谋夏录》是否为汪藻所著,最有效、直接的方法自然是将今本的内容与其他文献所征引的汪藻之书进行比较。前引虞云国文已经意识到了这一点,并指出《三朝北盟会编》中有两段记载明确标注出处为汪藻《谋夏录》,其中一条逸出今存残本的时间范围,遂将另外一条,即宣和四年(1122)九月十一日所引汪藻《谋夏录》与今本所记宣和四年八、九月之事作了对比,发现《会编》所引之文完全不见于今本,据此称"故可断言,静嘉堂藏钞本《裔夷谋夏录》决非汪藻所著,而是刘忠恕所撰的同名之异书"。

虞文的研究路径无疑是正确的,但仅根据一条记载的不同,就断定今本《裔夷谋夏录》并非汪藻所作,未免证据不足。如果将视野放宽,我们可以发现,宋代文献中征引汪藻《裔夷谋夏录》者远不限于《三朝北盟会编》中的两条,将这些引文与今本加以全面对比,才有可能得出更为确当的结论。

徐梦莘在《三朝北盟会编》卷首列有引用书目,其中称:"《裔夷谋夏录》,一云《金人请盟叛盟本末》,汪藻。"①可知汪藻《裔夷谋夏录》又名《金人请盟叛盟本末》。而《续资治通鉴长编》卷三二二元丰五年(1082)正月丙午记载神宗降诏,允许女真假道高丽到宋朝卖马,结果是"后女真卒不至",对此李焘有小注云:"女真卒不至,据汪藻《金盟本末》增入。"②从作者和书名推断,其中的《金盟本末》很可能就是《金人请盟叛盟本末》的简称,也就是《裔夷谋夏录》的另一种名称。这一推断可以在史料的对读中得到证实。《三朝北盟会编》卷九引汪藻《谋夏录》云:"乌歇辞,圣旨谕使人:'燕中无

① 《三朝北盟会编》卷首,上海古籍出版社影印许涵度刻本,1987年,第4页上栏。
② 中华书局点校本,2004年,第13册,第7768页。

主,止是四军领兵为边患,及挟女主猖獗,岂金国可容,早擒之为佳.'乌歇、庆裔曰:'四军夔离不尔,汝何人,敢尔哉？回本国当奏陈.'时朝廷屡以胜契丹欺虏人,而有一四军不能制,反仗虏人擒之,自相矛盾矣。"①而与此几乎完全相同的记载见于杨仲良《续资治通鉴长编纪事本末》宣和四年九月甲戌:"乌歇等入辞于崇政殿。上谕曰:'燕人无主,止是四军领兵为边患,乃挟女主猖獗,岂金国可容？早擒之为佳.'乌歇、庆裔曰:'四军夔离不耳,彼何人,敢尔？到本国当即奏陈.'时朝廷方以屡胜欺女真,而有一四军不能制,反令女真擒之,自相矛盾矣。"②其后有小注称"以上并据《诏旨》《金盟本末》"。众所周知,杨仲良此书乃据李焘《长编》改编而成,故上引文字当皆出自李焘之手。李氏所称《诏旨》即汪藻《元符庚辰以来诏旨》,由注文可知上述记载并见于《金盟本末》及《元符以来诏旨》。对比徐梦莘所引《谋夏录》与李焘所引《金盟本末》,若合符节,可以确定二者为同一部文献,亦即汪藻《裔夷谋夏录》在李焘笔下被称作《金盟本末》。

明确以上问题之后,我们不难发现,《长编纪事本末》卷一四二、一四三《金盟》一门中大量征引《金盟本末》(即《裔夷谋夏录》),其中不少记载与今存残本《裔夷谋夏录》的时间范围相合,对此加以系统对比,自然有助于判断二者之间的关系。检核结果显示,两书中至少有九段史料可以一一对应,为避繁冗,此处仅举三例略加说明,其余皆见文末附表。③

李焘征引《金盟本末》大致有两种形式,其一是直接引用,其二是参合此书及其他记载,两者皆可在今本《裔夷谋夏录》中找到对应的段落。如《长编纪事本末》卷一四二直接引用《金盟本末》云:

①宣和四年九月十三日,上册,第63页下栏。
②《通鉴长编纪事本末》卷一四三《徽宗皇帝·金盟下》,《宋史资料萃编》第二辑影印广雅书局本,第8册,第4312、4322页。
③前引马玲莉《汪藻史学成就探究》一文(第87—91页)亦认为《长编纪事本末》所引《金盟本末》即汪藻《裔夷谋夏录》(未加论证),并将其辑出。然其所据《长编纪事本末》为宛委别藏本,故所辑容有遗漏,更要紧的是,因其认定此书与今本《裔夷谋夏录》为同名异书,故而并未对二者的内容加以对比。

> 宣和二年正月,呼庆至自女真。女真留之半年,责以中辍,且言登州移文之非,持其书来云:"契丹修好不成,请别遣人通好。"时童贯受密旨,欲倚之复燕。二月,诏遣赵良嗣。①

而这段文字在今本《裔夷谋夏录》宣和二年正月可以找到基本相同的记载:

> 宣和二年正月,呼延庆至自女真。女真留之半年,责以中辍,且言登州移文之非,持其书来云:"契丹修好不成,请别遣人通好。"时童贯受密旨,欲倚之复燕。二月,诏中奉大夫、右文殿修撰赵良嗣由登州往使。②

很明显,除了呼延庆作呼庆,末句略有不同外,李焘所引《金盟本末》与今本《裔夷谋夏录》完全一致。

又如《长编纪事本末》宣和三年十一月云:

> 十一月,金国使副曷鲁、大迪乌自海上归至其国。阿骨打得书,意朝廷绝之,乃命其弟固论国相勃及烈并粘罕、兀室等悉师渡辽而西,用降将余睹为前锋趋中京。(原注:此据《金盟本末》。)③

李焘小注明确称此段源自《金盟本末》,而今本《裔夷谋夏录》中恰好有一段大同小异的文字:"十一月,曷鲁自海上归。阿骨打得书,意朝廷绝之,乃命其弟兀鲁国相勃及烈并粘罕、兀室等悉师渡辽而西,用降将余睹为前锋。"④其中兀鲁与固论当为同名异译,其余文字基本契合。

除了直接引用,李焘往往会将《金盟本末》与其他史料相参合,形成一种新的文本,而在这样的文本中也很容易找到与今本《裔夷谋夏录》相对应的部分。如《长编纪事本末》宣和三年十月末条云:

> 三年二月壬午,金国使锡剌曷鲁并大迪乌高随至登州。先是,女真

---

① 《通鉴长编纪事本末》卷一四二《徽宗皇帝·金盟上》,第8册,第4293—4294页。
② 《裔夷谋夏录》卷一,第88页。
③ 《通鉴长编纪事本末》卷一四二《徽宗皇帝·金盟上》,第8册,第4306页。
④ 《裔夷谋夏录》卷一,第93页。

往来议论,皆主童贯,以赵良嗣上京阿骨打之约,欲便举兵应之,故选西京宿将会京师。又诏环庆、鄜延军与河北禁军更戍。会方腊叛,贯以西军讨贼,朝廷罢更戍指挥。登州守臣以童贯未回,留曷鲁等不遣。曷鲁狷忿,屡出馆,欲徒步入京师。寻诏马政、王瓌引之诣阙。五月丙午,金国使曷鲁、大迪乌入国门,诏国子司业权邦彦、观察使童师礼馆之。未几,师礼传旨邦彦等曰:"大辽已知金人海上往还,难以复如前议论。曷鲁、大迪乌令归。"邦彦惊曰:<u>"如此则失其欢心,曲在朝廷矣。"师礼入奏,复传旨:"候童贯回,徐议之。"曷鲁、大迪乌留阙下凡三月余。八月壬子,金国使曷鲁、大迪乌辞,遣呼庆送归,国书止付曷鲁等,不复遣使,用王黼之议也。</u>书辞曰:"远勤专使,荐示华缄。具承契好之修,深悉疆封之谕。维夙惇于大信,已备载于前书。所有汉地等事,并如初议。俟闻举军到西京的期,以凭夹攻……"(原注:此据《金盟本末》并《华夷直笔》及《诏旨》。)①

此段记载亦见于今本《裔夷谋夏录》,绝大部分文字差异甚微,惟其中划线部分在今本《裔夷谋夏录》中作:"邦彦虑失欢,令师礼入奏,复得旨:候童贯回。曷鲁凡留阙下三月余。八月二十八日,王黼议复国书,止付曷鲁等还,不遣使。"②二者出入略大。据作者小注可知,《长编纪事本末》之文字当为李焘以《金盟本末》为蓝本,参考《华夷直笔》及《诏旨》写成的,故大同而小异。综合附表所列九段记载来看,相比于上面提到的直接引用,以《金盟本末》为蓝本,参合其他文字的情况在李焘的笔下显然更为普遍,且多为大段征引,值得格外重视。

通过列表、考证,我们已经清楚地看到,李焘所引《金盟本末》的大量文字皆见于今存残本《裔夷谋夏录》的相应部分,而如上所述,《金盟本末》就是汪藻《裔夷谋夏录》的另一名称,由此不难得出如下结论:今本《裔夷谋夏录》

---

① 《通鉴长编纪事本末》卷一四二《徽宗皇帝·金盟上》,第 8 册,第 4305 页。
② 《裔夷谋夏录》卷一,第 92 页。

当即汪藻之书。

在《长编》的大量征引之外，宋人尚有零星引用此书者，亦可佐证上述判断。如赵彦卫《云麓漫钞》云："《请盟录》载女直用兵之法：戈为前行，号曰硬军，人马皆全甲，刃楷自副，弓矢在后，非在五十步内，不射；弓力不过七斗，箭簇至六七寸，形如凿，入不可出，人携不过百枚。其法，什伍百皆有长，伍长击柝，什长执旗，百长挟鼓，千人将则旗帜金鼓悉备。伍长战死，四人皆斩，什长战死，伍长皆斩，百长战死，什长皆斩；能同负战没之尸以归者，则得其家资。凡将军皆自执旗，众视所向而趋之，自军帅至步卒，皆自驭，无从者。军行大会，使人献策，主帅听之，有中者为特奖其事。师还，又会，问有功者，随高下与之金，人以为薄，复增之。"①其中所谓《请盟录》者，应该是《金人请盟叛盟本末》的另一简称，而这段文字亦见于今本《裔夷谋夏录》，②仅个别字句有出入。这一例证同样说明今本《裔夷谋夏录》的作者当为汪藻，而与刘忠恕无涉。

有了上述基本判断之后，我们还有必要对上引虞文有关今本《裔夷谋夏录》非汪藻所著的两条主要论据进行回应。第一条是《宋史·艺文志》"传记类"关于"两部"《裔夷谋夏录》的记载。兹先征引相关内容如下：

> 《南北欢盟录》一卷，《裔夷谋夏录》二卷（并不知作者）……张九成《无垢心传录》十二卷……汪藻《裔夷谋夏录》三卷，又《青唐录》三卷……右传记类，四百一部一千九百六十四卷（原注：张九成《无垢心传录》以下不著录二十一部三百十二卷。）③

对于这段史料，虞文称："元修《宋史》之粗疏舛误是久有定评的，但在同一传记类中相隔几页将同书再列，其疏误似还不至于这等程度。显而易见，《宋史·艺文志》作者应是见到两位不同作者所撰著的书名相同、内容相近的两

---

① 赵彦卫：《云麓漫钞》卷六，傅根清点校，中华书局，1996 年，第 108 页。个别标点有所校改。
②《裔夷谋夏录》卷一，第 75—76 页。
③《宋史》卷二〇三《艺文志二》，中华书局点校本，1985 年，第 5117—5124 页。

种书的……故而在同一传记类中分别予以著录。"①显然，虞文将《宋史·艺文志》作为一部体例统一的实藏书目来看待，这才有了上述判断，但实际情况并非如此。从《宋史·艺文志序》即可看出，元人修撰此志，实效法《新唐书》之体例，分两部分完成，其一是将宋朝四部国史（即《三朝国史》《两朝国史》《四朝国史》及《中兴四朝国史》）的《艺文志》删义重复，合为一志；其二是根据各种记载补充前者所未备。② 这样的编纂体例在志文的形式上也有明确的体现：《宋史·艺文志》在著录每一小类书籍之后，都会总结此类书籍一共多少部多少卷，然后往往会有小注称某某书以下多少部"不著录"云云，其中所谓不著录的这一部分就是指宋国史艺文志未曾著录，而为元人所补。解读上面所引这段史料正好需要用到这一通例，其中小注称"张九成《无垢心传录》以下不著录二十一部三百十二卷"即指在《无垢心传录》以上的书籍为宋国史艺文志所著录，以下则为元人所增。我们看到，所谓两部《裔夷谋夏录》正好一个在《无垢心传录》之前，一个在其后。《裔夷谋夏录》作于南宋，显然前者出自《中兴四朝国史·艺文志》，著录之依据应该就是宋宁宗朝修史时所实藏的汪藻《裔夷谋夏录》，只不过它可能是一部脱去作者的残本；而后者则为至正修史时据所见元末实藏书所补，③史臣在仓促抄撮之间未及对不同来源的材料加以统一，这才造成了同一小类中一书重出的现象。④ 因此，《宋史·艺文志》的记载并不能证明宋代存在过两部不同的《裔夷谋夏

---

①《静嘉堂藏〈裔夷谋夏录〉考略》，第 488 页。

②《宋史》卷二〇二《艺文志序》，第 5033—5034 页。

③关于《宋史·艺文志》"不著录"部分的来源，以往学界关注不足，仅陈乐素《宋史艺文志考证》（广东人民出版社，2002 年，第 694 页）曾猜测其为元末史官所见之书，而未给出证据。近来有学者通过详细举证指出，此"不著录"部分当为元代藏书登记目录，具有重要价值，参魏亦乐《〈宋史艺文志〉"不著录"部分的性质再探》，《中国史研究》2022 年第 3 期。

④类似情况在《宋史·艺文志》中十分普遍，当然其具体成因不尽相同。相关条目参见沈治宏：《〈宋史·艺文志〉集部重复条目考》，《图书馆员》1989 年第 2 期第 44—48 页、第 3 期第 45—48 页；《〈宋史·艺文志〉史部重复条目考》，《图书馆工作》1989 年第 4 期，第 44—54 页；《〈宋史·艺文志〉经部重复条目考》，《图书馆杂志》1989 年第 5 期，第 62 页；《〈宋史·艺文志〉子部著录图书重复考》，《宋代文化研究》第 2 集，四川大学出版社，1992 年，第 218—219 页。

录》,更不宜作为今本并非汪藻所著的论据。

关于虞文的第二条论据,即《会编》所引汪藻《谋夏录》中的一条记载不见于今本的相关部分,其实也还有进一步探讨的余地:这条记载之所以不见于今存残本,是由汪藻《裔夷谋夏录》的史源情况及编纂特点造成的。鉴于此问题较为复杂,本文第四节将予以辨析,此处不赘。

三、《裔夷谋夏录》来历、流传问题探赜

通过上节正反两方面的论证,我们可以确定,题名刘忠恕著的残本《裔夷谋夏录》实际上出自两宋之际著名史家汪藻(1079—1154)之手,这一认识的转变意味着我们需要对有关这部文献的诸多问题加以重新审视。此书究竟为何而作? 成书于何时? 其原本面貌(书名、卷数)如何? 是怎样流传至今的? 现存诸本的系统形成于何时? 又在何时被题为刘忠恕所撰? 本节即拟对此做一番探究。

关于《裔夷谋夏录》一书的来历,前人均未论及。《历代名臣奏议》中收有汪藻进书札子一封,为现存文献所仅见,对于研究《裔夷谋夏录》的来历至关重要,兹摘引相关部分如下:

> ……自乘舆南渡以来,史官无一字之传,当时大臣时政记既不可复得,而诸司所谓案牍者,尽委于兵火……故臣于绍兴二年待罪湖州日,力具奏陈,以为及今闻见尚新,宜亟加搜访,失今不辑,后必悔之。蒙恩即以委臣,臣伏思一代巨典,权舆于此……故设为四类以求之。一曰年表,二曰官阀,三曰政迹,四曰凡例……臣自绍兴二年承指挥编次,字字缀缉,七年于兹,本欲毕区区之愚,每类各为一书,以备史官采择,既功力浩渺,非岁月可成。又恭闻近开史院修《徽宗皇帝实录》,事体宏大,非臣疏外敢为。今于每类各修成一门。除凡例一门,已具《重修元符庚辰以后三(十)年诏旨》节次进呈讫。今修到年表门,具元符、建中、崇宁年臣僚旁通,六册;官阀门,具宰相十三人、执政三十三人,累历十册;政

迹门，具《青唐弃地复地本末》、《金人请盟背盟本末》，十二册；共二十八册投进，通前总八百册。伏乞圣慈特赐省览，庶知臣所编岁月时日皆多方订正，务得其真，未尝一字无据也。①

结合相关史料，可以考见汪藻此次所进之书为何及此札子究竟作于何时。绍兴二年（1132）十一月，汪藻时知湖州，奏请将"本州所有御笔、手诏、赏功罚罪文字，截自元符庚辰至建炎己酉三十年间，分年编类"，"以备修日历官采择"，获得高宗首肯，②即此札子中"绍兴二年待罪湖州日力具奏陈"、"自绍兴二年承指挥编次"之所指，可见汪氏所修者实乃徽钦两朝至高宗初年的事迹类编，是为官修日历准备的基础材料。③ 至绍兴八年十一月，其中的主体部分《元符庚辰至宣和乙巳诏旨》最终成书进呈，凡六百六十五卷，④即札子中所称四门之一的凡例门，"已具《重修元符庚辰以后三十年诏旨》节次进呈讫"。关于这部事迹类编的成书时间，汪藻墓志铭称："书成，凡八百册，上之。上遣使赐茶药二银合，进官二等，加中大夫，除显谟阁学士，知徽州。"而罗愿《新安志》则明确记载了汪氏此次知徽州的时间是"（绍兴）九年十二月二十九日"，⑤说明此书当成于绍兴九年，正好与札子所谓自绍兴二年奉旨编集后"七年于兹"的说法若合符契，当时此书的另外三门修成，一并进呈，与之前所进凡例门合为八百册。

---

①《历代名臣奏议》卷二七七"国史"，上海古籍出版社影印永乐十四年（1416）刻本，1989 年，第3612—3613 页。

②《历代名臣奏议》卷二七七"国史"，第 3612 页，又见汪藻《浮溪集》卷二。年月据李心传：《建炎以来系年要录》卷六〇，胡坤点校，中华书局，2013 年，第 3 册，第 1204—1205 页。

③包括汪藻墓志铭、《系年要录》在内的众多后人记载，皆称汪氏此次所修的就是宋朝官方《日历》，但从汪藻自己的说法来看，他所纂修的并非日历本身，而只是为官修日历所准备的素材，即所谓"备修日历官采择"者。另外从体例上看，宋代《日历》有其固定程式，详见陈骙《南宋馆阁录》卷四《修纂下·修日历式》（张富祥点校，中华书局，1998 年，第 39—40 页），与此处汪藻自创"设为四类以求之"者迥然不同。

④李心传：《建炎以来系年要录》卷一二三，第 5 册，第 2305 页。

⑤罗愿：《新安志》卷九《叙牧守》，王晓波等点校，《宋元珍稀地方志丛刊甲编》，四川大学出版社，2007 年，第 8 册，第 329 页。

　　值得注意的是,此次进呈的"政迹门"是由《青唐弃地复地本末》《金人请盟背盟本末》两部分组成的,而后者竟与《三朝北盟会编》卷首引用书目所见《裔夷谋夏录》之别名《金人请盟叛盟本末》仅有一字之差,显然就是同一著作! 由此可知,《裔夷谋夏录》最初实际上是汪藻奉敕为官修《日历》所备素材的一部分,而这封札子的写作时间绍兴九年也可以大致看作此书的成书时间,明白这一来历对我们研究和利用此书显然意义重大,后文还会对此作进一步阐发。

　　从这道札子还可获知,《裔夷谋夏录》在刚刚修成进呈之时,题名为《金人请盟背盟本末》,而这很有可能是此书的原名。那么,今本所题之名是何时出现的? 两种书名在当时和后世的使用情况如何? 按此书之名在宋代著录中即分为两个不同的系统。如上所述,《金人请盟背盟本末》一名,《三朝北盟会编》引用书目作《金人请盟叛盟本末》,《朱子语类》称《女真请盟背盟录》,[1]《长编》引作《金盟本末》,《遂初堂书目》作《背盟本末》,[2]《郡斋读书志》《玉海》作《金人背盟录》,[3]《建炎以来系年要录》作"汪藻《背盟录》",[4]《云麓漫钞》则作《请盟录》,这些书名显然都是《金人请盟背盟本末》的简称。而《裔夷谋夏录》一名在当时亦不乏其例,此名见于作者自称,汪藻所著另一部史书《靖康要录》中引用此书即称《谋夏录》,[5]当为《裔夷谋夏录》之简称。而《汪藻墓志铭》记载其著作有"《青唐录》三卷、《裔夷谋夏录》三卷",[6]《三朝北盟会编》《直斋书录解题》及《宋史·艺文志》(当抄自《中兴

①黎靖德编:《朱子语类》卷一三八"杂类",王星贤点校,中华书局,1994年,第3278页。

②尤袤:《遂初堂书目·本朝杂史》,《宋元明清书目题跋丛刊》影印《海山仙馆丛书》本,第482页上栏。

③衢本《郡斋读书志》卷六杂史类,见孙猛:《郡斋读书志校证》,上海古籍出版社,1990年,第273页;王应麟:《玉海》卷四七"杂史",广陵书社影印浙江书局本,2003年,第887页。按《玉海》此条下原当有解题,然今存诸本皆脱,仅余书名卷数。

④李心传:《建炎以来系年要录》卷一宣和七年小注,第1册,第10页。

⑤汪藻:《靖康要录》卷二,汪智勇笺注本,四川大学出版社,2008年,第1册,第246页。

⑥孙觌:《鸿庆居士集》卷三四《宋故显谟阁学士左大中大夫汪公墓志铭》,台湾商务印书馆影印《文渊阁四库全书》本,1986年,第1135册,第363页。

四朝国史·艺文志》)皆著录《裔夷谋夏录》之名,《锦绣万花谷》则引作《谋夏录》,①据此推测,《裔夷谋夏录》之名或系汪氏在此书单行于世时所改。两相比较,前一系统的书名在宋代似乎更为普遍,或许皆出自官方文献系统,而后一系统流传相对较少。②

不过,伴随着宋元鼎革,典籍流散,这种情况发生了重大变化,《金人请盟背盟本末》的题名系统不再见诸史乘,而《裔夷谋夏录》一系则幸存下来,成为后世通用之名。元人袁桷《修辽金宋史搜访遗书条列事状》中即列有《裔夷谋夏录》,③可见此书在当时流传已少。上节已述,《宋史·艺文志》"不著录"部分有"《裔夷谋夏录》三卷",乃元末史官所见实际藏书,此著录皆与汪藻墓志铭相合,当属同一系统。至明修《永乐大典》时即用一整卷的篇幅来抄录此书,④正统年间所编《文渊阁书目》著录明代宫廷藏有"《谋夏录》一部一册",⑤或即修《永乐大典》据以抄入者。从至正间官藏到《永乐大典》所收,再到文渊阁著录,可谓一脉相承,反映出题名"裔夷谋夏录"之本在由元至明官方藏书系统内的流传情况。明中期以后书目著录此书者极少,⑥万历年间张萱所编《内阁藏书目录》亦不见其名,直至明末方复见于绛云楼、汲古阁之著录,皆称《裔夷谋夏录》。其中汲古阁本乃明中期名臣吴宽

①《锦绣万花谷》卷一五"金虏"条,北京图书馆古籍珍本丛刊影印宋刻本,书目文献出版社,1999 年,第 73 册,第 226—227 页。

②宋代典籍流传过程中,同一部书在官私两种系统有不同名称的情况并不罕见,另外一个典型的例子是《三朝北盟会编》。此书徐梦莘家藏本系统题作《三朝北盟集编》,而进呈之后的实录院抄本系统则作《三朝北盟会编》。参见邓广铭、刘浦江:《〈三朝北盟会编〉研究》,《文献》1998 年第 1 期,第 98 页。

③袁桷:《清容居士集》卷四一,《四部丛刊》影印元刊本,叶 33b。

④《永乐大典目录》卷二五载该书卷九五〇二内容为《裔夷谋夏录》(《永乐大典》,中华书局影印本,第 10 册,第 286 页上栏)。

⑤杨士奇:《文渊阁书目》卷六"史杂",《宋元明清书目题跋丛刊》影印《读画斋丛书》本,中华书局,2006 年,第 66 页上栏。按是本此条下著录"阙"字,系后人所加,与明初内阁实际藏书情况无关。

⑥按钱溥《秘阁书目》及叶盛《菉竹堂书目》著录"《谋夏录》一册",当皆抄自《文渊阁书目》,而非实藏。

（1435—1504）丛书堂所抄，或即据秘阁藏本抄出。① 入清以后，著录、传本渐多，全部题作此名。从这一大致的流传过程来看，源出官方文献的《金人请盟背盟本末》系统很可能入元以后即已失传，而题名《裔夷谋夏录》的系统虽流传亦鲜，但总算得以保全一线，致使后人只知此名，对其原本之名反倒不甚了然了。

考察书名著录的变化，不仅可以看出《裔夷谋夏录》两种题名系统的演变，更重要的是藉此观察此书流传、存佚的大致状况。当然，如果要进一步弄清此书的流传过程，还需对此书的另一个重要方面——卷数问题稍作考证。

上引汪藻进书札子仅称《金人请盟背盟本末》（《裔夷谋夏录》）与《青唐弃地复地本末》（当即汪藻另一部著作《青唐录》的本名）合计十二册，而未言其具体卷数。关于此书的卷数，衢本《郡斋读书志》卷六著录"《金人背盟录》七卷"，②《直斋书录解题》则称"《裔夷谋夏录》七卷"，③前者成书于宋孝宗淳熙十四年（1187）以前，后者则成于理宗淳祐年间（1241—1252），二者均为实藏书目，且所题书名来自不同系统，却皆著录其为七卷，可见此书在宋时的通行传本为七卷，当为全本。但前引孙觌所撰汪藻墓志铭则称此书为三卷，罗愿《新安志》汪藻本传及前引《宋史·艺文志》同。④ 按汪氏卒于绍兴二十四年（1154），墓志铭当作于此后不久，罗愿《新安志》则成书于淳熙二年，从资料来源上看，所据恐即墓铭，而《宋史·艺文志》"三卷"的著录，反映出元代官方所藏本与碑传所记当属同一系统。可见，除了晁、陈二目所著录当时七卷的通行传本外，此书尚有一个三卷本系统，虽在宋时流传未广，但却成为元明以降该书的主要传本。

---

①《汲古阁珍藏秘本书目·史部》著录云："《裔夷谋夏录》一本，丛书堂抄本，三钱（《海王邨古籍书目题跋丛刊》影印《士礼居丛书》本，中国书店，2008 年，第 204 页上栏）。"
②晁公武：《郡斋读书志》卷六杂史类，第 273 页。袁本著录为一卷。
③陈振孙：《直斋书录解题》卷五杂史类，徐小蛮、顾美华点校，上海古籍出版社，1987 年，第 153 页。
④罗愿：《新安志》卷七《汪内翰传》，第 230 页。

如上所述，宋亡以后，《裔夷谋夏录》流传已稀，其七卷本亦不再见于实藏著录。此书至明初内府所藏当即承元末之三卷本，《文渊阁书目》仅存一册，不知是否完帙，至明末钱谦益、毛晋亦仅著录一册，未详卷数。① 不过，钱氏殁后，绛云楼余烬多归其族曾孙钱曾所有，后者在藏书目录中著录有"《裔夷谋夏录》三卷，②可能就是绛云楼的旧藏。据说，与钱曾同时的徐乾学传是楼亦藏有一部三卷本，③未详其所出。这些三卷本或皆与元明官藏之本存在关联。

无论是宋代通行的七卷本，还是清初藏书家所著录的三卷本，现在都已不可得见，历经千年流传至今者只剩下几部一卷有余的残本，有关这些残本的若干问题值得我们深入探讨。

就管见所及，《裔夷谋夏录》现存六个抄本，分别藏于日本静嘉堂文库、南京图书馆、上海图书馆（两部）、台北"国家图书馆"及北京师范大学图书馆。④经一一验看，此六本具备三个共同特征：其一，前有胡潜序文；其二，题刘忠恕著；其三，内容分为两卷，第一卷完整，而第二卷至"百官谒殿称贺"，以下皆阙佚。显然，当出于同一版本系统。

进一步考察文本细节可以发现，今存诸本或皆与上文所论三卷本系统有关。六本中静嘉堂文库藏清抄本、南京图书馆藏清抄本及上海图书馆藏

---

① 前引胡玉缙《四库未收书目提要续编》称《绛云楼书目》著录《裔夷谋夏录》七卷，虞文亦引此说，据以论证此书七卷本至明末尚存。按《绛云楼书目》传本众多，早期抄本均未见七卷之说（如黄永年旧藏顺治年间抄本，见《中国著名藏书家书目汇刊·明清卷》，商务印书馆，2005 年，第 12 册，第 52 页）。惟通行之《粤雅堂丛书》本此书下有小注云"七卷、汪藻撰"，然此本小注乃康乾时人陈景云所作，"七卷"云云乃据前代书目抄补，不能视作绛云楼当年的实藏情况。

② 《述古堂藏书目》卷一杂史类，《海王村古籍书目题跋丛刊》影印《粤雅堂丛书》本，第 1 册，第 79 页上栏。

③ 徐乾学：《传是楼书目·蛮夷》，国家图书馆藏道光八年（1828）味经书屋抄本，叶 71a。

④ 除这些残本外，以往广为金史学界征引的《北风扬沙录》实际上也是《裔夷谋夏录》的一个节录本。此书凡一千一百余字，始见引于元末陶宗仪所编《说郛》，不著撰人，至明末陶珽重编《说郛》时改题宋陈准著，后人多踵其说。其实，该书全文见于今本《裔夷谋夏录》开首部分，当系宋元时人据传本所节录，只不过对书名稍加改换罢了。

民国抄本三者书末皆有"《谋夏录》卷第三终"字样,[①]而前两卷末尾仅作"《谋夏录》卷一""《谋夏录》卷二",无"终"字,[②]则其原本当为三卷。结合前述三卷本系统在元明时期的流传过程,可以推断今传诸本之祖本很可能出自内府藏本,此本在流行过程中残损泰半,最终只剩下今天所看到的模样。那么,现存诸本的共同面貌究竟定型于何时呢? 我们可以从序文和传本的抄成时间两方面进行追索。

首先来看诸本共有序文的形成时间。序的作者胡潜,伯希和猜测其可能为宋人;[③]虞云国先生则更将其比定为北宋末年的元祐党人,并就此分析了其写作序文的背景。然夷考序文,其中有"昔文起山所以有言曰:'妾妇生何益,男儿死未死'"云云,而"妾妇生何益,男儿死未死"一语实出自文天祥《虎头山》诗,惟天祥自号文山,此处误作起山,下半句末字原作"休",此误作"死"。据此可知,序文当作于宋亡之后,其作者绝不可能是元祐党人胡潜。从其中激烈的华夷之辨来看,作者很可能是明中叶以后之人。由此可知,今存诸本的这一系统的形成不会早于明朝后期。

接下来,再看现存诸本的关系及抄成时间。今存六抄本中抄成最早者为上海图书馆所藏清抄本(典藏号:线善 21450),此本钤有"道羲读过"、"廷式印信"、"扫尘斋积书记"、"礼培私印"诸印,前两者为晚清文廷式(1856—1904)藏印,后两者则为民国时王礼培(1864—1943)之印。此本不避乾隆、道光讳,揆其抄法,当为清初钞本,[④]其中并无题记、序跋记其来源。不过幸运的是,台北"国家图书馆"所藏抄本中却保留了关于此本来历的线索。台图本为李文田旧藏,首叶天头有李氏题记云:"光绪戊子(1888)十一月了典试江南回京,遇萍乡文芸阁孝廉云:顷自杭州来时,在杭肆见此书,问索钱若

[①]静嘉堂文库本典藏号:760/1/9 48,钤有"归安陆/树声藏/书之记"、"静嘉堂藏书"等印,陆心源旧藏,即前引《皕宋楼书目》所录者;南图本典藏号:65119606,钤有"钱塘丁氏藏书印"及"江南图书馆"等印,丁丙旧藏,即《善本书室藏书志》所著录者;上图民国抄本典藏号:线普 565650。

[②]此观点乃受李京泽博士之启发,谨致谢忱。

[③]P. Pelliot, *Notes on Marco Polo*, I, p373.

[④]此本抄成时间之判定,得蒙上海图书馆郭立暄研究员热心帮助,谨致谢忱。

干,书贾云此乃残缺不全之书,不用钱也。如爱之,且挈去可耳。文欣然收之。寻诸家书目,罕有此书。亟假归钞一分,手校讫,记于卷端。五千卷室主人。"其中文芸阁即文廷式,五千卷室主人则是李文田自号,可知李氏此本实抄自文廷式藏本。① 无独有偶,北师大图书馆亦藏有一部清抄本,②卷末有朱笔跋云:"光绪己丑三月从文芸阁借抄校阅一过,留刻入丛书中,以备一种。孔昭熙校讫并记。"可见此本亦从文廷式藏本抄出,孔氏称欲刻入丛书,但今未见此书有刻本,当未付梓。结合以上两条题跋可以推知,文廷式于光绪十四年在杭州得到一部《裔夷谋夏录》残本,先后借予李文田、孔昭熙抄录。将上图所藏文廷式本与台图本、北师大本进行对比,上图本误者其余二本亦误,而上图本不误者,其余二本则间有讹误,由此可知,上图清抄本当即台图本、北师大本之祖本,其至晚在清初已经抄成。

与以上三个存在明确源流关系的本子略有不同,即静嘉堂文库藏清抄本、南京图书馆藏清抄本及上海图书馆藏民国抄本卷末皆有"《谋夏录》卷第三终"字样。前两者皆避乾隆讳,而不避道光讳,当成于乾嘉时期,后者则晚至民国,三者当源出同一祖本。该祖本的抄成时间,目前尚无法确知,或许与上图藏清初抄本亦颇有渊源。

综合以上序文及传本的情况,我们可以获知,现存《裔夷谋夏录》的版本系统应当大致形成于明末清初。揆诸情理,作为该版本系统的共有要素之一,作者题为"刘忠恕"的错讹也很可能是在这一时期伴随着胡潜序文一同出现的。就管见所及,在传本之外最早将此书作者归于刘忠恕的是乾隆四十二年(1777)至四十八年间四库馆奉敕撰修的《满洲源流考》,此书有"宋刘

---

① 与其他抄本不同,此本正文首叶首行未题著者,当为抄手所遗漏。封面题"宋胡潜撰",下有小注云:"胡潜序耳,以《三朝北盟会编》考之,则刘忠恕撰也。"序文首叶天头又云:"考之《三朝北盟会编》此录乃汪藻撰也。"三者似皆为李文田手迹,反映出李氏先后对此书作者有过截然不同的判断。又李氏此本封面书名下有墨笔小注,残存"据浙中明钞"五字,似谓其所据文廷式藏本为明抄本,未知何据,恐系揣度之语。

② 典藏号:0560。邓之诚曾批阅此本,并写有笔记。参见邓瑞整理:《邓之诚文史札记》1949 年 11 月 8 日,凤凰出版社,2012 年,上册,第 491 页。

忠恕称金之姓为朱里真"云云，①按今本《裔夷谋夏录》正文首句即称"金国本名朱里真"，②可知负责撰修《满洲源流考》的馆臣参考过《裔夷谋夏录》，且其所见之本当即题作刘氏所著。③ 这表明，最晚至乾隆年间，这一误说已流行于世。经过乾嘉时期的传抄、转引，以讹传讹，遂成通行之见，贻误深远。至于为何会误题作刘忠恕撰，囿于材料，目前尚不可知，只能俟诸来日。④

四、今本《裔夷谋夏录》的史料来源与编纂特点

上节的分析基本搞清了汪藻《裔夷谋夏录》一书的来龙去脉，在此基础上，本节拟对今存残本内容的史料来源略加考索，藉以揭示其编纂特点与史料价值。

上文指出，《裔夷谋夏录》实际上是汪藻为朝廷修纂《日历》所备素材的一部分，成书于绍兴九年。当时宋廷南渡未久，关于北宋末年的史事缺乏实录、国史这样系统的史料可资利用，那么，汪氏究竟是用什么材料修撰此书的呢？

前引虞文在论述《裔夷谋夏录》的史料价值时，曾将此书与《契丹国志》天祚帝纪部分进行比勘，发现两者有十余段文字完全雷同，就此称"显而易见的结论是，叶隆礼编著《契丹国志》时不但参考了刘忠恕的著作，而且大段

---

① 《满洲源流考》卷一"肃慎"，台湾商务印书馆影印《文渊阁四库全书》本，1986 年，第 499 册，第 472 页上栏。

② 《裔夷谋夏录》卷一，第 74 页。

③ 由此亦可推知，修纂《四库全书》时，《裔夷谋夏录》当存于翰苑，惟因其从书名到内容皆深为馆臣所忌，故未抄入全书，甚至未入存目。

④ 元人陆友撰《墨史》卷下"宋"："刘忠恕，吴中人，家有墨一挺，形制甚大，止曰'刘忠恕'三字。纹理剥落，试之，色泽如新（台湾商务印书馆影印《文渊阁四库全书》本，1986 年，第 843 册，第 672 页下栏）。"这是目前找到的唯一一条关于此人的记载，从中似乎亦无法看出其与《裔夷谋夏录》有何关联。

大段地袭用了刘书的成文。"①虞文发现的文字雷同的确存在，不过其对此现象作出的解释却颇可商榷。

首先，二者相关文字虽大部分雷同，但并非完全一致，而是互有参差，且《契丹国志》的文字往往较《裔夷谋夏录》更为详细。如天庆八年（1118）正月记载女真占天象一事，《裔夷谋夏录》云："初，女真入寇，多占天象，如白气经天、白虹贯日之类，契丹辄败。是夕，有气若火光，起东北，赫然如昼，军中皆无斗志。"②而《契丹国志》则作"初，女真入攻前后多见天象，或白气经天，或白虹贯日，或天狗夜坠，或彗扫西南，赤气满空，辽兵辄败。是夕，有赤气若火光，自东起，往来纷乱，移时而散。军中以谓凶兆，皆无斗志。"③两段记载详略互见，相对而言后者更为丰满，显然不会是出于前者。这样的例子十分普遍，都说明此二书并非直接的源流关系，应该是有着共同的史源，只是各自采撷有所不同。

其次，结合宋代书目著录可以考知二者的共同史源。袁本《郡斋读书志》著录《金人背盟录》，下有解题云："右皇朝汪藻编，记金人叛契丹，迄于宣和乙巳犯京城，多采《北辽遗事》。"④前文已述，《金人背盟录》即《裔夷谋夏录》之别称，在解题的最后一句中，晁公武点出《裔夷谋夏录》内容多源出《北辽遗事》。按《北辽遗事》一书，又名《亡辽录》，辽末进士史愿归宋后所著，记载女真灭辽之事，是关于这段历史的一手材料，今已亡佚。不过，此书在南宋流传较广，晁氏《郡斋读书志》即著录其为二卷，⑤并摘录其序言，可见晁公武当时是有条件也极有可能将《裔夷谋夏录》与《北辽遗事》进行过对比，这才看出了二者内容的源流关系。从成书时间看，《北辽遗事》成书于绍兴元年以前，汪藻绍兴二年至九年间写作《裔夷谋夏录》时刚好可以利用此书。

①虞云国：《静嘉堂藏〈裔夷谋夏录〉考略》，第496页。
②《裔夷谋夏录》卷一，第84—85页。
③旧题叶隆礼：《契丹国志》卷一〇《天祚皇帝上》，贾敬颜、林荣贵点校，中华书局，2014年，第125页。
④袁本《郡斋读书志》前志卷二上，见孙猛《郡斋读书志校证》，第273页。衢本无末句。
⑤衢本《郡斋读书志》卷七伪史类，见孙猛《郡斋读书志校证》，第285页。

至于元朝书贾所作伪书《契丹国志》天祚帝纪的史源,辽史学界其实早有确论。上世纪四十年代,傅乐焕通过对比《会编》所引《亡辽录》与《契丹国志》相关文字,精辟地指出"关于辽末年事,《亡辽录》实为《国志》最要蓝本"。①两相印证可知,《裔夷谋夏录》与《契丹国志》大段大段的雷同文字彼此间并非源流关系,而是共同源出于史愿的《亡辽录》(《北辽遗事》),只不过节录详略不同,互有参差罢了。换句话说,凡是《裔夷谋夏录》中与《契丹国志》存在文字雷同的部分当均采自《亡辽录》。对这些部分进行全面检核,可以发现,它们涵盖了《裔夷谋夏录》有关辽朝史事的绝大部分记载,散见在全书各个部分,占到残本将近一半的篇幅,益可见晁公武"多采《北辽遗事》"之言不虚。②

细察《裔夷谋夏录》所抄《亡辽录》与前后文的衔接之处,可以进一步揭示汪藻编纂此书时对原始史料的处理方式。此书开首是一段关于女真总体情况的介绍(至"自相鱼肉,争为长雄"止),之后简单交待岩版、杨割、阿骨打的家族传承,而后开始记载女真与辽朝的交往历史。值得注意的是,这些记载均用辽朝年号。如始自"契丹寿昌二年(1096)"云云,记载杨割、阿骨打与辽朝结怨之缘起,其下继称"逮本朝建中靖国元年,耶律延禧即位,号天祚,改寿昌七年为乾统元年"云云,记载阿骨打因海东青等事欲叛契丹,继而又称"天祚改乾统十一年为天庆元年,时政和元年也,其二年春,天祚如混同江钓鱼",此下行文皆使用辽朝年号,直至天庆七年阿骨打用杨朴之策称帝为止。③ 上述记载皆大略见于《契丹国志》,文字雷同,可以断定抄自《亡辽录》。不消说,一定是《亡辽录》一书全以辽朝年号记事,为了抄取方便,汪藻

———————

① 傅乐焕:《辽代四时捺钵考五篇·论〈辽史天祚帝纪〉来源》,原刊《中央研究院历史语言研究所集刊》10本2分,1948年;此据氏著《辽史丛考》,中华书局,1984年,第171页。关于《亡辽录》成书时间的考证,见同书第170页。高宇博士曾对《契丹国志》相关记载源出《亡辽录》作过更为全面、详细的考证,参见氏著《〈契丹国志〉研究》,北京大学历史学系博士学位论文,2012年,第31—37页。

② 前引王国维《传书堂善本书志》质疑传本《裔夷谋夏录》"多记辽亡事,亦觉名实不符,疑后人依托为之",这实际上正是由于汪藻编纂此书时多抄《亡辽录》所致。

③《裔夷谋夏录》卷一,第76—85页。

这才在书中大量采用辽朝年号,而用北宋年号与之对应。在天庆七年阿骨打称帝的记载之后,此书开始记述女真与宋朝的交往之事,叙事主体变为宋,开始使用宋朝政和七年、重和元年的年号,自马政出使,直至李善庆出使金朝返回。① 这段记载自然与《亡辽录》无关,而应源自宋朝使臣出使后的语录或报告。不过,纪年很快又回到辽朝系统——"天庆八年八月",记载阿骨打请求辽朝册封之事,直至双方谈判破裂,"天祚虽复请和皆不报"为止,②相关记载见《契丹国志》,亦出自《亡辽录》。此后,以"宣和二年正月呼延庆至自女真"为标志,叙事又回到宋方系统,开始大量记载赵良嗣出使等事,至宣和三年八月二十日"再遣呼延庆送归"为止,当取自赵良嗣《燕云奉使行程录》等宋朝使臣的记载。③ 其下从"金人自破上京,终岁不出师,契丹屯防如故",又进入辽方系统,主要记载耶律余睹叛辽、耶律淳自立等事,直至卷一结束、卷二开首一句"天祚见在夹山,燕王安得自立",④皆大略见于《契丹国志》,出自《亡辽录》,其中有"是岁天祚改天庆十一年为保大二年"、"以保大三年为建福元年"等明确的年号标识。

　　以上论证以《裔夷谋夏录》对《亡辽录》的抄录作为突破口及典型例证,对此书卷一的史料来源进行了辨析,由此我们可以清楚地看出此书的编纂特点:汪藻在编纂此书时,实际上是对不同的史料作了较为机械的剪裁与拼接。即将《亡辽录》中有关辽朝的记载与使臣语录、出使报告这样有关宋方的记载成段地抄录下来,并大致按照时间顺序穿插在一起,中间榫接之处往往用年号的变化或者"是岁"、"先是"、"初"这样提示时间的词语进行简单的转换。这样的处理方式就导致该书行文并不是严格按照年月顺序排列,特别是如果在同一时间宋、辽双方不同史料都有记载,行文只是迁就原始史

---

①《裔夷谋夏录》卷一,第85—86页。
②《裔夷谋夏录》卷一,第87—88页。
③《裔夷谋夏录》卷一,第88—92页。
④《裔夷谋夏录》卷一,第92—98页。在这一大段取自《亡辽录》的文字中,插入一小段宣和三年十一月至四年正月有关女真与宋关系的叙述,当出自宋方记载。

料各自的叙述顺序，出现"花开两朵，各表一枝"的现象，而不是将其有机地融合在一起。①

必须指出的是，上述分析是将《亡辽录》以外的文献视作一个整体，或者说一个系统，以此与《亡辽录》进行比较。这样做的出发点在于，其一，《亡辽录》出自本为辽人的史愿之手，多记辽朝之事，与大多数宋方记载的叙述主体(表现为年号等方面)有所不同；其二，源出《亡辽录》的文字可以通过《契丹国志》中的雷同部分得到确证。这两点都利于辨别、分析。这样的分析方法可能会造成一种错觉，汪藻似乎仅仅是将宋、辽两个系统的文献进行拼合。但实际情况显然并非如此，《亡辽录》对于汪藻而言，只是所用众多原始材料中的一部，他处理其他史料的方式与《亡辽录》不会有什么差别。也就是说，即便在《亡辽录》以外的其他文献之间，汪藻的编纂办法也是一样大段抄录、简单连缀，而并未对所有材料加以真正的整合，用自己较为统一的文字将其呈现出来。逐条检核这些内容可知，其中大部分亦分别见引于《三朝北盟会编》《宋会要辑稿》《文献通考》等书，只不过，它们所依据的原始史料已不存于世，而诸书征引时又未注明出处，致使今人已无法一一确考其源了。

《裔夷谋夏录》之所以采用上述编纂方式，显然与汪藻的撰作背景有关。此书乃绍兴初年所编，根本没有系统的典籍可资参考，汪氏当时所面对的都是各种零碎的原始材料；而如上所述，此书是为官方编纂《日历》所准备的基础材料，理应尽可能保留原始文献，同时或许也出于编纂时间的考虑，汪藻最终采取了杂糅抄撮，而非融会贯通、自为一书的编纂方式，这才使该书呈现出如今的面貌。

———————————

① 前引虞文所提的问题，即《会编》所引汪藻《谋夏录》中一条记载为何不见于今本的相关部分，就需要从这个角度进行解释。《会编》所引材料为宣和四年九月女真遣乌歇使宋之事，而今本卷二虽有是年九月之记载，但内容则为郭药师叛辽之事，两者显然出自不同的原始史料。原本《裔夷谋夏录》应该是在叙述完辽朝方面的事情之后，再回过头来写乌歇使宋之事，但今本在郭药师叛辽事之后，仅剩下另外一段关于契丹的记载，其余文字皆已亡佚，自然无法和《会编》所引契合。

如果着眼于历史编纂学,汪藻的上述做法自然无甚可取。不过,如果着眼于史料学,这样相对机械的编纂方式刚好可以保持史料的原始面貌。除《亡辽录》以外,通过与其他文献所引进行对比,目前可以确定汪藻抄撮的文献至少还有马扩《茆斋自序》、赵良嗣《燕云奉使总录》、蔡絛《北征纪实》等书。在这些原始材料多已亡佚的今天,成书于绍兴九年的《裔夷谋夏录》可以称得上现存有关女真兴起的最早记载之一,显然具有不容忽视的史料价值;同时,此书又可与《三朝北盟会编》《辽史》等书中的相关文字相互校勘,对于进一步整理、研究这些基本文献亦具有重要意义,①值得辽宋金史研究者予以充分重视。

附:《长编纪事本末》引《金盟本末》与今本《裔夷谋夏录》对照表

	《长编纪事本末》	《裔夷谋夏录》
1	《金盟本末》:宣和二年正月,呼庆至自女真。女真留之半年,责以中辍,且言登州移文之非,持其书来云:"契丹修好不成,请别遣人通好。"时童贯受密旨,欲倚之复燕。二月,诏遣赵良嗣。	宣和二年正月,呼延庆至自女真。女真留之半年,责以中辍,且言登州移文之非,持其书来云:"契丹修好不成,请别遣人通好。"时童贯受密旨,欲倚之复燕。二月,诏中奉大夫、右文殿修撰赵良嗣由登州往使。
2	(三年)十一月,金国使副曷鲁、大迪乌自海上归其国。阿骨打得书,意朝廷绝之,乃命其弟固论国相勃极烈并粘罕、兀室等悉帅师渡辽而西,用降将余睹为前锋趋中京。(原注:此据《金盟本末》。)	十一月,曷鲁自海上归。阿骨打得书,意朝廷绝之,乃命其弟兀鲁国相勃极烈并粘罕、兀室等悉帅师渡辽而西,用降将余睹为前锋。
3	建中靖国元年女真杨割死,阿骨打立。(原注:此据《金盟本末》《华夷直笔》《北辽事》《亡辽录》增入。后此十一年为政和元年,天祚改乾统十一年为天庆元年,末附天祚荒淫,阿骨打与诸国谋叛事。)	逮本朝建中靖国元年,耶律延禧即位,号天祚,改寿昌七年为乾统元年。杨割死,阿骨打立。因天祚不道,赏刑僭差,色禽俱荒……如是,诸部皆潜附阿骨打,欲叛契丹。天祚改乾统十一年为天庆元年,时政和元年也……

———————————

① 如在中华书局点校本《辽史》的修订过程中,即曾以《裔夷谋夏录》校勘《辽史》,补正原点校本失校、误校之处颇多,更藉此对元修《辽史》的史源问题取得了一些新的认识。参《〈辽史〉探源》第三章《天祚皇帝纪》,中华书局,2020 年,第 67—106 页。

续表

	《长编纪事本末》	《裔夷谋夏录》
4	政和七年七月。先是,建隆以来,熟女真尝由蓟州泛海至登州卖马,故道虽存,久闭不通。于是女真苏州汉儿高药师、曹孝才及僧郎荣等,率其亲属二百余人,以大舟浮海,欲趋高丽避乱,为风漂达我界驼基岛,备言:"女真既斩高永昌,渤海汉儿群聚为盗,契丹不能制。女真攻契丹累年,夺其地,已过辽河之西。"知登州王师中具奏其事。朝廷固欲因交女真以图契丹,闻之甚喜,乃诏蔡京及童贯等共议,即共奏:"国初时……"(七月四日)庚寅,诏师中选差将校七人,各借以官,用平海军指挥兵船载高药师等赍市马。诏泛海以往(八月三日)。高药师等兵船至海北,见女真逻者,不敢前,复回青州(八月二十二日),称已入苏州界,女真不纳,几为逻者所杀。青州安抚使崔直躬具奏其事……(原注:此据《金盟本末》,稍增以《北征记实》。)	先是,建隆以来,熟女真尝由蓟州泛海至登州卖马,故道犹存。政和七年秋,女真苏州汉儿高药师、曹孝才及僧法荣等,率其亲属二百余人,以大舟浮海来登州,具言女真攻契丹,数夺其地,已过辽河之西。登州守臣王师中以闻,诏蔡京、童贯议遣人侦其实,委师中选将校七人,各借以官,用平海指挥兵船载高药师等同往。兵船至海北,见女真逻者,不敢前,复回青州。青州安抚使崔直躬具奏其事。
5	(宣和)二年二月乙亥(四日),遣中奉大夫右文殿修撰赵良嗣、忠训郎王瓌使金国。先是,呼庆以正月至自登州……仍以买马为名,其实约阿骨打夹攻契丹,取燕云之地,面约不赍国书。夹攻之约,盖始乎此。(原注:此据《金盟本末》及《华夷直笔》,稍增以《封氏编年》及马扩《自序》。……《本末》不载遣良嗣等日月耳。)	二月,诏中奉大夫右文殿修撰赵良嗣由登州往使,忠训郎王瓌副之,用祖宗故事,以买马为名,因约夹攻,取燕云旧地,面约不赍书。
6	五月壬子,赵良嗣、王瑰等以四月甲申至苏州,守臣高国宝迎劳甚恭。会阿骨打已出,分三路趋上京,以是月壬子会青牛山议所向。翌日,良嗣等至青牛山,阿骨打令从军。每行数十里,辄鸣角吹笛,鞭马疾驰,比明,行六百五十里至上京。引良嗣观攻城,不旋踵而破。(原注:此据《金盟本末》及《华夷直笔》。)	四月十四日至苏州,守臣高国宝迎劳甚恭。会女真已出师,分三路趋上京,以五月十五日会青牛山议所向。良嗣等五月十三日至青牛山,阿骨打令从军,每行数十里,辄鸣角吹笛,鞭马疾驰,比明,行六百五十里至上京。引良嗣观攻城,不旋踵而破。
7	九月壬寅金国遣锡剌曷鲁、大迪乌高随来。诏卫尉少卿董耘馆之,止作新罗人使引见。后三日对于崇政殿,上临轩,〔锡〕剌曷鲁等	良嗣出御笔与阿骨打议约,大抵以燕京一带本汉旧地,约夹攻契丹取之。阿骨打命译者曰:"契

《长编纪事本末》	《裔夷谋夏录》
捧书以进,礼毕而退。初赵良嗣在上京,出御笔与阿骨打议,约以燕京一带本汉旧地,约夹攻契丹取之。阿骨打命译者曰:"契丹无道,其土疆皆我有,尚何言。顾南朝方通欢,且燕京皆汉地,当特与南朝。"良嗣曰:"今日约定,不可与契丹复和也。"阿骨打曰:"有如契丹乞和,亦须以燕京与尔家方许和。"遂议岁赐。良嗣初许三十万,辨论久之,卒与契丹旧数。良嗣问阿骨打:"比议燕京一带旧汉地,汉地则并西京是也。"阿骨打曰:"西京我安用,止为挐阿适,须一临耳。(阿适,天祚小字也。)事竟亦与汝家。"良嗣又言:"平营本燕京地,高庆裔曰:平滦非一路。"阿骨打曰:"此不须议。又曰吾军已行,九月至西京,汝等到南朝请发兵相应。"以手札付良嗣等回,约以我兵径自平地松林趋古北口,南朝兵自雄州趋白沟夹攻,不如约即难依已许之约。阿骨打至松林,会大暑,马牛疫,遽还,遣驲追良嗣,已过铁州,且登舟矣。七月辛丑,回女真所居,阿骨打易国书,约来年同举,粘罕、兀室曰:"使副至南朝奏皇帝,勿如前时中绝也。"留良嗣饮食数日,及令契丹吴王妃歌舞。妃初配吴王,天祚私纳之,复与其下通,遂囚于上京,女真破上京得之。谓良嗣曰:"此契丹儿妇也,今作奴婢,为使人欢。"甲辰女真命锡刺曷鲁勃堇为大使,勃海大迪乌高随为副使,并人从二十余人,持其国书来,其书云云。丙辰,诏遣武义大夫登州钤辖马政,借武显大夫、文州团练使聘金国。是日锡刺曷鲁等入辞于崇政殿,赐宴于显静寺,命赵良嗣押宴,王瓌送伴。马政持国书及事目随曷鲁等行。书曰:"大宋皇帝谨致书于大金皇帝,远承信介,持示函书,具聆启处之详,殊副瞻怀之素。契丹逆天贼义,干纪乱常,肆害忠良,恣为暴虐。知凤严于军旅,用绥集于人民,致罚有词,逖闻为慰。今者确示同心之好,共图问	丹无道,其土疆皆我有,尚何言。顾南朝方通欢,且燕京皆汉地,当特与南朝。"良嗣曰:"今日约定,不可与契丹复和也。"阿骨打曰:"有如契丹乞和,亦须有燕京与尔家方许。"遂议岁赐。良嗣初许三十万,辨论久之,卒与契丹旧数。良嗣问阿骨打:"比议燕京一带旧汉地,汉州则并西京是也。"阿骨打曰:"西京我安用,止为挐阿适,须一临。(阿适,天祚小字也。)事竟亦与汝家。"良嗣又言:"平营本燕京地。"高庆裔曰:"平滦非一路。"阿骨打曰:"吾军已卜九月至西京,汝等到南朝请发兵相应。"以手札付良嗣等回,约以女真兵径自平地松林趋古北口,南朝兵自雄州趋白沟夹攻,不如约则难依已许之约。阿骨打兵至松林,会大暑,马牛疫,遽还,遣驲追良嗣,良嗣已过铁州,且登州(舟)矣。七月初三日,回女真所居,阿骨打易国书,约来年同举,粘罕、兀室曰:"使副至南朝奏皇帝,勿如前时中绝也。"留良嗣饮食数日,及令契丹吴王妃歌舞。妃初配吴王,天祚私纳之,复与其下通,囚于上京,女真破上京得之。女真谓良嗣曰:"此契丹儿妇也,今作奴婢,为使人欢。"十八日,女真锡刺曷鲁勃堇为大使,勃海大迪乌高随为副使,并人从二十余人,持其国书来云:"奉御笔……仍置榷场"。乃以所获契丹……六人付良嗣。九月四日入国门,诏卫尉少卿董耘馆之,止作新罗

《长编纪事本末》	《裔夷谋夏录》
罪之师。念彼群黎,旧为赤子,既久沦于涂炭,思永靖于方陲。诚意不渝,义当如约。已差太傅、知枢密院事童贯勒兵相应,使回请示举兵的日,以凭夹攻。所有五代以后陷没幽、蓟等州旧汉地及汉民并居庸、古北、松亭、榆关,已议收复,所有兵马彼此不得过关。外据诸色人及贵朝举兵之后背散到彼饮(余)处人户,不在收留之数。绢银依与契丹数目岁交,仍置榷场议。之后契丹请和听命,各无允从。"乃别降枢密院札目付马政,差马政之子扩从行,事目曰:"一、昨赵良嗣等到上京计议,燕京所统州城,自是包括西京在内,面得大金皇帝指挥言:'我本不须西京,止为就彼拿阿适,将来悉与南朝。'赵良嗣又言:'欲先取蔚应朔三州,乃言候再三整会。'今国书内所言,五代以后陷没幽、蓟等旧汉地及汉民,即是幽、蓟、涿、易、檀、顺、营、平,山后云、寰、应、朔、蔚、妫、儒、新武,皆汉地也。内云州改为西京,新州改为奉胜州,武州改为归化州。除山前已定外,其西京、归化州、奉胜、妫、儒等州,恐妨大金夹攻道路,候将来师还计议。蔚应朔三州,则正两朝出兵夹攻之地,今议先次取复。一、今来国书内已尽许旧日所与契丹五十万银绢之数,本谓五代以后陷没幽蓟一带旧汉地及汉民,即并西京在内,不然安得许与银绢如是之多。一、今所约应期夹攻,须大金军至西京,大宋军至燕京、应、朔以入,如此方应今来之约。其马政回于国书内明示的至西京月日,贵凭相应。(原注:此据《金盟本末》及《华夷直笔》。)	人使引见。初七日见于崇政殿,上临轩,引曷鲁等捧书以进,见讫而退。十八日入辞于崇政殿,仍名王璨送伴,及就差遣登州钤辖、武义大夫马政持书及事目,随曷鲁报聘。书曰:"大宋皇帝谨致书于大金皇帝,远承信介,持示函书,具聆启处之详,殊副瞻怀之素。契丹逆天贼义,干纪乱常,肆害忠良,恣为暴虐。知凤严于军旅,用绥集于人民,致罚有词,逖闻为慰。今者确示同心之好,共图问罪之师。念彼群黎,旧为赤子,既久沦于涂炭,思永靖于方陲。诚意不渝,义当如约。已差太傅、知枢密院事童贯勒兵相应,使回请示举兵的日,以凭夹攻。所有五代以后陷没幽、蓟等州旧汉地及汉民,并居庸、古北、松亭、榆关,已议收复,所有兵马彼此不得过关。外据诸色人及贵朝举兵之后背散到彼余处人户,不在收留之数。绢银依与契丹数目岁交,仍置榷场计议。之后契丹请和听命,各无允从。"乃别降枢密院札目付马政,差马政之子扩从行。事目:"一、昨赵良嗣等到上京计议,燕京所统州城,自是包括西京在内,面得大金皇帝指挥言:'我本不须西京,止为就彼拿阿适,将来悉与南朝。'赵良嗣等又言:'欲先取蔚应朔三州,乃言候再来整会。'今国书内所言,五代以后陷没幽、蓟等旧汉地及汉民,即是幽、蓟、涿、易、檀、顺、营、平,并山后云、寰、应、朔、蔚、妫、

续表

《长编纪事本末》	《裔夷谋夏录》
	儒、新武，皆汉地也。（内云州改为西京，新州改为奉圣州，武州改为归化州。）除山前已定外，其西京、归化州、奉圣、妫儒、等州，恐妨大金夹攻道路，候将来［师］还计议。蔚应朔三州，则正南朝出兵夹攻之地，合议先次取复。一、今国书内已尽许旧日所与契丹五十万银绢之数，本为五代以后陷没幽蓟一带旧汉地及汉民，即并西京在内，不然安得许与银绢如是之多。一、今所约应期夹攻，须大金军至西京，大宋军至燕京、应、朔以入，如此方应今来之约。其马政回于国书内明示的至西京月日，贵凭相应。”
8	（二年）十月末，马政等达来流河虏帐前。留月余，议论不决。虏以朝廷欲全还山前后故地、故民，意皆疑吝。以南朝无兵武之备，止以已与契丹银绢坐邀汉地，且北朝所以雄盛之迈古者，缘得燕地汉人。今一旦割还南朝，不唯国势微削，兼退守五关之北，无以临制南方，坐受其弊。若我将来灭契丹，尽有其地，则南朝何敢不奉我币帛，不厚我欢盟。设我欲南拓土疆，彼以何力拒我，又何必跨海请好。俟平契丹，仍据燕地，与宋为邻。至时以兵压境，更南展提封，有何不可。徐议未迟。唯粘罕云：“南朝四面被边，若无兵力，安能立国强大如此？未可轻之，当且良图，少留人使。”阿骨打遂将马扩随行射猎，每晨，阿骨打坐一虎皮，雪上纵骑打围。尝曰：“此吾国中最乐事也。”既还，诸酋具饮食，递邀南使。十余日始草国书，差大使曷鲁、副使大迪乌与马政等来回聘。书中大略云：“前日赵良嗣等回，许燕京东路州镇，已载国书。若不夹攻，应难已许。今若更欲西京，请就便计度收取。若难果意，冀为报示。”	十一月末，马政等达淶流河虏帐前。留月余，论不决。而虏以朝廷欲全还山前山后故地、故民，意皆疑吝。以为南朝无兵武之备，止以已与契丹银绢坐邀汉地，且北朝所以雄盛之过古者，缘得燕地汉人。今一旦割还南朝，不唯国势微削，兼退守五关之地，无以临制南方，以受其弊。若我将来灭契丹，尽有其地，则南朝何敢不奉我币帛，不愿我交欢。设若我欲南拓土疆，彼以何能拒我，又何必跨海讲好。俟平契丹，仍据燕地，与南为邻。至时以兵压境，更南展提封，有何不可。徐议未迟。唯粘罕云：“南朝四面被边，若无兵力，安能立国强大如此？未可轻之，当且良图，少留人使。”阿骨打遂将马扩随行射猎，每晨，阿骨打坐一虎皮，雪上纵骑打围。尝曰：“此

续表

《长编纪事本末》	《裔夷谋夏录》
（原注：此据《金盟本末》及《华夷直笔》。盖此二书，皆因马扩《自序》稍删润之。《封氏编年》同此，但以十一月末为十月二十九日丙申，既有的日，恐封氏得之。今改十一月末作十月末，仍并附初遣时。赵良嗣《总录》亦云十一月，当考。）	吾国中最乐事也。"既还，令诸酋具饮食，递邀南使。十余日始草国书，差大使曷鲁、副使大迪乌与马政等来回聘。书中大略云："前日赵良嗣等回，许燕京东路州镇。书载若不夹攻，难应已许。今若更欲西京，请就便计度收取。若难果意，冀为报示。"
9 三年二月壬午，金国使锡剌曷鲁并大迪乌高随至登州。先是，女真往来议论，皆主童贯，以赵良嗣上京阿骨打之约，欲便举兵应之，故选西京宿将会京师。又诏环庆、鄜延军与河北禁军更戍。会方腊叛，贯以西军讨贼，朝廷罢更戍指挥。登州守臣以童贯未回，留曷鲁等不遣。曷鲁狷忿，屡出馆，欲徒步入京师。寻诏马政、王瑰引之诣阙。五月丙午，金国使曷鲁、大迪乌入国门，诏国子司业权邦彦、观察使童师礼馆之。未几，师礼传旨邦彦等曰："大辽已知金人海上往还，难以复如前议论。曷鲁、大迪乌令归。"邦彦惊曰："如此则失其欢心，曲在朝廷矣。"师礼入奏，复传旨："候童贯回，徐议之。"曷鲁、大迪乌留阙下凡三月余。八月壬子，金国使曷鲁、大迪乌辞，遣呼庆送归，国书止付曷鲁等，不复遣使，用王黼之议也。书辞曰："远勤专使，荐示华缄。具承契好之修，深悉疆封之谕。维凤惇于大信，已备载于前书。所有汉地等事，并如初议。俟闻举军到西京的期，以凭夹攻。"（原注：此据《金盟本末》并《华夷直笔》及《诏旨》。）	宣和三年二月十七日，曷鲁等至登州。先是，女真往来议谕，皆主以童贯，以赵良嗣阿骨打上京之约，欲便举兵应之，故选西兵宿将会京师。又诏环庆、鄜延军与河北禁军更戍。会方腊叛，贯以西兵讨贼，朝廷罢更戍指挥。登州守臣以童贯未还，留曷鲁等不遣。曷鲁狷忿，屡出馆，欲徒步入京师。寻诏马政、王瑰引之诣阙。五月十三日入国门，国子司业权邦彦、观察使童师礼馆之。未几，师礼传旨邦彦等曰："大辽已知金人海上往还，难以复如前议，谕遣曷鲁等归。"邦彦虑失欢，令师礼入奏，复得旨，候童贯回。曷鲁凡留三月余。八月二十日，王黼议复国书，止付习鲁等还，不遣遣使。书曰：远勤专使，荐示华缄。具承契好之修，深悉封疆之谕。惟凤敦于大信，已备载于前书，所有汉地等事，并如初议。俟闻举兵至西京的期，以凭夹攻。

说明：

1. 表中先列《长编纪事本末》直接引用《金盟本末》者，后依次列出参合引用之例；
2. 所引《长编纪事本末》系据广雅书局本，宛委别藏本多有讳改，且无第 3 条记载；
3. 所引《裔夷谋夏录》为大象出版社点校本，其中间有误校，今依诸抄本回改。

（原载《文史》2016 年第 2 期）

辽代帝王简谥钩沉

——以王士点《禁扁》为中心

　　古代君王之有谥号始于西周,后世除秦暂废谥法外,历代相沿而不替。唐以前谥号从简,多为一字或两字,方便记录且易于区别,故后人习惯以此指称故去之帝王;对于其中两字及个别三字谥号,往往取一字作为简称(为表述方便,本文权称之为"简谥")。逮至盛唐,武后、玄宗大变谥法,以多字谥号追加本朝诸帝,立为定制。此后历代争相效仿,累叠十数字乃至二十余字者往往有之。如此复杂的谥号自然不便记诵,亦难省作简称,故后人很少采用谥号,特别是一字简谥来指称有唐以降历代帝王①——这大概是目前学界所共知的常识。然而,我们却在元人王士点所著《禁扁》中发现了一段与此不大契合的记载,其中包含了一套以一字简谥指称辽代帝王的完整系统。这样的称谓系统在现存有关辽代史事的记载中实属罕见,至今尚未进入辽金元史研究者的视野。有鉴于此,本文拟从《禁扁》一书的整体情况入手,对这段记载的内容、史源加以分析,进而勾稽《辽史》、辽代石刻等相关文献,力

----

① 关于历代皇帝谥号的演变情况,参见汪受宽:《谥法研究》,上海古籍出版社,1995年,第17—39、55—62页。

图揭示出这套看似特别的称谓系统出现的原因。

一、《禁扁》所记辽帝简谥系统及其史料来源

关于《禁扁》一书,史学界关注较少,亦无专门研究。此书作者王士点(? —1359),字继志,东平人,王构之子。历通事舍人、翰林修撰,后迁秘书监管勾,累官淮西金宪、四川行省郎中、四川廉访副使等。参与纂修《经世大典》,与商企翁合著《秘书监志》十一卷,独著存世者惟《禁扁》一书。《禁扁》系采摭抄取历代典籍所见宫殿、城池、苑囿等名,汇为一编。书名取自三国时期何晏《景福殿赋》中"爰有禁楄,勒分翼张"一语,意为禁中门户。① 凡5卷(甲乙丙丁戊),分十五篇,宫、室、苑、囿、园、圃、田、庄等一百一十六门,每门下依朝代次序罗列相关名目,上起周下迄元,名下间有双行夹注。此书正文前有至顺元年(1330)欧阳玄序及至顺四年虞集序,又有王士点自撰凡例、叙目及引用书目,其中叙目下有"至顺壬申十月望书于教忠坊"一语(壬申即至顺三年)。由此可知,此书当撰成于至顺年间。又据虞集序称此书系王氏"在史馆暇日所编",则王士点编撰此书时为翰林修撰,供职于翰林国史院。② 通行版本有康熙四十五年(1706)扬州诗局刻《楝亭十二种》本、民国十年上海古书流通处影印《楝亭十二种》本,又有多部明、清抄本及文渊、文津阁《四库全书》写本,诸本间并无显著不同。③

本文所要重点讨论的这段记载见于《禁扁》卷甲"宫"字门下,其中胪列

---

① 参见《四库全书总目》卷六八地理类一《禁扁》提要,中华书局影印浙江书局本,2008年,第595页。

② 按王士点始任翰林修撰之时间无考,据《秘书监志》卷九"题名·管勾"(高荣盛点校,浙江古籍出版社,1992年,第185页)称其于至正二年(1342)四月自翰林撰修迁秘书监勾管,知王氏至此时方离开翰林国史院。

③ 所见抄本包括上海图书馆藏崇祯辛巳年(1641)重装本、国家图书馆藏毛氏汲古阁抄本、浙江大学图书馆藏朱彝尊抄本、清华大学图书馆藏丰华楼旧藏抄本、台北"国家图书馆"藏康熙二十六年抄本、傅斯年图书馆藏四库底本及辽宁图书馆藏盛枫抄本(残),皆大同而小异。又文渊阁《四库全书》本《禁扁》中的少数民族语词汇已遭馆臣改译,而文津阁本则多仍其旧。

辽代宫殿名如下:

> 日月;温泉(会同元年幸);洪义(国语算斡朵,太祖作);永兴(国阿
> 辇斡朵,武帝作);积庆(耶鲁盌斡朵,和帝作);延昌(朵里本斡朵,宣帝
> 作);章敏(监母斡朵,重熙中作);长宁(蒲盌斡朵,安帝作);崇德(孤稳
> 斡朵,成帝作);兴圣(女古斡朵,成帝作);敦睦(赤石得本斡朵,文帝
> 作);永昌(阿鲁盌斡朵,豫王作);延庆(窝笃盌斡朵,章帝作);长春(圣
> 宗御);太和;延和(述律太后);龙眉(即临潢);兴平(庆州,即大安)。①

　　这段记载的正文是王士点所抄录的辽代宫殿之名,括号中的文字本为
双行小注。其中最值得注意的是自"洪义"至"延庆"这段有关辽代诸帝斡鲁
朵("斡朵")的记载。我们知道,斡鲁朵是辽朝一种特殊的政治军事制度,关
于其内涵及外延,学界虽多有争议,但基本可以确定当为跟随契丹皇帝四处
迁徙的行宫,②而非一般意义上的宫殿。很明显,王氏并不理解斡鲁朵制度
的真正涵义,误将诸宫帐之"宫"等同于日月宫、温泉宫这样的实体宫殿,这
才将其抄录了下来。③

　　关于辽代的斡鲁朵制度,《辽史·营卫志》记载颇详,其中涉及诸宫的设
置及归属,刚好可与《禁扁》所记相参照。④ 兹将两书所记辽帝斡鲁朵情况,
依《辽史》所记顺序表列如下:

---

① 《禁扁》卷甲"宫·辽",《楝亭十二种》本,叶 8b。按本文所引《禁扁》系以《楝亭十二种》本为底本,
参校诸抄本所得。

② 参见杨若薇《契丹王朝政治军事制度研究》,中国社会科学出版社,1991 年,第 2—3 页。关于此项
制度的最新研究,参见林鹄:《斡鲁朵横帐补说——兼论辽朝部族制度》,《清华元史》第二辑,商务
印书馆,2013 年,第 248—261 页;余蔚:《辽代斡鲁朵管理体制研究》,《历史研究》2015 年第 1 期,
第 54—69 页。

③ 按此误在汉人的著述中较为普遍,如王应麟即从宋朝《国史》中抄得九个斡鲁朵宫帐名,列入《玉
海》卷一五八"历代宫室·契丹"之中(广陵书社影印光绪九年(1883)浙江书局本,2003 年,第 5
册,第 2906 页);元朝书贾作《契丹国志》亦将此置入"宫室制度"门下(贾敬颜、林荣贵点校,上海
古籍出版社,1985 年,第 225 页),直至清末缪荃孙作《辽故宫考》(《艺风堂文集》卷二,张廷银、朱
玉麒主编《缪荃孙全集·诗文》,凤凰出版社,2014 年,第 54 页)仍承袭此误。

④ 《辽史》卷三一《营卫志上·宫卫》,中华书局点校本,2003 年,第 362—370 页。

表1 《辽史》《禁扁》所记辽帝斡鲁朵情况对照表

斡鲁朵名	所属帝后	
	辽史	禁扁
算(国语算)——弘(洪)义宫	太祖	太祖
国阿辇——永兴宫	太宗	武帝
耶鲁盌——积庆宫	世宗	和帝
蒲速盌(蒲盌)——长宁宫	应天皇太后	安帝
夺(朵)里本——延昌宫	穆宗	宣帝
监母——彰愍(敏)宫	景宗	重熙中(兴宗年号)
孤稳——崇德宫	承天太后	成帝
女古——兴圣宫	圣宗	成帝
窝笃盌——延庆宫	兴宗	章帝
阿思——太和宫	道宗	(混入普通宫殿之中)
阿鲁盌——永昌宫	天祚帝	豫王
赤寔(石)得本——敦睦宫	孝文皇太弟	文帝

注:表中斡鲁朵名以《辽史》所记为准,括号内为《禁扁》之异文。

对比表中的相应条目可知,二者除个别文字歧异外,尚有两点显著差别:

其一,《禁扁》系以一字简谥指称辽代皇帝,而《辽史·营卫志》则称之以庙号。将《辽史》本纪所载太宗以下诸帝谥号与《禁扁》所记简谥加以比照,可发现刚好一一对应,即:

太宗孝**武**惠文皇帝——武帝

世宗孝**和**庄宪皇帝——和帝

穆宗孝**安**敬正皇帝——安帝

景宗孝**成**康靖皇帝——成帝

圣宗文武大孝**宣**皇帝——宣帝

兴宗神圣孝**章**皇帝——章帝

道宗仁圣大孝<u>文</u>皇帝——文帝

天祚帝(此系尊号,无谥号),金皇统元年二月封豫王

显然,《禁扁》所见之一字简谥系取自谥号全称中"孝"字之后的字眼。

其二,《禁扁》在斡鲁朵宫名与所属皇帝的对应关系上存在许多错误。结合上述谥号与庙号的对应关系可以看出,两组记载在宫与所属皇帝的匹配上有不少差异。学界早已确知,《辽史·营卫志》的上述记载与《续资治通鉴长编》等宋代文献所记辽帝诸宫完全吻合,[1]应为无可置疑的确实记载。相比之下,《禁扁》所记差误颇多,具体表现在:将"延昌"至"敦睦"六宫的归属全部记错,张冠李戴,应天、承天两位太后不见踪影,而景宗(成帝)、兴宗(章帝,年号重熙)则一人兼领二宫;又在斡鲁朵诸宫中漏记道宗(文帝)之太和宫,而将其与长春宫、延和宫这样的普通宫殿混记在一起。一段文字竟颠乱如此,着实令人费解。

尽管这段记载存在严重的问题,但我们却不能因此而忽视其独特的史料价值,即其中所保留的辽朝皇帝简谥。这样一套完整的称谓系统,在其他史料中从未出现过,同时,它又与本文开首所提到的指称唐以后帝王的习惯不相吻合。我们不禁要问,这套辽帝简谥究竟从何而来? 是信而有征,还是王氏的凭空臆造? 这些问题须从《禁扁》一书的史源说起。

上文提到,《禁扁》乃王士点抄取诸书而成,卷首有《引用书目》一篇,共列书籍三十七种,其中赫然有《辽史》一部。按《禁扁》撰成于至顺年间(1330—1333),而我们熟知的元修《辽史》则成书于至正四年(1344),显然不可能构成王氏编纂《禁扁》时的史料来源。那么,王氏所据《辽史》究竟为何? 如所周知,金朝陈大任曾修有一部《辽史》,成书于章宗泰和七年(1207),[2]此书流传至元末,元人重修《辽史》即以其为蓝本。据今本《辽史·礼制序》可知,陈氏《辽史》在元代藏于国史院中,[3]而如上所述,王士点编纂《禁扁》

———————————

① 参见《续资治通鉴长编》卷一一〇天圣九年(1031)六月丁丑,中华书局点校本,2004年,第2561页。

②《金史》卷一二《章宗纪四》泰和七年十二月壬寅,中华书局点校本,1997年,第1册,第282页。

③《辽史》卷四九《礼志》,第834页。

时恰在翰林国史院供职,刚好可以利用是书,由此看来,《禁扁·引用书目》中所出现的"辽史"当指陈大任《辽史》。① 进一步考察这份书目可知,其中关涉辽代史事者仅有这部《辽史》,则王氏《禁扁》中的辽代记载均应来自陈氏之书。因此,我们可以做出初步判断,上文所引辽帝简谥系统并非出于王氏臆造,而很可能即源自金人陈大任所著《辽史》——这一判断将在下节的论述中得到进一步的证实。

二、元修《辽史》所见辽帝简谥释疑

《禁扁》所记载的辽帝简谥系统的确十分罕见,但这并不意味着此种指称辽帝的方法在其他文献中完全无迹可寻。实际上,元修《辽史》中也可以找到与之类似的零星记载,只不过在《禁扁》的上述材料发现以前,这些蛛丝马迹并未引起史家的充分注意罢了。

经全面检核,今本《辽史》共有三处以简谥指称辽代帝王,分别见于《地理志》、《皇子表》及《公主表》,兹考证如下。

(一)《地理志》"中京道·兴中府"下有云:"黔州,阜昌军,下,刺史。本汉辽西郡地。太祖平渤海,以所俘户居之,隶黑水河提辖司。安帝置州,析宜、霸二州汉户益之。初隶永兴宫,更隶中京,后置府,来属。"②其中称黔州乃"安帝"所置,关于此"安帝"之所指,向来议者纷纷而莫衷一是。清人所修《四库全书》本《辽史》径改"安帝"为"世宗",③未详何据,想来是因为此种称谓过于罕见而未解其义,遂妄下雌黄。这一改动为后出的道光殿本《辽史》所因袭,④从而对此后辽代地理的研究者产生了一定误导,如清末李慎儒作

---

① 按至正以前,元人曾多次议修《辽史》而未成。参见冯家昇:《辽史源流考》,收入氏著《辽史证误三种》,中华书局,1959年,第15—19页。

②《辽史》卷三九《地理志三》,第487页。

③ 台北商务印书馆影印文渊阁《四库全书》本,1986年,第289册,第266页;北京商务印书馆影印文津阁《四库全书》本,1986年,第283册,第725页。

④《辽史》卷三九,道光四年(1824)武英殿校刻本,叶6b。

《辽史地理志考》即照抄其文而未加辨析。① 近人冯家昇曾对此提出假设："按穆宗谥曰'孝安敬正皇帝'，则安帝或即穆宗乎？"②言语之间仍存犹疑。向南则认为"辽无安帝"，冯氏之说"恐亦属揣度之词"，"据《北蕃地理》载：'黔州，辽主耶律德光初置。'在无新的资料可证时，只能依此。"③其中所引《北蕃地理》系指宋人所著《武经总要》，④向氏之所以贸然用宋代文献来否定《辽史》的记载，显然也是由于无法确定"安帝"为谁的缘故。后来出版的《〈辽史·地理志〉汇释》一书在此处也仅仅抄录冯、向二人之说，而无实质推进。⑤

前人对于此段记载的改动、猜测与争议，显然都是由于"安帝"这种称谓太过罕见，不明所指，但如今《禁扁》中这套辽帝简谥系统的发现，足以打消种种疑虑，此处"安帝"即属于这一称谓系统，确指辽穆宗无疑，今本《辽史·地理志》的这段记载出自更为原始的记载，不宜轻易否定。

（二）《皇子表》记载辽道宗皇子耶律濬，"幼能言，好学，知书。文帝屡曰：'此子聪慧，殆天授。'七岁从猎，连中二鹿，上谓左右曰：'祖先骑射绝人，威振天下，是儿虽幼，当不坠祖风。'后复遇十鹿，射之，得九，帝喜，为设宴"。⑥ 这段文字记载的是耶律濬早年聪慧勇武，深得其父赏识的故事，其中"文帝"（亦见前引《禁扁》），与下文出现的"上"、"帝"一样，当指辽道宗。

（三）《公主表》记载昭怀太子耶律濬之女延寿，"幼遭乙辛之难，与兄天祚俱养于萧怀忠家。后李氏进《挟谷歌》，文帝感悟，召还宫"。⑦ 这里称太子濬被耶律乙辛谋害致死后，其女延寿流落民间，后道宗（文帝）悔悟，方才接回宫中。

---

① 李慎儒：《辽史地理志考》卷三，光绪二十八年丹徒李氏刻本，叶14a。
② 《辽史初校》，收入氏著《辽史证误三种》，第182页。
③ 向南：《〈辽史地理志〉补证》，《社会科学辑刊》1990年第5期，第84页。
④ 曾公亮：《武经总要》前集卷二二《北蕃地理》"中京四面诸州"条，《中国兵书集成》影印明万历金陵书林唐富春刻本，解放军出版社、辽沈书社，1987年，第4册，第1100页。
⑤ 张修桂、赖青寿：《〈辽史·地理志〉汇释》，安徽教育出版社，2001年，第152页。
⑥ 《辽史》卷六四《皇子表》，第993—994页。
⑦ 《辽史》卷六五《公主表》，第1010—1011页。

　　以上三则记载中出现的"安帝"、"文帝",自然不会是元人修史时所增加的内容,而应该出自其所根据的更为原始的史料。元修《辽史》的主要史源为辽耶律俨《皇朝实录》与金陈大任《辽史》,具体到其中的《地理志》《皇子表》和《公主表》,我们已确知其史源。元末纂修《地理志》乃以陈大任旧志为蓝本而稍加增益,《皇子表》《公主表》则改编自陈大任书之《皇族传》。①由此可知今本《辽史》所见上述称谓当为陈氏旧史之遗文。

　　将以上论断与第一节对《禁扁》所记辽帝简谥史源的分析相参合,不难发现,二者刚好可以相互发明,彼此补充。一方面,今本《辽史》中保留的三处辽帝简谥,有力地证明《禁扁》中出现的这套称谓系统绝非王士点臆造,而确实源自更为原始的记载,即其《引用书目》中所列的金陈大任《辽史》。另一方面,《禁扁》的记载表明陈大任《辽史》曾以一字简谥指代辽朝皇帝,这种用法在目前包括辽代石刻在内的其他文献中均难觅踪迹(说详下文),而今本《辽史》的《地理志》《皇子表》及《公主表》中恰好也出现了这样的称谓,这从一个侧面佐证了上文关于三者史源的判断。

　　综合以上分析,我们可以确定《禁扁》中的辽代皇帝简谥出自陈大任《辽史》,而从《禁扁》及今本《辽史》所残存的一字谥号来看,陈氏《辽史》中用此种方法指称辽帝应该比较普遍。② 元人修史时可能出于当时的习惯对其中大量出现的一字简谥进行了改动,不过偶有遗漏,这才在今本中残留下了一鳞半爪的原始记载。

三、遥遵汉法:辽代帝王简谥出现的原因

　　通过与今本《辽史》中相关记载参互印证,我们基本搞清了《禁扁》中所

---

① 参见《〈辽史〉探源》第二章第三节、第六章,中华书局,2020 年,第 50—54/203—260 页。

② 在《禁扁》一书中,除上引有关斡鲁朵的记载外,还有一处用到辽帝简谥,见于该书卷乙"殿"字门下(叶 16a),其中记一辽代殿名曰"宣政",其下小注曰:"武帝即位于此。"按此武帝即辽太宗,今本《辽史》卷三《太宗纪上》(第 28 页)称其于天显元年(926)十一月壬戌即位,"壬申御宣政殿,群臣上尊号曰嗣圣皇帝",知此殿为上尊号而非即位之所,《禁扁》所记略有差误。

见辽代帝王一字简谥系统的性质与来源。然而问题并未到此结束,在唐以后绝少使用简谥来指称皇帝的大背景下,为什么会在陈大任《辽史》中出现这样一套特别的称谓系统呢? 其中缘由是否牵涉到什么不为人知的史实? 要回答这些问题,还需对辽代皇帝谥号的特点及其制度渊源做一番考察。

上文提到,武则天、唐玄宗开始实行的多字帝王谥号制度,对后世产生了深远影响。这不仅体现为谥号本身的繁琐冗长,同时也体现在谥号的内在结构及人们对于谥号的使用情况上。因此作为讨论辽代谥号问题的背景和前提,我们首先需要了解一下唐代皇帝的谥号及其使用情况。

唐前期皇帝谥号较为简单,如高祖初谥为大武皇帝,太宗为文皇帝,高宗为天皇大帝,中宗为孝和皇帝等,到武后、玄宗以后不断加谥,不仅字数一直增加,连用字也多有变更,此后即位的诸帝谥号亦屡经改动。兹将唐朝诸帝最终确定之谥号胪列如下:

> 高祖神尧大圣大光孝皇帝、太宗文武大圣大广孝皇帝、高宗天皇大圣大弘孝皇帝、中宗大和大圣昭孝皇帝、睿宗玄真大圣大兴孝皇帝、玄宗至道大圣大明孝皇帝、肃宗文明武德大圣大宣孝皇帝、代宗睿文孝武皇帝、德宗神武孝文皇帝、顺宗至德弘道大圣大安孝皇帝、宪宗昭文章武大圣至神孝皇帝、穆宗睿圣文惠孝皇帝、敬宗睿武昭愍孝皇帝、文宗元圣昭献孝皇帝、武宗至道昭肃孝皇帝、宣宗圣武献文孝皇帝、懿宗睿文昭圣恭惠孝皇帝、僖宗惠圣恭定孝皇帝、昭宗圣穆景文孝皇帝、哀皇帝。[①]

很显然,这些谥号相对统一、固定的结构只是最后三字均为"孝皇帝"(其间代宗、德宗两谥号稍有变化,但旋即恢复)。除此之外,再无一以贯之的用字方法或结构,似乎也很难看出其中的某个字具有独立的区别辨识意

①参见《唐会要》卷一"帝号上"至卷二"帝号下"(上海古籍出版社,2012年,第2—18页)。关于唐代皇帝谥号的前后变化,参见陈俊强:《皇权的另一面:北朝隋唐恩赦制度研究》所列《唐代皇帝谥号表》,北京大学出版社,2007年,第97—98页。

义,换句话说,我们无法找出谥号中的一个字来代指这个皇帝。这一点在当时人对于皇帝谥号的使用上可以得到很好地说明。遍检唐人文集、墓志等材料可以发现,首先,在总体上,当时人使用庙号的情况已远远多于谥号,两者完全不处于同一个数量级上。其次,在前后变化方面,唐中前期使用谥号相对较多,而后期则越来越少。再者,在具体谥号使用上,除了最初谥号较为简单的高祖、太宗、高宗、中宗外,人们在使用皇帝谥号时多用其全称,即使用其中两个字的简称(通常为"孝"字前面的两字),也往往会在前面加上庙号,很少单独出现。至于取其中一字作为简谥的情况,就更少之又少了。①当时人尚且如此,对于时过境迁的后代人来讲,就更难以用一套统一的简谥来指称所有的唐朝皇帝了。②

唐朝皇帝多字谥号的基本结构在五代及之后的宋代都得到了沿袭。除亡国之君及个别皇帝(周世宗、宋太宗)外,其余诸帝谥号均以"孝"字结尾,结构、用字并无定法。③ 同时,在唐代文献中尚有一定数量的皇帝谥号出现,这种情况在五代、宋就变得愈加稀少了,在当时人的记载中很难再找到用谥号指称本朝皇帝的例子,遑论一字简谥。如果说唐代在称谓方法上还处于从谥号向庙号的新旧过渡期的话,那么,进入五代、宋以后,这种转变已基本完成,以谥号指称皇帝这样古老的方法似乎已经淡出了历史舞台。

然而,大概很少有人注意到,在与五代北宋相始终、长期统治北中国的辽朝,上述发展趋势却并不适用。

让我们先来看看,相比唐、五代、宋,辽朝皇帝谥号本身究竟有何不同。兹根据《辽史》诸帝本纪所记谥号,列表于下。

---

① 当时用简称似乎亦无一定之规,如唐太宗初谥"文皇帝",后来虽加谥,但民间仍多沿用此称法,然检宝历元年(825)《李济墓志铭》(吴敏霞主编《长安碑刻》,陕西人民出版社,2014 年,第 171 页)又有"贞元中,德宗文皇帝初平寇贼"的说法,竟将德宗的谥号简称与太宗混同,亦可见当时谥号简称较少,且并不规范。
② 当然,这种情况并不绝对,如大众耳熟能详的"唐明皇"所用的就是玄宗的一字简谥。
③ 五代诸帝谥号参见《五代会要》卷一"帝号",上海古籍出版社,2006 年,第 1—8 页;宋朝皇帝谥号参见《宋史》诸帝本纪。

表 2　辽代皇帝谥号表

	加谥时间	谥号
太祖	天显元年(926)	升天皇帝
	统和二十六年(1008)	大圣大明天皇帝
	重熙二十一年(1052)	大圣大明神烈天皇帝
太宗	统和二十六年	孝武皇帝
	重熙二十一年	孝武惠文皇帝
世宗	应历二年(952)	孝和皇帝
	统和二十六年	孝和庄宪皇帝
穆宗	重熙二十一年	孝安敬正皇帝
景宗	统和元年(984)	孝成皇帝
	重熙二十一年	孝成康靖皇帝
圣宗	景福元年(1031)	文武大孝宣皇帝
兴宗	清宁元年(1055)	神圣孝章皇帝
道宗	乾统元年(1101)	仁圣大孝文皇帝
天祚		无

从上表中可看出两点:其一,辽朝皇帝谥号明显存在一个由简入繁的变化过程,分为两个阶段。前期应历二年、统和元年、统和二十六年为世宗、景宗、太宗所上者均为"孝某皇帝"的两字谥号;统和二十六年首次出现"大圣大明天皇帝"、"孝和庄宪皇帝"这样的多字谥号,但仅用于对已有谥号的帝王的增谥。后期自兴宗朝开始,即将圣宗朝萌芽的多字谥推而广之,不仅对前朝已有谥号大加增谥,而且对初次上谥的圣宗、穆宗亦直接加以多字谥号,这种做法为其后继之道宗、天祚所承袭,成为定制,因而穆、圣、兴、道四宗后来再无增谥。其二,无论前后期如何变化,"孝某"这样的字眼始终是其中稳定不变的结构,这也是辽代皇帝谥号区别于唐宋的最显著特征。

以上谥法制度上的变化与特征,在实际使用上又会产生怎样的影响?由于辽代的传世文献极少,要了解当时人对于上述谥号的接受和使用情况,我们只能求诸出土石刻。辽代石刻在数量上算不得十分丰富,且大部分为基层社会或佛教的相关文献,内容涉及皇帝之事者自然不会太多,但即便如此,其中仍有相当数量的石刻以谥号指称本朝皇帝。为与本文重点讨论的《禁扁》所见简谥加以对应,兹仅列出其中涉及辽太宗至道宗谥号者,凡二十三方。

表3　辽代石刻所见本朝皇帝谥号表

	出处	内容
1	统和三年《王瓒墓志》	孝感(成)皇帝加积庆宫汉儿副部署
2	统和三年《韩匡嗣墓志》	属孝成皇帝缵绍宗祧,振拔淹滞……以乾亨五年,孝成皇帝登遐
3	统和十一年《韩匡嗣妻秦国太夫人墓志》	俄属景宗成皇帝中兴宝祚
4	统和十五年《韩德威墓志》	景宗孝成皇帝以公莅事有能声
5	开泰九年《耿延毅墓志》	孝武天显中,石晋乞师讨朱耶氏
6	重熙六年《韩橁墓志》	孝宣皇帝敦谕久之
7	重熙十四年《萧和妻秦国太妃耶律氏墓志》	圣宗大孝宣皇帝睿哲乘乾,清宁接统
8	重熙十五年《秦晋国大长公主墓志》	太宗孝武皇帝应天顺人,奄有区夏。……景宗成皇帝接四圣以承祧,承天皇太后冠十臣而辅政。……圣宗大孝宣皇帝,同母弟也。
9	重熙二十二年《耶律宗教墓志》	实孝成皇帝之诸孙
10	清宁四年《萧旻墓志》	圣元皇帝吞二辽以建极,孝武皇帝降三晋以来庭。圣宗大孝宣皇帝缵五圣以承祧,统八纮而阐化
11	清宁四年《圣宗钦哀皇后哀册》	于孝宣有妇顺之容,所以承爱敬;于孝章有王业之训,所以享推称
12	清宁八年《耶律宗政墓志》	太宗孝武皇帝,大勋克集……曾祖大辽天授皇帝,本孝武皇帝之犹子
13	清宁九年《圣宗淑仪赠寂善大师墓志》	大师生而端丽,合于法相。当孝宣帝临朝,以良家子入选,时年二十一

续表

	出处	内容
14	咸雍元年《耶律宗允墓志》	会圣宗皇帝鼎驾奄升,孝章皇帝瑶图嗣缵
15	咸雍八年《耶律宗愿墓志》	惟皇孝成,与子天辅……孝章皇帝宝羽翼于天生,注腹心于兄爱
16	大康七年《圣宗仁德皇后哀册》	属孝宣奄促于仙游,庆玄宁躬严于时祭
17	大安十年《耶律庆嗣墓志》	事兴宗孝章皇帝,陟降三府,出入二省
18	寿昌元年《永清公主墓志》	景宗孝彰(成)皇帝之嗣女也,圣宗孝宣皇帝之侄孙……祖曰高七,圣宗孝成(宣)皇帝之季弟
19	寿昌二年《皇弟秦越国妃萧氏墓志》	宰相初尚圣宗孝宣皇帝次女晋国公主
20	乾统元年《梁援墓志》	天显中,我太宗孝武皇帝平一天下……实我大孝文皇帝龙飞之第一榜也……孝文皇帝不令致辨……孝文皇帝登遐,遂充玄宫都部署
21	乾统五年《刘文用墓志》	皇辽统和初,孝成皇帝尚幼,太后称制
22	天庆二年《萧义墓志》	我道宗大孝文皇帝,嗣守丕图,奄有诸夏
23	天庆四年《王师儒墓志》	九年冬,道宗孝文皇帝以今上始出阁……孝文始君,锐意儒术

资料来源:向南:《辽代石刻文编》,河北教育出版社,1995年;向南、张国庆、李宇峰:《辽代石刻文续编》,辽宁人民出版社,2010年;刘凤翥、唐彩兰:《辽上京地区出土的辽代碑刻汇辑》,社会科学文献出版社,2009年。

由上表可以看出,辽代石刻中的皇帝谥号有些是与庙号同时出现的,但也有许多是单独出现,如例1、2、6、9、11、13、15、16、21等,这说明当时谥号仍然具有很强的独立标识意义,并不依附于庙号。更重要的是,辽人在使用谥号来指称耶律德光以下的辽朝诸帝时,并不使用全称,而习惯用"孝某"皇帝这样的两字谥号。这一习惯并不仅仅局限于初谥为两字谥且当时未及增谥的皇帝(如例1—5等),同时也适用于另外两种情况:(1)初为两字谥,后来增为多字谥,且在增加后的谥号中"孝某"二字并不与"皇帝"二字相邻者,如例6、8、10、12、20中的"孝武",例9、15、21中的"孝成"等;(2)初次谥号即为多字谥者,如例 7、10、11、13、18、19 中的"孝宣",例 11、14、17 中的"孝章",例 20、22、23 中的"孝文"等。由此可见,尽管辽帝谥号经历了由两字到多字的变化过程,但在当时人的实际使用中,原本的两字谥,即"孝某"这样稳定的结构,始终是其中最核心、最具辨识度的部分,因而一直被用作所有皇帝的统一称谓方法。

通过以上的分析,我们已经清楚地看出,辽朝皇帝谥号虽然也采用了多字谥的形式,但其在用字结构的统一性及使用情况的普遍性上,都与其前代的唐及同时代的五代、宋有明显的差异,可谓"形同而实异"。那么,辽代这套谥法,特别是其中统一、固定的核心部分"孝某皇帝",究竟是从何而来?舍唐而另溯其源,我们很容易就会发现,汉代皇帝采用的正是这样一套简单而统一的谥号。除两位开国之君汉高祖刘邦、光武帝刘秀外,其余二十一帝皆称"孝某皇帝",依次为孝惠、孝文、孝景、孝武、孝昭、孝宣、孝元、孝成、孝哀、孝平、孝明、孝章、孝和、孝殇、孝安、孝顺、孝冲、孝质、孝桓、孝灵、孝献,颜师古注《汉书》时即对此作出解释:"孝子善述父之志,故汉家之谥,自惠帝已下皆称'孝'也。"[1]前人在谈及汉代皇帝谥法对后世的影响时,往往只看到后代谥号中多用"孝"字,[2]却没有注意到这套谥法与辽代皇帝谥号的渊源关系。在我看来,辽代皇帝谥号中固定的核心内容"孝某"很可能就是采用汉代谥法的结果。

接下来的问题是,辽代皇帝谥号为什么会"舍近求远",取法汉代呢? 由于相关史料的严重匮乏,我们目前尚未找到直接证据来解释这一现象,只能结合契丹王朝与汉制的关系及其汉化的总体进程作一推断。关于辽朝制度与汉朝的渊源,《辽史·后妃传序》有一段为人熟知的记载:"太祖慕汉高皇帝,故耶律兼称刘氏;以乙室、拔里比萧相国,遂为萧氏。"[3]是称辽朝皇族耶律氏汉姓为刘,而后族姓萧,皆系比附汉高祖与萧何而来。此段序文出自元

①《汉书》卷二《惠帝纪序》,中华书局,1962 年,第 86 页。
②汪受宽:《谥法研究》,第 26、56 页。
③《辽史》卷七二《后妃传》,第 1198 页。

朝史官之手,然具体内容却并非面壁虚构,当有更早的文本来源。许衡至元三年《时务五事》曰:"辽耶律改刘氏,都临潢,徙无常处,九帝,二百一十八年。"①许氏此说当得自陈大任《辽史》,因知至少陈氏书已将辽朝皇族姓氏记为刘姓。② 类似的说法见于宋人庞元英所记:"余尝见枢密都承旨张诚一说:昔年使北虏,因问耶律萧姓所起,彼人云:昔天皇王问大臣云:自古帝王英武为谁邪? 其大臣对曰:莫如汉高祖。又问将相勋臣孰为优? 对以萧何。天皇王遂姓耶律氏,译云刘也,其后亦锡姓萧氏。"③按张诚一使辽在宋神宗熙宁八年(辽道宗咸雍十年,1075),④其所记录的辽人言说正可与《辽史》及新出墓志相印合,说明将皇族、后族之汉姓与汉初君相建立关联,在辽中后期应该是一种十分普遍的认识。

草原民族入主中原,多以攀附华夏早期圣王作为构建自身合法性的重要途径,汉朝常常成为其攀附的对象,如十六国中屠各刘氏所建汉赵政权即是其中典型。⑤ 从以上举证可知,辽朝亦曾有过攀附汉朝的举动,而谥号远祖汉法或许亦可在这一背景加以理解。契丹初入中原,文化、制度质实草昧,对于当时中原王朝盛行的浮夸溢美、繁文缛节的皇帝谥号,既无法理解亦缺乏兴趣,但为笼络汉人,又不可能全付阙如,故而采用了更为原始朴素、方便易行的汉朝谥法,即"孝某皇帝"的两字谥号(始见于世、穆之际);及至圣宗澶渊之盟以后,汉化渐深,各项制度趋于完善,受唐宋风气濡染,开始用多字谥号为已故皇帝进行加谥,至兴宗即位后全部改用多字谥号,表面看来似与唐宋相近。然而,与唐宋制度同中有异的是,契丹皇帝谥号的核心部分并未因字数的增加而有丝毫的改变,始终保留了汉代谥法"孝某"的固定结

---

① 许衡:《许衡集》卷七《时务五事·立国规摹》,许红霞点校,中华书局,2019 年,第 265 页。
② 参见《〈辽史〉探源》,中华书局,2020 年,第 28—35 页。
③ 庞元英:《文昌杂录》卷五,金圆点校,《全宋笔记》第二编,大象出版社,2006 年,第 4 册,第 176 页。"北虏",四库本系统讳改作"北边",点校本因之,今据《雅雨堂丛书》本校正。
④ 参见傅乐焕:《宋辽聘使表稿》,《辽史丛考》,中华书局,1984 年,第 215 页。
⑤ 最新研究参见温拓:《屠各刘氏先世建构再探》,《中央民族大学学报》2019 年第 5 期,第 81—87 页。

构，在实际使用中亦仅采此二字而不作全称——这样的做法或许是约定俗成、习惯使然，也可能是杂糅前制、有意创新，无论如何，一套独特的"汉制为体，唐制为用"的皇帝谥号就此形成。

在弄清楚辽代皇帝谥号的特点及其来源之后，我们终于可以对《禁扁》所记简谥系统出现的原因做出一个合理的解释。汉代皇帝谥号中皆有"孝"字，因而真正具有区别意义的只是"孝"字后面的字，当时人及后世即习惯以此字作为对皇帝的简称，这才出现了文帝、景帝这样一套统一的称谓系统。同理，辽人始终习惯以"孝某皇帝"指称帝王，自然也就很容易发展出一字谥来作为简称的用法。在现存的石刻材料中，并未见到如《禁扁》《辽史》中保留的诸如"武帝"、"和帝"这样的称法，仅有表3例3、例8中出现的"景宗成皇帝"，或许可以作为辽人使用单字简谥的例证。由此看来，单字谥的用法在当时似乎并不普遍。前文对于《禁扁》的分析表明，金修《辽史》曾大量且系统地采用过此种独特的称谓方法，这一方面可能是由于金源史官注意到了辽人谥号不同于唐宋的特点，同时亦当与修史时的独特背景有关。金章宗泰和六年，诏避金世宗父睿宗宗尧之讳，改称"宗室"为"内族"，改"宗州"为"瑞州"，改"大宗正府"为"大睦亲府"，而陈大任正是在当年七月"妨本职专修《辽史》"，次年十二月纂成。彼时避讳之禁刚刚推行，作为官修正史自当严格遵行，今本《辽史》中屡屡出现的"内族"之称即源于此，[1]因而我怀疑金修《辽史》之所以一改唐宋以来皆称庙号的惯例而改以谥号，可能亦有避"宗"字讳的考虑。由此看来，本文所分析的辽帝简谥称谓系统根源于或曰脱胎于契丹王朝当时远祖汉法的谥号制度，而其最终在史书中的固化、定型则有赖于陈大任修史时对辽帝称谓的统一处理。

遗憾的是，至元末重修《辽史》之时，谥号早已不再用来称呼皇帝，而史臣对于辽代皇帝谥号的特点亦懵懂无知，在他们看来，陈氏旧史中出现的简谥系统难免有点不伦不类，这才大加改动。不久之后，至正间即仅存孤本的

①参见《〈辽史〉探源》，第114页。

陈氏之书在鼎革兵燹中灰飞烟灭,而元修《辽史》则大行于世,成为后人了解、研究辽代史事最主要的典籍,与之相伴随,此书编修过程中存在的种种问题与缺陷也永远地留给了治史者。可以想像,如果没有王士点在《禁扁》中误打误撞地抄录下这套简谥系统,有辽一代遥遵汉法、在当时独树一帜的皇帝谥号制度,可能真的要永远湮没无闻了。

游牧、农耕两大文明在接触过程中文化、制度的相互影响及共同衍进,无疑是一个多面相、多层次的复杂问题。即便仅就所谓草原民族的"汉化"这一单向命题而言,或许也并不如我们通常所想象的那样简单:仅仅会机械吸收时代较近的中原王朝的制度文化,而是有可能直接从中原文化、制度的源头上汲取营养——契丹皇帝谥号制度远祖汉代,显然就是这样一个经典的案例。

(原载《民族研究》2015 年第 3 期)

契丹国舅别部世系再检讨

——兼论《辽史》诸表的文献学与史学史价值

随着出土材料的日益丰富以及契丹文字解读的不断推进,考辨契丹家族世系成为近年来辽史研究的一大热点,其中又尤以有关外戚族系的研究成果最为丰硕。然而,作为辽朝外戚的重要一支,国舅帐中的所谓国舅别部问题却由于材料匮乏,长期以来难以得到令人满意的答案。本文的研究并不企望通过增添新史料这样的"加法"来彻底解开这一难题,而是尝试从史源学的角度对现有材料进行区分、辨析,剔除错误的二手史料,希望这样的"减法"可以为问题的解决扫清一些障碍。而循着这样的研究路径,我们也很容易跳出这一具体问题,来进一步探讨与《辽史》相关的更具普遍意义的史料学以及历史编纂学议题。

一、问题之缘起

契丹国舅帐初设于辽太宗时,范围仅限于述律后"父族及母前夫族",即拔里、乙室已两族。世宗即位后,因其母族不属此二族而新立国舅帐,这就是"国舅别部"。在现存史料中,有关国舅别部最为系统的记载见于《辽史·外戚表》,该表序文记"辽外戚之始末",其中有云:"世宗以舅氏塔列葛为国舅别部……圣宗合拔里、乙室己二国舅帐为一,与别部为二。"表中"国舅别部不知世次"栏内列出了该部的世系:北府宰相只鲁,七世孙台哂,八世孙世选北府宰相塔列葛。① 此世系涉及的三个人物亦见于《辽史》卷八五《萧塔列葛传》和卷九〇《萧塔剌葛传》,为论述方便,兹将两传相关部分征引如下:

> 《萧塔列葛传》:萧塔列葛,字雄隐,五院部人。八世祖只鲁,遥辇氏时尝为虞人。唐安禄山来攻,只鲁战于黑山之阳,败之。以功为北府宰相,世预其选。塔列葛仕开泰间,累迁西南面招讨使。重熙十一年,使西夏。……以世选为北府宰相,卒。②

> 《萧塔剌葛传》:萧塔剌葛,字陶哂,六院部人。素刚直。太祖时,坐叔祖台哂谋杀于越释鲁,没入弘义宫。世宗即位,以舅氏故,出其籍,补国舅别部敞史。……天禄末,塔剌葛为北府宰相,及察割作乱,塔剌葛醉詈曰:"吾悔不杀此逆贼!"寻为察割所害。③

据此可知,萧塔列葛为五院部人,仕圣宗、兴宗朝;而萧塔剌葛为六院部人,仕世宗朝。两者族系、时代及事迹迥异,当为二人无疑。而《外戚表》中仅列有"塔列葛"一人,所述世次与列传亦颇有出入,以往对于国舅别部的研究正是在对上述记载进行排比、考辨的基础之上展开的。

最早注意到上述史料所存在问题的是清代学者,道光殿本《辽史》校勘记对《外戚表》所列世系作了如下考证:

> 考卷八十五塔列葛传,兴宗重熙间以世选为北府宰相,八世祖珠鲁,与表同。又卷九十塔剌葛传,坐叔祖特依顺谋杀实噜没入宏义宫,世宗天禄末为北府宰相,寻为察克所害。是塔烈葛系特依顺之侄,塔剌

---

① 《辽史》卷六七《外戚表》,中华书局,2003 年,第 1027、1033—1034 页。
② 《辽史》卷八五《萧塔列葛传》,第 1318 页。
③ 《辽史》卷九〇《萧塔剌葛传》第 1358—1359 页。

葛系特依顺之侄孙,同为北府宰相,表未载塔剌葛。①

按道光殿本《辽史》承袭《四库全书》本,对书中译名概加改写,此段中珠鲁即只鲁,特依顺即台哂,实嚕即释鲁,察克即察割。这段考证对表、传的记载进行了整合,认为塔列葛与塔剌葛均为只鲁、台哂的后人,二人相差一世。揆其文意,当是认为《外戚表》在"八世孙塔列葛"下漏载"九世孙塔剌葛"。由于官方校勘之正史对清人治学影响巨大,故后人多有信从此说者。如李有棠《辽史纪事本末》即全袭其说,②陈汉章《辽史索隐》也作出了类似判断:"似塔列葛、塔剌葛为二人,一为只鲁八世孙,一为萧台哂之从孙,即只鲁九世孙矣,表误合为一。"③此类观点基本接受了《外戚表》的记载,并试图为之弥缝。

与清人上述见解不同的是,后来的研究者多从史料细节上对《外戚表》的记载提出各种质疑。如冯家昇《辽史初校》即认为《外戚表》将本为祖孙辈的台哂与塔剌葛分列为七世、八世,存在明显的错误。④ 陈述则在《辽史·外戚表》校勘记中从另外的角度加以考辨:"按卷八五《萧塔列葛传》:'八世祖只鲁,唐安禄山来攻,只鲁战于黑山之阳……'又《纪》重熙十九年十二月,以东京留守萧塔列葛为北府宰相。是年距安禄山来攻,三百余年,八世似不合。又卷九〇《萧塔剌葛传》:'太祖时坐叔祖台哂谋杀于越释鲁没入弘义宫,世宗即位……补国舅别部敞史。'塔剌葛为台哂孙辈,仕世宗朝,塔列葛仅次台哂一辈,仕兴宗朝,亦不合。"⑤此说前半部分所称"三百余年传八世"的问题,似无足深论,因为一世四十年也并非全无可能;而其后半部分则确实指出了表与传在时序上的明显抵牾之处,但并未对这一矛盾加以深究,而且从这条校勘记来看,点校者显然未对《外戚表》所列世系本身产生怀疑。

①道光殿本《辽史》卷六七"考证",叶8a—b。
②李有棠:《辽史纪事本末》卷二《埒克等之叛》,崔文印、孟默闻点校,中华书局,1983年,第87页。
③陈汉章:《辽史索隐》卷七,《缀学堂丛稿初集》本,叶11b。
④冯家昇:《辽史初校》,见《辽史证误三种》,中华书局,1959年,第256页。
⑤《辽史》卷六七《外戚表》校勘记一一,第1035页。

另外一则与国舅别部有关的记载见于《辽史·世宗纪》："(大同元年)八月壬午朔,尊母萧氏为皇太后,以太后族剌只撒古鲁为国舅帐,立详稳以总焉。"点校本有校勘记云："剌只撒古鲁,罗校云,疑《外戚表》国舅别部北府宰相只鲁即此剌只撒古鲁之省文。"①陈述因袭罗继祖之说,以"只鲁"比附"剌只撒古鲁",足见其对《外戚表》有关国舅别部始祖之记载深信不疑。但即便不考虑相关记载究竟有何问题,仅就常识言,"省文"一说显然也是难以令人信服的。然而,在罗校和点校本校勘记基础上,后人仍有进一步加以发挥者。如嵇训杰《辽史帝纪校读记》认为,《辽史·外戚表》之塔列葛,"亦作塔剌葛、塔烈葛,《辽史》卷九十有传",又称"世宗时只鲁即剌只撒古鲁已先卒,其时'为国舅别部'者,实为只鲁之'八世孙'塔烈葛。《纪》'太后族剌只撒古鲁'下,疑当有'后'字,所指即台哂、塔列葛辈"云云。② 嵇氏不仅仍以剌只撒古鲁为只鲁,甚至又将塔剌葛与塔列葛视作同一人,无疑是在错误的道路上走得更远。

近年学界有关国舅别部的研究,对于上述材料的理解也是各执一词。如乌拉熙春以只鲁为国舅别部始祖,并在此基础上讨论其世系与族属,认为塔列葛当为塔剌葛曾孙辈,其本传"五院部人"显为"六院部人"之误记。③而史风春在肯定剌只撒古鲁即只鲁的前提下,又认为"世宗时之塔剌葛(塔列葛)有可能就是只鲁或与只鲁是同时代人,为圣宗、兴宗时之塔列葛的先祖",④此说将辽世宗时的塔剌葛与唐玄宗时的只鲁混为一谈,可谓愈说愈奇。

以上诸家论断各异,然细绎其说,不难发现它们其实具有一个共同的研

①《辽史》卷五《世宗纪》,第64、67页。此处所引罗校见罗继祖《辽史校勘记》,上海人民出版社,1958年,第15页。

②嵇训杰:《辽史帝纪校读记》,《中华文史论丛》1986年第4辑。

③爱新觉罗·乌拉熙春:《國舅夷離畢帳と耶律玦家族》,《立命馆文学》621号,2011年3月,第40—44页;又见爱新觉罗·乌拉熙春、吉本道雅《新出契丹史料の研究》,松香堂书店,2012年,第187—192页。

④史风春:《略论契丹后族族帐的演变》,《黑龙江民族丛刊》2012年第5期。

究取径,即均以《外戚表》所载世系为基本框架,而以本纪、列传的相关记载对其进行修正和补充。这一研究方法的根本缺陷在于忽视了《辽史》诸表与纪、传之间的史料源流关系,以致其相关结论皆缺乏可靠的史料依据。有鉴于此,本文尝试从史源学的分析入手,重新检讨《辽史》有关国舅别部世系的记载。

二、从《辽史·外戚表》的史源看国舅别部世系之舛乱

如上所述,《辽史·外戚表》是目前所见有关国舅别部最系统的记载,也被研究者普遍视为较为可靠的史料。因此,在对上述记载的诸多矛盾做出解释之前,必须对《外戚表》的史料价值做一评估。众所周知,元修《辽史》的主要史源为辽耶律俨《皇朝实录》和金陈大任《辽史》。那么,《外戚表》究竟是《皇朝实录》或陈氏《辽史》原本就有的内容,还是元朝史官的新作? 换句话说,今本《辽史》之《外戚表》有无独立史源?

就现存文献记载来看,没有任何迹象表明耶律俨、陈大任曾作有《外戚表》之类的东西。经检核,今本《辽史·外戚表》的记载几乎全部见于相关列传,且能明显看出前者源出后者的痕迹。下面通过几个典型的例子对二者的源流关系加以说明。

《外戚表》开首所载为拔里萧氏世系:一世,"五世祖胡母里";二世,"北府宰相敌鲁";三世,"北府宰相幹";四世,"平章事讨古"。[①] 此处将此系始祖称为"五世祖胡母里",这样的说法不免让人感到有些奇怪。检《萧敌鲁传》称敌鲁"五世祖曰胡母里",[②]很显然,这就是《外戚表》史源之所自。按《萧敌鲁传》称胡母里为"五世祖"乃是针对传主而言的,而《外戚表》所记萧氏世系则不应再以萧敌鲁为中心,故称胡母里为"五世祖"显然有乖表例,这样的错误应该是史官机械抄书、照搬列传的结果。况且《外戚表》又将胡母

①《辽史》卷六七《外戚表》,第 1028 页。
②《辽史》卷七三《萧敌鲁传》,第 1222 页。

里与敌鲁分列于一世、二世,其所记世次也明显有误。

再来看《外戚表》所记萧挞列之世系:三世,"宰相挞列";九世,"龙虎卫上将军忽古、临海节度使拔剌"。① 校勘记云:"《辽史》卷八八《萧敌烈传》,'宰相挞烈四世孙','族子忽古,弟拔剌。'此脱敌烈,拔剌、忽古行辈亦不合。"②此处虽已指出《外戚表》与列传之间的歧异,但对二者孰是孰非却未置可否。卷八八《萧敌烈传》称敌烈为"宰相挞烈四世孙",且于传末记敌烈之戚族云:"族子忽古,有传。弟拔剌。"③据此可知,敌烈有弟名拔剌,又有族子名忽古。表将忽古、拔剌同列于九世,且忽古在右,拔剌在左,即以二人为兄弟关系。很明显,这是史官误解《萧敌烈传》的结果,即误以为"弟拔剌"一语是针对忽古而言,故以忽古、拔剌二人并列;又因敌烈为挞烈四世孙,故以二人为挞烈五世孙,然表既以挞列为三世,其五世孙当列于八世,而此处则列于九世,世次亦误。从这段舛乱不堪的世系中,可以清楚地看出《外戚表》与列传的源流关系。

更能说明问题的是《外戚表》关于道宗宣懿皇后父萧惠世系的记载:四世,"兰陵郡王某";六世,"齐国王某";七世,"北院枢密使惠";八世,"西北招讨使慈氏奴";十世,"兀古匿";十一世,"蒲离不"。④ 其中四世"兰陵郡王某"、六世"齐国王某"的记载甚是蹊跷,令人生疑。检卷七一《道宗宣懿皇后传》称其为"钦哀皇后弟枢密使惠之女",而同卷《圣宗钦哀皇后传》则谓钦哀皇后摄政之初,"追封曾祖为兰陵郡王,父为齐国王",⑤知《外戚表》之世系即据此二传拼凑而成,故将兰陵郡王某、齐国王某及北院枢密使萧惠分列于四世、六世、七世。又八世至十一世的世系也是源自《辽史》的相关列传,《萧惠传》称萧惠有二子:慈氏奴、兀古匿,⑥《外戚表》将慈氏奴列于八世即

---

①《辽史》卷六七《外戚表》,第1031—1032页。

②《辽史》卷六七《外戚表》,第1035页。

③《辽史》卷八八《萧敌烈传》,第1340页。按《萧忽古传》见卷九九,《拔剌传》则附见《萧敌烈传》后。

④《辽史》卷六七《外戚表》,第1030页。

⑤《辽史》卷七一《后妃传》,第1204、1205页。

⑥《辽史》卷九三《萧惠传》,第1375页。

本于此，但又误将兀古匿列于十世；又《萧蒲离不传》称其为魏国王惠之四世孙，①魏国王惠即萧惠，故表将蒲离不列于十一世。其实，根据《辽史》列传拼凑起来的这一世系存在严重的错误。按照目前辽史学界已经达成的共识，宣懿皇后之父、钦哀皇后之弟当为萧孝惠（《辽史》作"萧孝忠"）而非萧惠。②元朝史官因受《宣懿皇后传》称其为"钦哀皇后弟枢密使惠之女"这一记载的误导，故将本不相干的两支世系杂糅在一起：四世兰陵郡王某和六世齐国王某确系宣懿皇后父萧孝惠（忠）之先世，而七世以下则皆为萧惠一族之世系。

另外，《外戚表》与列传的源流关系还可以从表中所谓"不知世次"的记载中看出端倪。经逐条检核，凡"不知世次"者实际上均摘自列传中与国舅有关之记载。如《外戚表》"大父房不知世次"下列有萧和尚、萧特末、萧革三人，以萧特末为萧和尚之弟，萧革为萧和尚之子，均与《萧和尚传》及《萧革传》所记相吻合，而所谓"大父房不知世次"者即出于《萧和尚传》"国舅大父房之后"一语；③同样，《外戚表》"少父房不知世次"下所列萧劳古、萧朴（劳古之子）、萧乙薛、萧讹都斡、萧双谷、萧迭里得（双谷之子）、萧黄八（双谷之子）诸人，相关列传中均有"国舅少父房之族"或"国舅少父房之后"的字样，④这就是《外戚表》将他们列入"少父房不知世次"的依据。至于"戚属不知世次"一系，表述十分含混，不知何意。表中所列此世系，始自萧塔列，下有其子萧海璃，其孙萧图玉，曾孙萧双古，玄孙萧讹都斡，此世系实源于《萧海璃传》及《萧图玉传》，而"戚属不知世次"一语，实出自《萧图玉传》"统和初，皇太后称制，以戚属入侍"的记载。⑤史官截取传文，巧立名目，一至于斯！更有甚者，干脆仅列人物世系而不记族属，上文所引"宰相挞列"一系即

①《辽史》卷一〇六《萧蒲离不传》，第 1468 页。
②参见阎万章《辽道宗宣懿皇后父为萧孝惠考》，《社会科学辑刊》1979 第 2 期；辽宁省文物考古研究所编《关山辽墓》，文物出版社，2011 年，第 74—75 页。
③《辽史》卷八六《萧和尚传》，第 1326 页。
④参见《辽史》卷八〇《萧朴传》，第 1280 页；卷一〇一《萧乙薛传》，第 1435 页；卷一一一《萧讹都斡传》，第 1493 页；卷一一四《萧迭里得传》，第 1514 页。
⑤《辽史》卷九三《萧图玉传》，第 1378 页。

是如此。这一世系被置于"兴宗仁懿皇后父孝穆"与"太宗靖安皇后父室鲁"二族之间,然遍检相关史料,并未发现该系与萧孝穆、萧室鲁二族有何瓜葛。大概是因为《萧敌烈传》及《萧拔剌传》有挞列、敌烈、拔剌三人曾任国舅详稳的记载,遂将其列入《外戚表》,但因列传中未记其族属,故表中不立名目。

通过以上分析可以断定,《辽史·外戚表》并无独立的史源,而是元朝史官杂抄诸列传中有关国舅世系的记载拼凑而成的一篇二手文献。有了这一番认识,我们再回过头来看上文所谈到的国舅别部世系,就可以对它所存在的诸多问题有一个明确的认识。

毫无疑问,《外戚表》有关国舅别部的记载也抄自相关列传。表中列出的国舅别部世系包括北府宰相只鲁、七世孙台哂、八世孙世选北府宰相塔列葛,元朝史官之所以将他们三人列入国舅别部,是因为《萧塔剌葛传》中有"世宗即位,以舅氏故,出其籍,补国舅别部敞史"的记载;然而却又因为《萧塔列葛传》之传主塔列葛(雄隐)与塔剌葛(陶哂)名字相近,且均曾任北府宰相,竟将二者误为一人,并将两人世系杂糅在一起。这样一来,本与国舅别部毫无关系的"世选北府宰相塔列葛"及其八世祖只鲁就被列入了国舅别部谱系,而本为"国舅别部敞史"的塔剌葛反倒不见于《外戚表》;同样是因为将塔列葛与塔剌葛相混淆,遂以塔剌葛叔祖台哂为塔列葛先祖只鲁之七世孙,且以塔列(剌)葛与其叔祖台哂分列于七世和八世,亦与其世次不合。《外戚表》中的国舅别部世系就是被这样编造出来的。[①]

以上史源学分析彻底瓦解了《辽史·外戚表》所记国舅别部的谱系,因此前人在此基础上对国舅别部得出的相关认识都需要重新检讨。既然塔列葛一系与国舅别部毫无关涉,那么将只鲁作为国舅别部始祖,甚至以其比附《世宗纪》之"剌只撒古鲁",这样的结论自然与史实相去甚远;而试图考求塔列葛与塔剌葛之间的族属、行辈关系,进而弥合《外戚表》的种种漏洞,显然也是行不通的。目前看来,可以肯定属于国舅别部的只有台哂、塔剌葛两

[①]《外戚表序》称"世宗以舅氏塔列葛为国舅别部",显然也是将塔列葛与塔剌葛二人混为一谈的结果。

人,通观《辽史》一书,有关国舅别部的可信记载极为有限,因此对于这一族系的研究应该持更加审慎的态度。

三、《辽史》诸表之文献学与史学史价值评估

以上通过追溯史源的方法,对《辽史·外戚表》所记契丹国舅别部世系进行了重新检讨。在此基础上,本节拟对《辽史》诸表的史源进行一个综合考察,进而从史料学和历史编纂学两个方面对其价值作出评估。

元修《辽史》凡八表,即《世表》、《皇子表》、《公主表》、《皇族表》、《外戚表》、《游行表》、《部族表》、《属国表》。关于八表的史源和编纂问题,学界至今尚无系统论述。本文研究表明,此八表皆为元人新创,但根据其史料来源的不同,可分为以下两种情况。

一种是有独立史源的第一手史料。《辽史》八表之中,惟《皇子表》、《公主表》所记内容大都不见于其他卷帙,应具有独立的史源。但种种迹象表明,被视为《辽史》主要史源的耶律俨《皇朝实录》和陈大任《辽史》均无"表"这一体裁。① 关于《皇子表》和《公主表》的具体史源,在《辽史》中可以找到明确的证据。据《皇子表》,世宗三子,吼阿不排行第一,其下有元朝史官小注云:"旧史《皇族传》书在第三,且云未详所出。按《景宗本纪》云,景宗皇帝,世宗第二子。又按旧史本传云,景宗立,亲祭于墓,追册为皇太子。当是世宗嫡长子也。"据此可知,吼阿不在旧史《皇族传》中列于第三,在《辽史·皇子表》中则排行第一,可能是因为前者按年齿排行,而后者改以嫡庶为序。世宗另一子只没,在《皇子表》中排行第三,其下有小注云:"旧史《皇族传》书在第一。"②只没当为世宗庶长子,故在旧史《皇族传》中排行第一。很明显,《辽史·皇子表》的史源即来自于所谓"旧史《皇族传》"。据我判断,这

---

①按耶律俨《皇朝实录》名为"实录",实为纪传体国史,辽朝先后编纂的四部《实录》大致都应属于这种体裁。

②《辽史》卷六四《皇子表》,第984—985页。

里所说的"旧史"当是指陈大任《辽史》。① 关于《公主表》的史源,可以在元人所作的《公主表序》中看出端倪:"古者,妇讳不出门,内言不出阃。公主悉列于传,非礼也。然辽国专任外戚,公主多见纪、传间,不得不表见之。礼,男女异长,不当与皇子同列,别为公主附表。"②这里所说的"公主悉列于传"、"不当与皇子同列",都应该是针对旧史《皇族传》而言。看来陈大任《辽史》似将皇子和公主均列入《皇族传》,而元人所修《辽史》则在此基础上加以直接照搬、改编,分别创立了《皇子表》和《公主表》。③ 因此,此二表完全可以作为一手史料来使用。

另一种是拼凑成文的第二手史料,《辽史》八表中的《世表》、《皇族表》、《外戚表》、《游幸表》、《部族表》、《属国表》等六表皆属于这种情况。上文已经指出,《外戚表》系杂抄诸列传而成,而《皇族表》则与《外戚表》的情况颇为类似,系以诸帝子孙为经,世次为纬,表中记载皆采自相关列传,内容鲜有溢出今本《辽史》者,④显然也是抄取传文,拼凑而成的二手材料。又《世表》专记契丹先世历史,主要是抄撮《魏书》、《隋书》、《新唐书》、《新五代史》等前代正史《契丹传》的相关内容,对此学界早有共识,无需赘述。⑤ 至于《游幸表》、《部族表》和《属国表》,其史料性质也大致相似。以此三表与今本《辽史》本纪相比勘,可以明确看出前者源出后者的痕迹,可知当系元人以旧史本纪为蓝本,采撷其中相关的内容,按照年月时序表列而成。但需要说明的

①关于这一判断的依据,参见拙文《辽代帝王简谥钩沉——以王士点〈禁扁〉为中心》,《民族研究》2015 年第 3 期。

②《辽史》卷六五《公主表》,第 999 页。

③按此二表所载人物生平较为完整,记事亦甚详细,与一般表文简明扼要的特点极不相符,且时有如"性敏给"、"性沉默"、"资质秀丽,礼法自将"之类的描述性文辞,显然都是直接照搬相关列传原文的结果。

④经逐条检核,《皇族表》中仅"季父房不知世次"栏下"平章的烈"一条不见于今本《辽史》纪传,当出自旧史相关列传,而为元修《辽史》列传所遗漏。

⑤参见王吉林《辽史世表探源》,《大陆杂志》33 卷 5 期,1966 年 9 月 15 日;杨家骆《辽史世表长笺》,收入《辽史汇编》,鼎文书局,1973 年,第 1 册;吉本道雅《辽史世表疏证》,见前揭《新出契丹史料的研究》,第 1—36 页。

是,此三表中还有一些不见于今本《辽史》本纪的材料,可能是元人在纂修本纪时删汰笔削的那部分内容。

如上所述,今本《辽史》八表均为元朝史官根据耶律俨《皇朝实录》、陈大任《辽史》纪传直接改编或拼凑杂糅而成。由于纂修方法的不同,其史料价值也迥然有别:前者是对原始材料的直接照搬,且由于其所据旧史《皇族传》今已不存,故其性质实为具有独立史源的第一手史料;后者内容大都见于今本《辽史》纪传,其性质属于拼凑成文的第二手史料,且在抄撮过程中谬误丛生,本文所论《外戚表》中的国舅别部世系就是这样一个典型的例子。

不过,《辽史》八表在史学史上自有其不容忽视的意义,但长期以来却一直没有受到研究者应有的重视。自司马迁《史记》问世以后,表就成为纪传体史书的四大基本体裁之一。后班固断代为史,亦循太史公先例而作《汉书》八表。但自陈寿《三国志》以下,在很长一段历史时期里,历代正史皆不再设表,直至欧阳修、宋祁所修《新唐书》才恢复了这一体裁,但同样出自欧阳修之手的《新五代史》也未曾设表,可见在元代以前,表尚未成为纪传体正史的一种固定体裁。元修三史,明确提出"三国各史书法,准《史记》、《西汉书》、《新唐书》"的纂修原则,[1]辽、金、宋三史皆统一设表,就是这一原则的重要体现之一。而元朝史官的这一举措,也使得表这一体裁在纪传体正史中的地位最终得以确立,为《元史》、《明史》及《清史稿》等后出诸史所沿用。

综上所述,我们对《辽史》诸表的文献学与史学史价值的基本评估是:若着眼于文献学,《辽史》诸表的史料价值参差不齐,既有出自独立史源的第一手史料,又有拼凑成文的第二手史料,因此研究者在使用时必须审慎辨析;但如将其纳入历史编纂学的发展脉络来看,《辽史》八表在纪传体史书的演进史上无疑具有承上启下的重要作用,有必要对其史学史价值进行重估。

（原载《史学月刊》2014 年第 4 期）

---

[1]见《辽史》附录《三史凡例》,第 1557 页。

中篇　四库文献

《续资治通鉴长编》四库底本之发现及其文献价值

　　李焘《续资治通鉴长编》(以下简称《长编》)是宋史研究的基本文献,历来为史家所瞩目。《四库全书总目》称"其淹贯详赡,固读史者考证之林也",①可谓恰如其分。然而,此书卷帙浩繁,向无足本传世。现存之本分为两个版本系统,其一为南宋书坊所刻五朝节本系统(凡一百零八卷,以子卷计则一百七十五卷),其二为乾隆间四库馆臣从《永乐大典》中辑出的七朝本系统(五百二十卷)。② 相较而言,后一系统更为完备,故而为治史者所青睐,学界习知者包括文渊阁四库全书本、文津阁四库全书本、嘉庆二十四年(1819)爱日精庐活字本、光绪七年(1881)浙江书局刻本。其中活字本实据文澜阁传抄本摆印,③而浙江书局本系以活字本为底本,校以文澜阁残本。

---

① 《四库全书总目》卷四七史部编年类,中华书局影印浙江书局本,1983年,上册,第424页。

② 关于五朝本与七朝本的具体情况及内容详略关系,可参见裴汝诚、许沛藻《续资治通鉴长编考略》,中华书局,1985年,第5—16页。

③ 活字本并未明确交代其所据底本,此据张金吾《爱日精庐藏书志》卷九编年类《续资治通鉴长编》提要(《宋元明清书目题跋丛刊》清代卷影印道光七年张氏自刻本,中华书局,2006年,第5册,第353页)。

上世纪七十年代以后出版的中华书局点校本又以浙江书局本为底本,以文津阁本、活字本为通校本,参校宋刻节本,成为当今学界最通行的版本。以上皆可归入四库阁本系统。然而,阁本系统《长编》存在四库本所共有的诸多问题,主要是民族语译名遭到篡改,涉及胡虏夷狄等违碍字眼的内容遭到删削等。① 尽管研究者尝试通过参校其他传世文献等手段,对《长编》进行局部的复原工作,但这终究无法从根本上解决问题。

幸运的是,我在湖南图书馆发现了一部《长编》的四库底本。经研究,此本大致保留了馆臣篡改前的原始面貌,为全面复原七朝本《长编》提供了可能;同时,该底本对于研究《永乐大典》辑佚、民族语名改译等四库学问题也具有重要的学术价值,值得我们高度重视。

一、《长编》四库底本的基本面貌及其性质

湖南图书馆所藏抄本《长编》(典藏号:善 221/20-2),五百二十卷,目录二卷,凡 200 册。每半叶八行,行二十一字,白口红格单鱼尾,四周双边(见书影一)。钤有"翰林院典簿厅关防"满汉文长方印、②"翰林院印"满汉文大方印、"臣许乃普"、"赵唐荣印"、"南岳图书馆藏"、"湖南省中山图书馆珍藏"等藏书印。其中多有朱、墨笔涂乙痕迹(见书影二)。

《湖南省古籍善本书目》仅将此本简单著录为"四库全书底本",③而未作详细介绍,故长期以来并未引起学界重视,自然也无人注意到它珍贵的文献价值。2014 年初我在湖南图书馆查阅此本,认定其确为四库底本,理由有三:其一,从藏书印判断,"翰林院典簿厅关防"印及"翰林院印"均为四

①参见陈智超《四库本〈续资治通鉴长编〉发覆》,《社会科学战线》1987 年第 3 期。

②此印《湖南图书馆古籍线装书目录·史部》(线装书局,2007 年,第 535 页)误著录为"翰林院典籍厅关防"。按前人著录此印,多有误"簿"为"籍"者,刘蔷《"翰林院印"与四库进呈本真伪之判定》(原载《图书馆工作与研究》2006 年第 1 期,收入氏著《清华园里读旧书》,岳麓书社,2010 年,第 136—138 页)一文已详加辨正,所论是也。

③常书智、李龙如主编:《湖南省古籍善本书目》,岳麓书社,1998 年,第 74 页。

库底本的重要标识,前者更是早期四库采进本及大典本的专用印鉴;①其二,从用纸、行款上看,白口红格棉纸为四库馆专用纸张,八行二十一字也是四库底本的通用行格;其三,随处可见的朱墨涂乙也是四库底本的一个重要特征。

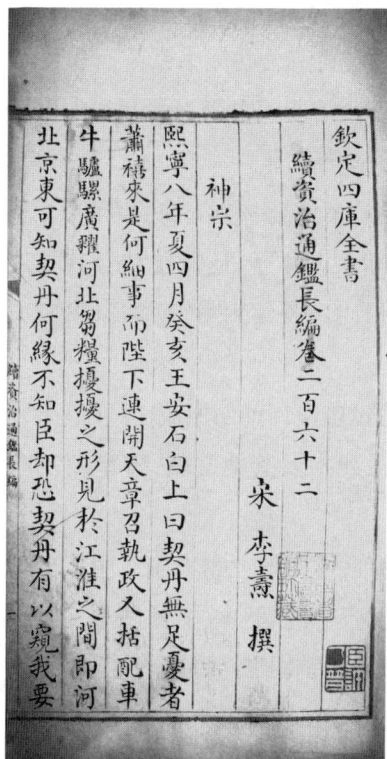

书影一:行款及部分藏书印　　　书影二:修改痕迹

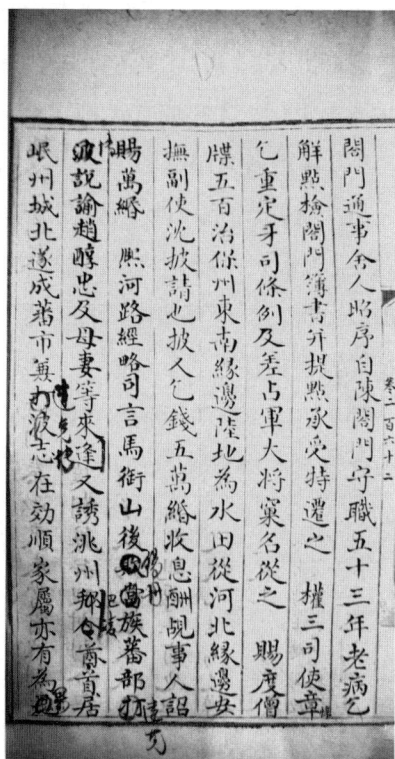

另外,从藏书印还可推测出《长编》四库底本从翰林院流出,最终落户湖南图书馆的大致过程。此本钤有"臣许乃普"印,按许乃普乃道咸名臣,初以

---

①据乾隆三十八年二月二十一日《大学士刘统勋等奏议定校核〈永乐大典〉条例并请拨房添员等事折》称,"酌派军机司员一二员作为提调,典簿厅等官作为收掌"(见中国第一历史档案馆编:《纂修四库全书档案》,上海古籍出版社,1997年,上册,第59页),可知典簿厅为四库开馆初期掌管书籍的机构。

翰林院编修充实录馆纂修提调,后官至刑部、吏部尚书,兼任实录馆总裁。同时,许氏还是著名的藏书家,插架甚富,其中多有自翰林院流出者,如《朝野类要》的四库底本即为其所藏,①《华野疏稿》四库底本亦曾为其插架,钤有"翰林院典簿厅关防",且多馆臣校语,②这些翰苑之物或许皆为许氏在馆中任职时所得。③《长编》四库底本应该也是经由许氏之手流出,迨其殁后,藏书散逸四方,此本几经辗转,④民国年间进入湖南公共藏书系统。起初藏于南岳图书馆(1933年成立于衡山),建国后该馆所藏古籍为湖南省中山图书馆(1970年更名为湖南图书馆)接收,最终落户湘图。

以上将此《长编》抄本认定为四库底本,不过是一个笼统的判断,至于它究竟是《永乐大典》辑本整理过程中哪一阶段的本子,还需要结合其具体内容加以分析。与现存四库诸阁本及刻本相比,《长编》四库底本以下三方面特征尤其值得注意。

第一,《长编》四库底本之译名皆保留馆臣改译前的原貌,并在其旁圈注应改之译名。以下通过比勘宋本、《大典》残本及其他文献,聊举两例略加说明。

(1)卷二六二熙宁八年四月庚辰,四库底本原作:"蕃官副军主李磨毡角授三班借职。""磨毡角",墨笔改作"默戬觉",文渊阁本、文津阁本、活字本、浙本及点校本皆同。按《永乐大典》引《长编》即作"磨毡角"。⑤ 又同月甲申条,底本原作:"马衔山后欺当族蕃部打波说谕赵醇忠及母妻等来降,又诱洮

①参见王瑞来《"尽信书不如无书"——透过〈朝野类要〉看〈四库全书〉对文献的改窜》,《北京大学中国古文献研究中心集刊》第11辑,北京大学出版社,2012年,第258页。
②此本今藏中国国家图书馆,索书号A02270,参见李红英《国家图书馆藏四库采进本经眼录》,《版本目录学研究》第5辑,北京大学出版社,2014年,第312页。
③嘉道以降,翰林院管理日渐松弛,官员多监守自盗,致四库底本大量散失。参见黄爱平《四库全书纂修研究》,中国人民大学出版社,1989年,第268页。
④按藏书印所见"赵唐荣"于史无征,或为某民间藏书家。该印钤于首叶之右下方,"臣许乃普"与"南岳图书馆藏"二印之间,由此推断,此本为赵氏所藏当在许氏藏书散出之后,入藏南岳图书馆之前。
⑤《永乐大典》卷一二五〇六,中华书局影印本,1986年,第6册,第5418页上栏。

州邦令酋首居岷州城北,遂成蕃市。"其中"欺当"、"打波"、"邦令",墨笔分别改作"锡丹"、"达克博"、"巴凌",此三名文渊阁本、文津阁本、活字本、浙本、点校本皆与墨笔改译者相同,而《永乐大典》引《长编》则与四库底本一致。①

(2)卷五一七元符二年十月丁未条,四库底本原作"鹅毛兀都城、啰呱抹遄城、厮归丁、南宗堡、脿哥城系要切之处",其中"鹅毛兀都"、"啰呱抹遄"、"脿哥",墨笔分别改为"阿密鄂特"、"鲁旺玛尔布"、"罗格"。此三名文渊阁本、文津阁本、活字本、浙本、点校本皆为改后之译名。又"厮归丁"墨笔改为"斯桂鼎",文渊、文津阁本同,而活字本、浙本、点校本则作"斯噜丹";"南宗"墨笔改作"鼐宗",文渊阁本、活字本、浙本、点校本皆同,而文津阁本仍作"南宗"。按《宋会要辑稿》载此事作"鹅毛城、罗瓦抹遄城、厮归丁、南宗堡、脿哥城系要切之处",②所记诸城之名与《长编》四库底本略同,均为宋时译名。

就管见所及,此四库底本原文中的民族语名皆未遭到馆臣改译,全部保留了《长编》的原有译名,弥足珍贵。下文将对此作进一步阐发。

第二,《长编》四库底本涉及胡虏夷狄等违碍内容者,在此本抄成以前已做过少量改动,但大部分仍存其原貌。兹撷举以下三卷为例略加说明。

(1)卷五八景德元年十二月戊子条载宋真宗语,四库底本作"北陲自古为患",其中"北陲"二字宋本《长编》及《长编纪事本末》皆作"北狄",③可见此本抄成之前已有讳改。然同卷十二月辛丑,将作监丞王曾言:"古者尊中国,贱夷狄,直若手足。二汉始失,乃议和亲,然礼亦不至均。今若是,是与之亢立,手足并处,失孰甚焉。狄固不可启,臣恐久之非但并处,又病倒植,愿如其国号契丹足矣。"检文渊阁本、文津阁本、活字本、浙本,此段仅作"是与之亢立,失孰甚焉,愿如其国号契丹足矣",其余文字皆被删去,而宋本《长

---

①《永乐大典》卷一二五〇六,第 6 册,第 5419 页下栏。

②《宋会要辑稿》兵二八之四五,第 8 册,第 7292 页上栏。"鹅毛城"下原衍一"城"字,"南宗"原误"南安","脿哥城"下原衍"傀哥城"三字,今一并删改。

③杨仲良:《资治通鉴长编纪事本末》卷一五《亲征契丹》,《宋史资料萃编》第二辑影印广雅书局本,文海出版社,1967 年,第 1 册,第 438 页。

编》及《长编纪事本末》则与四库底本同，①知底本此处尚未经删改。

（2）卷二六二熙宁八年四月戊寅，宋神宗曰："中国兼燕秦楚越万里之地，古所以胜外敌之国皆有之。"又同日吴充上言曰："监牧不当废，若外敌旅拒，马不可买，中国如何得马？"此二段四库底本原文各出现一处"外敌"，但《永乐大典》残本两处皆作"夷狄"，②说明底本抄成前已经讳改。然而，此卷中类似之违碍字眼甚多，底本原文又多有未改者，如丙寅条小注多次提及"遮虏军"，"虏"字旁有墨笔改为"边"，文渊、文津阁本亦作"边"；同条下文又称"许夷狄者不一而足"，底本无改动痕迹，而文渊、文津阁本则改"夷狄"为"外国"，可知四库底本抄成之前讳改尚不彻底。

（3）更能集中反映四库底本讳改情况的是卷二七。此卷多载宋辽战事，故频繁出现胡虏夷狄之类的字眼。兹将此卷相关文字与宋本比照如下。

表1　《长编》卷二七四库底本与宋本违碍文字对照表

出　处	宋　本	四库底本	
		原文	墨笔删改者
雍熙三年正月戊寅条，宋琪上疏	大举精兵讨除边寇	同前	患
	贼来莫测其浅深	同前	敌
	仍虑步奚为寇	同前	患
	契丹小丑克日殄平	同前	删去此二字
	释左衽	同前	革异志
	以服衣冠	同前	德威
	并髡发左衽	同前	删去此四字
	戎主吹角为号	同前	敌
	长驱入寇	同前	塞

①《资治通鉴长编纪事本末》卷一五《亲征契丹》，第1册，第442页。以上引文中两处"手足"，宋本《长编》及《长编纪事本末》皆作"首足"，四库底本当系传写之误。

②《永乐大典》卷一二五〇六，第6册，第5418页上栏。

续表

出　处	宋　本	四库底本	
		原文	墨笔删改者
	<u>戎</u>主亲行	同前	敌
	<u>胡</u>群<u>萃</u>至	群丑	群敌
	彼以全国<u>戎羯</u>	同前	兵甲
	或前阵击破<u>虏寇</u>	敌寇	敌人
	<u>戎狄</u>侵轶其来尚矣	同前	初次修改：戎夷 二次修改：边兵
五月丙子赵普上疏	<u>皆以禽兽畜之</u>	同前	删去此五字
	往歼<u>凶丑</u>	同前	敌众
	<u>俾腥膻</u>之党	作寇之党	契丹之师
	念彼燕民陷于<u>胡羯</u>	同前	边夷
	必当尽歼<u>丑类</u>	同前	族类
	与<u>丑类</u>较其胜负	同前	契丹
八月条杨业言	有何面目求活于<u>虏中</u>	异地	边鄙
	<u>倘鸟兽散</u>尚可还报天子	倘寇远去	倘敌人散去

说明：表中四库底本"原文"及"墨笔删改者"两栏，仅列出与"宋本"一栏中划线部分之间的文字异同。

如表所示，《长编》原文所见胡虏夷狄等违碍字眼，四库底本仅有五处与宋本不同，当讳改于底本抄成之前；其余大部分则仍与宋本一致，而是在此本中用墨笔做了进一步修改，这些修改意见在诸阁本中均有不同程度的体现。由此可见，此底本虽然在抄成之前已经过初步讳改，但改动之处为数较少，很大程度上还保存着《长编》的原貌。

第三，《长编》四库底本在抄成时已有部分馆臣按语，后来又有进一步修改、增补。试以卷一建隆元年正月辛亥条为例略加说明。此条通行诸本皆作：

石守信自义成节度使、殿前都指挥使为归德节度使、侍卫马步军副都指挥使,常山高怀德自宁江节度使、马步军都指挥使(按《宋史》作江宁军节度使、侍卫亲军马军都指挥使)为义成节度使、殿前副都点检,厌次张令铎自武信节度使、步军都指挥使为镇安节度使、马步军都虞候,王审琦自殿前都虞候、睦州防御使为泰宁节度使、殿前都指挥使,辽人张光翰自虎捷左厢都指挥使(按虎捷左厢,《宋史》及《宋史记》皆作虎捷右厢)、嘉州防御使为宁江节度使、马军都指挥使(按宁江,《宋史》及《宋史记》皆作江宁),安喜赵彦徽自虎捷右厢都指挥使、岳州防御使为武信节度使、步军都指挥使,官爵阶勋并从超等,酬其翼戴之勋也。

此段共有三条按语,皆系四库馆臣以《宋史》及王惟俭《宋史记》校《长编》。[①] 其中"按《宋史》作江宁军节度使、侍卫亲军马军都指挥使"一条,在四库底本中的位置与通行诸本相同;"按虎捷左厢,《宋史》及《宋史记》皆作虎捷右厢"一条,四库底本原置于段末,后由墨笔勾移至"虎捷左厢都指挥使"职名下。这两条按语字体、墨迹皆与底本正文同,惟作双行小注,当是与底本一并抄成;而第二条勾移之迹则异于正文,或系后来所为。至于"按宁江,《宋史》及《宋史记》皆作江宁"一条,则为底本原文所无,系另笔补入,字体、墨迹与正文迥异,显为此本抄成后纂修官所增,天头又有朱批云"双行增入",当出于总纂官之手(说详下文)。由此可见,部分馆臣按语在四库底本抄成时即已写就,而在此本之上又续有增补。

综合上述民族语名改译、违碍字眼讳改及馆臣按语三方面情况来看,这部《长编》四库底本虽已经过初步的整理与修改,但仍在很大程度上保存了较为原始的面貌。近年来有关四库馆与《永乐大典》辑佚问题的研究表明,刚刚从《永乐大典》中辑出的稿本往往非常粗糙,是没有经过纂修官处理的草本,可称为《大典》初辑稿本。而纂修官在此草本上进行分卷、初步整理

①其中前两条按语又见王太岳等辑《钦定四库全书考证》卷三〇,书目文献出版社影印本,1991年,第1册,第719页。按馆臣屡以明王惟俭《宋史记》校《长编》,知此处所引即王氏书。

后,会重新誊录一个本子,据此做进一步的修改工作,称为二次修改稿本。修改完毕之后,有时还会再誊抄一次,形成三次修改稿本,一般来说三次修改稿本改动极少,已与诸阁本相差无几。① 根据上文谈到的情况来判断,湘图所藏《长编》四库底本显然不是《大典》初辑稿本,亦非三次修改稿本,而当为此书的二次修改稿本。

二、《长编》四库底本的抄成与修改时间

在初步弄清湘图所藏《长编》四库底本的性质之后,我们有必要对其来历做一番更为深入的探究。这一四库底本究竟是何时抄成的? 在此之上进行的修改工作又持续到什么时候? 要解决这些问题,需将《长编》四库底本所提供的线索与相关四库学文献结合起来加以考察。

关于《长编》四库底本的抄成时间,最直接的线索来自其卷首提要。此本提要末署"乾隆四十三年闰六月恭校上",该落款与底本的抄成时间有何关联? 这要从《长编》的辑佚过程说起。

我们知道,四库馆于乾隆三十八年二月正式开馆,当时的主要工作即是从《永乐大典》中辑出佚书。《大典》引书大致有两种形式,一种是整部抄录,另一种则为零散引用。前一种的辑佚工作相对简便易行,因此在开馆初期馆臣的首要任务是将成部之书先行抄出,《长编》即属于此种情况。四库馆总裁官于敏中给总纂官陆锡熊的信札中保留了有关《长编》辑佚情况的珍贵史料。乾隆三十八年八月初二日,于敏中致函陆锡熊云:"李焘《长编》,宋英宗以前既有旧本,似草本止须抄神哲两宗,较为省便。但不知英宗以前旧本较之《永乐大典》详略多寡若何,如并无分别,则大为省便耳。"②此函中所称

---

① 关于《大典》初辑稿本及二次、三次修改稿本的各自特征,参见张升《〈永乐大典〉流传与辑佚研究》,北京师范大学出版社,2010年,第160—163页。

② 《于文襄手札》第23函,国立北平图书馆影印本(原无页码),1933年。系年据影印本附陈垣《书于文襄论〈四库全书〉手札后》。

"旧本"当指此前已为人所知的五朝节本（凡一百零八卷），而所谓"草本"者无疑就是指《大典》初辑稿本。当时于氏扈从清高宗避暑承德，对《大典》本的具体情况及四库馆的工作进度不甚明了，鉴于《长编》卷帙浩繁，抄写不便，故致函问询，并提出了一个减少辑佚工作量的建议。不过仅仅三日之后，于氏的另一信札即称："《长编》既已抄得，自为省便。"①由此推断，于氏已于陆锡熊处得知，《长编》草本是时业已抄讫。可见最迟至乾隆三十八年八月初，《长编》的辑佚工作已初步完竣，形成了一部《大典》初辑稿本。

上文提到，《大典》初辑稿本只是一个粗糙的草本，需在此基础上划分卷帙、整理校勘、添加按语、撰写提要，而这一系列工作都要由纂修官来完成。关于四库馆中负责《长编》辑佚整理工作的纂修官，学界虽有讨论，但皆未得要领。② 其实，这个问题是有明确线索可考的。一般来说，收入《四库全书》的《大典》本文献，诸阁本每册封底仅记录誊录监生的姓名（部分封底载分校、总校之名），然而幸运的是，发现文渊阁本及文津阁本《长编》每册封底页均明确写有负责该册整理工作的纂修官姓名，弥足珍贵。③ 这些纂修官共计三十人，依次为邹亦孝、励守谦、周兴岱、杨寿楠、陈昌图、张家驹、邹玉藻、王嘉曾、黄良栋、庄承篯、陈初哲、徐天柱、吴寿昌、刘湄、秦泉、萧际韶、黄轩、吴典、王尔烈、林树蕃、闵思诚、陈昌齐、俞大猷、平恕、邹炳泰、庄通敏、黄寿龄、彭元珫、王汝嘉、苏青鳌，每人负责十几至二十卷不等。④ 从此人员规模可以想见，《长编》的整理的确是一项复杂而浩大的工程，将《大典》初辑稿本整理为二次修改本，即便是三十位纂修官分工合作，从整理到誊录亦需耗费颇多

---

① 《于文襄手札》第 24 函。

② 相关研究见李国庆、孔方恩：《四库馆臣邹炳泰与〈永乐大典〉》，《〈永乐大典〉编纂 600 周年国际研讨会论文集》，北京图书馆出版社，2003 年，第 187 页；史广超：《永乐大典辑佚述稿》，中州古籍出版社，2009 年，第 105 页。

③ 就管见所及，每册封底记载纂修官姓名之《大典》本，除《长编》外，尚有文津阁本《汝南遗事》（文渊阁本无）。此种特殊情况形成之原因还有待进一步研究。

④ 以往研究者一般认为，《大典》本成部之书的纂修官往往由一人专任（参见张升《四库全书馆研究》第 82、86 页），然而从本文的研究来看，实际情况并非如此。

时日。按照四库馆的工作流程,负责撰写提要的纂修官在写完提要正文后,通常会将落款时间留空,而具体时间则在全书抄成后填写。《长编》四库底本提要末署"乾隆四十三年闰六月",应该就是此本的最终抄成时间。考虑到该书整理工作的繁剧程度,从乾隆三十八年八月抄成初辑稿本,到四十三年闰六月完成二次修改本,前后历时五年也是合乎情理的。

接下来讨论《长编》四库底本的修改时间。从下文谈到的情况来看,四库馆臣在此本上进行的修改工作持续了很长一段时间。关于修改时间的上限,暂未发现明确证据,不过揆诸情理,二次稿本抄成之后,应该很快就会对它进行文字校订、内容讳改之类的修改工作,故乾隆四十三年闰六月即可大致看作《长编》四库底本的修改时间上限。

这里需要重点讨论的是《长编》四库底本的修改时间下限问题。以下从文渊、文津阁本译名的挖改,以及文澜阁本与四库底本的差异两个方面来加以考察。

其一,由文渊、文津阁本译名的挖改情况可以初步判断四库底本的修改时间下限。

文渊、文津阁本《长编》分别抄成于乾隆四十六年九月和同年十二月,①此二阁本所见译名存在大量挖改痕迹,将其与四库底本上的墨笔改译文字相对照,可据以判断四库底本修改时间的大致范围。

两阁本《长编》存在普遍的译名挖改现象,而其所改译名与四库底本之墨笔改译者有着明确的渊源关系。如卷二六二熙宁八年四月癸未条,文渊、文津阁本作"赐蕃官温必鲁扬家绢五百,温必鲁扬官至侍禁",其中两处"温必鲁扬"之笔迹与上下文迥然不同,且后者四字仅占两字空间,字距紧密,明显为后来挖改所致。查四库底本此句原作"赐蕃官温劈罗延家绢五百,罗延

①此据两阁本书前提要落款时间。又《金毓黻手定文溯阁四库全书提要》所载文溯阁本《长编》提要末署"乾隆四十二年十二月恭校上"(卷二九史部三编年类,中华全国图书馆文献缩微复制中心,1999 年,第 240 页),按文溯阁《四库全书》的缮写工作始于乾隆四十六年十二月文渊阁《四库全书》完成之后,此处之"四十二年"当系金氏誊抄之误。

官至侍禁",其中"劈罗延"三字旁有墨笔改为"必鲁扬",后一句"罗延"二字旁有墨笔改为"温必鲁扬"四字,知两阁本即据此挖改。又如卷五一六元符二年闰九月壬辰条,文渊、文津阁本作"总噶尔首领结钦角四擒小阿苏",从字体、字距判断,其中"总噶尔"当系由原本二字挖改而成,检四库底本原文正作"宗哥"二字,旁有墨笔改为"总噶尔"。类似例证俯拾即是。文渊、文津阁本皆抄自四库底本,而两阁本中的译名却普遍存在挖改现象,这只能说明一个问题:在乾隆四十六年将《长编》抄入文渊、文津阁本之时,四库底本尚未改译完毕。

根据纂修《四库全书》档案提供的线索,文渊、文津阁本的挖改很可能是在乾隆五十二年覆校时进行的。乾隆五十二年六月初三日上谕称:"据御史祝德麟奏,《四库全书》内关涉辽、金、元三朝事迹者不少,请将前此辑成之《三史国语解》交武英殿,赶紧刊刻完竣,先刷多本,分给现在校勘各员,随时将应行译改之人、地名,照国语解逐一挖改,可省将来再行检改等语。所奏亦是。……现命大小臣工将文渊等三阁书籍覆加校勘,凡有关涉三朝事迹应行译改人、地名者,自应乘此校阅之际,令校书各员随时签出,挖改画一,自可省重复检阅之烦。"①北四阁《四库全书》抄成后,曾先后于五十二年、五十六年两次进行全面覆校,而其中民族语名的改译及违碍内容的讳改主要是在五十二年初次覆校中完成的。② 此次覆校开始于乾隆五十二年五月,祝德麟的上述建议正是此时提出的。祝氏主张覆校时应根据《三史国语解》对各书译名进行查对挖改,这一建议获得了高宗的首肯。从覆校的结果来看,这项工作的确得到了较为彻底的执行,但就《长编》而言,馆臣进行挖改的依据却不可能是《三史国语解》。原因很简单,辽金元三史中所包含的译名不可能全部涵盖其他四部诸书中出现的译名,尤其是像《长编》这样的史籍,其中涉及到的译名远远溢出三史之范围,因而馆臣的实际操作过程只能是根

①《寄谕八阿哥永璇等将武英殿所刻〈三史国语解〉赶紧刊刻完竣》,军机处上谕档,《纂修四库全书档案》,第 2019—2020 页。
②关于两次覆校的具体情况,参见黄爱平《四库全书纂修研究》,第 200—221 页。

据已改译完成的四库底本进行挖改。据此判断,《长编》四库底本的改译工作应该完成于乾隆五十二年以前,则其修改时间的下限可初步划定为四十六年至五十二年之间。

其二,从文澜阁本与四库底本的差异可以进一步判定四库底本的修改时间下限。

我们知道,四库诸阁本抄成时间不一,内容亦不尽相同,若将现存诸阁本《长编》中抄成最晚者与四库底本进行比对,将会有助于判断此底本的修改时间下限。据书前提要可知,北四阁中的文渊、文津两阁本《长编》皆抄成于乾隆四十六年;南三阁中的文澜阁本,因其首册已毁于兵燹,无法得知其抄成时间,但四库底本中的某些细节恰好为此提供了一个关键的线索。

四库底本卷首提要末署"乾隆四十三年闰六月恭校上",旁有墨笔将其中的"四"改为"五",并勾去"三"字,又"闰六"二字起初被改为另外二字(疑为"十一"或"十二"),后又用墨笔涂去。那么,经过此番改动之后的"乾隆五十年　月恭校上"究竟给我们提供了什么信息呢?众所周知,北四阁《四库全书》于乾隆四十六年十二月至四十九年十一月陆续抄成;而南三阁的缮写工作则始于四十七年七月,终于五十二年四月,其中绝大部分书籍应是在五十年以后抄成的。很显然,四库底本提要改动后的"乾隆五十年　月恭校上"只能是为缮写后续完成的南三阁《四库全书》所准备的,月份空缺或许是留待抄入三阁时再行填写。据此推断,南三阁《长编》大概抄成于乾隆五十年。[①]

不过,南三阁《长编》今存于世者仅有义澜阁本的少量残帙而已,好在爱日精庐活字本和浙江书局本都出自文澜阁本系统,可据以比对。检核发现,此二本与四库底本最终改定的文字(主要是讳改的内容)仍有所出入,这反映了文澜阁本与四库底本之间的差异,有助于我们进一步判断底本的修改

---

① 与北四阁分别办理的方式不同,南三阁《四库全书》是同时办理的,"每一底本发出,即令书手全写三分"(乾隆四十七年八月二十日《多罗质郡王永瑢等奏遵旨酌雇觅书手缮写全书章程折》,《纂修四库全书档案》,下册,第1616页)。因此,南三阁三份《长编》的抄成时间应相去不远。

时间。兹以卷二七为例,将四库底本与诸阁本之间的部分文字差异表列如下。

表 2 《长编》卷二七四库底本与诸阁本讳改文字对照表

| 出 处 | 四库底本 | | 文澜阁本 | 文渊阁本 | 文津阁本 |
	原文	墨笔删改者			
1 雍熙三年正月戊寅	大举精兵讨除边寇	患	寇	寇	患
2 同上	并髡发左衽	删去此四字	髡发左衽	髡发左衽	删去此四字
3 同上	戎主吹角为号	敌	戎	戎	敌
4 同上	长驱入寇	塞	寇	寇	塞
5 同上	戎主亲行	敌	戎	戎	敌
6 五月丙子	皆以禽兽畜之	删去此五字	以禽兽畜之	以禽兽畜之	删去此五字
7 同上	俾作寇之党	初次修改:契丹之党 二次修改:契丹之师	契丹之党	作寇之党	契丹之师
8 八月	求活于异地	边鄙	异地	边鄙	边鄙

说明:①表中"墨笔删改者"及诸阁本各栏,仅列出与四库底本原文划线部分之间的文字异同;②所引"文澜阁本"文字采自活字本及浙江书局本。

如仅考虑抄成时间之先后,在以上三阁本中,似应以最晚的文澜阁本吸收底本删改意见最为彻底,但表中所举例证却明显与此不合。如例 8,文澜阁本与底本原文相同,而其余二本均已吸收墨笔删改文字。窃以为此类情况可能是由于文澜阁本抄出后,底本上仍有改动,至乾隆五十二年覆校时为文渊、文津阁本所采纳。例 1—6,文渊阁本、文澜阁本均与底本原文同,仅文津阁本吸收了删改后的内容。这种情况表明,底本上的这些墨笔删改文字也应形成于文澜阁本抄成之后,那么为何文渊阁本未改而文津阁本已改呢?

这应该是由于文津阁本的覆校工作更为彻底，而文渊阁本则相对粗疏造成的。① 例7，底本先后有过两次修改，文渊阁本与底本原文一致，文澜阁本则与第一次所改文字相吻合，可知第一次改动当在文渊阁本抄出之后，文澜阁本抄成之前；而文津阁本与第二次所改一致，可见第二次改动当在文澜阁本抄出之后，文津阁本覆校以前。根据以上情况来判断，乾隆五十年文澜阁本抄出之后，《长编》四库底本仍有少量修改，此类修改可能一直持续到乾隆五十二年覆校结束之前。

以上利用《长编》四库底本所提供的线索，经与诸阁本相比勘，从译名挖改和内容讳改两个方面进行分析，可以得出如下结论：《长编》四库底本抄成于乾隆四十三年，此后又经过长时间的删改，其修改时间下限已晚至乾隆五十二年。

行文至此，有必要附带介绍另一部罕为人知的《长编》抄本，此本与本文所讨论的四库底本颇有渊源。该抄本现藏于复旦大学图书馆，五百二十卷，目录二卷，每半叶九行廿一字，白口，乌丝栏，四周双边，钤有"邵氏二云"、"晋涵之印"、"二云"、"邵氏晋涵"、"正定经文"、"观书石室"、"重远书楼"、"乌程庞渊如校阅秘藏本"、"杨鼎之印"、"国立同济大学图书馆藏书"诸藏书印。此抄本卷首提要内容与四库底本完全一致，末署"乾隆五十年　月恭校上"，显系抄自修改之后的四库底本提要。从内容上看，此本彻底吸收了四库底本的修改意见，如上文所举译名、讳改等内容，均与底本最终所删改者相吻合。② 由此可见，此抄本应当是四库底本修改完毕之后的录副本。乾隆五十二年七阁《四库全书》全部办理完毕后，所有四库底本皆移交翰林院庋藏，此后高宗屡次下诏，允许馆臣及士人赴翰林院翻阅、抄录四库底本，如乾隆五十三年十月二十三日上谕即称："各书底本原系存贮翰林院，以备查核。嗣后词馆诸臣及士子等有愿睹中秘书者，俱可赴翰林院，白之所司，将

①北四阁《四库全书》的两次覆校，均由清高宗翻检文津阁本时发现问题而引起，故文津阁本之覆校较其余诸阁更为彻底。参见黄爱平《四库全书纂修研究》，第190—210页。
②有关此抄本之情况，由复旦大学南征同学代为查阅，谨致谢忱。

底本检出钞阅。"①可见当时允许士人抄录四库底本。从复旦抄本所钤藏书印判断,此本乃邵晋涵旧藏。邵氏长期供职于四库馆,对有宋一代史籍最为留心,此抄本或许就是他请人抄录的。邵氏卒于嘉庆元年,则此本之抄成不应晚于乾隆末年。

三、《长编》四库底本的文献价值

《长编》四库底本的发现无疑具有十分重要的文献价值,具体说来,主要体现在两个方面,其一为版本价值,其二为四库学价值。兹就管见所及,分别申说如次,希望对学界进一步了解、研究和利用这一版本有所裨益。

首先讨论《长编》四库底本所具有的版本价值。通过上文论述可知,《长编》四库底本是目前所知最接近于《永乐大典》本原貌的一个本子。凭借此本,我们可以将通行本中遭清人改译的民族语名加以彻底回改,并在相当程度上恢复馆臣讳改的内容,从而为宋辽金史及相关民族史研究提供更为原始可靠的史料。下面从民族语译名之复原和违碍文字之回改两个方面分别加以论述。

(一)民族语译名之复原

上文已经谈到,这部四库底本抄成之时,其中的民族语名都保存着辑本原貌,四库馆臣的改译工作是在这个底本上进行的。因此,我们可以利用这部底本彻底复原《长编》一书中的民族语译名。目前最为通行的《长编》版本是中华书局点校本,据点校者称,对于清人改译的民族语名,"现在都予以回改",②然而,实际情况并非如此。通过本文第一节的引证可知,《长编》中的

---

① 《谕内阁文渊阁着交提举阁事一人专管并全书嗣后毋庸曝晒》,军机处上谕档,《纂修四库全书档案》,第2142—2143页。类似上谕亦见乾隆五十五年五月二十三日《谕内阁着江浙督抚等谆饬所属俟全书排架后许士子到阁抄阅》,军机处上谕档,《纂修四库全书档案》,第2189—2190页。

② 《续资治通鉴长编》"点校说明",中华书局点校本,2004年,第3页。

部分译名亦见于其他宋代文献,点校本仅对其中一部分作了恢复,但仍有相当多的译名未作回改。更为重要的是,有大量译名仅见于辑本《长编》,并无其他文献可资参校,而四库底本则提供了一个保存宋代原始译名的独家文本。以下聊举数例加以说明。

卷五一三元符二年秋七月壬子,点校本云:"王赡言已占据讲朱、错凿、当标、一公、东迎城、通绰克古城,又立公宗堡、伦布宗堡、古塔鼐宗堡,共计九处。"其中"错凿"、"一公"、"东迎城"及"公宗堡"四名乃其原名,未遭清人改译;"讲朱"、"当标"二名,系点校本据其他文献回改;①而"通绰克古城"、"伦布宗堡"、"古塔鼐宗堡"三名,显为清人所改译,因其不见于他书,故未能复原。检四库底本,此三名原作"彤彻古城"、"六逋宗堡"、"踏南宗堡",可见宋译之原貌。②

又同月丙寅,述及西蕃笾(边)厮波结的统辖范围,点校本云:"所管地分,西至黄河,北至布鲁克、丹巴国,南至隆科尔结一带,东至庸咙城、额勒济格城。当标城至斯丹南一带,甚有部族人户,见管蕃兵六千一百四十人。"其中"布鲁克丹巴国"、"隆科尔结"、"庸咙"、"额勒济格"、"斯丹南"五名,四库底本原文分别作"拨罗当标"、"陇渴结"、"余龙"、"耳结哥"、"厮达南",其旁有墨笔改译者,点校本皆与改译后的译名一致,惟"北至布鲁克丹巴"后衍一"国"字(活字本、浙本已衍此字),遂将其误断为二名;又"当标城至斯丹南一带"一句紧承上文,皆为有关疆界之记载,而点校本误断为两句。此段记载仅见于《长编》,对于研究宋代河南吐蕃鬼章部的地理范围至为关键,③四库底本所载原始译名无疑具有重要的史料价值。

卷五一六元符二年闰九月,点校本有"西天北印度什弥勒国僧和尔宁根

①此二名四库底本分别由墨笔改作"嘉木卓"、"丹巴",活字本、浙本与所改者同;二名又见《宋史》、《皇朝编年纲目备要》等书,点校本当即据此回改。

②按《宋史》卷八七地理志四○(第7册,第2163页)述青唐地理,有城名曰"彤撒",当即此处"彤彻古城","彻"、"撒"二字互歧,恐有一误。

③参见汤开建《宋金时期安多吐蕃部落史研究》,上海古籍出版社,2007年,第75—77页。

尔根法名刚噶拉勒人见,赐僧衣分物"一语。检四库底本,其中"什弥勒"作
"迦什弥勒",点校本夺一"迦"字,盖袭活字本、浙本之误;而"和尔宁根尔
根"、"刚噶拉勒",原文分别作"合宁哥哥"、"葛葛勒",后又由墨笔改为"和
尔宁格尔根"、"刚噶拉",点校本之译名即源出于此,惟误"格"为"根",又于
"刚噶拉"下衍一"勒"字,此误亦皆袭自活字本及浙本。按"迦什弥勒"一
名,四库底本并无改动,文渊阁本改作"克实密尔",此地唐宋间习称"迦湿弥
罗"、"羯湿弥罗"、"迦闪弭"等,皆为梵文 Kāśmīra 或 Kaśmīra 之音译,①即今
克什米尔地区,《长编》四库底本所见之译名未见于他书,弥足珍贵。

除以上所举民族语地名之外,仅见于《长编》四库底本的民族语人名、族
名亦不胜枚举,兹选取若干例表列如下,与经清人改译后的点校本译名加以
对照。

表 3 《长编》四库底本部分稀见译名表

出　　处	四库底本原文	点校本译名
卷五六景德元年正月癸卯	李赏媚	李尚默
卷五六景德元年正月己丑	徦崖	鄂云
卷二三〇熙宁五年二月辛酉	杨芭良	扬巴凌
卷二三〇熙宁五年二月丙寅	香崖	香叶
卷二三〇熙宁五年二月丙寅	叱哆	策木多
卷五一六元符二年闰九月乙亥	庞逋斜四	彭布锡卜萨
卷五一六元符二年闰九月庚辰	革唛	格垱克
卷五一七元符二年十月己未	结牟彪厮鸡	嘉勒摩、巴桑济
卷五一八元符二年十一月壬午	崖乜	雅密
卷五一八元符二年十一月壬午	崖升明	雅星明

相对于《长编》四库底本中保留的原始译名而言,以上所举不过是九牛
一毛。大量稀见译名的重新发现,对于研究相关民族的历史、语言以及当时

①参见季羡林等《大唐西域记校注》卷三"迦湿弥罗国",中华书局,2000 年,第 321—322 页。

汉语与民族语对译等诸多问题均具有重要意义。

另外,由于四库馆臣对《长编》的改译所存在的种种问题,有时还会对后人产生误导,点校本《长编》的某些错误即源出于此,通过四库底本我们可以发现这些错误是如何产生的。关于此类情况,有两个很能说明问题的例子。

如卷二七雍熙三年十二月乙未条,点校本作"契丹复自和尔郭入寇,薄代州城下",其中"和尔郭"一名,文渊阁本、文津阁本、活字本、浙本皆同,仅从译音及用字上看,似为一民族语地名,然其未见于其他文献,颇难考索。今检宋本《长编》及《太平治迹统类》,此名皆作"胡谷",①四库底本亦作"胡谷",旁有墨笔改为"和尔郭"。据《武经总要》卷一七"河东路·岢岚军"云:"峨婆谷、胡谷,二谷地形甚狭,北至契丹界。"②知"胡谷"实为汉语地名,地处宋辽边境,四库馆臣竟误以之为民族语名而妄加改译,遂横生出"和尔郭"这样一个令人费解的地名,而点校本则因袭其误。

又如卷五一六元符二年闰九月壬辰条,点校本记载宋军与羌兵作战云:"始交锋,我军颇衄,蕃官李凌战纳吉,死之。"其中"李凌"、"纳吉"下各有一专名号,意谓二人分属交战双方,结果"李凌"战死。然检四库底本,此句原文作"蕃官李蔺毡讷支死之",旁有墨笔将"李蔺毡讷支"改为"李凌战纳吉",知战死之蕃官名为"李蔺毡讷支"。点校本因袭清人所改之译名,而馆臣所改之"李凌战纳吉"一名在上下文语境中又恰好易滋歧义,致使点校本在理解和断句上都出现错误。值得注意的是,此名在《长编》中屡见不一见,而除此条外,点校本皆作"李蔺毡讷支",③为何惟独此处出现这样的错误呢?这大概是由于馆臣改译时前后不统一的缘故。检四库底本其余诸处之"李蔺毡讷支",皆由墨笔改为"李楞占讷芝",而其中部分记载亦见于《长编纪事本末》等书,故点校本可据此将"李楞占讷芝"予以回改,但对于仅见于卷五

---

① 彭百川:《太平治迹统类》卷三《太宗经制契丹》,《适园丛书》本,叶42b。

② 《中国兵书集成》影印明唐富春刻本,解放军出版社、辽沈书社,1988年,第4册,第854页。

③ 参见《长编》卷一八八嘉祐三年十月辛丑、卷二四九熙宁七年正月辛亥、卷二七三熙宁九年二月己丑、卷二九六元丰二年二月辛丑、卷三五一元丰八年正月辛巳等条。

一六的"李凌战纳吉"则无从判断，以致出现上述错误。

（二）违碍文字之回改

上文提到，《长编》四库底本中的违碍字句，在此本抄成之前已有部分遭到讳改，但可以肯定的是，对于违碍字句的讳改工作主要还是在这个底本上进行的。那么，底本原文究竟在多大程度上保存了《长编》的原貌？因未能通览全书，不敢妄下断言。不过对部分较为典型的卷帙进行定量分析，或许有助于认识这一问题。以卷二七为例，据不完全统计，其中胡虏夷狄等违碍字眼出现达三十次以上，底本原文已遭讳改者仅有五处，其余则大都是在这个底本抄成之后用墨笔加以删改的（但仍有个别漏改者）。由此推测，《长编》四库底本原文中已遭讳改的文字应该只占很少的一部分，这就使得我们有可能通过这个本子对大部分遭到清人删改的违碍文字进行回改。

从《四库全书》违碍文字的讳改情况来看，前期处理较为灵活，后期则渐趋严格。一个比较典型的例证是《三朝北盟会编》。乾隆四十年八月于敏中致函陆锡熊云："《北盟会编》历来引用者极多，未便轻改，或将其偏驳处于提要内声明，仍行抄录，似亦无妨。"[1]可见当时身为四库总纂官的于敏中甚至主张，像《三朝北盟会编》这样影响较大的史籍可以不做任何改动，后来收入《四库全书》中的《会编》，大概就是按照于氏的上述意见办理的。但在乾隆五十二年的覆校中，此书不仅改换底本，且遭到全面删改，今存之文渊、文津阁本早已面目全非。[2] 由此可见，馆臣的讳改工作愈到后期愈加严格，《长编》四库底本也经历了这样一个校办过程。上文提到，此四库底本抄成于乾隆四十三年，在此之前的讳改并不多，绝大部分违碍文字是在底本抄成之后用墨笔加以删改的；同时，亦间有此本未改，而在抄入阁本或覆校时所删改者。正是因为这个缘故，此四库底本原文在相当程度上保留了《长编》一书

①《于文襄手札》第 49 函。系年据胡适：《跋〈于文襄手札〉影印本》，《胡适全集》第 13 卷，安徽教育出版社，2003 年，第 540 页。

②参见邓广铭、刘浦江：《〈三朝北盟会编〉研究》，《文献》1998 年第 1 期，第 111—114 页。

之原貌，是目前所知讳改最少的本子。

尤为重要的是，在此底本中很可能找到大段被馆臣删落或篡改的《长编》佚文。一个最为典型的例证是，卷五八景德元年十二月辛丑王曾上奏云："古者尊中国，贱夷狄，直若手足。二汉始失，乃议和亲，然礼亦不至均。今若是，是与之亢立，手足并处失孰甚焉。狄固不可启，臣恐久之非但并处，又病倒植，愿如其国号契丹足矣。"这段近七十字的文字，在四库底本中并无改动痕迹，但在诸阁本中却仅余"是与之亢立，失孰甚焉，愿如其国号契丹足矣"十八字。大概是由于其所反映出的华夷观念深为四库馆臣所忌，故在后来抄入诸阁或覆校时遭到了笔削。这样大幅度的删改，在当时绝非个例。①因此，我们有理由推断，类似王曾奏疏这样的大段佚文在《长编》四库底本中应该为数不少。遗憾的是，因时间和条件所限，我在湖南图书馆查阅此书的过程中未能有更多发现，只能留待日后再加考索。但我深信，如根据四库底本对《长编》加以全面校勘，想必可以在最大程度上恢复此书原貌。

以上主要讨论的是《长编》四库底本的版本价值，下面需要谈谈这一底本的四库学价值。《长编》是四库馆从《永乐大典》中辑出的卷帙最巨的典籍，新发现的这一底本也是目前所知部头最大的四库底本。它在很大程度上反映了《长编》从辑佚到整理的过程，为研究《永乐大典》本，特别是其中大部头书籍的辑佚、整理问题，提供了丰富的素材。上文有关底本来历的分析已经对其中涉及的部分四库编纂学问题进行过讨论，此处再对若干关键环节加以详细说明。

（一）四库馆改译民族语名的方式

于敏中在乾隆三十九年六月十七日致陆锡熊的信函中称："《通鉴长编》

①更有甚者，四库馆臣还会对大段违碍文字重新加以改写，经其改写后之文辞、语义与原文全然不同。参见梁太济：《库本〈要录〉避忌讳改考实》，收入氏著《唐宋历史文献研究丛稿》，上海古籍出版社，2004年，第270—272页。

应改辽人及西夏部族名,即交办《国语解》大臣办。"①这里所谓"办《国语解》大臣"当指四库馆中的对音官,除负责编纂辽金元三史《国语解》外,亦负责其他四库典籍所见民族语名的改译工作。②结合上文分析可知,于氏写此信时,《长编》的大典初辑稿本刚刚完成不久,而二次修改稿本尚未抄就,故而于氏最初的设想应该是直接将大典初辑稿本交由对音官进行改译。但从湘图藏《长编》四库底本的情况看来,改译工作是在乾隆四十三年闰六月抄成的二次修改稿本上进行的,与于氏的设想并不一致。

那么,对音官是如何在《长编》二次修改稿本上进行改译的呢?这就牵涉到四库馆改译民族语名的方式问题。关于这一问题,以往学界的讨论尚嫌不足。最近,陈晓伟博士发现北京大学图书馆藏《庙学典礼》四库底本卷首有一篇《〈庙学典礼〉应翻译者》,系对音官所罗列的该书蒙古语词汇改译清单。据此分析可知,《庙学典礼》从《大典》中辑出后,先由对音官通览全书,将需改译者列出一份清单,然后再由纂修官根据此清单,将底本原译名逐一涂改为新的译名。③但《长编》的改译程序与《庙学典礼》并不相同,全书没有一个统一的改译清单,而是由对音官直接在二次修改稿本上进行改译。其具体的改译形式至少包括如下几种:

其一,最常见的情况是直接在原译名旁改写新译名。此类例证已备见前文,兹不赘述。值得注意的是,还有部分译名仅在一旁划线标识,而于天头处加以改译。如卷五一六元符二年闰九月壬辰条,追记是月辛巳宋军与青唐羌之战事时,其中有这样一段文字:"(王)赡先戮大首领结呕龊、心牟钦毡、蔺逋叱、巴金抹、心牟令麻、提剥兵、庞毡逋驴、厮铎搭马娄等九人。"④此

---

① 《于文襄手札》第 31 函。

② 关于对音官的具体情况,参见张升:《四库全书馆研究》,第 388—389 页。

③ 参见陈晓伟《〈庙学典礼〉四库底本与四库馆臣改译问题》,《民族研究》2016 年第 3 期。

④ 《宋会要辑稿》蕃夷六之三四也有类似的记载:"知鄯州王赡奏有大首领结(呕)龊、心牟钦毡、蔺逋叱、巴金符、心牟冷麻钦、提剥兵、龙毡陇逋驴、厮铎搭、捉马洛等九人。"(第 7835 页)所记九人之名与《长编》四库底本多有歧异。又《长编》点校本此处即据《宋会要辑稿》加以回改,惟"巴金符"作"巴金摩","龙毡陇逋驴"作"龙毡泷逋驴","厮铎搭"作"斯多搭",且自"蔺逋叱"以下诸人名皆未作点断(第 12287 页)。

句自"蔺逋叱"至"厮铎搭马娄"六名旁划有墨线,天头批语称:"蔺逋叱,改凌卜齐○巴金抹,改巴锦玛○心牟令麻,改森摩凌玛○提剥兵,改德巴本○庞毡逋驴,改巴沁布鲁克○厮铎搭马娄,改斯多达马罗。"即属此例。但需指出的是,按照馆臣的点断,王赡所杀之青唐首领仅有八人,不合原文"九人"之数,恐有差误。

其二,一少部分卷帙是用白纸贴覆原有文字,其上书写新的译名,即所谓挖改。[1] 不同的对音官的处理方式可能不尽相同,大部分采用圈改,亦有少量采用挖改的方式。

其三,某一译名在同叶或相邻几叶内频繁出现时,一般只改首见者,其余则仅在译名旁划线作为标识,以提示照前例改译。如卷五一六屡次出现"陇拶"一名,惟首见者改作"隆赞",其后几处均未作改动,仅划线标识。

其四,若馆臣认为某一译名无需改译,则直接在其旁注明"不改"。如卷五一六元符二年九月壬辰条原有"小阿苏"一名,其中"小"字被改为"硕",而"阿苏"旁则有墨笔明确标注"不改"二字。

除此之外,还有一点值得注意,从笔迹来看,同卷中修改译名者与改正讹误、进行讳改者通常有明显区别,前者当出自对音官之手,而后者则是纂修官所为。

那么,《长编》与《庙学典礼》为何会采取不同的改译方式呢? 这主要是由于《长编》的部头太大,需要改译的民族语名数量繁多,情况极为复杂,不可能像《庙学典礼》那样由对音官事先列出一份完整的改译清单,再由纂修官按照清单去逐一处理,而只能由对音官直接在底本上进行改译。这恐怕也是四库馆改译大部头典籍时的通行做法。

---

[1]需要特别指出的是,中华书局影印本(2016 年)采用朱墨双色技术,原本所贴挖改白纸的颜色无法在影印本中得到体现,致使挖改文字与上下文有一定程度的混同,研究者需仔细留意相关部分字体及字距的差异,对此类情况作出判断。

(二)四库底本中的朱批问题

除对音官的改译之外,《长编》四库底本中其余的修改笔迹包括墨笔和朱笔两种,二者当出自不同层级的馆臣之手,墨笔应该是负责该卷的纂修官所为,值得考究的是其中的朱批问题。

朱笔校改在此本中分布较广,但亦有相当数量的卷次并无朱批。这些朱批主要是对文字讹误进行校改,以卷二六二为例,熙宁八年四月癸酉"所募皆得真强壮者"句,"得"误作"德",后经朱笔改正;同条小注"此据魏泰《东轩录》",底本"轩"误作"斩",后经朱笔改正;乙亥条小注"王安石曰以此知忠信寡欲之人有补于世","知"误作"和",后由朱笔改正。终此一卷,共有十余处朱笔校改痕迹,核以《永乐大典》残卷之相关部分,皆一一吻合。又如卷六一景德二年八月"壬戌,遣太子中允张绩乘传诣解州盐池致祭。时转运司言:夏秋霖雨有妨种盐,故老相传,唐朝每遇水灾必"四十二字重出,在四库底本中恰占两行。天头有墨笔批注云:"二行重出。"又有朱批云:"查《大典》同,当删。"且用朱笔将二行划去。从此细节判断,以朱笔校改者系据《永乐大典》原本。想来使用朱笔者在校订过程中如有疑问,应该会调《大典》进行覆核。那么,这些朱笔修改意见究竟出自什么人之手呢?

关于四库底本中的朱笔问题,先贤时彦已有所论及。王重民曾致函胡适(1944年1月27日)云:"重民昨日阅一部《四库》底本(原注:宋张方平的《乐全集》),于当日馆臣校书手续,稍得知大概,每校一书,似先交分校官详阅,遇有误字,加签眉端,再由纂修官决定。纂修官似有用朱笔的资格,合则用朱笔径改之,不合则不动朱笔。纂修官的朱笔,似尚经总纂官驳正,所以拿此底本与影印文渊阁本《乐全集》相校,阁本有的改从朱笔,有的不采朱笔。"[1]王氏根据《乐全集》四库底本的校改情况,认为馆臣校书的流程当为:分校——纂修——总纂,而其中朱笔当系纂修官所加。然而,根据今天所见

---

①收入《胡适王重民往来书信集》,国家图书馆出版社、安徽教育出版社,2009年,第206页。

更为丰富的四库学文献,特别是新近披露的某些大典本所附"办书单"及"衔名单",①学界对于大典本的整理过程有了更为清晰的认识:大典初辑稿本由纂修官初步整理,交誊录写定为二次修改稿本;二次修改稿本再由纂修官整理、校勘,交总纂、总裁审定,再由誊录抄成三次修改稿本;三次稿本由纂修、分校进行覆校,最终抄入诸阁。据此,张升先生认为王氏所言有误,称底本中朱笔"可能为总纂或总裁所加"。②

参照上述办书流程,可以推定《长编》四库底本中的朱批当出自总纂之手。上文已经指出,此底本为二次修改稿本,当是先由纂修官进行校勘(即此本中墨笔所改者),再由总纂、总裁审阅。又如上所述,朱批分布范围较广,且执行者需检核《永乐大典》原本,工作量较为繁巨,考虑到当时馆中的实际运作情况,总裁统筹全局,不可能进行如此大量而琐细的覆核工作,故疑朱笔校改者当系总纂所为。不过,从大量卷次并无朱批的情况判断,这样的校改工作大概是以抽查方式进行的。

(三)四库提要修改过程管窥

关于《长编》一书的四库提要,《总目》及诸阁本书前提要几乎完全相同,而四库底本卷首提要却与之存在较大差异。这一点对于考察《总目》及书前提要的修改过程具有一定参考价值。兹列表对比如下。

表4　《长编》四库底本卷首提要与通行文本对照表

四库底本卷首提要	通行文本(《总目》及诸阁本书前提要)
臣等谨按《续资治通鉴长编》,宋李焘撰。焘字仁父,眉州丹棱人,绍兴八年进士,官至敷文阁学士,赠光禄大夫,谥文简,事迹具《宋史》本传。焘博极载籍,慨然以史学自任,尤究心宋朝典故,以当时学士大夫各信所传,不考诸实录、正	臣等谨按《续资治通鉴长编》五百二十卷,宋李焘撰。焘有《说文解字》、《五音韵谱》已著录。焘博极群书,尤究心掌故,以当时学士大夫各信所传,不考诸实录、正史,家自为说,因踵司马光《通鉴》之例,采一祖八宗事迹,荟粹讨论,作为

①见史广超《〈永乐大典〉辑佚述稿》,第70、88页。
②参见张升《四库全书馆研究》,第89页。

续表

四库底本卷首提要	通行文本(《总目》及诸阁本书前提要)
史,家自为说,因踵司马光《通鉴》之例,采一祖八宗事迹,荟粹讨论,作为此书,以光修《通鉴》时先成长编,焘谦不敢言续《通鉴》,故但谓之《续资治通鉴长编》。隆兴元年知荣州,先以建隆迄开宝年事一十七卷上进;乾道四年为礼部郎时,以整齐建隆元年至治平四年闰三月五朝事迹共一百八卷投进,诏以李焘纂述有劳,特转两官;淳熙元年知泸州,又以治平后至靖康凡二百八十卷上进。淳熙元(墨笔改为七)年知遂宁府时,重别写呈,并《举要》、《目录》计一千六十三卷,六百八十七册,孝宗甚重之,以其书藏秘府。焘自谓宁失之繁,毋失之略。广记备言以待后之作者,故其卷帙最多,当时艰于传写,书坊所刻本及蜀中旧本已有详略之不同。又神、哲、徽、钦四朝之书乾道中祗降秘书省,依《通鉴》纸样缮写一部。未经镂板,流播日稀。自元以来,世鲜传本。明代作《续纲目》时购访不能得,陈桱、王宗沐、薛应旗辈亦未睹此书,辄《续通鉴》行世,重为识者所讥。至本朝康熙初,昆山徐乾学始获其本于泰兴季氏,凡一百七十五卷,尝具疏进之于朝,副帙流传,无不珍为秘乘。然所载仅讫英宗治平而止,神宗以后仍属阙如,学者究以未觏全书为憾。今检《永乐大典》宋字韵中备录李氏《长编》,以与徐氏本相较,其前五朝虽大概相合,而分注、考异往往加详,至熙宁迄元符三十余年事迹,徐氏本所阙,而朱彝尊以为失传者,今皆粲然具存,首尾完善,实从来海内所未有。惟徽、钦二纪原本不载,又佚去熙宁、绍圣间七年之事,颇为可惜。然自哲宗以上,年经月纬,遂已详备无遗,以数百年来名儒硕学所欲见而不得者,一旦焕然复显于世,视现行诸本增多几至四五倍,诚艺林	此书,以光修《通鉴》时先成长编,焘谦不敢言续《通鉴》,故但谓之《续资治通鉴长编》。《文献通考》载其进书状四篇,一在隆兴元年知荣州时,先以建隆迄开宝年事一十七卷上进;一在乾道四年为礼部郎时,以整齐建隆元年至治平四年闰三月五朝事迹共一百八卷上进;一在淳熙元年知泸州时,以治平后至靖康凡二百八十卷上进;一在淳熙元年知遂宁府时,重别写呈,并《举要》、《目录》计一千六十三卷,六百八十七册上进。故周密《癸辛杂识》称韩彦古盗写其书至盈二厨,然《文献通考》所载仅《长编》一百六十八卷、《举要》六十八卷,与进状多寡迥殊。考陈振孙《书录解题》称其卷数虽如此而册数至逾三百,盖逐卷又分子数或至十余云云,则所称一千六十三卷者乃统子卷而计之,故其数较夥矣。又据焘进状,其书实止于钦宗,而王明清《玉照新志》称绍兴元年胡彦修疏在《长编》一百五十九之注后,则似乎兼及高宗,或以事相连属,着其归宿附于注末,如《左传》后经终事之例欤?《癸辛杂识》又称焘为《长编》,以木厨十枚,每厨抽替匣二十枚,每替以甲子志之,凡本年之事有所闻必归此匣,分日月先后次第之,井然有条云云,则其用力之专且久可概见矣。其书卷帙最多,当时艰于传写,书坊所刻本及蜀中旧本已有详略之不同。及神、哲、徽、钦四朝之书,乾道中祗降秘书省,依《通鉴》纸样缮写一部。未经镂板,流播日稀。自元以来,世鲜传本。本朝康熙初,昆山徐乾学始获其本于泰兴季氏,凡一百七十五卷,尝具疏进之于朝,副帙流传,无不珍为秘乘。然所载仅至英宗治平而止,神宗以后仍属阙如。今检《永乐大典》宋字韵中备录斯编,以与徐氏本相

续表

四库底本卷首提要	通行文本(《总目》及诸阁本书前提要)
所宜宝贵也。原目无存,其所分千余卷之次第已不可考,谨参互校正,量其文之繁简,别加厘析,定著为五百二十卷。具为目录如右。焘作此书凡用力四十载而成,其自实录、正史、官府文书,以逮家录、野记,无不递相稽审,质验异同。虽采摭浩博,或不免虚实并存,疑信互见,未必一一皆衷于至当。要其淹贯详赡,北宋一代纪载之书,实未有能过之者,以之追踪涑水,洵亦无愧色矣。	较,其前五朝虽大概相合,而分注、考异往往加详,至熙宁迄元符三十余年事迹,徐氏所阙而朱彝尊以为失传者,今皆粲然具存,首尾完善,实从来海内所未有。惟徽、钦二纪原本不载,又佚去熙宁绍圣间七年之事,颇为可惜。然自哲宗以上,年经月纬,遂已详备无遗,以数百年来名儒硕学所欲见而不得者,一旦顿还旧物,视现行诸本增多几四五倍,斯亦艺林之巨观矣。昔明成化中诏商辂等《续修通鉴纲目》,时《永乐大典》庋藏内府,外廷无自而窥,竟不知焘之旧文全载卷内,乃百方别购迄不能得,论者以为遗憾。今恭逢我皇上稽古右文,编摩四库,乃得重见于世,岂非显晦有时,待圣世而发其光哉。焘原目无存,其所分千余卷之次第已不可考。谨参互校正,量其文之繁简,别加厘析,定著为五百二十卷。焘作此书,经四十载乃成,自实录、正史、官府文书,以逮家录、野纪,无不递相稽审,质验异同。虽采摭浩博,或不免虚实并存,疑信互见,未必一一皆衷于至当。不但太宗斧声烛影之事,于《湘山野录》考据未明,遂为千古之疑窦;即如景祐二年三月赐镇东军节推毛洵家帛米一事,核以余靖所撰墓铭,殊不相符。为曾敏行《独醒杂志》所纠者,亦往往有之。然焘进状自称宁失之繁,毋失之略,盖广搜博录,以待后之作者。其淹贯详赡,固读史者考证之林也。

　　表中划线部分,四库底本卷首提要与通行文本存在着相当大的差异。可以看出,后者明显是在前者基础上增补修改而成的,但四库底本上的这篇提要却几乎没有什么改动痕迹。

　　上文指出,四库底本卷首提要写于乾隆四十三年闰六月,这是目前所见最早的《长编》提要，①当时《长编》的二次修改稿本刚刚抄成，故此提要内容当与最初的分篡稿较为接近。如上表所示，通行文本之内容多有不见于四库底本者，知《长编》提要的修改并不是在此底本上进行的。更能说明问题的是，底本卷首提要有一处用墨笔将李焘知遂宁府的时间由淳熙元年改为七年（表4加着重号者），但通行文本仍作"淳熙元年"。检李焘神道碑，焘于淳熙六年以后始知遂宁府，②底本之改动当有所本，但这处改动在通行文本中并未得到吸收，可见《长编》诸阁本及《总目》提要的修改应该是独立于底本提要之外，在另一系统中进行的。目前所见诸阁本书前提要与《总目》提要高度一致，其中文渊阁本写于乾隆四十六年九月，则《长编》提要在此之前已经定稿。而《总目》初稿成于乾隆四十六年二月，稍早于文渊阁本，《长编》提要很可能在此时已经写定，故而为后来诸提要全盘因袭。也就是说，通行文本与四库底本提要的那些差异，应该是在编入《总目》过程中产生的，而与四库底本再无瓜葛。

　　综上所述，无论是着眼于宋辽金史及相关民族史研究，抑或是四库学研究，《续资治通鉴长编》四库底本均具有重要的文献价值。然而，此书卷帙浩繁，本文所涉及者只是很少的一部分，毫无疑问，其中还有更多不为人知的学术宝藏等待着我们去发掘。有鉴于此，我们呼吁，学界及出版界应尽快启动以下两方面工作：其一，将此本全部影印出版，以便学界使用及进一步研究；其二，充分利用此本，对点校本《长编》加以全面修订，或以此本为底本，对《长编》进行重新整理，以期最大限度地恢复该书的原貌。

（原载《文史》2015 年第 2 期）

---

① 《长编》提要分篡稿今已不存。新近出版的台北"国家图书馆"藏《四库全书初次进呈存目》残本，是早期提要的初次汇集，成于乾隆三十九年七月（参见刘浦江：《〈四库全书初次进呈存目〉再探——兼谈〈四库全书总目〉的早期编篡史》，《中华文史论丛》2014 年第 3 期，第 297—306 页），但其中《长编》提要亦已亡佚，无从比对。

② 周必大：《周益公文集》卷六六《敷文阁学士李文简公焘神道碑》，《宋集珍本丛刊》影印傅增湘校欧阳棨刻本，线装书局，2004 年，第 51 册，第 644 页上栏。

台北"国家图书馆"藏
《四库全书总目》残稿考略

　　《四库全书总目》(以下简称《总目》)之编纂,始于乾隆三十八年,至乾隆六十年浙本、殿本相继付梓,历时二十余年。在这一长期的编纂过程中,产生了许多纂修稿本,其中一部分流传至今,成为考察《总目》编纂过程的第一手材料,历来受到四库学研究者的高度重视。以往学界所习知的《总目》稿本主要包括上海图书馆藏稿本(简称"上图稿本")、中国历史博物馆(今国家博物馆)藏稿本(简称"国博稿本")、中国国家图书馆藏稿本等,对于这些稿本,已有过不少研究。① 近年来又有两部从前鲜为人知的稿本相继影印出版,分别为天津图书馆藏《总目》残稿(简称"天图稿本")及台北"国家图

---

① 沈津:《校理〈四库全书总目提要〉残稿的一点新发现》,《中华文史论丛》1982 年第 1 辑,第 133—142 页。黄燕生:《校理〈四库全书总目〉残稿的再发现》,《中华文史论丛》第 48 辑,1991 年。王菡:《国家图书馆所藏〈四库全书总目〉稿本述略》,《文学遗产》2006 年第 2 期,第 121—128 页。崔富章:《〈四库全书总目〉版本考辨》,《文史》第 35 辑,1992 年,第 159—173 页。

书馆"藏《四库全书初次进呈存目》,①亦开始受到学界的关注。② 除了这些已经为学界所瞩目的稿本之外,新近发现,台北"国家图书馆"还藏有《总目》残稿一册(简称"台图稿本"),尚未进入研究者的视野。此稿本对于研究现存诸稿本之关系及《总目》一书的编纂、修订过程具有重要意义,实有必要加以深入探讨。

一、台图《总目》残稿的基本情况及其来历

台北"国家图书馆"藏《总目》稿本一册,不分卷。板框高 21.4 厘米,宽15.3 厘米,③四周双边,每半叶九行,行二十一字。版心花口,上方题"钦定四库全书总目",其下记卷次及部名类名,再下记叶次。此本系由《总目》史部卷四五至四八诸卷零叶杂凑而成,提要凡四十篇,经后人重新装订,次序偶有颠乱(具体卷次及篇目见表 1)。其中朱墨涂乙痕迹颇多,非出一人之手,内有浮签若干(见图 1),书页之上间有眉批,然因此本天头被切去一部分,故其中眉批已难窥全貌(见图 2)。

表 1:台图藏《总目》残稿卷次篇目简表

卷　次	类　目	篇　　目
卷四六	正史类二	旧唐书(此提要残)、新唐书、旧五代史、五代史记
卷四五	正史类	两汉书刊误补遗(此提要残)
卷四七	编年类	宋元通鉴、成宪录

①《纪晓岚删定〈四库全书总目〉稿本》,国家图书馆出版社,2011 年。《四库全书初次进呈存目》,台湾商务印书馆,2012 年。

②李国庆:《影印纪晓岚删定本〈四库全书总目〉稿本前言》,第 1—21 页。夏长朴:《〈四库全书初次进呈存目〉初探——编纂时间与文献价值》,《汉学研究》30 卷 2 期,2012 年 6 月,第 165—196 页。刘浦江:《天津图书馆藏〈四库全书总目〉残稿研究》,《文史》2014 年第 4 期,第 163—18 页。刘浦江:《〈四库全书初次进呈存目〉再探——〈四库全书总目〉的早期编纂史》,《中华文史论丛》2014 年第 3 期,第 295—330 页。

③参见《"国家图书馆"善本书志初稿·史部》,台北:"国家图书馆",1997 年,第 349 页。

续表

卷　次	类　目	篇　目
卷四八	编年类存目	宪章录、考信录、凤洲纲鉴、昭代典则、秘阁元龟政要、明通纪述遗、世穆两朝编年史、明大政纂要、大政记、两朝宪章录、国史纪闻、纲鉴正史约、历年二十一传残本、春秋编年举要、皇王史订、此木轩纪年略、读史纲要
卷四九	别史类	契丹国志(此提要残)、大金国志、续后汉书、大事记讲义、续后汉书、宋史纪事本末、元史纪事本末、季汉书、晋书别本、南北史合注、明史纪事本末、历代史表、绎史、后汉书补逸、春秋战国异辞

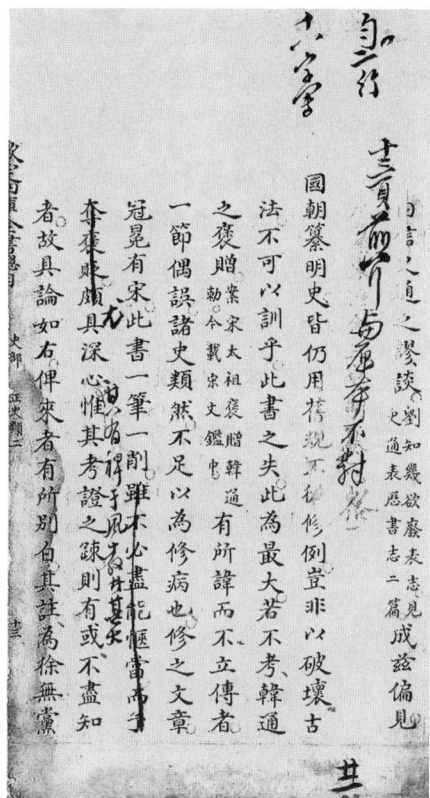

图1：浮签

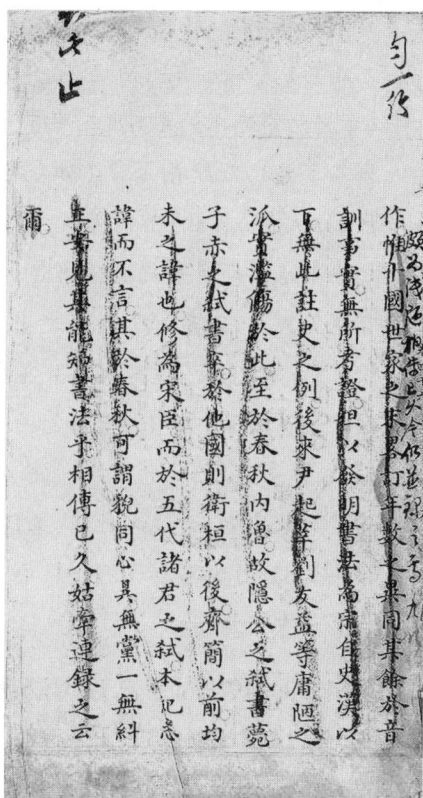

图2：眉批

此稿本中钤有"丰城欧阳/恬盷所藏"朱文长方印、"宜秋馆/藏书"白文长方印、"景岫/楼"白文方印、"彊斋/行笈"朱文方印、"南通冯氏景/岫楼藏书"朱文长方印、"冯雄/印信"白文方印、"翰/飞"朱文方印、"彊斋珍本"朱文长方印、"国立中央图/书馆收藏"朱文长方印等。封面题"钦定四库全书总目稿本一册,朱墨笔改削是纪晓岚先生手迹。彊斋题记。"首叶又有冯雄题跋云:

> 旧钞本《钦定四库全书总目》残本一册,乃史部第四十五至四十九各卷零叶,共四十一叶。审是四库馆编纂总目时改写、撤换、订存者,其中涂乙钩勒并加校签,有朱墨两笔,取刊本校之,多与所改者相同,知即总纂纪氏手迹也。其全篇用朱笔勾去者刊本或改入别卷(如编年类《宋元通鉴》、《成宪录》,别史类《季汉书》、《晋书别本》俱改入存目,别史类《宋史纪事本末》、《元史纪事本末》、《明史纪事本末》、《绎史》俱改入纪事本末类),或删削不录(如《凤洲纲鉴》、《大事记讲义》、《南北史合注》),大约《总目》初稿编成之时,纪氏详校后定去取并稍改更部类,如纪事本末类即自别史类析出是也。而各书进呈以后,经清高宗阅览,间有意见宣示,亦须补入提要之中,如《契丹国志》篇末所论书法颇舛百数十言,写本无此一段是也。可见《总目》成书盖屡经易稿矣。首有"丰城欧阳恬昉所藏"一印及李振唐所钤"宜秋馆藏书"一印,李君名之振,①南城人,藏书甚富,校刊宋人别集多种,晚年流寓沪上,余与相识。此册乃其殁后散出者,余藏之行笈,忽已十余年,今冬在灌县取刊本对勘,成校记一卷,爰撮大要者于册首。民国二十九年十二月十五日南通冯雄记于灌县东郊寓舍。

按冯雄(1900—1968),字翰飞,号彊斋,著名水利学家、藏书家。据此题跋可知,冯氏曾以刻本《总目》校此残稿,并撰校记一卷,此校记今未见于台图稿本,当为单独流传。结合以上藏书印及题跋可知,此本曾先后为欧阳熙(字恬昉,1840—1899)、李之鼎(字振唐,1865—1925)、冯雄所藏,最终归台北

---

①按此处"振"当系"鼎"字之误。

"国家图书馆"。

综合以上基本信息,参照现存其他稿本的相关情况,我们可以对台图《总目》残稿的来历作出一个明确的判断。已有研究表明,上图稿本与国博稿本系同一部稿本的不同部分。理由有二,其一,二者所存卷次刚好相互补充;其二,二者天头部分皆遭到切割,眉批已失全貌。[①] 以此为标准来衡量台图稿本,亦皆契合。兹将上图稿本、国博稿本及台图稿本所存卷目对比如下(见表2)。

表2:上图、国博、台图所藏《总目》稿本存卷对照表

稿本名称	现存卷目
上图稿本	1、3、6、11—14、16、19、20、22—25、27、28、32、34—38、40—44、54—56、62—72、74—77、91、93—109、111、113、115、116、118、119、121—123、135—137、139—142、146—158、160、161、163、164、166、168、170—176、178、180—186、189—193、195、198—200
国博稿本[②]	50—53、79—87、89—90
台图稿本	45—49

由此表可知,台图残稿所存卷次恰为其他二本所无;再者,上文已经谈到,此稿本天头亦被切掉一部分,眉批已难窥全貌。可以确定,这三部稿本原为同一部稿本,在流传过程中分散、重装。[③] 另外值得注意的是,国博稿本钤有"丰城欧阳恬昉所藏"、"宜秋馆藏书"、"振唐鉴藏"、"南通冯氏景岫楼藏书"、"冯雄印信"诸印鉴,其印主与台图稿本完全吻合,且国博稿本中还有大

---

① 参见黄燕生《校理〈四库全书总目〉残稿的再发现》,第202页;崔富章《〈四库全书总目〉版本考辨》,第159—160页。

② 需要说明的是,黄燕生文称国博稿本除表中所列卷次外,第一册内尚有卷四九纪事本末类,似与台图残稿有所重合。然据黄氏所述可知,此卷书口无字、无圈改痕迹,这与诸《总目》稿本之行款、内容迥异,且其分类(纪事本末类)亦与台图稿本(编年类)不同,而与浙本、殿本《总目》一致,如此看来,该卷与《总目》稿本无涉,当系成书较晚之抄本,后因故阑入国博稿本。

③ 崔富章《〈四库全书总目〉版本考辨》称,辽宁图书馆亦藏有《总目》残稿一卷(卷一〇三),可能也与上图残稿出自同一部书稿。

量冯雄的校签，①由此可知台图、国博两稿本皆曾由欧阳熙、李之鼎、冯雄收藏，且经冯氏校勘，后随冯氏藏书流散四方，最终流落到不同的图书馆中。

综上，台图稿本与上图、国博两稿本实乃同一稿本的不同部分。因此，下文有关台图稿本的探讨自然需要综合考虑另外两部稿本的相关情况，同时也希望通过研究台图稿本这一个案，对于这三部稿本的整体状况及《总目》的编纂过程获得一些新的认识。

二、台图《总目》残稿的抄成与修订时间

既然台图稿本与上图稿本、国博稿本原为同一稿本，那么三者当系同时抄成、修订，因而讨论台图稿本何时抄讫、修订完成，实际上就是探讨这三部稿本共同的抄成及修订时间。

关于上图、国博稿本的抄成时间，学界有过不少讨论。最早研究上图稿本的沈津先生及首先介绍国博稿本的黄燕生先生先后做出过推测，然皆未得其实。真正解决这一问题的是崔富章先生。他发现上图稿本中收录五种尹会一著作的提要（天头有批注曰"删"、"毁"等），乾隆四十六年三月，尹会一著作因涉文字狱而遭到禁毁，故此稿本抄成当在此前，应为乾隆四十六年二月进呈的《总目》初稿。崔氏的判断与稿本所提供的线索及纂修档案所反映的情况相符，实为不刊之论。②

崔氏的上述判断，也可以在这部台图稿本中得到印证。最明显的证据莫过于在这部稿本中还没有纪事本末的分类，相关史籍尚混杂于别史类中，这说明稿本抄成之时分类之法尚为草创，与后来之定本存在较大差异（说详下文）。这一特点亦可从侧面说明，台图稿本与上图、国博稿本皆为乾隆四十六年二月进呈的《总目》初稿。

---

①黄燕生：《校理〈四库全书总目〉残稿的再发现》，第211—212页。
②崔富章：《〈四库全书总目〉版本考辨》，第166页。

关于这三部稿本的抄成时间已无疑问,但其修订时间却还有进一步讨论的空间。崔富章先生认为,上图稿本的修订时间当在乾隆四十七年十月至五十三年十月之间。其理由有二,其一,稿本中个别提要与抄成于乾隆四十七年的文溯阁本书前提要的异同;其二,乾隆五十三年十月被列入禁毁书目的周亮工《闽小纪》在稿本中未批"毁"字。① 近来,刘浦江先生从提要源流的角度指出崔氏上述观点所存在的漏洞,并主张上图稿本的修订时间当在乾隆四十六年二月至四十七年七月之间。他认为,乾隆四十六年二月《总目》进呈之后,清高宗对其编纂体例提出重要修正意见,《总目》的修订工作当即始于此时;此后四库馆臣对《总目》初稿进行了全面修订,并于乾隆四十七年七月进呈定本,这应该视为该稿本修订的时间下限,因为此后的进一步修订理应是以四十七年七月的进呈本为底本,而不可能仍在四十六年二月的进呈本上进行。②

窃以为崔氏立论之根据的确存在问题。《四库全书》工程浩大,诸阁本书前提要的实际抄写过程十分复杂,其来源也并非全然来自《总目》,因而其中个别书前提要与稿本提要的异同,显然不能作为判断稿本修订时间的依据。相比之下,刘氏之说更为合理。然而,此说主要是从外围材料入手,在情理上作出推断,而缺乏稿本中具体的"内证"。实际情况究竟如何,还需作进一步考证。

令人庆幸的是,台图稿本中的若干材料为解决三部稿本的修订时间问题提供了关键的线索。

首先,台图稿本中有李清《南北史合注》提要一篇,天头批语云"此篇写"(卷四九别史类,叶三十三)。③ 据档案材料记载,乾隆五十二年三月高宗在抽查南三阁进呈本过程中,发现李清《诸史同异录》将顺治皇帝与崇祯皇帝妄加比附,兴起了一场著名的文字狱,此后李清著作均遭到禁毁,已收入《四

①崔富章:《〈四库全书总目〉版本考辨》,第166页。
②刘浦江:《四库提要源流管窥——以陈思〈小字录〉为例》,《文献》2014年第5期,第3—13页。
③以下出于台图稿本之引文,均随文标注卷叶。

库全书》者亦行撤出。① 而台图稿本仍保留此篇提要,且其天头地脚并无"删"、"毁"等字样,反而有眉批称此篇当写,知此本修订结束时李清文字狱尚未发生,则其修订下限当在五十二年三月以前。

更能说明问题的是台图稿本中《契丹国志》的提要。此提要之前半部分今已不存,现存部分包括两方面内容,前一半是对《契丹国志》记载失实的批判,后一半则是对其史料价值的肯定,兹录其末段如下:

> 特诸家目录所载,若《辽廷须知》、《使辽图抄》、《北辽遗事》、《契丹疆域图》、《契丹事迹》诸书,隆礼时尚未尽佚,故所录亦颇有可据,如道宗寿隆纪年此书寔作寿昌,与辽世所遗碑刻之文并合,可以证辽史之误。又天祚纪所载与金攻战及兵马渔猎诸事,较《辽史》纪志为详,固可以存备参考焉。(卷四九别史类,叶二十一)

在分析这篇提要所提供的时间信息之前,有必要交代一下四库开馆期间馆臣对《契丹国志》加以改纂的过程。据纂修档案记载,乾隆四十六年十月清高宗抽阅刚刚进呈的文渊阁《四库全书》中《契丹国志》一书,认为其"体例混淆,书法讹舛","于纲目大义有乖","不可不加厘正",遂谕令"总纂纪昀等详加校勘,依例改纂"。② 此谕旨颁布后不久,四库馆即开始对该书加以改纂,是年十一月十六日档案称:"《契丹国志》一书,现在交馆重订,俟办竣再行缮写进呈。"③ 至乾隆四十七年六月二十六日的《各馆现办各书酌定完竣日期清单》尚称"《契丹国志》,现在赶办,拟于九月内全部进呈",④可知当时尚未改纂完毕。而仅三个多月后,十月初六日进呈的《各馆纂办书籍清单》已

① 《谕内阁将〈诸史同异录〉从全书内掣出销毁并将总纂等交部议处》军机处上谕档,中国第一历史档案馆编:《纂修四库全书档案》下册,上海古籍出版社,1997 年,第 1991—1992 页。

② 《谕内阁〈契丹国志〉体例书法讹谬着纪昀等依例改纂》军机处上谕档,《纂修四库全书档案》下册,第 1417—1419 页。

③ 《军机大臣奏恭录御制诗冠列〈诗经世本古义〉等集卷首片》军机处上谕档,《纂修四库全书档案》下册,第 1438 页。

④ 《军机大臣奏遵旨将各馆纂修拟定各书完竣日期等清单进呈片》军机处上谕档,《纂修四库全书档案》下册,第 1587 页。

称："《契丹国志》,改纂已竣。现在赶缮正本。"①知此书的改纂于乾隆四十七年十月已经完成。

现在回到台图稿本的这篇提要上来,可以想见,如果此稿本的修订持续至《契丹国志》改纂完成之后,那么,馆臣们自然会对《总目》中该书的提要进行大幅度修改,以强调其在体例、书法方面所存在的问题。然而,台图稿本中的这篇提要上并无此类内容,这只能说明其修订工作在改纂完成之前结束,即其下限在乾隆四十七年十月以前。

为了坐实这一结论,我们来看看另外一部成书稍晚的《总目》稿本中这篇提要是如何书写的。天津图书馆藏《总目》残稿卷五〇中保留了《契丹国志》提要,此篇提要截至"又天祚纪所载与金攻战及兵马渔猎诸事,较《辽史》纪志为详"一语以上,与台图稿本完全相同,而最后却多出了如下一段评论:

> 又天祚纪所载与金攻战及兵马渔猎诸事,较《辽史》纪志为详,存之亦可备参考。惟其体例参差,书法颇舛,忽而内宋,则或称辽帝,或称国主;忽而内辽,则以宋帝年号分注辽帝年号之下,既自相矛盾。又书为奉宋孝宗敕所撰,而所引胡安国说,乃称安国之谥,于君前臣名之义,亦复有乖。至杨承勋劫父叛君,蔑伦伤教,而取胡安国之谬说,以为变不失正,尤为无所别裁。今并仰遵圣训,改正其讹,用以昭千古之大公,垂史册之定论焉。②

很明显,这段多出的话是在《契丹国志》改纂完成后对提要进行改写时加上去的,其中特别强调了乾隆皇帝所提出的体例、书法问题。据刘浦江先生研究,天图稿本抄成于乾隆五十一年,是为当时刊刻《总目》而缮写的清本。③由此可知,在乾隆四十七年十月改纂完成以后至五十一年以前,馆臣的确对

---

①《军机大臣奏将各馆纂办未竣各书分晰开单进呈片》军机处上谕档,《纂修四库全书档案》下册,第1648页。

②《纪晓岚删定〈四库全书总目〉稿本》第3册,第606—607页。天图稿本该段文字多有涂改,此处所引为其底稿原文。

③刘浦江:《天津图书馆藏〈四库全书总目〉残稿研究》,第178页。

《契丹国志》提要进行过大篇幅修改，但其修订却并非在台图稿本上完成。天图稿本与台图稿本此篇提要所存在的差异，进一步说明后者的修订时间当不晚于乾隆四十七年十月。

台图稿本所提供的时间线索表明，这部稿本最晚至乾隆四十七年十月以前即已完成修订，这恰好与刘浦江先生基于纂修档案所作出的推断相互印证。[①] 如前所述，三部稿本之底稿为乾隆四十六年二月进呈的《总目》初稿，而此稿进呈后，清高宗提出了诸多意见，此后不久，馆臣开始对此初稿进行修订，这项工作一直持续到乾隆四十七年七月，《总目》改正之本再度进呈之前。自此以后，《总目》的后续修改当在二次进呈的本子上进行，而与此初稿再无关涉，这也正是改纂后的《契丹国志》中的修改意见不见于此稿本提要的原因。

综上所述，台图稿本及上图、国博稿本皆抄成于乾隆四十六年二月，而其上所作修订则当完成于四十七年七月以前，这一结论将成为我们进一步研究《总目》各稿本之关系及其编纂过程的重要时间坐标。

三、从台图、天图两稿本之关系看《总目》的编纂过程

在明确台图所藏《总目》残稿的抄成及修订时间之后，我们希望透过这一稿本所提供的信息来考察《总目》一书的编纂过程，这也正是此稿本的首要价值所在。台图稿本虽然卷帙不多，但值得注意的是，新近刊布的另外一部《总目》稿本——天图稿本，在卷次、篇目上与台图稿本多有重合，这就为比较研究提供了可能，而通过这样的比较，我们或许可以对《总目》编纂、修订的过程有更为深入的了解。

上文指出，台图稿本之底稿为乾隆四十六年二月进呈的《总目》初稿，其修订则持续至四十七年七月，而天图稿本则抄成于乾隆五十一年；台图

①刘浦江：《四库提要源流管窥——以陈思〈小字录〉为例》，第6—7页。

稿本现存卷四五至卷四九,其中部分内容亦见于天图稿本卷四八至卷五〇。对两部稿本相关内容加以对比,其间异同颇值得注意,兹分三方面略加说明。

（一）台图稿本之底稿与天图稿本存在较大差异,这实际上反映的是乾隆四十六年所进《总目》初稿与后来修改稿本的不同。主要体现在分类卷目及著录存目两方面。

首先是分类、卷目上的区别。台图稿本与天图稿本在分类上最大的区别无疑是纪事本末类之有无。如表1所示,台图稿本卷四五、四六为正史类,卷四七、四八为编年类,卷四九为别史类。天图稿本卷四五至四八分卷及卷目与台图稿本同,然其卷四九为纪事本末类,卷五〇方为别史类,且卷四九卷首有纪事本末类小序云:

> 古之史策编年而已,周以前无异轨也。司马迁作《史记》,遂有纪传一体,唐以前亦无异轨也。至宋袁枢以《通鉴》旧文每事为篇,各排比其次第而详叙其始终,命曰"纪事本末",史遂又有此一体。夫事例相循,其后谓之因,其初皆起于创。其初有所创,其后即不能不因。故未有是体以前,微独纪事本末创,即纪传亦创,编年亦创。既有是体以后,微独编年相因,纪传相因,即纪事本末亦相因。因者既众,遂于二体之外别立一家,今亦以类区分,使自为门目。凡一书备诸事之本末,与一书具一事之本末者,总汇于此,其不标纪事本末之名,而实为纪事本末者,亦并著录。①

从这段小序可以看出,将纪事本末单独划为一类,使之与纪传、编年二体并称,乃是四库馆臣的创举。为此,馆臣将原本列于别史类的相关篇什抽出（见于台图稿本者包括《宋史纪事本末》、《元史纪事本末》、《明史纪事本末》、《绎史》四篇）,重新汇为一卷,列在编年类与别史类之间,是为卷四九,原本台图稿本中的卷四九别史类则变为卷五〇。台图稿本卷四九上述四篇

---

①《纪晓岚删定〈四库全书总目〉稿本》第3册,第505—506页。

提要天头皆有眉批作"抽去"云云，由此可知这一目录学史上的重要变革是在乾隆四十六年二月以后，四十七年七月以前完成的。

其次，著录与存目的区别。部分书籍在台图稿本中为著录之书，而到天图稿本中却变为存目之书。如台图稿本卷四七之《宋元通鉴》提要及卷四八《成宪录》提要，原本皆为编年类著录之书，而天图稿本则皆列入卷四八编年类存目；又如台图稿本卷四九之《季汉书》提要、《晋书别本》提要，本为别史类著录之书，而天图稿本则列入卷五〇别史类存目。与此相对应的是，台图稿本相关提要首尾皆有朱笔所标删节符号，或墨笔写"抽去"等字样，由此可知，关于著录之书与存目之书的划分在乾隆四十六年《总目》成书后，四十七年七月之前有过较大调整。

（二）台图稿本中的修订意见被天图稿本全面吸收，换句话说，天图稿本当与台图稿本修订完成后的本子比较一致。主要体现在篇次、内容、行款三方面。

首先是篇次方面。台图稿本关于调整提要顺序的批语在天图稿本中一一得到落实。

如台图稿本《大金国志》提要后原本接写萧常《续后汉书》提要，而《大金国志》提要末行下有批语称"此段后接写《古今纪要》"（卷四九，叶二十三），检天图稿本《大金国志》提要后果为《古今纪要》，之后为萧常《续后汉书》，与批语吻合。又萧常《续后汉书》后原本所接为《大事记讲义》，其后为郝经《续后汉书》提要，《大事记讲义》提要首行有眉批云："此篇不写。"（卷四九，叶二十四）查天图稿本，萧氏《续后汉书》紧接郝氏《续后汉书》，与台图稿本眉批合。又如，郝经《续后汉书》提要后原为《宋史纪事本末》、《元史纪事本末》、《季汉书》、《晋书别本》四篇提要，之后为《南北史合注》，其中《宋史纪事本末》提要首行有眉批云："以下四篇不写，接写《南北史合注》。"此后四篇提要天头又有"抽去"、"抽去不写"（卷四九，叶二十八至三十三）等字样。今查天图稿本郝氏《续后汉书》后果然紧接《南北史合注》，而上述四篇已调整至卷四九纪事本末类。再如，《南北史合注》后原接《明史纪事本末》，其后为

《历代史表》,后接《绎史》,之后为《后汉书补逸》。其中《明史纪事本末》提要首行有眉批云:"接写《春秋别典》三篇"(卷四九,叶三十五);《绎史》提要首行眉批作"不写"(卷四九,叶三十七)。天图稿本此处提要依次为《南北史合注》《春秋别典》《历代纪事年表》《钦定续通志》《历代史表》《后汉书补逸》,与台图稿本批语所示一一吻合。

值得注意的是,天图稿本之篇次与最终刊行之浙本、殿本已基本一致,并无太大出入。由此可见,台图稿本上的修改,即从四十六年二月到四十七年七月间的修订,是《总目》汇集成稿以后,篇次调整幅度较大,基本趋于定型的阶段。

其次是内容方面。台图稿本文字方面的修订意见,亦均为天图稿本所吸收。

如台图稿本《春秋编年举要》提要原文云:"明杨时伟撰。时伟字去奢,号嬴孙,长州人。"其中"字去奢号嬴孙长州人"一语由朱笔改为"有《正韵笺》,已著录"(卷四八,叶十九),检天图稿本文字与朱笔所改者同。又如台图稿本《契丹国志》提要原文有云:"又卷首契丹始末内载其主以骷髅化形治事,及载野猪头等事,尤为荒唐无据。"此句由墨笔涂去,且首尾有删除符号(卷四九,叶二十一)。今查天图稿本相应部分,即无此语。

在两稿本共有的部分中,类似的文字修改情况并不多见,但已经可以证明天图稿本在内容上亦遵从台图稿本之修订意见。

再次是行款方面。台图稿本每行二十一字,而除个别文字需提行顶格书写外,通常情况下每行开首两格空缺,即每行实际通常为十九字,天图稿本亦与此同。而台图稿本中有眉批提示重新抄写部分内容时需调整行格,这些意见在天图稿本中亦得到了体现。

如台图稿本卷四九《大金国志》提要,眉批云:"廿格写。"(叶二十二)次叶又有眉批云:"用廿格写。"(叶二十三)今检天图稿本此篇提要每行即为二十字。又如,其后萧常《续后汉书》提要共三条眉批,首条眉批曰:"照原格写。"(叶二十三)之后两则眉批为"用廿格写"(叶二十四 A 面、二十四 B

面),天图稿本此提要首叶每行即为通常之十九字,之后两叶则每行皆二十字。再如,郝经《续后汉书》提要始自叶二十五 B 面倒数第 2 行,至叶二十八 A 面第 4 行止,首行眉批"照原格",天图稿本此提要起讫页码、行格与台图稿本全同,每行亦为十九字。又《历代史表》提要开首有眉批"廿一字写"(叶三十六 A 面,后涂去),正文中每廿一字有一顿号,以提示抄写时换行,至同叶 B 面末行"以前唯后汉书有熊方所补年表"云云有眉批"此一行二十二字",天图稿本前半叶每行二十一字,后半叶即始自"以前唯后汉书有熊方所补年表",且此行确为二十二字,其余诸行皆十九字。可见天图稿本之行格完全依据台图稿本之批语。

综合以上三点,天图稿本在篇次、文辞上全面吸收了台图稿本的修订意见,且完全根据台图稿本批语所提示之行格进行抄录,这反映出二者存在明显的源流关系。那么,天图稿本会不会就是根据台图稿本修订后的本子直接抄录的呢?事实并非如此。

(三)台图稿本最终修定的文字与天图稿本底稿仍存在少量差异,说明二者并非直接源流关系。

其实,最能说明问题的就是上节已经引用的两稿本中《契丹国志》的提要。台图稿本那篇提要上并没有修改、增补的痕迹,而到了天图稿本结尾则多出了一大段评论。类似的情况还有一些,详见表 3:

表 3:台图稿本与天图稿本《总目》部分提要差异对照表

	台图稿本	天图稿本
《宋元(资治)通鉴》提要末段	小说家无稽之语,可入诸编年之史乎?徒以轶事遗闻间资补苴,较商辂书为稍详,而年经月纬,次第分明,较宋元二史散见表志纪传者,为易于寻检,姑存以备参考云尔。(卷四七编年类,叶五十四)	小说家无稽之语,可入诸编年之史乎?虽多亦奚以为,此之谓也。(卷四八编年类存目,叶十五)

续表

	台图稿本	天图稿本
《成宪录》提要末段	所载事实少而诰敕多，<u>然颇有资考证者，如洪武元年二月诏……足以补史传之阙。盖史详于纪事而此则详于纪言，各为一体，可以并存而相辅也。</u>（卷四八编年类，叶五十四）	所载事实少而诰敕多，如洪武元年二月诏……足以补史传之阙。<u>然浮文妨要者终多也。</u>（卷四八编年类存目，叶十七至十八）
《季汉书》提要末段	薛冈天《爵堂笔余》称其改蜀为季汉，为今人作事偶胜古人。沈德符《敝帚轩剩语》称世之议陛者谓吴中吴尚俭已曾为此书……不特谢书非出创见，即吴之旧本，亦徒自苦其言，诚当。<u>然三书发凡起例，各有不同，亦可以互相参证，故今仍并存之备考订焉。</u>（卷四九别史类，叶三十一）	薛冈天《爵堂笔余》称其改蜀为季汉，为今人作事偶胜古人。<u>然陈寿季汉辅臣赞已在其前，未为创例。</u>沈德符《敝帚轩剩语》称世之议陛者谓吴中吴尚俭已曾为此书……不特谢书非出创见，即吴之旧本，亦徒自苦其言，诚当矣。（卷五〇别史类存目，叶五十一）

表中划线部分为两稿本存在差异之处。其中所涉及的三部史籍，在台图稿本中皆为著录之书，至天图稿本中改为存目之书；而这三段提要，在台图稿本中并无修改痕迹，到了天图稿本中却变成了另外一番模样，显然都是在由著录改为存目后，评价发生了变化，文辞也随之进行了调整，这样的调整在台图稿本中尚无踪迹。

除了提要内容的不同，两部稿本在某些细节上的差异也值得指出。其一，二者每类结束后之小结区别明显。如编年类存目卷末，台图稿本云："右编年类三十七部七百四卷，皆附存目。"（卷四八，叶二十二）天图稿本底稿则作："右编年类三十九部八百七十二卷（内一部无卷数），皆附存目。"[1]别史类卷末，台图稿本云："右别史类二十三部，一千三百十七卷，皆文渊阁著录。"（卷四九，叶四十）天图稿本底稿则作："右别史类二十部，一千六百六卷，皆文渊阁著录。"[2]二者著录书籍总部数、卷数皆有差异，这是台图稿本修订

---

① 《纪晓岚删定〈四库全书总目〉稿本》第 3 册，第 502 页。

② 《纪晓岚删定〈四库全书总目〉稿本》第 3 册，第 641 页。

时改换分类及篇次的结果，但台图稿本在类末小结中并无改动，天图稿本所记数字显然并非抄自于此。其二，二者著录书名、卷数、版本来源略有不同。如台图稿本所见《宋元通鉴》一书，书名并无改动痕迹，到天图稿本中则已称《宋元资治通鉴》。按《宋元通鉴》一名亦见于乾隆三十九年七月以前汇集成稿的《初次进呈存目》，①《初次进呈存目》为《总目》之雏形，由此可见《总目》早期称名较为随意，至四十六年二月成稿之台图稿本尚且如此，其后方才统一，自天图稿本以下直至浙本、殿本《总目》皆称《宋元资治通鉴》。又如《宋史纪事本末》一书，台图稿本著录版本为"十卷（江苏巡抚采进本）"（卷四九，叶二十八），并无改动，而天图稿本则作"二十六卷（两淮盐政采进本）"，②显然已对著录版本进行过调换，查浙本、殿本《总目》皆与天图稿本同。③ 再如《历代史表》，台图稿本作"五十七卷（副都御史黄登贤家藏本）"（卷四九，叶三十六），天图稿本则作"五十三卷（副都御史黄登贤家藏本）"，④浙本、殿本《总目》与天图稿本同，按此书未见有五十七卷本，台图稿本所记卷数恐误，然其上并未改正，天图稿本则已无误。

以上例证皆可说明，台图稿本与天图稿本并非直接的源流关系，其间至少还有一个本子作为中间环节。结合上节有关台图稿本修订时间下限的考证可知，这一中间环节应该就是乾隆四十七年七月正式进呈的本子。台图稿本（及原同属一部稿本的上图、国博稿本）修改完成后，相关内容被重新抄入四十七年再次进呈的本子中，此后的修订即在四十七年进呈本上进行。而这些修订与四十六年二月至四十七年七月间在台图稿本上所作的修改相

---

① 《四库全书初次进呈存目》第三册，第51页。关于此部稿本的成书年代，参见刘浦江《〈四库全书初次进呈存目〉再探——〈四库全书总目〉的早期编纂史》，第297—306页。

② 《纪晓岚删定〈四库全书总目〉稿本》第3册，第520页。

③ 《江苏采集遗书目录·史部》云："《宋元史纪事本末》，明司勋郎陈邦瞻辑。按此书纪宋事十卷，纪元事四卷，共十四卷。"（张升编：《〈四库全书〉提要稿辑存》第四册，影印归安姚觐元咫进斋抄本，北京图书馆出版社，2006年，第217页）此当即台图稿本所著录者，可知该本系与《元史纪事本末》合刻，这或许就是后来改换他本的原因。

④ 《纪晓岚删定〈四库全书总目〉稿本》第3册，第635页。

比,显然要少得多,并没有结构的变化,而只是局部的微调,这些修改意见在五十一年方才抄入天图稿本。在此之后,馆臣在天图稿本之上又有修订,这项工作可能一直持续到乾隆五十五年七月以后;①而目前所知修订时间最晚的稿本是国家图书馆所藏《总目》稿本,此当为乾隆五十七年以后的修订本。② 夷考天图稿本及国图稿本之修订内容,不难发现,其中主要是文字的增损、修饬及个别篇目的调整,而诸如分类、分卷、著录存目等整体架构则已与最终付梓的浙本、殿本《总目》并无太大区别。③

通过对台图、天图两部稿本加以对比、分析,我们对《总目》一书编纂修订的过程有了一些新的认识。乾隆四十六年二月《总目》初次进呈之时,各项工作尚属草创,并未成熟,在体例、分类、卷次、篇目、著录存目之区分等诸多方面,均与后来之定本存在较大差异。乾隆四十六年二月至四十七年七月之间,馆臣对《总目》的上述方面进行了较大规模的调整、修订,这也是此书成稿之后改动幅度最大的一次,就此确立了《总目》的基本规模与架构,其成果反映在乾隆四十七年七月再次进呈的本子中。后来在四十七年进呈本之上又有所微调,不过动作不大,改定结果保留在乾隆五十一年抄成的天图稿本之中。此后《总目》虽然在文辞内容等方面仍续有增损,但始终未能跳出乾隆四十七年七月以前奠定的基本格局。

(原载《文献》2016 年第 1 期)

---

① 详参刘浦江:《天津图书馆藏〈四库全书总目〉残稿研究》,第 182—184 页。

② 详参崔富章:《〈四库全书总目〉版本考辨》,第 161 页。

③ 按此段论述仅反映本文发表时我对《总目》稿本间关系的判断,现在看来并不准确。最新观点见本书所收《中国国家博物馆藏〈四库全书总目〉残稿再探》一文。

中国国家博物馆藏《四库全书总目》残稿再探

　　《四库全书总目》(简称《总目》)的生成、衍化过程,一直是所谓"四库学"研究的核心议题。近十数年间各类纂修残稿的陆续影印,为深入探讨《总目》的生命历程创造了前所未有的条件。目前所知的《总目》纂修残稿共有六种,分别藏于天津图书馆、上海图书馆、中国国家图书馆、辽宁图书馆、中国国家博物馆、台北"国家图书馆",其中前四种已正式出版,[①]最后一种亦可在线阅览,[②]惟国家博物馆所藏者未见公开,查阅亦多不便,故学界罕有论及。很长一段时间里,治《总目》者仅凭黄燕生上世纪九十年代初发表的一

---

①《天津图书馆藏纪晓岚删定〈四库全书总目〉稿本》,国家图书馆出版社,2010 年;《〈四库全书总目〉稿钞本丛刊》,上海科学技术文献出版社,2021 年。

②此残稿影像见台北"国家图书馆"官网 http://rbook. ncl. edu. tw/NCLSearch/Search/SearchDetail? item=81cb8046f1224f75837c3d527fccf931fDYzODg20&image=1&page=&whereString=&source WhereString=&SourceID=#。此外该馆尚有《四库全书初次进呈存目》一部,系四库提要的早期汇集,已影印出版(台北:商务印书馆,2012 年),因未冠"总目"之名,且与后来进呈者差异较大,故本文未将其统计在内。

篇介绍性文字勉强窥其崖略，①直至近年方有夏长朴对该稿的编纂时间等问题做了新的探讨。② 因缘际会，有幸获见此稿之全文影像，深觉前人所论多存未尽之义，实有必要结合其他类似残稿展开系统研究，本文谨先就其文本构成与性质再加检讨，并藉此对《总目》诸残稿之关联、分类之衍变略作申说。

一、国博藏《总目》残稿的构成与性质

国博藏《总目》残稿（索书号：善50），原多为散叶，被装订成三册，有李之鼎、欧阳熙、冯雄三人藏印；半叶九行廿一字，多四库馆臣批语、校签及涂乙痕迹，又粘有近代藏家冯雄所作大量校勘笔记。此稿所存皆史部提要，按照抄写用纸、版式等外观特征，可分为两个明显不同的类型（参见图1所示）：其一为红格绵纸所抄，版心题"四库全书总目史部某类某（页码）"及"卷某"，全同《总目》定本，抄写工整，且上多红色句读圈点，与《总目》其他进呈稿一致，馆臣涂改笔迹、校签随处可见；③其二为红格竹纸所抄，无版心、无页码、无句读圈点，抄写相对粗糙，修改痕迹极少。前者占绝大多数，涉及十五卷内容，包括卷五〇别史类存目（叶1—26）、卷五一杂史类（叶15）、卷五二杂史类存目一（叶31—35）、卷五三杂史类存目二（叶8—9、28、32—35）、卷七九职官类（叶1—20）、卷八〇职官类存目（叶1—23）、卷八一故事类一（叶1—3、13—19、23—26）、卷八二故事类二（叶1—9、20—37）、卷八三故事类存目一（叶1、2）、卷八四故事类存目二（叶18）、卷八五目录类一（叶

---

① 黄燕生：《校理〈四库全书总目〉残稿的再发现》，《中华文史论丛》第48辑，1991年12月，上海古籍出版社，第199—219页。

② 夏长朴：《中国国家博物馆〈四库全书总目〉残卷编纂时间及其相关问题》，《中国四库学》第6辑，中华书局，2020年，第33—52页。下引黄、夏二氏关于此部残稿之论断皆出以上两文，恕不一一注明。

③ 黄燕生曾认为此部分残稿又可分为红格绵纸与绿格绵纸两种，夏长朴已指出此种区别并不存在，实皆为红格绵纸。经目验可知，夏氏所言甚是，黄氏所谓"绿格"者当系年月历久、红色变淡使然。

13、14)、卷八六目录类二(叶38—43、48)、卷八七目录类存目(叶22、23)、卷八九史评类存目一(叶6—9、17—18)、卷九〇史评类存目二(叶6—8、14—24);后者则仅一卷,首叶阙佚,又无版心,内容对应《总目》定本中卷四九纪事本末类,凡二十八叶。这些外观特征的不同,实源自两者性质、功能的区别,兹分述之。

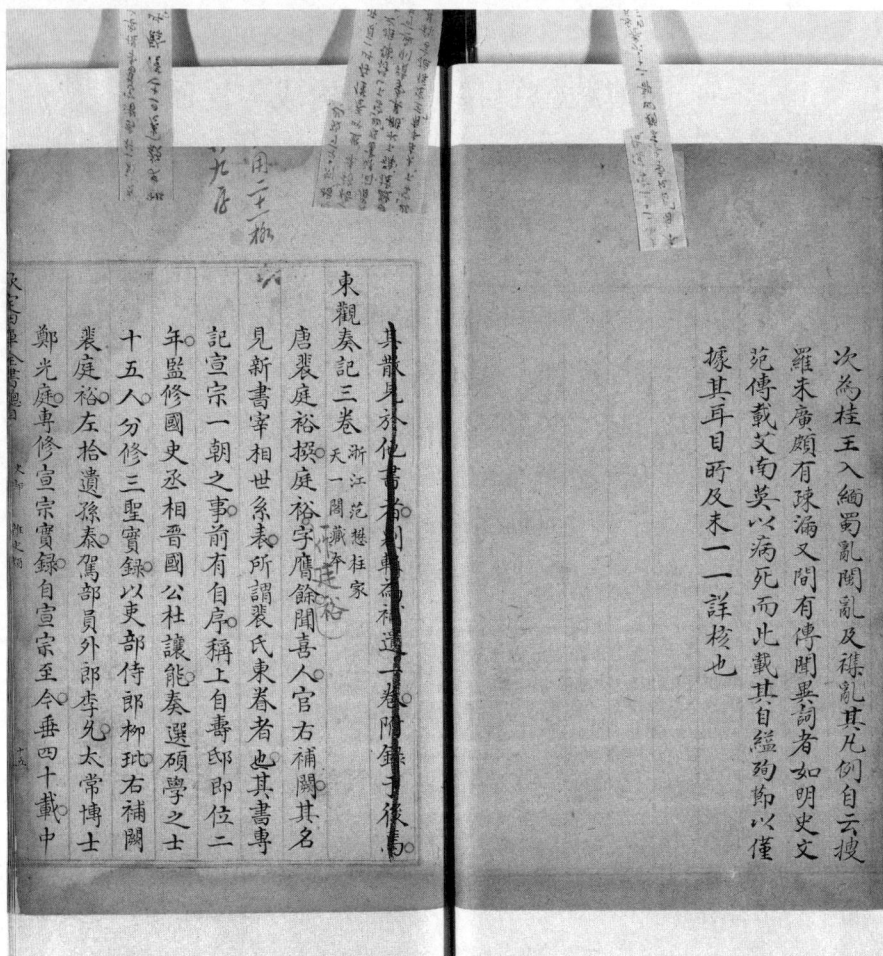

图1:国博藏《总目》残稿不同部分对照

关于残稿主体部分的性质,黄燕生、夏长朴并未作明确判断,而是希望从现存的具体内容推定稿本的编纂时间,黄氏认为此稿的写作时间在乾隆四十四年(1779)到四十六年之间,夏氏在详加论证后细化为四十四年四月至四十六年五月以前。细部的文本比对当然很有必要,不过这样做的前提和基础是弄清比较对象的总体性质及相互关系,否则对比的意义就可能限于勾勒现象而无法直接解释问题的实质,更难以真正切入《总目》纂修的历史情境。以下拟结合关于其他稿本的前沿研究,从定性的角度作新的尝试。

首先,如研究者所指出,上海图书馆、国博与台北"国家图书馆"三地所藏《总目》纂修稿(下简称"上图残稿""国博残稿""台图残稿")之存卷并无重复,刚好互补,且天头部分皆遭到裁切,眉批已失全貌,由此判断三者原本实为同一部稿本,晚近方才散入不同藏家,①故研究国博残稿的性质需与另外两部作通体考察。

其次,上图、台图残稿原书当系首次正式进呈之《总目》初稿,抄成时间在乾隆四十六年二月,其上所作修改的时间下限为四十七年七月《总目》再次进呈以前,②三者既出一源,则国博残稿亦当出自四十六年《总目》初次进呈之稿,这正与黄、夏二人所推定之编纂时间相合。

最后,也是最重要的一点,陈恒舒已正确指出,上图残稿的主体部分并不是一般意义上因遗失若干页而残缺不全的稿本,而是《总目》进呈初稿在乾隆四十六年二月至四十七年七月修订过程中抽换下来的零叶汇集。③ 也就是说所有的残叶都属于在新的进呈稿中遭到弃用、需要重新抄写的部分,而残叶以外的部分绝大多数无需重抄,直接用在新稿之中。由此观察国博残稿,莫不贴合,如卷五○存叶 1—26,全卷首尾完整,开首第一叶天头有残

①崔富章《〈四库全书总目〉版本考辨》率先指出国博残稿与上图残稿"似是同一部而散开者"(原刊《文史》第 35 辑,中华书局,1992 年,此据氏著《版本目录论丛》,中华书局,2014 年,第 2—3 页);拙作《台北"国家图书馆"藏〈四库全书总目〉残稿考略》(《文献》2016 年第 1 期)首次指出三者同出一源,前引夏长朴文在全然不提该文的情况下,再次论证国博残稿与台图残稿为同一书稿。

②关于上图残稿的最新研究,参见张升:《上海图书馆藏〈四库全书总目提要〉稿本解题》,《四库全书总目稿钞本丛刊》第 1 册,第 1—29 页。

③陈恒舒:《上海图书馆藏〈四库全书总目〉残稿发覆——以清代别集为例》,《文献》2019 年第 4 期。上引张升文在此基础上又有补充论证。

存墨笔批语"后俱另写",表示此卷全部重抄;又如卷五一仅存叶15,天头"用二十一格(写)",提示重抄新稿时每行须较通常之十九字多写两字,以挤占行格,与旧稿衔接。以上两例代表了此残稿主体部分中两类抽换叶的情况,一为整卷重抄,一为局部撤换,前者少而后者多,具体情况将在下一节中详细展开。这一性质判断,构成我们重新检讨国博藏《总目》残稿的认知基础。

除作为进呈稿抽换叶的主体部分外,国博残稿另有一卷以竹纸抄写的文本,其性质亦堪玩味。此卷内容对应《总目》定本的卷四九纪事本末类,收录提要依次为《宋史纪事本末》(阙首叶)《元史纪事本末》《亲征朔漠方略》《平定金川方略》《御定平定准噶尔方略》(阙末叶)、《通鉴纪事本末》《春秋左氏传事类始末》《三朝北盟会编》《蜀鉴》《炎徼纪闻》《宋史纪事本末》(首叶)、《御定平定准噶尔方略》(末叶)、《平定两金川方略》《临清纪略》《兰州纪略》《绥寇纪略》《明史纪事本末》《滇考》《绎史》《左传纪事本末》《平台纪略》《鸿猷录》《永陵传信录》《高庙纪事本末》《三藩纪事本末》。这些提要根据内容起讫可分为三部分,其一为《宋史纪事本末》(阙首叶)至《御定平定准噶尔方略》(阙末叶),其二为《通鉴纪事本末》至《宋史纪事本末》(首叶),其三为《御定平定准噶尔方略》(末叶)至《三藩纪事本末》,每一部分内部抄写连续,不同部分之间则不相联属。夏长朴曾指出此卷"不顾各书撰人的时代先后,将时间较晚的明人著作《元史纪事本末》置于各书之前,时间早于此书的宋人著作《通鉴纪事本末》《春秋左氏传事类本末》《三朝北盟会编》等书反在其后,此与凡例所云'所录各书,各以时代为次'不符",认为这是该部分文稿完成度不足的表现。其实稍加细读即可知晓,今本的排列次序应该是后人装订错乱所致,倘将三部分内容中之第二部分提至最前,则完全合缝,始于《通鉴纪事本末》,迄于《三藩纪事本末》,正依时代为次,除开首一叶(内容可能包含纪事本末类小序及《通鉴纪事本末》提要起始数行)未见外,首尾联贯,完整无缺。

要判定此卷残稿的性质,需考虑《四库全书》中纪事本末类的成立过程。从其他稿本间的比对不难看出,纪事本末是在乾隆四十六年二月至四十七年七月间《总目》修订过程中方才独立成类的。台图残稿卷四九为别史类，保留了初次进呈时的模样，而天津图书馆、国家图书馆藏《总目》稿本（简称"天图稿本""国图稿本"）实为乾隆四十七年七月再次进呈稿之遗存，①其中卷四九已变更为纪事本末类。② 比较国博残稿纪事本末类的内容与台图、天图、国图三处藏稿之卷四九可知，该稿当位于两次进呈稿之间。最能说明问题的是，除个别文字错讹外，国博残稿所收提要内容、次序与天图稿本卷四九纪事本末类完全一致，惟一不同的是天图稿本在《平台纪略》提要后有"右纪事本末类十九部一千七十五卷，皆文渊阁著录""纪事本末类存目"两行，③其后方抄录《鸿猷录》《永陵传信录》《高庙纪事本末》《三藩纪事本末等》四篇，这种著录与存目的区分在国博残稿的原文中并不存在，而是在原文抄写完成后由墨笔于《平台纪略》《鸿猷录》两篇提要夹缝中补写"纪事本末类存目"一语。夏长朴认为："此卷可能即系馆臣决定在史部增加新类，专收纪事本末性质的史书后，汇整史部其他各卷性质相关书籍，重新整理编辑抄写的'纪事本末类'稿本。此稿虽暂拟'卷四十九'，但似尚未完全确定此一安排是否合适，故版心既无字，亦未依常例编制页码。"是说大体可从，但仍嫌不够确切。此卷很可能是《总目》所收纪事本末类书的首次集结，然其首叶残阙，又无版心，是否已题"卷四十九"尚不可知；更值得注意的是，该卷之内容严格按照半叶九行行廿一字抄写，每篇提要的起始位置及所占行格与天图稿本完全一致，直至《平台纪略》提要后，天图稿本方才多出上述两行关于著录部分的总结及与存目书的区分，提要内容亦相应后移两行。换句话说，国

---

① 关于天图稿本与国图稿本同出一源的讨论，参见夏长朴《试论国家图书馆藏〈四库全书总目〉稿本残卷的编纂时间——兼论与天津图书馆藏〈总目〉稿本残卷的关系》，《中国四库学》2019 年第 1 期，第 56—79 页；杨新勋《中国国家博物馆藏〈钦定四库全书总目〉稿本解题》，《四库全书总目稿钞本丛刊》第 1 册，第 31—62 页。

② 天图稿本卷四九截至叶 27（《天津图书馆藏纪晓岚删定〈四库全书总目〉稿本》第 3 册，第 505—558 页），而国图稿本正好保留了该卷剩余的 28、29 两叶（《〈四库全书总目〉稿钞本丛刊》第 9 册，第 367—370 页），二者合观则整完无隙。

③《天津图书馆藏纪晓岚删定〈四库全书总目〉稿本》第 3 册，第 558 页。

博所藏这一卷文本很可能是馆臣在修订《总目》过程中关于纪事本末类书的试写样稿，其目的本就不是为了进呈，而在于为誊抄正式的进呈本作准备，主要着眼于文字内容与居占行格的确定与调适，至于版心、页码、句读圈点之类则无需措意；样稿完成后，其上或稍加修订，或不作改更，与最终抄入进呈本者仍有距离；①这一部分样稿之所以选用竹纸而非绵纸，想必也是有意与正式进呈本相区别。类似的试写样尚见于上图残稿之中，研究者或以之为"进呈本的修订稿，后因仍有个别讹误，故被撤下"，②现在看来，恐怕还有再加斟酌的余地。③

综上可知，国博残稿其实是由《总目》两次进呈间的抽换叶与试写样共同构成。在既往研究中，这类共存现象通常被解释为少量的试写样稿混入大量的抽换叶中，而研究者的工作正在于将两者区分开来，以还原各自的面貌，其中隐含的理路其实还是将抽换叶等同于初次进呈稿，而试写样则是乱入的杂质，对国博、上图之残稿皆作如是观。但倘若转换视角，不将两者看作泾渭分明的东西，而是寻找其间共性，从整体上把握这类文献的实质，我们发现无论是遭到撤换的初次进呈旧稿，还是重新抄录的试写样稿，在当时的四库馆臣看来，其实都属于修订工作稿，修改完成之后很快就会失去价值；与之相对的正是乾隆四十七年再次进呈本，该本告成、进呈之日就是此前修订工作稿失去价值之时，自此以后直至殿本《总目》刊刻前长达十数年的修改工作主要在二次进呈本上进行。由是观之，国博以及上图、台图所藏

①此卷著录外省采进书来源皆具巡抚之名，与进呈本体例不同。其中《平台纪略》提要原文著"江西巡抚海成采进本"，"海成"二字为墨笔涂去，《三藩纪事本末》原称"浙江巡抚三宝采进本"，"三宝"二字为墨笔涂去，可见此试写稿完成后亦有零星修改，为抄录进呈本时所吸收。然此类涂改究属个例，该卷其余大部分提要并无修改痕迹，当在正式抄录二次进呈本时依例省去巡抚之名。

②张升：《上海图书馆藏〈四库全书总目提要〉稿本解题》，第3—17页。

③此类试写工作当系《总目》两次进呈间馆臣针对调整幅度较大的部分（多指每卷中需要抽换之处，似国博残稿这般整卷试写者当较罕见）而采取的必要措施，以保证二次进呈本能够全面准确地反映修订成果。试写稿诸如用纸、行款、字体、书口、圈点等多项特征都可能与进呈本存在距离（换句话说，这些特征中的一项或几项不同于定本，均可从试写角度加以推断），构成两次进呈稿的中间文本环节，对厘清《总目》的早期衍变不无裨益，有待更为系统而深入的考索。

《总目》残稿的整体性质其实是遭到废弃的四库馆臣修订工作稿遗存,这恐怕也是三者天头都经过明显裁剪的缘由所在——主体部分由原本的进呈稿变为工作稿,再沦为废弃之稿,或有必要在外观上与进呈稿作明显区分,以为作废之标识。① 既是不同类型弃稿之汇集,那么就整体而言,此类文本恐怕很难算得上严格意义的书籍、书本,虽然常常被笼统称作"稿本",但这种"弃稿"与国图、天图所藏者其实存在本质区别,未可轻易混同。

二、从国博残稿看《总目》两次进呈本之关系

作为馆臣修订工作稿的遗存,国博残稿反映了《总目》在乾隆四十六年二月初次进呈到四十七年七月再次进呈间的变化轨迹,这种变化过程可能包含形式、内容、思想等多个层次,其中最基础、最紧要的问题即在于厘清不同进呈本间实际的文本源流关系。如前所述,既往关于上图残稿抽换叶性质的判定,已经让我们对两次进呈本之间的关系有所察觉,但迄今为止,这种认识还基本停留在较为朦胧、模糊的阶段,亟待从具体细致的文本比对入手予以夯实、深化。国博残稿虽存卷不多,但所涉问题颇具代表性,试从局部撤换、整卷重抄两方面展开分析。

首先来看局部的撤换与挖改,这是两次进呈稿间最主要的更替方式。兹以国博残稿与再次进呈稿(天图、国图稿本所存)重合之卷五一至五三为例,详细展示这一工作过程。其间一个重要切入点在于抄写行格,有必要先做交代:《总目》进呈本的一般行款为每半叶九行,每行满格为廿一字,但一般最上方两格留空,故除特别提行外,实际均为十九字写;为腾挪空间,馆臣常常会在修订稿的天头对抽换后重抄行格作出特别要求,所称"某某字"或"某某格"云云皆就每行实际书写字数而言,并未将最上方留空者计入。

① 从藏书印看,国博残稿与台图残稿皆为李之鼎、欧阳熙、冯雄所递藏,而上图残稿则仅钤"贞寿堂邵氏所藏",与前两者全无交集,当属不同的流传脉络。由此推断,三者天头或遭裁切或完成于四库馆中。与之形成鲜明对比的是,天图、国图所藏二次进呈稿本天头皆完好无损。

国博残稿卷五一杂史类仅存叶 15，为《东观奏记》提要，天头批语残存"……用二十一格……廿九字"，核诸国图稿本的相应部分可以明晰此批语所指。后者卷五一叶 15 原文除首行廿二字外，其余每行皆廿一字写，[1]较寻常多挤入两字，且字迹与前后叶有异（参见图2），[2]显系抽换重抄者，而抽换的目的自为增加内容。对比前后两稿，国图稿本除据国博残稿正文首行朱笔增入"一作廷裕"四字外，次行"裴氏东眷者也"下又增入"王定保《摭言》称其乾宁中在内廷，文书敏捷，号下水船，其事迹则无可考焉"二十九字，此即国博稿天头批语"廿九字"之所指，也就是说国图稿此篇提要较国博稿共增写三十三字，而此提要正文在抽换叶中占十六行，除首行增写三字外，其余十五行皆增写两字，刚好容纳新添内容。

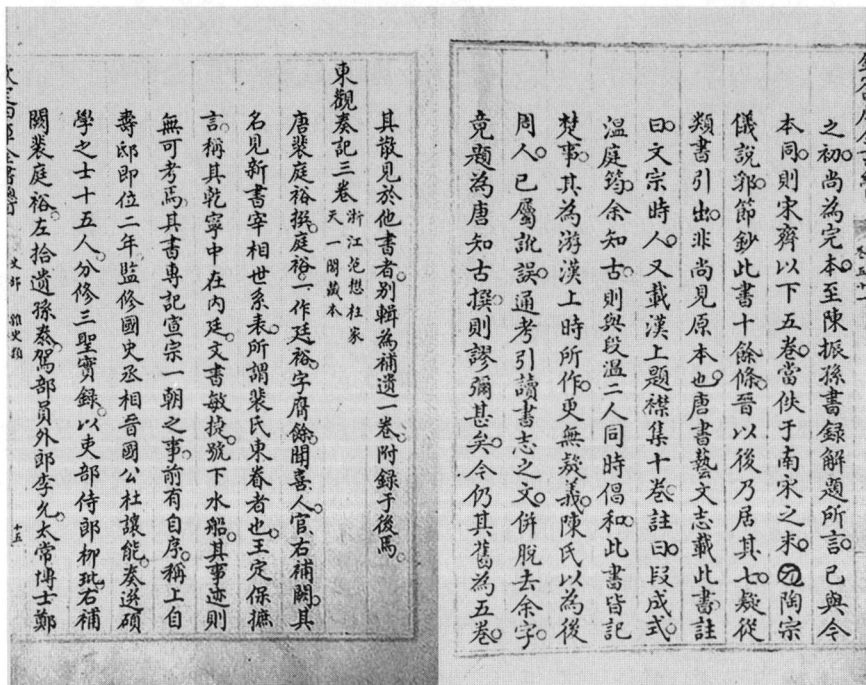

图 2　国图藏《总目》稿本卷五一叶 14b、15a 对比

---

①其中 15b 行 4 为廿二字，行 6 为廿字，皆有明显挖改痕迹，并非抄写时之原文。

②《四库全书总目》稿钞本丛刊》第 10 册，第 31—32 页。

　　国博残稿卷五二杂史类存目存叶31—35，始于《洪武圣政记》提要之最末两行，其后依次为《国初礼贤录》《平蜀记》《北平录》《别本北平录》《云南机务抄黄》《明高皇后传》《汉唐秘史》《奉天靖难记》诸篇；国图稿本在《洪武圣政记》《国初礼贤录》之间增加《庚申外史》提要一篇，①共占二十四行，也就是说当时负责修订的馆臣是在尽可能少抽换旧稿的情况下腾挪出了二十四行的空间，究竟是如何做到的呢？大致分为两步：一曰挤行格，二曰改版心。关于前者，需仔细比对国博残稿之批语与国图稿本的相应位置。国博残稿《国初礼贤录》提要末行为"此也"二字，倒数第二至四行天头批语称"此三行以廿字写"，如此则可将末行二字归并进前一行，匀出一行，核诸国图稿本此提要末三行正为二十字，而此前皆为十九字，确较国博残稿少占一行；与此类似，国博残稿《云南机务抄黄》提要倒数二至四行天头曰"此三行以廿字写"，《明高皇后传》天头曰"此篇以廿字写"，《汉唐秘史》倒数二至五天头曰"此四行以廿字写"，《奉天靖难记》天头"此篇以廿字写"，国图稿本皆照此办理，每篇提要各匀出一行；除国博残稿天头批语所示外，国图稿本《奉天靖难记》提要后为《别本洪武圣政记》一篇（此篇不见于国博残稿），正文开首四行亦皆廿字写，又匀出一行（叶36b行6—9）。国图稿本以上诸篇共腾出六行，距增写《庚申外史》提要所居占者差十八行，正好为一整叶篇幅，另行添加即可。因此，初次进呈稿中抽换掉31—35五叶，而再次进呈本中重抄的叶码则是31—36六叶，国图稿本中此六叶之字迹与前面30叶及卷末的叶37—39皆有所不同，正是换写之明证。② 如此辗转腾挪之下，新稿较旧稿多出一叶，如果想袭用该卷剩余部分旧稿，最便捷的方法当然就是挖改后面诸叶的版心页码，逐次加一。仅仅观察影印本很难辨别这种细微之处，但检核国图稿本原书，③我们发现凡类似挖改页码处均有细薄纸片衬入，抻开书叶一目了然。就本卷而言，国图稿本重抄部分之后仅剩三叶，馆臣仍选

①《〈四库全书总目〉稿钞本丛刊》第10册，第127—139页。
②此外，国图稿本此卷叶37a行1—3为挖改，字迹与本叶行4—9异而与叶36b同，亦系换写时所为。
③国家图书馆善本部藏《钦定四库全书总目》稿本，索书号12922。

择挤行格、挖版心的操作方式,足见其对于初次进呈旧稿确实做到了最大限度的利用。

卷五三杂史类存目二的情况更为复杂,国博残稿存叶 8—9、28、32—35 三段,此卷之再次进呈稿见天图稿本,逐一比较分析如下。

(1)国博残稿叶 8—9 为《正统临戎录》《燕对录》两篇,其中《燕对录》提要正文首行(叶 8b 行 8)"明李东阳撰"下有增入符号,但无具体内容,天图本此处多三十五字:"东阳字宾之,号西涯,茶陵人。天顺甲申进士,官至谨身殿大学士,谥文正。事迹具明史本传。"国博残稿叶 9b 行 2 有增入符号,无具体内容,天图本此处多"而六月首标己酉,次标癸亥,戊申距己酉止一日,则五月之戊申"凡二十五字。[①] 可知这里抽换两叶乃因增写此六十字,具体收纳方法亦不难考出。国博残稿《正统临戎录》提要正文占九行,末行十字,天头称"……格将末……(十字挤)入",天图稿本此篇每行廿一字写,提要正文占八行,匀出一行;国博残稿《燕对录》提要正文占二十行,天头称"……用廿……(一字)写",天图稿本此篇正文占二十一行,每行廿一字,多出一行,且每行多写两字,正可容下所增之六十字。

(2)天图稿本叶 16b 行 7—9 及叶 17 写《姜氏秘史》提要全篇及《明良集》提要开始三行,字迹与叶 16b 行 1—6 及叶 17 以下皆不同,显为重抄,[②] 然国博残稿中并无相应抽换叶;又天图稿本《姜氏秘史》提要始于叶 16b 第 7 行,迄于 17b 第 6 行,占整整一叶(十八行),正文每行仅十八字。从此文本现象可作出如下判断:初次进呈稿中本无《姜氏秘史》提要,而是在此前之《革除编年》后接写《明良集》,始于叶 16b 行 7;馆臣修订时挖去原本叶 16b 行 7—9,补写《姜氏秘史》开首三行内容,又增加一叶(即叶 17),为凑足居占十八行之数,提要正文每行少写一字,以最大限度保留旧稿框架;《姜氏秘史》提要迄于叶 17 行 6,正好接着重抄《明良集》开首三行;此后诸叶只需挖改版心页码,逐次加一即可,这也是国博残稿此卷后文页码皆较天图稿本少

---

① 《天津图书馆藏纪晓岚删定〈四库全书总目〉稿本》第 4 册,第 15—18 页。
② 《天津图书馆藏纪晓岚删定〈四库全书总目〉稿本》第 4 册,第 32—34 页。

一的原因。旧稿换写之内容实际上仅有三行,不存于国博残稿亦在情理之中。

（3）国博残稿叶 28 为《平琉球录》提要,始自提要正文首行而无书名卷数及书籍来源一行,占十二行,天头朱笔云“此篇不写……写《革除遗事》一篇”,又有墨笔曰“《平黔三记》后”,谓此篇当改置于《平黔三记》提要之后,而此处改接写《革除遗事》。检天图稿本叶 29 果为重抄叶,始自《革除遗事》提要正文,而此前之叶 28b 末行有明显挖改痕迹,著“《革除遗事》十六卷（浙江范懋柱天一阁藏本）”,字迹与同叶前八行绝异而与叶 29 同,①按此处原本当为《平琉球录》提要首行,后接国博残稿叶 28 之内容,在修订时一并撤换。细审天图本增入之《革除遗事》提要正文,亦占十二行,其中前十一行皆廿字写,而末行则挤入廿二字,这样做的目的自然是为了保持替换前后提要所占行格不变,其后的《安南奏议》一篇仍旧自叶 29b 行 4 写起,行款无需调整,而从叶 30 开始即可沿用原本初次进呈之稿。

（4）国博残稿叶 32—35 依次为《西南纪事》提要正文后八行、《交黎抚剿事略》《鸿猷录》《召对录》《平夷功次录》《嘉靖倭乱备抄》《瀛壖谈苑》《平黔三记》,迄于卷末,其中《鸿猷录》一篇有删节符号,《嘉靖倭乱备抄》一篇有朱笔增入文字。天图稿本对应部分为叶 33—38,依次为《世庙识余录》《西南纪事》《交黎抚剿事略》《召对录》《平夷功次录》《嘉靖倭乱备抄》《瀛壖谈苑》《平黔三记》《使琉球录》,②首增《世庙识余录》,删去《鸿猷录》（改入卷四九纪事本末类存目）,末增《使琉球录》,因迄于卷末,悉数重抄,故不涉及行格挤占问题。稍可注意者,叶 32 b 行 7—9 为挖改补写,字迹与同叶前两行异而与叶 33 同,此处在初次进呈稿中当为《平倭录》提要末行及《西南纪事》提要开首两行,在二次进呈本中变为《平倭录》提要末行及《世庙识余录》提要之开首两行。③

---

① 《天津图书馆藏纪晓岚删定〈四库全书总目〉稿本》第 4 册,第 56—58 页。
② 《天津图书馆藏纪晓岚删定〈四库全书总目〉稿本》第 4 册,第 64—75 页。
③ 此处挖改起讫之处十分明确,惟改动前后《平倭录》提要末行是否有文字调整则难确知。

综上，天图稿本《总目》卷五三别史类存目总共三十八叶中，8、9、17、29、33—38十叶为重抄，其余二十八叶皆用初次进呈之旧稿，惟自叶18以下版心页码皆挖改加一，而其中间有个别内容亦经挖改替换。

再来看整卷的撤换与重抄。国博残稿中有三卷首尾完具，页码连续，分别是卷五〇、卷七九、卷八〇，均属在修订过程中被整体换写，而前者与后两者的具体情况又不尽相同。

卷五〇的重抄涉及卷帙的分合。作为初次进呈时面貌的遗存，台图残稿卷四九为别史类，国博残稿卷五〇为别史类存目，此二卷内容在再次进呈本中被合并为一卷，都挤入卷五〇，卷四九则用以安置新设之纪事本末类。在此合并过程中，再次进呈本卷四九（见天图本）全为新创，自须完全重写，上节所述国博残稿中的试写样稿正是为此而准备。天图稿本卷五〇的情况则有所不同：叶1—20当承初次进呈旧稿，只不过所用者为原本卷四九的内容，这也是台图残稿该卷始自叶21的原因——此前二十叶进入新稿，而自此叶之下方为抽换、重写者。台图残稿叶21a天头残存批语称"……照……写"，叶23a天头："……此至卷末俱重写"，皆是对换写工作的提示。作为改动的结果，天图稿本中也不难发现这一新旧混用的端倪，该本卷端首行"钦定四库全书总目"题名下"卷五十"有明显挖改痕迹，盖由"卷四十九"变换而来，相匹配的还有前二十叶的版心页码亦系挖改，此二十叶字迹与之后诸叶有明显区别。[1] 与此不同的是，国博残稿卷五〇"别史类存目"首尾完整，凡二十六叶，对应天图稿本卷叶38—69之内容，说明初次进呈本卷五〇全遭弃用，原因在于这部分存目书从独立成卷改为接写于著录书之后，每篇提要所在行格位置均要作大幅调整，无法直接移入新稿，只得全部重抄。一番措置之下，二次进呈本中卷五〇长达六十九叶，一直沿用至最终的殿本之中，虽然这样的篇幅在《总目》定稿全部两百卷中颇显另类，不过如此调整恐怕也是完全新设一类、新增一卷后最大限度维持原本框架的最佳选择。

---

[1]《天津图书馆藏纪晓岚删定〈四库全书总目〉稿本》第3册，第565—604页。

国博残稿卷五〇全遭弃用，所记内容变为天图稿本卷四九的后半部分，如果这一个案还不足以反映两次进呈本之间一一对应的整卷替换的话，那么国博残稿中卷七九、八〇两卷的情况则更能说明问题。目前所见乾隆四十七年二次进呈本残稿中这两卷皆已不存，无从比对，不过仍可找到相近的替代文本。诸阁四库全书抄写之际，初期都会配套抄录《总目》一部，与阁书一同入藏，后至乾隆六十年殿本《总目》刊刻完成，诸阁原藏抄本《总目》方被替换撤出。被撤换的各阁抄本《总目》多已亡佚，仅文溯、文澜两阁尚遗残帙，其中文溯阁抄本《总目》存卷较多，分藏国图、天图、辽图三地，其中天图藏本正好包含卷七九至八〇之内容。据学者研究，文溯阁抄本《总目》抄成于乾隆四十八年四月至八月间，①所据底本当与四十七年七月再次进呈本相去未远，正可作为国博残稿的参照文本，虽无法直接比较行格，但用于分析内容足矣。②

国博残稿卷七九职官类、卷八〇职官类存目之重抄源于分类的调整，即原本职官一类新设官制、官箴两小类。卷七九开首职官类小序末段原文作："今所采录，大抵唐宋一曹一司之旧事与箴铭训诰之词，亦足以裨益见闻，申明劝戒。明人所著率类州县志书，则等之自郐矣。"墨笔改"箴铭"为"儆戒"，并于"训诰之词"下增"今厘为官制、官箴二子目，亦足以稽考掌故，激劝官方"一语，文溯阁抄本及殿本《总目》皆同改后文字。在后面提要正文的修订中，也可见相应的调整痕迹。国博残稿卷七九提要原本依次为《唐六典》《翰林志》《州县提纲》《麟台故事》《官箴》《翰苑群书》《南宋馆阁录》《玉堂杂记》《宋宰辅编年录》《百官箴》《书帘绪论》《三事忠告》《秘书（监）志》《翰林记》《殿阁词林记》《土官底簿》，并无官制、官箴之区分，仅按照时代排序，不过馆臣在修订时重排了提要次第，在天头以数字标识，如《唐六典》标

---

①琚小飞：《文溯阁抄本〈钦定四库全书总目〉解题》，《〈四库全书总目〉稿钞本丛刊》第1册，第78—81页。

②天津图书馆所藏文溯阁抄本《总目》目前尚未正式影印出版，本文所引悉据琚小飞博士赐示电子影像，谨致谢忱。

"一",《州县提纲》"十六",《翰苑群书》"四",《南宋馆阁录》"五",《玉堂杂记》"六",《宋宰辅编年录》"七",《秘书(监)志》"八",《翰林记》"九",《土官底簿》"十二",验诸文溯阁抄本《总目》,次第完全吻合;又在部分书籍上加有删节符号,包括《州县提纲》《官箴》《百官箴》《书帘绪论》《三事忠告》《殿阁词林记》六篇,其中前五篇皆见于文溯阁抄本同卷职官类官箴之属,末一篇则改入传记类,见国图稿本卷五八。① 与此类似,国博残稿卷八〇职官类存目也采用了标数字、加删节号的修订方式,此外,该卷末还附有馆臣墨笔书写调整分类后官箴类存目书的清单:"《牧民忠告》一卷,《官箴》一卷,《牧津》四十四卷,《明职》一卷,《仕学全书》三十五卷,《政学录》五卷,《为政第一编》八卷,《百僚金鉴》十二卷。右职官类官箴之属。"其中《牧津》一书原本不见于本卷,故此清单后又有另外附有《牧津》提要一篇,系自他处裁剪而来,以作为重抄时加入官箴之属的参考。

在目前所知《总目》初次进呈稿抽换叶的遗存中,整卷替换的情况极为罕见,除国博残稿之三卷外,仅有上图残稿卷一一六谱录类存目差可当之,此卷存叶1—40,②各提要天头亦有重新排序之笔迹,惜未见卷末总结,恐有缺佚。如此看来,国博残稿所保留的三整卷内容具有不可替代的研究价值。

从以上分析不难看出,《总目》的两次进呈确实是一部稿本的局部调适,而非两部稿本的整体替代。乾隆四十七年七月再次进呈之《总目》对于此前初次进呈旧稿的原则是能用就用,最大限度的承袭,最低限度的重抄,这样才能保证在短短一年左右的时间内调整完毕。类似卷五〇、七九、八〇这般全卷重抄者属于极个别现象,绝大多数是以抽换和挖改的形式,完成新旧掺杂的工作。上面所具体揭示的操作方法,当然不局限于国博残稿,值得扩大范围,全面比较既存诸稿本,系统地加以总结和反思。

---

① 《〈四库全书总目〉稿钞本丛刊》第 10 册,第 336—338 页。
② 《〈四库全书总目〉稿钞本丛刊》第 4 册,第 321—402 页。

三、从国博残稿看《总目》两次进呈间分类变化之根由

《总目》在目录学史上的地位毋庸赘言,诸多新的目录分类始创于斯。既往关于《总目》分类的研究成果数量甚夥,然真正结合《总目》本身衍变过程言之者并不多见,透过《总目》变化追寻其实际根由者则更少之又少。幸运的是,国博残稿篇幅虽不算多,却每每涉及重要的分类调整,正可作为探索《总目》衍变及其背后历史情境的绝佳资料。

除了上文已经提到的卷四九试写样稿可能是纪事本末类史书的首次独立集结外,国博残稿还涉及两个重要的分类变化。其一,卷七九、八〇之职官类下分官制、官箴二子目;其二,卷八一至八四故事类改为政书类。二者都是在《总目》两次进呈之间完成的。

上节已较为详细地呈现了职官类下设官制、官箴的分类变化,这里希望追问的是,馆臣缘何要在两次进呈之间突然作出这样一种调整呢?考虑到当时的实际,如此调整带来的结果是七九、八〇两卷旧稿尽遭废弃,须悉数重抄,而在当时的总体安排中,整卷重抄是要极力避免的,那么究竟是怎样的由头才会触发如此大的动作?馆臣并未留下与此相关的直接线索,但我们可以透过改动前后提要篇目的关键变化略窥端倪。

通览国博残稿卷七九职官类所收书籍,时间断限始自唐而迄于明,最末一篇为《土官底簿》,全然未及清人著述。而在文溯阁抄本《总目》中,最大的变化就是全面增加了清廷官修钦定之书:官制之属丁《上官底簿》后增《词林典故》《钦定国子监志》《钦定历代职官表》三篇,官箴之属增《御制人臣儆心录》一篇,其中《词林典故》乃“乾隆九年重修翰林院落成,圣驾临幸,赐宴赋诗,因命掌院学士鄂尔泰、张廷玉等纂辑是书,乾隆十二年告成奏进,御制序文刊行”,《钦定国子监志》《钦定历代职官表》分别为乾隆四十三年、四十五年奉敕撰,《御制人臣儆心录》则是顺治十二年(1655)世祖皇帝御撰。这样的改动在乾隆四十七年七月再次进呈的《总目》中已经完成,直至殿本再未

改更。

上述改动其实并非严丝合缝，了无痕迹。国博残稿《土司底簿》提要末称"今亦附载于职官之末焉"，是符合初次进呈稿的实际情况的，但文溯阁抄本《总目》在分设子目、增写本朝著述后，《土司底簿》提要一无改更，仍称其为"职官之末"，显与文本实际相悖，说明四十七年第二次进呈乃至四十八年文溯阁抄成时仍保留此马脚。逮至殿本《总目》，此句被改作"今亦附载于明代职官之末焉"，①增添"明代"二字试图弥合时序次第之矛盾，然而经此改动后依旧不无罅隙：初稿职官类未分子目，故称"职官之末"，而后来既分官制、官箴二目，则当改作"明代官制之末"方与事实相合。

综上可知，职官类分为官制、官箴两子目与卷七九、八〇的全部重抄，解决的一个核心问题是容纳清朝官修钦定之书。无独有偶，卷八一至八四从故事类到政书类的衍变，亦与此类书籍有着紧密的关联，而且问题更为典型，只不过既往研究并未予以充分重视。

四库全书为专记制度之书新设政书一类，代替了自《隋书·经籍志》以来的故事类，被看作目录学史上的一次重大进步。关于这一变化的缘起，殿本《总目》政书类小序云：

> 志艺文者有"故事"一类，其间祖宗创法，奕叶慎守者，为一朝之故事；后鉴前师，与时损益者，为前代之故事。史家著录，大抵前代事也。隋志载《汉武故事》，滥及稗官；唐志载《魏文贞故事》，横牵家传。循名误列，义例殊乖。今总核遗文，惟以国政朝章六官所职者，入于斯类，以符《周官》故府之遗。至仪注、条格，旧皆别出，然均为成宪，义可同归。惟我皇上制作日新，垂模册府，业已恭登新笈，未可仍袭旧名。考钱溥《秘阁书目》有"政书"一类，谨据以标目，见综括古今之意焉。②

此段开首将"故事"分为两类，一为本朝祖宗之故事，二为前代资鉴之故

---

①《武英殿本四库全书总目》卷七九，国家图书馆出版社，2019 年，第 23 册，第 35 页。

②《武英殿本四库全书总目》卷八一，第 23 册，第 109—110 页。

事,而史家著录多为后者,又称隋唐志书所载有名为故事实为稗官家传之书,进而点明本书所收录之范围为"国政朝章六官所职"。对此,王菡认为四库馆臣是为了避免重蹈《汉武故事》这类"循名误列,义例殊乖"的旧辙,故另以"政书"标目。① 张固也则指出故事类的内涵于唐宋间存在明显变化,前期作为法典及法典之外的故事,记载朝政制度事例,兼具杂史、传记性质;后期自南宋开始转向更加明确的典章制度体史书,对明清故事类的发展产生极大影响,也开始了其自身走向消亡的进程。《总目》政书类并非如其序文所说从故事类发展而来,而是完全废弃了以隋唐史志为代表的传记传统的故事类,将其书改入杂史、传记等类,而另外创建了一个新的政书类。②

上述研究似未注意到国博残稿中的相关内容,③故而希望从学术积累的内在逻辑去解释这一变化,并将其描述成理所当然甚至是早已注定的线性脉络。然而,事实情况并非如此。检该稿卷八一至八四原书皆题"故事类",墨笔改为"政书类",卷八一开首故事类小序原文曰:

> (1)故事有二,祖宗创法,奕叶慎守,是为一朝之故事;后鉴前师,与时损益,或因或革,利弊具陈,是为前代之故事。史家著录,大抵前代事也。(2)隋志所载,才以《汉武故事》《西京杂记》滥及稗官,《八王故事》今虽未见其书,据《世说新语》注所引,直传记耳。唐志载《魏文贞故事》之类,宋志载尉迟偓《中朝故事》之类,均循名误采,不核本书,更如《树萱录》之入种植矣。(3)今总核遗文,惟以国政朝章六官所职者,入于斯类,以符《周官》故府之遗。至仪注、条格,旧皆别出,然均为成宪,义可同归。(4)政典礼经,古原一理,后世失其本意,歧为多途,非先王制作

---

① 王菡:《古代目录中史部故事类到政书类的演变》,《文献》2002年第1期,第179—190页。
② 张固也:《〈四库全书总目〉史部政书类溯源》,《四库学》第1辑,社会科学文献出版社,2017年,第129—146页;《古代目录中史部故事类源流新探》,《中国四库学》第2辑,中华书局,2018年,第158—174页。
③ 如张固也即认定四库全书《初次进呈存目》设故事类,"可以说是故事类最后一次隆重登场"。

之义也。

此篇小序的原文最直观地展现出乾隆四十六年二月《总目》初次进呈时馆臣关于故事类的认识,其中丝毫不见"政书"字样;其上多有朱色粗笔删涂标记,而并无具体改动意见,似谓整篇皆需替换,亦合时人标识废稿之惯习,反映了两次进呈间馆臣的态度,是研究从故事到政书变化最为关键的史料。黄燕生曾将此段与上引殿本政书类小序对比后指出,馆臣的努力是立下标准,明确收书范围,认为故事有二,一为前代典章旧事,二为名标"故事",实为稗官杂说,今所著录皆为国政朝章六官所职;大约觉得仅在类序中阐述还不足以说明其性质,有名实不符之嫌,于是在定稿时径改为政书类。如此分析误解了"故事有二"的确切所指,也未能点出问题的症结。

为论述方便,我们将国博残稿上引文字分为四段,逐一与殿本加以比较,(1)除将"故事有二"变通为"志艺文者有'故事'一类"外,一仍其旧;(2)在基本维持原意的情况下,删削事例,简约文字;(3)是全部袭用旧文;惟有(4)改动最大,从"政典礼经,古原一理"云云,变成:"惟我皇上制作日新,垂谟册府,业已恭登新笈,未可仍袭旧名。考钱溥《秘阁书目》有'政书'一类,谨据以标目,见综括古今之意焉。"个中差异再明白不过地展现出之所以会有从故事到类书类的变化,是因为"我皇上制作日新",旧名"故事"难以"综括古今",这才摘取《秘阁书目》"政书"一名据以标目。

小序的开宗明义在《总目》所收书目的变化中也能得到充分印证,改为政书类后著录之书较此前故事类最大的区别正在于清朝官修钦定之书的有无。惜二次进呈稿相关卷帙皆不存,而文溯阁抄本卷八一亦已亡佚,可资直接比对者仅卷八二。该卷内政书类典礼之属,较国博残稿卷八二故事类典礼之属多《万寿盛典》《钦定大清通礼》《南巡盛典》《钦定皇朝礼器图式》《国朝宫史》《钦定满洲祭神祭天典礼》六部官书,当反映出乾隆四十七年第二次进呈本的面貌,后出之殿本又较文溯阁抄本多《八旬万寿盛典》一篇,盖因该书乾隆五十四年始撰,五十七年十月告成,很晚方入《总目》;此外,文溯阁抄本于邦计之属增《钦定康济录》一部,军政之属增《八旗通志初集》一部,法令之属增《大清律例》一部，考工之属（国博残稿作营建之属）增《钦定武英殿聚珍版程式》一部，皆清廷敕修之书，殿本《总目》全同，盖因这些官书之始撰年代皆在四十七年七月《总目》再次进呈之前，故当时皆已著录，后来更无增益。由此，我们可以在文溯阁抄本卷八一缺佚的情况下，根据殿本《总目》与国博残稿的比对结果及诸书始撰时间，大致推定两次进呈稿通制之属著录书籍的变化。殿本卷八一政书类通制之属较国博残稿增《钦定大清会典》《钦定大清会典则例》《钦定续文献通考》《钦定皇朝文献通考》《钦定续通典》《钦定皇朝通典》《钦定皇朝通志》七部，此七书始撰皆远在四库开馆之前，至乾隆四十七年多已成书，少量未告竣者亦规模初就，《总目》再次进呈时当已著录。要之，从初次进呈时的故事类到再次进呈时的政书类，要解决的核心问题即在于如何安置颇具规模的本朝官书。①

综合以上分析，乾隆四十六年至四十七年间《总目》分类的变化，无论是职官类分设子目，还是将故事改为政书类，均与馆臣需要安置本朝钦定官修之书有莫大渊源。那么，为何此时馆臣会突然面临这样一个普遍性的问题呢？四库纂修档案中保留了关键的线索。《总目》初稿进呈后不久，乾隆四十六年二月十三日上谕曰：

> 据《四库全书》总裁奏进所办《总目提要》内，请于经、史、子、集各部，冠以圣义、圣谟等六门，恭载列圣钦定诸书及朕御制、御批各种。所拟殊属纷繁。从前开馆之初，曾经降旨，以四库全书内惟集部应以本朝御制诗文集冠首，至经、史、子三部，仍照例编次，不必全以本朝官书为首。今若于每部内又特标圣义诸名目，虽为尊崇起见，未免又多增义例。朕意如列圣御纂诸经列于各本经诸家之前，《御批通鉴纲目》等书列于各家编年诸书之前，五朝圣训、朱批谕旨、方略等书列于诏令诸门

---

① 理解《总目》从故事类到政书类的收书范围，包括两个关键点或曰两个阶段。其一是馆臣在《总目》初次进呈前所划出的"故事"的特定范畴，即"国政朝章六官所职者"，此外历代故事类所收者一概不录，这一阶段的核心问题是馆臣对"故事"的独特狭义理解，与改题"政书"无涉；其二是两次进呈之间增入大量本朝官书，这才不得不改换类目之名。

之前,《御注道德经》列于各家所注《道德经》之前,其他以类仿照编次,俾尊崇之义与编纂之体并行不悖。①

从中可知,乾隆四十六年二月进呈的《总目提要》中曾提及拟将"列圣钦定诸书"与高宗御制、御批者分别冠于四部之首,标以圣义、圣谟等六门;从上图、国博、台图残稿的实际看,各部开首并无此类标目书籍,与天图、国图本一致,则可推断《总目》初次进呈稿中很可能尚未收录钦定之书,馆臣只是提出一种处理倾向,留待圣裁。结果高宗认为此义例"殊属纷繁",且与四库开馆之初旨意相左,提出应将钦定书籍由馆臣所拟经、史、子、集各部之首改入各具体门类,冠历代著述之首。不过仅仅两天后,高宗就改变了主意,又下谕旨称:

> 昨据四库全书总裁奏进《总目》,请于经、史、子、集各部,冠以圣义、圣谟等六门。业经降旨,令将列朝御纂、御批、御制各书,分列各家著撰之前,不必特标名目,并令将卷首所录御题四库诸书诗文撤出,分列御制诗文各集之前,所以示大公也。朕一再思维,四库全书之辑,广搜博采,汇萃群书,用以昭垂久远,公之天下万世。如经部易类,以《子夏易传》冠首,实为说易家最古之书,允宜弁冕羲经。若以钦定诸书列于各代之前,虽为纂修诸臣尊崇本朝起见,而于编排体例究属未协。况经、史、子、集各部内,尚有前代帝王论著,以本朝钦定各书冠之,亦有未合。在编辑诸臣,自不敢轻议及此,朕则笔削权衡,务求精当,使纲举目张,体裁醇备,足为万世法程。即后之好为论辨者,亦无从置议,方为尽善。所有四库全书经、史、子、集各部,俱着各按撰述人代先后,依次编纂。至我朝钦定各书,仍各按门目,分冠本朝著录诸家之上,则体例精严,而名义亦秩然不紊,称朕折衷详慎之至意。②

---

① 乾隆四十六年二月十三日军机处上谕档,《纂修四库全书档案》,上海古籍出版社,1997 年,第 1289 页。

② 乾隆四十六年二月十五日军机处上谕档,《纂修四库全书档案》,第 1290—1291 页。

其中称前日"将列朝御纂、御批、御制各书,分列各家著撰之前,不必特标名目"的意见,"于编排体例究属未协",当将钦定之书各按门目,由历代之首改置于本朝著述之首。十六日,大学士三宝等上奏,称高宗此谕"权衡精当,至公至平,洵足昭垂久远,为万世法程"。① 两道上谕反映出"纂修诸臣尊崇本朝"的意图与高宗"昭垂久远,公之天下万世"的标榜存在张力,结果自然惟上意是从。只不过如此一来,怎样措置数量庞大、本拟集中放在各部之首的本朝官书,就成了负责修订的馆臣所不得不面对的最大难题,这才是本文所论《总目》两次进呈间分类变化的历史情境和主要原因。

明悉这一现实背景,再来回看既往关于《总目》目录分类开创性意义的讨论,自然会有别样的理解。诸多被看作学术内部自然而然、天经地义的变化,其实可能只是馆臣面临现实问题时的权宜因应,具有相当的偶然性。譬如四库全书中纪事本末的独立成类,自此史体三分,被作为史学史上具有里程碑意义的节点,其实不过是馆臣为安置官修方略、纪略而对"纪事本末"范畴加以泛化、曲解的结果。② 具体到本节所论,职官类下设官制、官箴二子目,恐怕在很大程度上也是因为倘若依旧不作区分,全照时代为序,则据圣谕增入的《词林典故》《钦定国子监志》《钦定历代职官表》等清廷官书不得不通通殿于全卷之末,甚至在记载宋明州县杂制诸书之后,显然与"尊崇本朝"之旨相去太远;从故事到政书,目的在于囊括古今,收纳本朝政典,然馆臣摘取《秘阁书目》"政书"之名,全然不顾其本抄自《文渊阁书目》,更不知明代如《宝文堂书目》等亦有此名,对于明人政书的内涵(职官之书,甚至特指地方政务之书)未遑深究,而仅借其名目,抓来就用,恐怕谈不上什么深思熟虑的结果。由此看来,我们对于《总目》分类变化的理解,其实也需要一个"祛魅"的过程。学术流变所依托的情境是现实的而非理想的,其背后的逻辑是实然的而非应然的,甚至往往是溢出学术本体范畴之外的,这或许是从

---

① 乾隆四十六年二月十六日军机处上谕档,《纂修四库全书档案》,第 1292 页。

② 详细考证参见苗润博《曲解与泛化:四库全书纪事本末类衍生史辨》,《清史研究》2022 年第 4 期,第 147—153 页。

历史学的视角观察《总目》的重要启示，也是赋予文献学以历史学意义的缘由所在。

（原载《文史》2023 年第 1 辑）

曲解与泛化：《四库全书》纪事本末类衍生史辨

　　清修《四库全书》于史部下专设"纪事本末"一类，正式将其确定为独立的史书体裁，与纪传、编年鼎足而三，不啻为中国学术史上的一大关节。《四库全书总目》（以下简称《总目》）关于纪事本末体的定义，构成了后人理解、认识这一史体的基本框架，时至今日，研究者在讨论纪事本末体的起源、范围、意义等问题时，仍多以承认、因循其中既定轨辙为前提，[①]而鲜有人对此框架本身加以反思和拆解。事实上，《总目》对纪事本末体史书概念、范畴的界定绝非无懈可击，这一独立门类的创设亦非一蹴而就，其中可能存在的问

[①]此类研究为数甚夥，兹仅略举与下文所论问题直接相关者。如葛焕礼《纪事本末体创始说辨正》（《文史哲》2012年第2期）声称，纪事本末被确立为独立史书体例的标志是《四库全书》相应类目的出现，馆臣对该体例的认识应该成为判定前代史书体例的标准；四库所收纪事本末之书要有两类，其一为纪诸事之本末，以袁枢《通鉴纪事本末》为发端，其二为纪一事之本末，以《三朝北盟会编》为先；两者相较，《会编》始撰在袁书之前，故当以其为纪事本末体之创始。又如冯尔康《清史史料学》第十章《纪事本末体史料》，着重介绍以方略为代表的史书，称"因是一事一书，从这个方面来看，视之为纪事本末体，而未列入编年体史书"（故宫出版社，2013年，第411—422页）。再如姚继荣《清代方略研究》曾设专章讨论"方略对纪事本末体史书的发展"（西苑出版社，2006年，第204—215页）。

题以及背后的致误之由值得我们深入查考。

一、问题缘起：纪事本末体名实之辨

《四库全书》共著录纪事本末类史书二十二部，《总目》该类小叙云：

> 古之史策，编年而已，周以前无异轨也。司马迁作《史记》，遂有纪传一体，唐以前亦无异轨也。至宋袁枢以《通鉴》旧文每事为篇，各排比其次第而详叙其始终，命曰"纪事本末"，史遂又有此一体。夫事例相循，其后谓之因，其初皆起于创。其初有所创，其后即不能不因，故未有是体以前，微独纪事本末创，即纪传亦创，编年亦创；既有是体以后，微独编年相因，纪传相因，即纪事本末亦相因。因者既众，遂于二体之外别立一家，今亦以类区分，使自为门目。凡一书备诸事之本末，与一书具一事之本末者，总汇于此。其不标纪事本末之名，而实为纪事本末者，亦并著录。若夫偶然记载，篇帙无多，则仍隶诸杂史、传记，不列于此焉。①

此段可大致分为三层：（1）追溯史书体裁的发展历程，编年、纪传次第出现且长期沿袭，至袁枢《通鉴纪事本末》方为史体之新变；（2）从原理层面阐述事例有创即有因，之所以将纪事本末自立一类，是由于"因者既众"；（3）交代此类中收录书籍的去取标准与实际情况，核心在于"备诸事之本末"与"具一事之本末"皆可汇入纪事本末之体。细绎其文不难发现，前两层与最后一层在文义、文气上存在明显断裂。作为纪事本末体创始之作，袁氏之书区别于以往二体的特点在于"每事为篇，各排比其次第"，即"备诸事之本末"，那么所谓"因者"自然应指在此脉络下的后继之作。这种在前两层中顺理成章的逻辑，却在进入第三层后戛然而止。馆臣在没有任何铺垫的情况下，径将所谓

---

① 《四库全书总目》卷四九史部五纪事本末类，国家图书馆出版社影印武英殿本，2019 年，第 15 册，第 49—50 页。

"具一事之本末"之书亦纳入纪事本末的范畴,这里所遵循的逻辑不再是该体裁自创制以来的内在理路,而更像是一种近乎文字游戏的皮相关联:所谓"纪事本末",既可以是记诸事之本末,也可以是记一事之本末。

要想更深入地体会上述文段的逻辑断层,更真切地理解所谓"纪事本末"之为史体的要义所在,须回到袁枢首创之时的历史语境。《宋史·袁枢传》云:"枢常喜诵司马光《资治通鉴》,苦其浩博,乃区别其事而贯通之,号《通鉴纪事本末》。参知政事龚茂良得其书,奏于上,孝宗读而嘉叹。"①此段文字的直接史源当为宋朝《中兴四朝国史》之袁氏本传,所谓"区别其事而贯通之"即指其以事分篇而每篇各具始末。更为原始的记载见于游泳所撰袁枢行状:"公讳枢,字机仲。上曰:'史书编年事多间断,莫详始末。'龚公对曰:'近有太学录袁某尝取《资治通鉴》各分条目,辑为一书,谓之《通鉴纪事本末》,颇便观览。'上曰:'可速进入。'遂尘睿览。"②袁氏当时面临的问题是编年史中"事多间断",这才"各分条目",辑成一书,其主要工作和贡献正体现在按事分条之中。当时有人批评袁氏"区别之外无发明者",对此朱熹曾作跋文辩解道"其部居门目、始终离合之间,又皆曲有微意",③吕祖谦亦称赞曰"袁子掇其体大者,区别终始,使司马公之微旨自是可考",④正反双方都注意到其书显著之处即是"区分""离合"或曰"区别终始",所不同者在于此项工作中是否蕴含微言大义。足见在时人眼中,《通鉴纪事本末》最本质的特征是分事,即分纪诸事之本末。自袁书以降,历代以"纪事本末"为名或明确声称仿其体例者概莫能外,皆以事分篇,各详原委,直至上引《总目》方才首

①《宋史》卷三八九《袁枢传》,中华书局,1985年,第11934页。
②《翰苑新书前集》卷二五"辑通鉴纪事本末",《四库提要著录丛书》子部第189册影印明钞本,北京出版社,2010年,第245页。
③《晦庵先生朱文公文集》卷八一《跋通鉴纪事本末》,《朱子全书》,上海古籍出版社、安徽教育出版社,2010年,第3827—3828页。
④《东莱吕太史文集》卷七《书袁机仲国录通鉴纪事本末后》,《吕祖谦全集》,浙江古籍出版社,2008年,第115页。

次将依时间次序、专记一事始末的书籍归入纪事本末体的范畴。① 从上引小序的自相矛盾看，撰写提要的馆臣对袁枢以下历代所称"纪事本末"的实际所指并不陌生，却似乎有意模糊这种体裁的编纂特性，对其定义加以曲解，范畴加以泛化，使原本不属此类的文献得以混迹其中。

那么，四库馆臣为什么要对纪事本末体的定义和范畴如此大动手脚呢？按照"备诸事之本末"与"具一事之本末"的区别，我们将最终收入纪事本末类的书籍分为两种，前者包括《通鉴纪事本末》《春秋左氏传事类始末》《蜀鉴》《炎徼纪闻》《宋史纪事本末》《元史纪事本末》《绥寇纪略》《滇考》《明史纪事本末》《绎史》《左传纪事本末》十一部，后者包括《三朝北盟会编》《平定三逆方略》《亲征平定朔漠方略》《平定金川方略》《平定准噶尔方略》《平定两金川方略》《临清纪略》《兰州纪略》《石峰堡纪略》《台湾纪略》《平台纪略》十一部，两类刚好各占一半，后者除《三朝北盟会编》为南宋徐梦莘所著、《平台纪略》为清朝蓝鼎元私撰外，其余皆为专记征伐战事、夸耀盛世武功的清朝官修方略、纪略。不消说，《总目》对于纪事本末体的曲解与泛化，当与收录此等官修史书存在莫大关联，这一点可以在《四库全书》纪事本末类的衍生过程中得到更为充分的验证和说明。

二、《四库全书》纪事本末类的设立过程

核诸《四库全书》纂修各阶段的资料可知，纪事本末类的设置并不是全

---

①刘咸炘《续校雠通义》曾对《总目》纪事本末类有所批评："此体之成本起袁枢，其他杂史之中固多以事名篇，要不得为纪事本末，而提要乃广收一书具一事之本末者，谓为不标纪事本末之名而实为纪事本末，则谬矣。一书具一事之本末，若成史体，正《隋志》所谓杂史，不成史体则传记耳。纪事本末者，揉散编年、纪传之书而以类分编，中有互见之妙，故为《尚书》之遗。若偶记一事而具始末，杂史、传记谁不然邪？提要但别篇帙无多者为传记，已失辨体之义，而概以此书多不传，传者又误入杂史，若其存也，依时代而编，将列袁枢之前，则纪事本末一体究何托始乎？"（《刘咸炘学术论集·校雠学编》，广西师范大学出版社，2010 年，第 62 页）是说辨"具一事之本末"难称史体，可谓切中要害，然其基本停留在是非褒贬的传统史评范畴，对《总目》如此设置的实际因由则全无措意。本文初稿完成后，蒙张赟冰博士惠示此则珍贵资料，谨申谢忱。

书编纂前期就有的计划。基本反映乾隆三十九年(1774)以前《总目》初期形态的《四库全书初次进呈存目》尚无纪事本末类,被收入今本此类的诸家著述散见于别史、编年之中,如《宋史纪事本末》《左传纪事本末》入别史,《三朝北盟会编》入编年。① 乾隆四十三年成书的《四库全书荟要总目》别史类连续收录《通鉴纪事本末》《宋史纪事本末》《元史纪事本末》《明史纪事本末》四种,其后有"以上纪事本末"一语作为总括。② 通览《荟要总目》,类似总括之语尚见于经、史、子三部十余处,经部尤多,如"以上统论全经""以上专论易图""右专论地理""右衍义""以上名物""以上字学"等,史部内除上引一条外尚有《贞观政要》后"右专论一朝政事"、《通志》后"右通史"两则,皆属馆臣在大的分类框架下从内容、写法等方面进行的若干局部归纳,远未覆盖全部书籍,亦不具备独立的分类性质。《荟要总目》别史类末有结语曰:"古者列国各有史,而后世纪言纪事者,或依纪传之体,分国以述事;或变编年之体,因事以类言,事可征信,言多殷鉴,故其体不当与稗史等。"③其中"变编年之体,因事以类言"即是对纪事本末的说明,可见在当时的馆臣看来,纪事本末仍属编年体之变种,故应纳入别史而非单设一类。这样的认识也反映在《四库全书荟要》本《通鉴纪事本末》的提要之中,在谈及该书与旧有两种体裁的关系时称其"盖合纪传、编年二者而变通之",④即是在原本二体的框架下加以变通,而非自立门户。值得注意的是,这些关于纪事本末体的论说完全恪守袁枢之书的特质——"因事以类言",范围也严格限定在明确标识"纪事本末"的书籍之内,丝毫看不到混入"具一事之本末"之书的痕迹。

---

①《四库全书初次进呈存目》,台湾商务印书馆,2012 年,第 3 册,第 29、87、115 页。关于此书的成书年代,参见刘浦江《〈四库全书初次进呈存目〉再探——兼谈〈四库全书总目〉的早期编纂史》,《中华文史论丛》2014 年第 3 期。

②《钦定四库全书荟要总目》卷三,《景印摛藻堂四库全书荟要》,世界书局,1985 年,第 1 册,第 152 页上栏。

③《钦定四库全书荟要总目》卷三,《景印摛藻堂四库全书荟要》,第 1 册,第 152 页上栏。

④《钦定四库全书荟要提要·通鉴纪事本末》,《景印摛藻堂四库全书荟要》,第 1 册,第 447 页上栏。

上述情况一直到《总目》初稿完成、集中进呈之时仍未改更,台北"国家图书馆"所藏《总目》残稿即反映了这一时期的模样。该残稿其实是《总目》初稿修改过程中抽换下来的零叶汇集,底本的抄写时间在乾隆四十六年二月,其上修改则完成于乾隆四十七年七月《总目》再次进呈以前。①其中卷四七、四八为编年类,卷四九为别史类,无纪事本末类,后来收入《总目》定本纪事本末类的书籍见于此残稿者包括卷四九《宋史纪事本末》《元史纪事本末》《明史纪事本末》《绎史》四篇,提要天头皆有眉批作"抽去"云云。此外,同为《总目》初次进呈稿抽换叶的上图残稿中也保留了相关线索,后来改入纪事本末类《通鉴纪事本末》《春秋左氏传事类始末》《左传纪事本末》三书见于此稿之卷六五史钞类,各提要首尾皆有删除符号,系两次进呈间馆臣所标记;②其中《通鉴纪事本末》提要原文称该书"于二体之外别为一体,实前古之所未有也",充分肯定其在史体方面的开创性,却丝毫不见单列一类之倾向,足见此提要原稿撰写时馆臣对纪事本末的定义尚无变化。

种种迹象表明,纪事本末单独成类的工作是在乾隆四十六年《总目》初稿修改过程中展开的,而其成果则体现在四十七年七月第二次进呈的《总目》之中。根据学界最新的研究成果,天津图书馆所藏《总目》稿本与国家图书馆所藏者实为同一部稿本的不同部分,③其原稿很可能就是四十七年再次进呈的《总目》修订本。天图稿本正好保留了与此处所论问题相关的部分,其中卷四七、四八分卷及卷目与台图残稿同,卷四九则改为纪事本末类,卷五〇方为别史类;其中所收书的范围、规模已与定本相去不远,仅少《平定三

①苗润博:《台北"国家图书馆"藏〈四库全书总目〉残稿考略》,《文献》2016 年第 1 期,第 35—46 页。
　关于此类残稿为抽换过程中零叶汇集的性质考证,参见陈恒舒《上海图书馆藏〈四库全书总目〉残稿发覆——以清代别集为例》,《文献》2019 年第 4 期。
②《四库全书总目稿钞本丛刊》,上海科学技术文献出版社,2021 年,第 3 册,第 3—5、9—11、18—19 页。
③详见夏长朴《试论国家图书馆藏〈四库全书总目〉稿本残卷的编纂时间——兼论与天津图书馆藏〈总目〉稿本残卷的关系》,《中国四库学》2019 年第 1 期,第 56—79 页;杨新勋《中国国家图书馆藏〈钦定四库全书总目〉稿本解题》,《四库全书总目稿钞本丛刊》,第 1 册,第 31—62 页。

逆方略》(乾隆四十八年校上)、《石峰堡纪略》《台湾纪略》(二者皆乾隆五十四年校上)三部,著录之书末尾称"右纪事本末类十九部一千七十五卷皆文渊阁著录",①整行皆系贴纸挖改而非二次进呈本原文,卷首小序文字则较最终定本已无二致。② 此外,现存最早的《四库全书简明目录》版本为刊于乾隆四十九年的赵怀玉刻本,底本系四十七年七月与《总目》修改本一起进呈的《简明目录》,③此本卷五亦有纪事本末类,收书与天图稿本《总目》全同,惟《兰州纪略》有书名、提要而无卷数,④文末作"右纪事本末类十九部一千 十卷",⑤或更接近《总目》相应著录在四十七年再次进呈时的面貌。总之,四库馆臣对于纪事本末体的认识在四十六年《总目》初稿进呈后发生了急剧变化,最终结果以四十七年修订稿中新设纪事本末类的形式呈现出来,此后成书的《总目》《简目》皆因循不替。

有意思的是,今通行定本《总目》中还保留了上述类目变化的蛛丝马迹。《史部总叙》曰:"今总括群书,分十五类。首曰正史,大纲也。次曰编年,曰别史,曰杂史,曰诏令奏议,曰传记,曰史钞,曰载记,皆参考纪传者也。曰时令,曰地理,曰职官,曰政书,曰目录,皆参考诸志者也。曰史评,参考论赞者也。"⑥首称十五类,然其后仅胪列十四类,独缺纪事本末。检国家图书馆藏《总目》残稿内所存《史部总叙》,此段文辞已几乎全同于定本,⑦知乾隆四十六、七年修订《总目》之时,虽然在正文中增加纪事本末类,却未曾对《总叙》

---

①《纪晓岚删定〈四库全书总目〉稿本》,国家图书馆出版社,2011 年,第 3 册,第 558 页。

②《纪晓岚删定〈四库全书总目〉稿本》,第 505—506 页。

③关于赵怀玉刻本所据底本的考证,参见苗润博《〈日下旧闻考〉纂修考——兼谈新发现的四库稿本》,《中华文史论丛》2015 年第 4 期,第 251—252 页。

④细审天图稿本《总目》之《兰州纪略》提要所著卷数"二十一卷"(《纪晓岚删定〈四库全书总目〉稿本》第 3 册,第 543 页),字迹与上下文明显不同,当系后来所补而非底本原文。

⑤《钦定四库全书简明目录》卷五,北京大学图书馆藏赵怀玉刻本,叶 16b—20b。

⑥《四库全书总目》卷四五《史部总叙》,第 14 册,第 5 页。

⑦《四库全书总目稿钞本丛刊·国家图书馆卷》,第 3 册,第 183 页。

文字做相应调整,后续历次统稿之人亦未察觉,竟一直沿袭下来。①

三、纪事本末体范畴衍变之根由

以上考证表明,四库馆内部在很长一段时间里并未将纪事本末视作独立的史书体裁,更无专设一类的打算。与之相对应的是,这一阶段馆臣关于此类史书的认识与袁枢所创"备诸事之本末"的体例完全一致,直至乾隆四十六年二月《总目》初稿进呈后的修订过程中方才突然改弦更张,从概念界定到门类设置均一反常态。那么,究竟缘何有如此剧变? 考察其间的主要变量即当时清廷官修方略、纪略的情况将有助于回答这一问题。

《总目》初稿进呈后不久,乾隆四十六年二月十三日上谕曰:

> 据四库全书总裁奏进所办《总目提要》内,请于经、史、子、集各部,冠以圣义、圣谟等六门,恭载列圣钦定诸书及朕御制、御批各种。所拟殊属纷繁。从前开馆之初曾经降旨,以四库全书内惟集部应以本朝御制诗文集冠首,至经、史、子三部,仍照例编次,不必全以本朝官书为首。今若于每部内又特标圣义诸名目,虽为尊崇起见,未免又多增义例。朕意如列圣御纂诸经列于各本经诸家之前,《御批通鉴纲目》等书列于各家编年诸书之前,五朝圣训、朱批谕旨、方略等书列于诏令诸门之前,《御注道德经》列于各家所注《道德经》之前,其他以类仿照编次,俾尊崇

---

① 现在看来,乾隆四十七年七月再次进呈的《总目》应该是一个新旧掺杂的本子,即由四十六年二月进呈初稿中未经改动的部分与抽换重写的部分拼合而成。台图残稿保留了四十六年进呈《总目》卷四五"史部一"的抽换叶,其中并无总叙,国图藏稿的情况也说明这部分的底稿并非修订时所重写,而是沿用旧稿。质言之,总数"十五"与实际类目的参差在四十六年所进《史部总叙》中应该已经存在。《总叙》在枚举十四类之名后,又有"旧有谱牒一门,然自唐以后,谱学殆绝,玉牒既不颁于外,家乘亦不上于官,徒存虚目,故从删焉"一语,上述错讹或因初撰之人统计时误将"谱牒"亦算入类目所致。当初的无心之失恰与最终调整后的类目总数偶合,也许正是这一本该极为显眼的问题始终未被发现的缘由所在。

之义与编纂之体并行不悖。①

从中不难看出,乾隆四十六年二月进呈的《总目》初稿中提到,拟将"列圣钦定诸书"冠于四部之首,标以圣义、圣谟等六门,其中方略在史部,应属"圣谟"之列。清高宗认为此义例"殊属纷繁",提出将钦定书籍由馆臣所拟经、史、子、集各部之首改入各具体门类,冠历代著述之首,其中"五朝圣训、朱批谕旨、方略等书列于诏令诸门之前"。不过仅仅两天后,高宗就改变了主意,降旨曰:

> 昨据四库全书总裁奏进《总目》,请于经、史、子、集各部,冠以圣义、圣谟等六门。业经降旨,令将列朝御纂、御批、御制各书,分列各家著撰之前,不必特标名目,并令将卷首所录御题四库诸书诗文撤出,分列御制诗文各集之前,所以示大公也。朕一再思维,四库全书之辑,广搜博采,汇萃群书,用以昭垂久远,公之天下万世。如经部易类,以《子夏易传》冠首,实为说易家最古之书,允宜弁冕羲经。若以钦定诸书列于各代之前,虽为纂修诸臣尊崇本朝起见,而于编排体例究属未协。况经、史、子、集各部内,尚有前代帝王论著,以本朝钦定各书冠之,亦有未合。在编辑诸臣,自不敢轻议及此,朕则笔削权衡,务求精当,使纲举目张,体裁醇备,足为万世法程。即后之好为论辨者,亦无从置议,方为尽善。所有四库全书经、史、子、集各部,俱着各按撰述人代先后,依次编纂。至我朝钦定各书,仍各按门目,分冠本朝著录诸家之上,则体例精严,而名义亦秩然不紊,称朕折衷详慎之至意。②

其中称前日"将列朝御纂、御批、御制各书,分列各家著撰之前,不必特标名目"的意见,"于编排体例究属未协",当将钦定之书各按门目,由历代之首改置于本朝著述之首。十六日,大学士三宝等上奏,称高宗此谕"权衡精当,至

---

① 张书才主编:《纂修四库全书档案》,上海古籍出版社,1997年,第1289页。
② 张书才主编:《纂修四库全书档案》引乾隆四十六年二月十五日军机处上谕档,第1290—1291页。

公至平,洵足昭垂久远,为万世法程"。① 观此过程可知,如何措置包括方略在内的钦定书籍,在《总目》初稿进呈前后确实是一个颇费思量的问题,高宗最终定下的总体方案是各归其类,冠本朝著述之首。具体到方略之书,究竟该入何类,还要由实际执事的四库馆臣审慎斟酌。与此同时,他们不得不面对的另一个现实是《总目》修订过程中方略、纪略的激增(见表1),致使其归属问题显得尤为醒目而棘手。

表1 《四库全书》纪事本末类所收官修方略、纪略情况一览

书名	撰写时间	文渊阁本校上时间
平定三逆方略	康熙二十一年(始撰)	乾隆四十八年三月
亲征平定朔漠方略	康熙四十七年(成书)	乾隆四十三年七月
平定金川方略	乾隆十三年(始撰)	乾隆 十 年 月②
平定准噶尔方略	乾隆三十七年(始撰)	乾隆四十六年十二月
平定两金川方略	乾隆四十六年(始撰)	乾隆五十四年正月
临清纪略	乾隆四十二年(始撰)	乾隆四十六年十月
兰州纪略	乾隆四十六年(始撰)	乾隆五十四年正月
石峰堡纪略	乾隆四十九年(始撰)	乾隆五十四年二月
台湾纪略	乾隆五十三年(始撰)	乾隆五十四年四月

表文较为直观地反映出乾隆四十六年前后《四库全书》所收方略情况的明显变化。截至是年二月《总目》初稿进呈之时,可以确定抄入全书的方略仅有《亲征平定朔漠方略》《平定金川方略》两部。而在《总目》初稿修订过程中(截至四十七年七月)成书的包括《临清纪略》《平定准噶尔方略》两部,奉敕开始修撰者包括《平定两金川方略》《兰州纪略》两部,四十八年三月校

———————————

① 张书才主编:《纂修四库全书档案》引乾隆四十六年二月十六日军机处上谕档,第1291—1292页。
② 此处原书留空,揆其成书时间,抄入文渊阁当在乾隆四十六年二月以前。《总目》称此书于乾隆十三年"撰奏进",似谓是年已成书,然据《清高宗实录》,十四年二月方下诏纂修《平定金川方略》,四月拟定条理、委任总裁;又是书有乾隆十七年武英殿刻本,纂成当在此前不久。《总目》所记殊不可据。

上的《平定三逆方略》彼时当已在缮写阶段,①其他筹划纂修者亦应不乏其例。换句话说,《总目》修订之时正当"方略"批量出现之际(至少有五部在这一时期写入或计划写入《四库全书》,总计四百二十卷之多),如何将此新兴体裁放入传统的目录学分类体系,成为馆臣所面临的现实难题,而对"纪事本末"加以曲解、泛化,正是他们想到的因应变通之策。具体考虑与操作流程或许包括以下环节:

其一,前引高宗谕旨所谓将方略等书"列于诏令诸门"的意见,并非深思熟虑的结果,在现实操作中难以实现。方略、纪略的核心内容是对清廷历次征伐的分别记录,事件的始末原委构成了此类书籍的主体脉络,而相关的诏令奏疏只是附着在主线之上的辅助资料,与传统诏令门所收书籍实难相容。

其二,从记载风格来看,方略与杂史最近,然而将此官修、钦定之书通通坿诸杂史,殊为不伦;就大体线索而言,方略属编年系事,但真正的编年体书多为通记历代或一朝的各类史事,相较之下,方略专记一事的特点尤显扞格。此时馆臣自然而然地注意到字面意思与方略"记事"特点颇有叠合的"纪事本末",略加改造,正可用作装纳新酒之旧瓶、嫁接花木之良枝。

其三,对纪事本末体的核心特点分纪诸事作模糊化处理,而刻意强调其字面意思,即记载事件的本末原委,以便将关于某一特定事件的历时性记录强行划归其中;将前代早已出现的"具一事之本末"的大量史书斥为"偶然记载,篇帙无多,则仍隶诸杂史、传记"(前引《总目》纪事本末类小序末段),而着重收录清朝官修方略、纪略,突显其特殊性和独尊性,如此采摭标准显与学术本身的逻辑无关。

其四,为方略这类"具一事之本末"的书籍找到一个可供追溯的渊源——围绕宋朝与北方和战这一主题展开的《三朝北盟会编》。按《三朝北

---

① 文渊阁本《平定三逆方略》书前提要称其成书后"未奉刊布,仅有写本尊藏大内,今蒙皇上宣示,特命缮录,编入史库"(台湾商务印书馆影印《文渊阁四库全书》,1986年,第354册,第2页下栏),是书凡六十卷,抄录须耗费相当时日,由校上时间逆推,高宗宣示、开始缮写之时间当在《总目》修订截止以前。

盟会编》乃是依照时间次序排比、杂糅各类原始资料,多数明著出处,所记事件丰富庞杂,线索多元,与所谓"具一事之本末"相去玄远。是书就大体而言可归于编年之属,①与纪事本末体了不相侔,在《四库全书》出现以前的历代著录亦从未有将其划入此类者。或许是因其所记为宋代边政,与方略之旨颇有契合,而书名又足以混淆视听,隐约给人以专记一事之感,馆臣特撷此煌煌巨著为清修诸书之远源,诚可谓煞费苦心。不幸的是,这样一番胡乱攀附藉助《总目》的辐射力对后世产生了巨大的误导,时至今日,仍多有目录学著作乃至史学研究者将《三朝北盟会编》划入纪事本末,却浑然不知如此荒唐分类最初不过是源于馆臣为安置官修方略而冒认的一个"先祖"罢了。②

以上曲折原委,在清朝官修《皇朝通志・艺文略》纪事本末类的相关文字中留下了至为明显却久遭忽视的痕迹。《皇朝通志》系《四库全书》主体部分完成之后由三通馆主修的一部官方政书,成书于乾隆五十一年,③后补写入《四库全书》。其中《艺文略》备录清前中期重要文献,纪事本末类即依次著录《平定三逆方略》《平定准噶尔方略》《平定两金川方略》《临清纪略》《兰州纪略》《石峰堡纪略》《绥寇纪略》《明史纪事本末》《滇考》《左传纪事本末》《平台纪略》十一种,末云"以上见文渊阁著录",较之今本《总目》纪事本末类所著录的清人著述仅缺《亲征平定朔漠方略》《平定金川方略》《台湾纪

---

① 楼钥所撰《徐梦莘墓志》称其"收罗野史及他文书至二百余家,为编年之体,会粹成书",见《楼钥集》卷一一五《直秘阁徐公墓志铭》,顾大朋点校,浙江古籍出版社,2010年,第1984页。如前所述,《四库全书初次进呈存目》尚且将徐氏此书归入编年一类,足见《总目》编纂初期馆臣的通行认识亦去古未远。

② 事实上,《四库全书》纪事本末类著录之书除"具一事之本末"的十一部外,余下另一半内亦不乏未尽符合者。如《炎徼纪闻》虽分篇次,然每篇标题或系人名或系地名,颇类传记资料之汇编;又如《绎史》每篇标题下直接征引材料,并注明出处,卷末加以评断,亦非着眼于事件之本末;再如《绥寇纪略》,虽基本按事分篇,但仍可以看出明显的人物传记痕迹。前揭刘咸炘《续校雠通义》(第62—63页)亦曾有所证验。总体而言,除了明确以"纪事本末"为题或自称祖法此体者外,其他所谓"备诸事之本末"之书多非完全以事件为中心、因事名篇,馆臣之所以勉强收入,或许是为了避免此新设门类过于单薄而不得不充凑篇幅。

③ 张书才主编:《纂修四库全书档案》引乾隆五十一年十一月初九日军机处录副奏折,第1956页。

略》《绎史》四种,基本保持了《总目》的规模和架构。① 其开首有小序云:

> 臣等谨案我朝圣圣相承,功烈显铄,方略诸篇,皆奉敕撰纪,以著其事之始末,威德远扬,洵书契以来所未有。谨依钦定四库全书之例,增列纪事本末一门,以补郑志之所不及。又如谷应泰《明史纪事本末》之类,盖仿宋袁枢《通鉴纪事本末》而作,实于正史、编年之外别为一体,亦应采入,其他体例相同者并从附见云。②

此序文明白无误地点出,该书增列纪事本末一门的主要动因在于出现了"书契以来所未有"的"方略诸篇",这样的措置正是"依钦定四库全书之例"而来。在此叙述脉络中,"奉敕撰纪""著其事之始末"的方略、纪略摇身一变而成为纪事本末类的主体,至于明确遵循袁枢义例者反倒成了附带采入的配角。可以说,四库馆臣在乾隆四十六、七年修订《总目》初稿过程中的心曲,被数年后成书的《皇朝通志·艺文略》一语道出。由于不必顾念前代著述中纪事本末体书的牵绊,这样的表达和宣示显得愈发直白而坦率,也提醒我们不得不正视一个稍显冷峻的事实:学术史上诸多看似积累日久、自然而然的变革,很多时候只是人在具体的历史情境中,面临现实问题时所作的因应变通,而这些问题的根由往往离学术很远,离政治更近。

(原载《清史研究》2022 年第 4 期)

---

① 除《皇朝通志》外,另有两部乾隆年间官修政书《钦定续通志·艺文略》《皇朝文献通考·经籍考》收录文献亦与《四库全书》纪事本末类有所重合,然而不同的是,二者皆未设纪事本末类。《钦定续通志》以《宋史纪事本末》《元史纪事本末》入别史,《通鉴纪事本末》《春秋左氏传事类始末》入史抄;《皇朝文献通考》则以《平定三逆方略》《亲征平定朔漠方略》《平定金川方略》《平定准噶尔方略》《临清纪略》《平定两金川方略》《兰州纪略》入编年,以《绥寇纪略》《明史纪事本末》《滇考》《绎史》《左传纪事本末》入杂史。此二书最终写定进呈虽已在乾隆四十七年《总目》修订完成之后,然其开始纂修则远在四库开馆之前,总体分类格局早已确定,后期收尾工作当集中于增补条目,而未遑重新间架结构。

② 《皇朝通志》卷九九《艺文略三》,台湾商务印书馆影印《文渊阁四库全书》本,1986 年,第 645 册,第 380 页下栏。

《日下旧闻考》纂修考

——兼谈新发现的四库稿本

　　乾隆后期,清高宗曾敕令四库馆臣对朱彝尊《日下旧闻》详加考证和增补,纂成《日下旧闻考》一书。如所周知,此书对于北京史及历史地理学研究具有无可替代的史料价值,其中有关前代都城地理的考证对辽金元史研究也有着重要的学术史意义。《四库全书总目》对此书评价甚高,称"千古舆图,当以此本为准绳矣"。① 然而,与其学术价值不相称的是,长期以来,学界对这部文献本身尤其是其纂修过程的研究却显得相当薄弱,就连卷数、刊刻时间之类的基本问题都存在许多待发之覆;②更值得注意的是,此书还有一部罕为人知的纂修稿本保存至今,不仅有助于我们深入了解其纂修过程,同时对于研究以《日下旧闻考》为代表的四库馆官修史书的编纂问题亦具有重

---

① 《四库全书总目》卷六八史部地理类一,中华书局影印浙江书局本,2010年,上册,第603页下栏。
② 就管见所及,有关此书的研究成果主要包括标点本《日下旧闻考》"出版说明",北京古籍出版社,1981年,第1—10页;修世平:《〈日下旧闻考〉的几个问题》,《山东师范大学学报》1988年第4期;吴元真:《〈日下旧闻考〉一书的编刻时间及其历史价值》,《文献》1992年第3期;辛欣:《〈日下旧闻考〉版本辨误》,《图书馆研究与工作》1998年第3期;张旋:《〈日下旧闻考〉研究》,首都师范大学硕士学位论文,2009年。

要价值。鉴于以上二端，不揣谫陋，草成此文，以求正于海内同好。

一、有关早期纂修工作的若干问题

谈到《日下旧闻考》的纂修过程，首先需要讨论的是其纂修缘起以及有关前期准备工作的若干问题。关于此书的始撰时间，诸本《四库全书总目》（以下简称《总目》）、《四库全书简明目录》（以下简称《简目》）及各阁本书前提要皆称"乾隆三十九年（1774）奉敕撰"，乔治忠先生已根据《清实录》等材料指出此三十九年当为三十八年之误，[①]所论甚确。其实，有关此书的纂修缘起，档案材料中保存有更为原始的记载，乾隆三十八年六月十六日上谕云：

> 本朝朱彝尊《日下旧闻》一书，博采史乘，旁及稗官杂说荟萃而成，视《帝京景物略》《燕都游览志》诸编较为该备，数典者多资之。第其书详于考古而略于核寔，每有所稽，率难征据，非所以示传信也。朕久欲详加考证，别为定本。方今汇辑《四库全书》，典籍大备，订讹衷是之作，正当其时。京畿为顺天府所隶，而九门内外并辖于步军统领衙门，按籍访咨，无难得寔。着福隆安、英廉、蒋赐棨、刘纯炜选派所属人员，将朱彝尊原书所载各条逐一确核。凡方隅不符、记载失寔及承袭讹舛、遗漏未登者，悉行分类胪载，编为《日下旧闻考》，并着于敏中总其成。每辑一门，以次进呈，候朕亲加鉴定。使天下万世知皇都闳丽，信而有征，用以广见闻而供研炼。书成并即录入《四库全书》，以垂永久。其如何厘定章程，发凡起例之处，着于敏中等悉心酌议以闻。[②]

从这道上谕可以看出，纂修《日下旧闻考》实乃清高宗之夙愿。《四库全书》于乾隆三十八年二月正式开馆，是年六月高宗即提出乘"典籍大备"之机纂

---

①乔治忠：《清朝官方史学研究》，文津出版社，1994年，第308页。

②中国第一历史档案馆编：《乾隆朝上谕档》，档案出版社影印本，1991年，7册，第399页上一下。

修《日下旧闻考》,足见其迫切之情。在这样的背景下,此书的纂修自然受到格外重视,主要表现在以下三个方面。其一,编纂伊始即任命总裁。四库馆官修诸书全面设立总裁是在乾隆四十二年四月以后的事情,据是年三月末舒赫德有关此事的奏折可知,当时四库馆"承办未竣书籍共十六种",其中仅《清通典》、《清通志》及《日下旧闻考》设有总裁,其余诸书均纂修多年而未设总裁。① 其二,实行逐门进呈制度。《日下旧闻考》在编纂伊始即要求每成一门即进呈御览,亲加裁定,而四库馆官修各书确立轮卯逐次进呈的制度则已晚至乾隆四十二年四月。② 其三,动用官府力量为该书纂修创造条件。清高宗认为朱彝尊原书的最大问题在于"详于考古而略于核寔",故下令各级衙门"按籍访咨","逐一确核",进行实地勘察。从以上三点足以看出此书在官修诸书中所受到的重视程度确实非同一般。

关于《日下旧闻考》的体例问题,前人研究未曾涉及,根据新近发现的一篇馆臣初拟《凡例》,可以对此书纂修过程中前后体例的异同有所了解。前引上谕明确提出此书基本形式应该是对《日下旧闻》"详加考证,别为定本",而具体凡例则指定总裁于敏中等负责草拟。故于氏在次日即致函四库馆总纂官陆锡熊曰:"此书凡例,茫无头绪,足下可为我酌定款式(除星野、沿革)一两样,略具大概寄示。"③数日后,于氏再次致函陆氏谈及此事:《日下旧闻考》款式极难,愚意欲尽存其旧而附考于后,其式当何如,可酌拟一两样,便当商择妥当,以便发凡起例耳。"④话虽说得很委婉,但不难看出,于氏本意是让陆锡熊代其草拟凡例,所谓"尽存其旧而附考于后",显然是于氏按照高宗上谕所作的初步设想。事情很快便有了结果,于氏是年六月末致陆氏函中

---

① 《乾隆朝上谕档》,8 册,第 605 下—606 下页。
② 乾隆四十三年三月初一日军机处上谕档(《乾隆朝上谕档》,8 册,第 943 页下)云:"自上年四月内,遵旨将各书俱立有限期,同翻书房应进之书分为九卯,间日进呈一次,并将排定卯期知照稽查上谕处,以备查核。"
③ 《于文襄手札》第 9 函,乾隆三十八年六月十七日,国立北平图书馆影印本,1933 年。
④ 《于文襄手札》第 13 函,乾隆三十八年六月二十一日。

说道:"来书具悉,所定凡例大致极佳,感佩之至,俟细阅,下报再覆。"①由此可知,陆锡熊已将凡例拟定,且深得于氏赞赏。那么,陆氏所草拟的这份凡例究竟是何面貌?后来的实际编纂工作是否即照此进行?

南京图书馆所藏陆锡熊《宝奎堂余集》中有《谨拟〈日下旧闻考〉凡例》一篇。② 根据内容判断,应当就是陆氏代于敏中草拟的凡例。③ 此凡例(以下简称"初拟凡例")共十四条,近两千字,将之与该书正式进呈时所上凡例(以下简称"定本凡例")及实际成书情况加以比对,可以发现其中的部分内容在纂修过程中得到了落实,同时也有相当多的内容后来又做了若干调整和变通。这里仅就门类设置和体例格式两个方面略加分析。

其一,关于门类设置。朱彝尊原书分星土、世纪、形胜、宫室、城市、郊坰、京畿、侨治、边障、户版、风俗、物产、杂缀十三门。初拟凡例第一条罗列原书门类后,称"似宜各仍其旧",后来成书的《日下旧闻考》确实保留了这十三门,但又增置了官署、苑囿二门。初拟凡例同条又云:"惟末有《石鼓考》三卷……似不应专列一门,或将诗文等类酌量删节,归入城市门国子监条下较为妥协。"后来成书时,《石鼓考》的确已并入国子监条下,但国子监条已由城市门移至新增之官署门。又初拟凡例第八条指出郊坰一门原载城外四厢山水古迹,"但现今西郊为銮舆驻跸之地","多有御制鸿文、题咏考证",不当与其他古迹相混杂,遂提出两种解决方案,其一为另立"苑囿"门,"将此各条之原载郊坰下者抽出,另加编次";其二为将皇家园林"逐一析出,另编于郊坰一门之首"。后来成书的《日下旧闻考》即采用了第一种方案。再者,初拟凡

①《于文襄手札》第 14 函。按该函无月日,胡适、徐庆丰皆据信中内容推定其写于乾隆三十八年六月廿一日之后,七月朔日以前,今从其说(参见胡适:《跋〈于文襄手札〉影印本》,《胡适全集》,安徽教育出版社,2003 年,第 13 卷,第 534 页;徐庆丰:《〈于文襄手札〉考释——并论于敏中与〈四库全书〉纂修》,北京师范大学硕士论文,2005 年,第 8 页)。

②按此书不分卷。南京图书馆索书号:GJ/EB/117149 及 GJ/EB/115912。

③按此文亦见国家图书馆藏陆费墀《颐斋文稿》。据考证,此所谓《颐斋文稿》者实乃陆锡熊《宝奎堂余集》之稿本,国图著录之作者、书名皆误。详参拙文《国家图书馆藏"陆费墀〈颐斋文稿〉"考辨——兼论陆锡熊对〈四库全书〉的贡献》,《中国典籍与文化》2014 年第 3 期,第 115—120 页。

例第九条论及京畿门,条末称"至于遵化、玉田、丰润三属,今已别为遵化一州,不属顺天,与'日下'之名不符,似应删去,以合现行之制。"这一意见后来并未予以采纳,有关此三县的内容未被删去,而只是改为双行小注,附于京畿门卷末。另外,后来成书时城市门开首有"京城总纪"二卷、"皇城"四卷,且全书卷首有"改定译语",每卷卷末均有"举正",这些内容均不见于初拟凡例,应该是在纂修过程中逐步完善的。

其二,关于体例格式。《日下旧闻考》首列朱彝尊原文,次列四库馆臣考证及增补内容,对朱彝尊原有按语予以保留,而其子朱昆田所作《日下旧闻补遗》则按照门类散入各门之中。这一基本体例在初拟凡例中均已确定,分别见于第三条及第十三条。不过,关于具体的体例,初拟凡例与定本凡例还是存在许多差异。如初拟凡例第十一条称每则记载应"酌加标题,似较醒目",而定本并未采纳。又按初拟凡例第十一条、十二条的设想,朱彝尊原文、增补内容、馆臣按语及引用诗文等提空情况皆应有所区别,分别低一格至四格,格式非常复杂。馆臣大概觉得这一体例过于繁琐,故后来成书时并未采用上述方案,而是"凡原文并增载,及三抬、双抬、单抬写者,俱顶格;原按及新增按语俱低二格"。[1] 同时采用了更为简明的办法加以区分:"凡朱彝尊原引则加一'原'字于上,朱昆田补遗者则加一'补'字于上,其新行添入者则加一'增'字于上,逐条标识,以期一目了然。"[2]

总的来看,虽然初拟凡例与后来的实际成书情况存在一定差异,但可以肯定的是,此书编纂的整体原则在初拟凡例中已经基本确定,纂修过程中并未进行大的调整。这一点可从乾隆四十二年六月英廉《请旨仍令于敏中纂办〈日下旧闻考〉折》中得到印证:"窃臣奉旨同臣刘墉办理《日下旧闻考》,所有星土、中城等卷业经纂出……凡一应体例规制,均经于敏中向臣等悉心

①《日下旧闻考·凡例》,第6页。
②《日下旧闻考·凡例》,第7页。

商定,现在纂办各门,俱照初定章程,并无更易。"①这里提到的"初定章程"应该就是指陆锡熊的初拟凡例,可见该凡例在后来的纂修工作中基本得到了贯彻执行。

上文说到,高宗在乾隆三十八年六月十六日上谕中特别强调编纂此书之前须进行实地勘察,"将朱彝尊原书所载各条逐一确核",《日下旧闻》之所以改纂为《日下旧闻考》,其中一项最重要的内容就是实地"查考"。关于这项工作的具体实施情况,由于史料阙如,前人皆莫得其详。我们注意到,乾隆三十九年六月《户部为纂修〈日下旧闻〉处查明各衙门情况事致典籍厅移会》正是一件与此有关的档案:

> 纂修《日下旧闻》处案呈:所有各该衙门坐落方向、地名、房间、规模、层数,及各司厅于何年月日兴建、何年月日重行修造,及有无石刻碑碣古迹之处,并从前衙门名目与今异同,或今有昔无,今无昔有,或增或减,一一详细查明,造具清册,于十日内即行咨覆。并烦转行所属各馆,一体查办。本处立等办理,幸勿迟缓可也。②

由此可知,这项工作由纂修《日下旧闻》处发起,通过户部转达至各衙门,要求十日内即查明回复。七月初二日,汉票签的核查结果已反馈至典籍厅:"查本处房间坐落本衙门大堂东南,系东配所,计三间,头停盖黄琉璃瓦,为汉侍读、中书办公直宿之所,其兴建年月并无石刻碑碣可查。"③这是目前仅见的一份记载核查结果的档案,从中可以窥见当时各衙门对此事的高效执行。

类似的工作并不限于朝廷各衙门,有方志史料表明,京师周边的地方衙署也开展过相应的勘察。乾隆四十二年八月,平谷县令朱克作《续补〈平谷

①军机处上谕档,见中国第一历史档案馆编《纂修四库全书档案》,上海古籍出版社,1997年,上册,第627页。

②内阁移会,见《纂修四库全书档案》,上册,第218—219页。

③《汉票签为查覆本处房间情形致典籍厅移付》,见《纂修四库全书档案》,上册,第222页。

县志〉纪略》云:"近奉谕旨考证《日下旧闻》,核寔纂辑,使天下万世知皇都闳丽,信而有征。凡畿辅州县,星罗棋布,无不各因志乘,追寻往迹,遥溯前徽,以焕文治之光华。蕞尔平邑,旧志残缺,未经厘订……愚以中州乡荐,才识谫陋,承乏兹邑,于课耕课读、劝纺劝织之暇,集诸绅士,广为采择。"①由此可知,为纂修《日下旧闻考》,京畿州县衙署亦奉命厘订旧志,核查故迹,为馆臣的编纂工作提供素材。

二、《日下旧闻考》编刻及卷数诸问题

关于《日下旧闻考》的纂修情况,目前已有的研究成果不尽如人意,许多关键问题尚未得到解决,譬如成书时间及增修情况,以及此书的刊刻年代和著录卷数的歧异等,至今仍存在诸多疑问。本节拟对这些问题进行重新检讨。

(一)《日下旧闻考》的成书时间与增修情况

关于《日下旧闻考》的成书时间,文渊阁本、文津阁本卷首《进书表》文末载:"谨奉《日下旧闻考》一百六十卷,目录一卷,随表恭进以闻。"其后有"乾隆四十八年二月初五日奉旨:知道了。钦此"数语。此事又见四十八年二月五日《起居注》:"是日,大学士英廉等奏《日下旧闻考》奉命纂辑告竣,所有誊录、供事等均请议叙一疏。奉谕旨:'准其议叙。'"②据此可知此书正式进呈当在乾隆四十八年二月五日之前,而根据以下材料,可以进一步确定其成书时间应在四十七年年末。该书《进书表》之落款时间为"乾隆四十七年月 日",③此落款写于成书之前,当时尚未确定具体的完成时间,因限定于

---

① 见民国《平谷县志》卷首,民国二十三年铅印本,叶10A。
② 中国第一历史档案馆编:《乾隆帝起居注》,广西师范大学出版社,2002年,33册,第45页。
③ 此落款仅见于文渊阁本,除时间外尚开列英廉、和珅、梁国治及德保四位总裁之衔名。文津阁本及刻本俱无。

四十七年内成书,故写定年份而日期留空,但在成书后未及填写具体日期。在档案材料中也可以找到此书的预定完成期限,四库馆纂办各书自乾隆四十二年四月起均"酌定限期",①至四十七年六月二十六日"各馆现办各书酌定完竣日期清单"称《日下旧闻考》"计期于本年十二月完竣",②知此书预定完成期限为四十七年十二月,而至次年二月初三日军机大臣上奏称该书已"依限完竣"。③另据该书总裁官之一梁国治《丰山府君自定年谱》云:"(乾隆)四十有七年壬寅,六十岁……是年《音韵述微》、《日下旧闻考》告成,皆予奉敕监修。"④可见此书确实成书于乾隆四十七年年底,而于次年年初进呈。

《日下旧闻考》成书之后,陆续抄入诸阁《四库全书》。根据目前可以看到的三阁书前提要,文津阁本于乾隆四十九年三月抄成进呈,文渊、文溯阁本则均在乾隆四十九年十月,但这并不意味着纂修工作的结束。通过考察文渊、文津阁本与后来刻本内容之差异,结合相关背景材料,我们不难发现此书成书进呈之后曾有过为数不少的改写与增修。⑤

例一,文渊阁本卷四四《城市·内城中城二》"贤良祠"条下有一段馆臣按语:"贤良祠今又增入……大学士七人:尹继善、陈宏谋、刘纶、刘统勋、舒赫德、高晋、于敏中;内大臣议政大臣一人:哈世屯;尚书二人:米思翰、钱陈群;总督二人:吴达善、何煟。"⑥而文津阁本此段开首作"大学士六人",无于

---

① 《乾隆朝上谕档》,8 册,第 606 页上。

② 《乾隆朝上谕档》,11 册,第 231 页上。乾隆四十七年十月初五日"各馆纂办书籍清单"亦称此书"原限本年十二月内完竣"(《乾隆朝上谕档》,11 册,第 395 页上)。

③ 《乾隆朝上谕档》,11 册,第 569 页上,时间据该册卷首"增补纠正文件日期一览表";《纂修四库全书档案》(第 1707 页)亦载此清单,然系之于二月二日。

④ 梁国治:《丰山府君自定年谱》,《北京图书馆藏珍本年谱丛刊》影印清钞本,北京图书馆出版社,1999 年,104 册,第 560 页。

⑤ 修世平《〈日下旧闻考〉的几个问题》曾举例指出文渊阁本与刻本在内容上存在的某些差异,但未能对其原因做出解释。

⑥ 《钦定日下旧闻考》卷四四"贤良祠",《文渊阁四库全书》本,台湾商务印书馆影印,1986 年,497 册,第 626 页上。

敏中之名,且相关部分有明显重抄的痕迹。① 按乾隆五十一年二月八日上谕云:"于敏中着撤出贤良祠。"②这就是文津阁本加以改动的原因,此处修改应该是乾隆五十二年覆校时所为。而这段文字在后来的武英殿刻本中又是另一番模样,增祀之大学士除无于敏中外,又多出徐本、英廉二人,且增补将军伊勒图一人,总督四人:高斌、方观承、袁守侗、萨载。根据《清通典》及《清高宗实录》的相关记载可知,③刻本新增之七人先后于乾隆四十八年至五十一年间入祀贤良祠,皆在此书成书进呈之后,这部分内容当为成书之后刊刻之前所增补。

例二,卷六六"官署五"刻本比文渊阁本和文津阁本多出五条记载,计九百余字。而卷六七"官署六"刻本比文渊阁本多出十条,同时减少了十四条,其间出入计九千余字,经检核,刻本所增之十条中有九条见于文津阁本,所删之十四条文津阁本亦全无。上述刻本与文渊阁本存在差异的二十九条内容,均见于"国子监"下,且皆与辟雍太学制度相关,时间截至乾隆五十年,上述修改的缘由亦可在档案材料中寻得端倪。乾隆四十九年七月十六日《军机大臣为临雍一切制度仪注等补入〈会典〉等书事致武英殿四库馆交片》云:"现在奉旨建立辟雍,明岁仲春举行临雍大典,所有一切制度、仪注、乐舞、讲书,俱应详悉补入《会典》、《国子监志》、《日下旧闻考》等书,并续写入《四库全书》,以彰盛典。"④可见当时馆臣按照军机处的要求,将建立辟雍制度的有关内容增入《日下旧闻考》,同时酌情删减了部分前朝事迹,这在最后的刻本中得到了充分体现。但军机处"续写入四库全书"的要求则显然没有得到落实,文渊阁本的两卷相关内容均一仍其旧,文津阁本卷六六亦未作增补,而

①《钦定日下旧闻考》卷四四"贤良祠",《文津阁四库全书》本,北京,商务印书馆影印,2005 年,497 册,第 609 页下。

②《乾隆朝上谕档》,13 册,第 29 页下。

③《皇朝通典》卷五〇"贤良祠",《文渊阁四库全书》本,台北,商务印书馆影印,1986 年,642 册,第 694 页下;《高宗纯皇帝实录》卷一二五一乾隆五十一年三月甲子,《清实录》,北京,中华书局影印,1985 年,24 册,第 811 页上。

④军机处上谕档,见《纂修四库全书档案》,下册,第 1786—1787 页。

卷六七的改动则应是在乾隆五十二年覆校时对此卷进行了全部重抄的缘故。

以上所述成书之后对内容续加增删的情况,在全书中并不鲜见。除此之外,部分卷帙的行文次序亦进行过较大的调整。譬如,卷一三六"昌平州三"、卷一三七"昌平州四"两卷均记载明朝诸帝陵寝,其中卷一三六除卷首《世祖章皇帝谕工部敕》、《世祖章皇帝祭明诸陵文》两文外,文渊、文津阁本的其余内容在刻本中被择要移入卷一三七;而卷一三七《世祖章皇帝祭明崇祯帝文》等文字则见于刻本卷一三六,同时增补了乾隆五十年和五十二年两道整修明帝陵的上谕等内容。

总而言之,《日下旧闻考》自乾隆四十八年二月进呈后,馆臣曾屡次对其进行增删、调整,其增补内容之下限已晚至乾隆五十二年。类似问题在四库馆官修诸书中均有不同程度的体现,反映出其编纂过程的复杂性。

(二)《日下旧闻考》的刊刻时间问题

关于《日下旧闻考》的初刻时间,存世刻本并未保留相关信息,历来大致有两种说法。一种观点认为该书刻于乾隆四十三年。1933 年《故宫所藏殿版书目》及《故宫殿本书库现存书目》皆著录《日下旧闻考》一百六十卷,四十八册,刻于乾隆四十三年。① 从卷数和册数判断,此即通行的武英殿刻本,但乾隆四十三年距成书尚有四年,遑论刊刻,此说显误。另一种更为流行的观点,则以此书刊刻于乾隆五十二年前后。标点本"出版说明"称"《光绪顺天府志》记叙乾隆五十三年此书已刊行",又认为《日下旧闻考》记载下限在乾隆五十年,故而得出武英殿本当刻于乾隆五十年至五十二年的结论。② 此

①《故宫所藏殿版书目》卷二,故宫博物院图书馆刊,1933 年,叶 4B;陶湘编:《故宫殿本书库现存书目》"志乘",故宫博物院图书馆刊,1933 年,叶 4 B。相同说法还见于陶湘《清代殿版书目》(1936 年武进陶氏刻本,叶 22 B)及《"国立故宫博物院"善本旧籍总目》(台北"国立故宫博物院",1983 年,第 542 页),诸说当同出一源。
②《日下旧闻考》"出版说明",第 1、8 页。

后，修世平又发现该书收有乾隆五十二年三月的上谕，故将其刊刻时间精确到五十二年三月至十二月之间，后来的研究者皆踵其说。

其实，乾隆五十二年之说也是靠不住的。首先，遍检光绪《顺天府志》，并未发现所谓"乾隆五十三年此书已刊行"的记载，倒是在其《艺文志一》中找到了如下记载："《钦定日下旧闻考》，一百二十卷，存，乾隆 年刊本"。①此书实为一百六十卷，而此处却著录为一百二十卷（说详下文），且未著刊刻时间，以示阙疑。因而，将《日下旧闻考》刊刻下限定在乾隆五十三年的所谓依据并不存在。再者，根据书中记载下限在乾隆五十二年，即得出此书刻于是年的结论，也未免失之草率。

由此看来，《日下旧闻考》的刊刻年代仍是一个需要重新讨论的问题。乾隆五十六年十二月十九日《武英殿修书处官员为清结书籍银两事呈稿》提供了与此相关的线索：

> 查本处通行书籍处一项，结至五十四年十二月，呈明下存银九百八十二两一钱二分七厘三毫七丝二忽。旧存书二千二百九十九部，值银五千三百五十一两三钱七分一厘九丝九忽。新刷《日下旧闻考》等书三种，计五百部，值银一千三百五十两三钱二分五厘一毫。……以上卖书处并两库二共存银四千六百九十九两八钱二分二厘。除上年刷《旧五代史》并刻板片已销过银九百九十五两五钱七分一厘六毫一丝，下实存银三千七百四两二钱五分三毫九丝。内又刷《日下旧闻考》等书五百部，用过银一千三百五十两三钱二分五厘一毫，现存银二千三百五十二两九钱二分五厘二毫九丝。②

这件档案主要记载了乾隆五十四年十二月至五十六年十二月武英殿修书处的收支情况。其中两次提到《日下旧闻考》，分别称"新刷"、"内又刷"，通过对以上材料的仔细分析，我们可以判定此书初印时间当在乾隆五十六年。

---

①光绪《顺天府志》卷一二二，光绪十二年刻本，叶30A。光绪十五年重印本与此同。
②内务府呈稿，见《纂修四库全书档案》，下册，第2283—2285页。个别标点有改动。

文中所谓"卖书处并两库二共存银四千六百九十九两八钱二分二厘"系截至乾隆五十四年十二月武英殿修书处之存银,五十五年因刊刻《旧五代史》,年末结余三千七百四两二钱五分三毫九丝,而所谓"内又刷"云云显然是指五十六年年内之印书花销,故称"现存银二千三百五十二两九钱二分五厘二毫九丝"。而"内又刷《日下旧闻考》等书五百部"所耗银两与上文所称"新刷《日下旧闻考》等书三种"之总值相同,可知此二者皆指乾隆五十六年刊印此三书的费用。由此判断,《日下旧闻考》当于乾隆五十六年由武英殿刊刻完成。

以上判断亦可在当时馆臣的相关记载中得到证实。陆锡熊尝作《为王大臣谢赐〈日下旧闻考〉札子》,其中有云:"欣镌成于朵殿,快睹则读愿千回;荷颁赐于瑶墀,祗捧则珍思什袭。"[1]从这段文字看来,《日下旧闻考》甫一刻成,清高宗即将其颁赐群臣。关于此次赐书的具体时间,另一位馆臣曹文埴于乾隆五十六年十一月所作《赐钦定〈旧五代史〉、〈日下旧闻考〉并〈颜真卿书朱巨川告身〉墨刻谢折》一文,称"本年十一月十八日,臣赍折家人回至臣家,捧到恩赐《钦定旧五代史》一部、《钦定日下旧闻考》一部、《钦定颜真卿书朱巨川告身》一分",[2]可知《日下旧闻考》的颁赐是在乾隆五十六年十一月,这正可作为此书刻成于是年的佐证。

(三)《日下旧闻考》著录卷数之歧异

关于《日下旧闻考》,还有一个显而易见的疑问,但长期以来却一直为研究者所忽视,即该书著录卷数的歧异问题。现今所见诸本,包括文渊阁本、文津阁本及武英殿刻本均为一百六十卷,诸阁本书前提要及文渊、文津阁本《四库全书》卷首所收《简目》亦称此书凡一百六十卷,然而浙本、殿本《总

---

①陆锡熊:《宝奎堂集》卷四,《清代诗文集汇编》影印嘉庆十五年松江无求安居刻本,上海古籍出版社,2010年,383册,第116页上。

②曹文埴:《石鼓砚斋文钞》卷一〇,《清代诗文集汇编》影印嘉庆五年刻本,上海古籍出版社,2010年,387册,第89页下—90页上。

目》及赵怀玉刻本(下简称"赵刻本")、粤刻本《简目》却均著录为一百二十卷,清廷官修《清文献通考·经籍考》及《清通志·艺文略》亦称其为一百二十卷。① 对于这样一个明显的矛盾,先前的研究者多避而不谈,仅辛欣《〈日下旧闻考〉版本辨误》一文曾猜测此一百二十卷的记载乃缮写者笔误所致。但很难想象,如此多的官修目录竟会发生同样的"笔误"。其实这里涉及一个较为复杂的四库学问题,值得我们深入探究。

如上所述,此书传世诸本并无一百二十卷者,且卷首《进书表》已称其为一百六十卷,高宗在题《日下旧闻考》的一首御制诗中有注云:"复编增为十五门,成书一百六十卷。"②可见此书成书之时确为一百六十卷。那么,一百二十卷的说法究竟从何而来呢?

目前所见各种一百二十卷的记载,以赵刻本《简目》为最早,因此需要重点考察其著录之来源。此本系赵怀玉任四库馆分校时从馆中抄出的一个本子,其刊刻虽已晚至乾隆四十九年,但若将之与其他版本的《简目》加以对比,可以确定其底本的成书时间并据以考察其著录依据。

首先,乾隆四十七年以后开始纂修的官修诸书,均见于其他诸本《简目》著录,而赵刻本皆无。这类书籍包括《钦定诗经乐谱全书》、《钦定乐律正俗》、《钦定石峰堡纪略》、《钦定台湾纪略》、《钦定河源纪略》、《钦定古今储贰金鉴》、《钦定千叟宴诗》七种,均为乾隆四十七年至五十三年间奉敕纂修之书,其中时间最早者为四十七年七月奉敕纂修的《钦定河源纪略》。其次,部分乾隆四十五年或四十六年间开始纂修的官书,赵刻本仅著录书名而无卷数,而其他诸本则有著录卷数者。如乾隆四十五年奉敕纂修的《历代职官表》及四十六年奉敕纂修的《兰州纪略》,前者文渊阁本、文津阁本及粤刻本

①见《皇朝文献通考》卷二二三《经籍考》,台湾商务印书馆影印《文渊阁四库全书》本,1986 年,637 册,第 242 页上;《皇朝通志》卷一〇〇《艺文略》,台湾商务印书馆影印《文渊阁四库全书》本,1986 年,645 册,第 390 页上。

②按此诗见高宗《御制诗集四集》卷九五(台湾商务印书馆影印《文渊阁四库全书》本,1986 年,1308 册,第 824 页下),据其编次顺序可知当作于乾隆四十八年二月七日至十日间。

《简目》皆著录卷数,后者粤刻本著录卷数,而赵刻本则皆无。

《简目》最初进呈于乾隆四十七年七月,[1]根据上述情况判断,赵怀玉从四库馆中抄出刊刻的应该就是这个本子。此本系以四十六年二月进呈的《总目》为基础编纂而成,[2]故尚未著录四十七年七月开修的《河源纪略》,而始纂于四十五年的《历代职官表》和始纂于四十六年的《兰州纪略》则仅著录书名而无卷数。由此可知,有关《日下旧闻考》一百二十卷本的著录早在乾隆四十七年以前即已出现,而此书当时尚未纂成。

那么,为何在《日下旧闻考》尚未成书之时就已出现有关其卷数的著录?为何各本《总目》和《简目》所记该书卷数互有出入? 我们注意到,这种情况在四库官修书中具有一定普遍性,兹将类似书籍卷数著录异同情况表列如下。

表 1　部分四库馆官修史书卷数著录异同表

书名	著录卷数					实际卷数
	赵刻本简目	文渊阁本简目	文津阁本简目	粤刻本简目	浙本、殿本总目	
大清一统志	500	428	428	500	500	424+4[3]
热河志	80	120	120	80	80	120
续通典	144	150	150	144	144	150
日下旧闻考	120	160	160	120	120	160

从上表可以看出:其一,文渊阁本、文津阁本《简目》所著录之卷数均与实际情况相符;其二,《总目》及赵刻本、粤刻本《简目》完全一致,而与两阁本《简目》及实际卷数均存在较大出入。这种情况究竟说明了什么问题呢? 结

---

① 参见乾隆四十七年七月十九日《质郡王永瑢等奏〈四库全书简明目录〉等书告竣呈览请旨陈设刊行折》,《纂修四库全书档案》,下册,第 1602—1603 页。
② 参见乾隆四十六年二月十六日《谕内阁〈总目提要〉办竣总纂官纪昀陆锡熊等交部从优议叙》,《纂修四库全书档案》,下册,第 1292 页。
③ 此书正文四百二十四卷,并卷首四卷,共四百二十八卷。

合各书书前提要及相关材料可知,以上诸书的共同特点是纂修时间较长,而成书时间均在乾隆四十七年以后。如《大清一统志》始撰于乾隆二十九年,成于五十四年;《热河志》始撰于四十二年以前(具体时间不详),四十八年四月添辑完毕;《续通典》始撰于三十二年,进呈于四十八年;《日下旧闻考》始撰于三十八年,进呈于四十八年。如上所述,《总目》最初进呈于乾隆四十六年,成书于四十七年七月的《简目》即据此编成,而上述官修诸书均纂成于四十七年以后,在《总目》及《简目》进呈之时尚未成书,但其卷数均已见于赵刻本,说明《总目》、《简目》的最初进呈本应该已经著录了上述诸书的卷数。如此看来,这些卷数自然不会是它们的实际卷数,而可能是纂修过程中预定的卷数。

档案材料亦可佐证上述判断。据乾隆四十九年七月二十日《定限后未经办竣各书清单》称:《盛京通志》"原定一百卷……曾于上年四月内奏明添纂至一百三十卷……已进一百二十六卷,未进只有六卷";《大清一统志》"原定三百六十卷","外藩一门添纂六十余卷……已进三百六十八卷,未进尚有六十卷";[①]《历代职官表》"原定五十卷,今增纂至七十二卷";《蒙古王公表传》"原定二十八卷,今增纂至六十四卷"。[②] 类似的记载还见于乾隆五十年二月十七日的《定限后未经办竣各书清单》。[③] 这是当时官修史书在纂修过程中预定卷数的明确记载。

有关《日下旧闻考》一百二十卷的著录,正是乾隆四十七年以前的一个预定卷数。随着编纂工作的进行,这一预估卷数会根据实际情况随时加以调整,乾隆四十七年六月二十六日《各馆现办各书酌定完竣日期清单》中有云:"《日下旧闻考》,已进过一百六十六卷,未进约二十卷。"[④]此时距离最终

---

①按此处称《大清一统志》"原定三百六十卷",与赵刻本及《总目》所称"五百卷"不合,这是由于纂修过程中馆臣根据进度不断调整预定卷数而造成的。赵刻本《简目》等书所著录的应该是乾隆四十七年以前的预定卷数,至乾隆四十九年已调整为三百六十卷,最终成书则为四百二十八卷。

②《乾隆朝上谕档》,12 册,第 217 页上。

③《乾隆朝上谕档》,12 册,第 482 页下。

④《乾隆朝上谕档》,11 册,第 231 页上。

成书之日不足半年,而馆臣预估卷数为一百八十余卷,与后来实际成书时的一百六十卷尚有不小的差距,由此可以看出这个预估卷数的动态调整过程。由于乾隆四十六七年初次进呈的《总目》和《简目》均是按照当时的预估卷数一百二十卷加以著录的,且后来的《总目》和《简目》刻本皆未加以修正,故《清文献通考》、《清通志》等书亦据以转录。而文渊阁和文津阁本《简目》后来根据阁本的实际情况做了相应修订,这才出现了《日下旧闻考》著录卷数的差异。

三、国图所藏《日下旧闻考》纂修稿本的初步研究

以《日下旧闻考》为代表的四库馆官修诸书,其纂修过程多较为复杂,往往牵涉到四库学研究的诸多问题,然而仅凭档案、文集等传统史料很难真正了解官修诸书的具体编纂情况。幸运的是,国家图书馆保存了一部《日下旧闻考》的纂修稿本,为深入研究此书的编纂过程提供了可能。此稿本牵涉的问题十分庞杂,限于篇幅,本文暂就其门类及分卷情况与传世诸本加以比较,并对该稿本抄成及修改时间等问题作一初步探讨。

此稿本现存一百一十卷,[①]三十六册,每半叶九行行廿一字,白口红格,四周双边。首叶钤有"学部图书之印"满汉文合刻朱文方印,各册首末叶钤"京师图书馆收藏之印"朱文长方印。[②] 稿本首录清高宗御制《〈日下旧闻

---

①国家图书馆藏缩微胶卷,索书号:A02470。

②此稿本见于缪荃孙《清学部图书馆善本·舆地类》著录:"《钦定日下旧闻考》三十六册,稿本。"(《丛书集成续编》影印《古学汇刊》本,上海书店出版社,1994年,67册,第1176页上)知缪氏所见之卷帙已与今同。又夏曾佑等编《京师图书馆善本书目》亦著录此稿本,且称其为"归安姚氏书"(京师图书馆铅印本,1916年,2册,叶44B)。按"归安姚氏"当指清末藏书家姚觐元,氏著《咫进斋善本书目》卷二"舆地类"即著录《钦定日下旧闻考》稿本一部(北京大学图书馆藏钞本,叶13B)。可知此稿本由翰苑流出后,经姚觐元之手辗转入藏学部图书馆(后更名京师图书馆,即今国图之前身)。

考〉题词二首》，次为目录，①其后为正文。每卷首题"钦定日下旧闻考"或"钦定日下旧闻考卷□□"，而未标明具体卷次，部分书口标有页码。文内多涂乙痕迹（见书影一），天头多有批语、黏签（见书影二），内容均为修改意见。按照书写者身份的不同，可将这些批注文字大致分为三类。

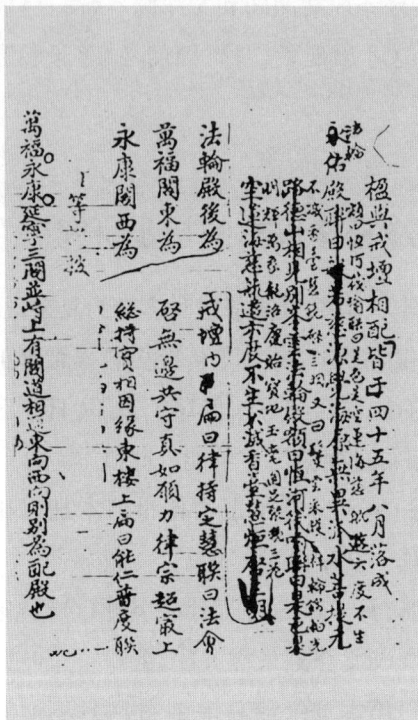

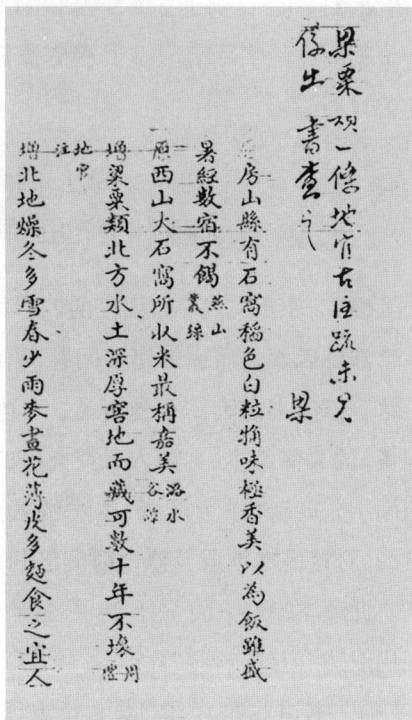

书影一：《日下旧闻考》稿本涂改痕迹　　书影二：《日下旧闻考》稿本粘签

　　其一，总裁官的修改意见。此类修改意见一般以署名的形式出现，且为数不多。如《国朝苑囿六·泉宗庙》"勺园径曰风烟里"条，"径"字原误作

---

① 按高宗题诗有"名因日下苟鸣鹤"一语，此句文渊、文津阁本及乾隆五十六年初刻本皆作"名因日下苟文若"，而后来的重印本则与稿本相同，可见此稿本卷首之题诗当为后人据重印本增入。又稿本今已残阙，所存卷次亦略显杂乱，如"国朝苑囿"一门割属两处（详见表2），而目录正与之相符，可知此目亦为后人所加。

"经"，上有黏签云："'经'字恐是'径'字。英。""英"即总裁官英廉，[1]此粘签为其亲笔。还有一些总裁意见则是被誊录上去的，如《国朝苑囿·清漪园一》记昆明湖一条，天头有一段工笔小楷云："曾面告陆编修言，昆明湖当时演习战船……宜增纂入。此系德大人札谕。"此处"陆编修"当指乾隆四十五年任《日下旧闻考》编修的陆伯焜，而"德大人"当指德保，时任总裁。据此段批注文字判断，德保曾当面向陆氏提及这一意见，后又专门以手札形式谕示馆臣，被具体纂办的馆臣抄录于此。

其二，总纂官的修改意见。此类文字在稿本中最为常见，涉及纂修工作的方方面面。有关乎具体纂修体例者，如《国朝苑囿·畅春园一》原有多处馆臣按语，后多被删去，其中一处有批语云："此段似可不叙。'臣等谨按'愈少愈佳，此卷未免太多，尤宜痛洗。"同卷内还有数则内容相似的批语。又有对书中用字加以规定说明者，《郊坰西九》卷首有批语云："卷内按语，'按'字俱从手旁写；凡'于'字作处字用者皆从于脚，惟'於穆'之'於'则从方旁耳。"亦有要求增添具体内容者，如《国朝宫室十三》引《御制倦勤斋诗》，天头有批语："'敬胜依前式'句下注'此斋依建福宫中敬胜斋为之'；'倦勤卜后居'句下注'将以八旬有五归政后居之'。"后有纂修官回复文字云："遵添。"可见此二句下原无注文，后应总纂官的要求而增加。

其三，纂修官的意见。作为此书初稿的撰写者，纂修官的批注文字在稿本中并不多见，通常是对总裁官及总纂官修改意见的回应。与总裁、总纂的批注不同，此类文字通常为小楷书写，字迹较为工整。如《边障四》朱彝尊原义引《读史方舆纪要》有"永和六年，慕容隽使慕容霸将兵二万自东道出徒河，慕舆干自西道出蠮螉塞"一条，天头总纂官批注云："'慕舆干'查是否'慕容'，即查明改，不必往返寄阅。"后有纂修官工笔回复曰："遵查《通鉴》此条内尚有'慕舆埿'、'慕舆根'、'慕舆句'，以'慕舆'亦系……"[2]这是纂

---

[1]《日下旧闻考》卷首《职衔表》详列修纂官员，其中任总裁者依次为于敏中、英廉、和珅、梁国治、德保、刘墉、钱汝诚。

[2]此批语后段因胶片拍摄不全而无法看到，揆诸文义或为"姓氏也"云云。

修官针对总纂官的疑问,对史料进行仔细核对后,将查阅结果直接标注在稿本上。又如《国朝苑囿·圆明园一》"大宫门"一条,正文"阁吏部礼部兵部都察院理藩院翰林院詹事府国子"一行为贴纸重写,原稿文字已不可见。天头有总纂官眉批云:"查是否。"纂修官回复称:"此条已照英中堂、德大人签查改,仍候定。"可见总裁官英廉、德保及总纂官均先后对此条原稿提出过质疑,纂修官这才进行了重新改写,并等候最终裁定。

通过以上论述,我们对《日下旧闻考》稿本的基本面貌有了一个初步的认识。在此基础上,再来讨论两个关键问题:其一,稿本的门类与分卷;其二,稿本的抄成及修改时间。

此稿本的门类与分卷情况,可以提供许多纂修过程中不为人知的细节。经查考,稿本现存内容大致对应后来定本物产、国朝苑囿、边障、京畿、郊坰、形胜、国朝宫室诸门,①以下列表对两者相关的内容、门类及卷目加以比较。

表2　《日下旧闻考》稿本与定本内容对照表

序号	稿本卷目	对应定本卷目及卷次
1	物产一、二	物产一(卷149)
2	物产三、四	物产二(卷150)
3	国朝苑囿静宜园一、二	国朝苑囿静宜园一、二(卷86、87)
4	边障一、二	边障一(卷152)
5	边障三、四、五	边障二、三(卷153、154)
6	京畿昌平州一、二、三	京畿昌平州一、二(卷134、135)
7	京畿昌平州四、五	京畿昌平州三、四(卷136、137)
8	京畿宝坻县	京畿宝坻县(卷113)
9	京畿顺义县	京畿顺义县(卷138)
10	京畿怀柔县	京畿怀柔县(卷139)

①本文所称"定本"系现存文渊阁本、文津阁本及武英殿刻本之统称。

续表

序号	稿本卷目	对应定本卷目及卷次
11	京畿密云县一	京畿密云县二（卷141）后半卷
12	京畿密云县二	京畿密云县一（卷140）后半卷及密云县二（卷141）前半卷①
13	京畿涿州一	京畿涿州一（卷127）
14	京畿涿州二至四	京畿涿州二、三（卷128、129）
15	京畿良乡县一	京畿良乡县（卷133）
16	京畿固安县	京畿固安县（卷124）
17	京畿永清三	京畿永清县（卷125）
18	京畿东安四	京畿东安县（卷126）
19	京畿香河五	京畿香河县（卷118）
20	京畿通州一至四	京畿通州一至三（卷108至110）
21	京畿三河县	京畿三河县（卷111）
22	国朝苑囿清漪园一、二	国朝苑囿清漪园（卷84）
23	国朝苑囿静明园一、二	国朝苑囿静明园（卷85）
24	国朝苑囿五西花园圣化寺	国朝苑囿西花园圣化寺（卷78）
25	国朝苑囿六泉宗庙	国朝苑囿泉宗庙（卷79）
26	国朝苑囿畅春园一、二	国朝苑囿畅春园（卷76）
27	国朝苑囿圆明园一至四	国朝苑囿圆明园一至三（卷80—82）
28	国朝苑囿长春园	国朝苑囿长春园（卷83）
29	形胜一至四	形胜一至四（卷5—8）
30	国朝苑囿南苑一、二	国朝苑囿南苑一（卷74）

①稿本《京畿密云县一》卷目之"一"原作"三"，后贴纸改为"一"。结合表中所示与定本相对应的内容可知，稿本《京畿密云县》应分为三卷，今《京畿密云县一》的内容原本位于《京畿密云县二》之后，卷目为"京畿密云县三"，而原本《京畿密云县一》在后来流传过程中佚失，盖后人欲以残充全，遂将《京畿密云县三》的内容提前，且改"三"为"一"。由此看来，稿本的卷目、卷次曾遭收藏者改动。

序号	稿本卷目	对应定本卷目及卷次
31	国朝苑囿南苑三、四	国朝苑囿南苑二(卷75)
32	郊坰东一、二、三	郊坰东一、二(卷88、89)
33	郊坰西一至七	郊坰西一至七(卷91—97)
34	郊坰西八、九	郊坰西八(卷98)
35	郊坰西十、十一	郊坰西九(卷99)
36	郊坰西十二至十四	郊坰西十至十二(卷100—102)
37	郊坰西十五、十六	郊坰西十三(卷103)
38	郊坰西十七、十八	郊坰西十四(卷104)
39	郊坰西十九	郊坰西十五(卷105)
40	郊坰西二十	郊坰西十六(卷106)
41	郊坰南一、二	郊坰南一(卷90)
42	郊坰北一、二	郊坰北一(卷107)
43	国朝宫室一至三	国朝宫室一至三(卷9—11)
44	国朝宫室四、五、六	国朝宫室四、五(卷12、13)
45	国朝宫室七、八、九	国朝宫室六、七(卷14、15)
46	国朝宫室十、十一、十二	国朝宫室八、九(卷16、17)
47	国朝宫室十三	国朝宫室十(卷18)
48	国朝宫室十四	国朝宫室十一(卷19)
49	国朝宫室十五至十八	国朝宫室十三至十五(卷21—23)
50	国朝宫室十九	国朝宫室十六(卷24)首尾部分
51	国朝宫室二十	国朝宫室十六(卷24)中间部分
52	国朝宫室二十一至二十三	国朝宫室十七、十八(卷25、26)
53	国朝宫室二十四至二六	国朝宫室十九、二十(卷27、28)
54	国朝宫室二十七	国朝宫室十二(卷20)

说明:此表以稿本为序,因稿本无卷次,为便于讨论,特用"序号"加以标识。

对上表进行分析，我们可以得到如下信息：

稿本大致对应定本十五门中的七门，即物产、国朝苑囿、边障、京畿、形胜、郊坰、国朝宫室，但内容有所残阙。其中京畿门缺如下内容：武清（卷112）、蓟州一二三四（卷114—117）、霸州一二（卷119—120）、保定（卷121）、文安（卷122）、大城（卷123）、房山一二三（卷130—132）、平谷（卷142）、遵化州（卷143）、玉田县丰润县（卷144）以及密云县一（卷140）的前半卷；物产门缺《物产三》一卷（卷151）；国朝苑囿门缺《乐善园》一卷（卷77），共缺十八卷半。稿本凡110卷，而定本上述七门共101卷，除去不见于稿本的19卷，可知此稿本之110卷大约相当于定本82卷的内容。如表2所示，稿本中有39卷与定本分卷完全相同，其余71卷则对应定本约43卷。一般来说，稿本各卷的篇幅大都小于定本，[1]因此稿本分卷较定本为多也就不奇怪了。

根据上述卷目对应情况，结合档案材料，我们了解到《日下旧闻考》纂修过程中分卷的变化过程。前引乾隆四十七年六月二十六日《各馆现办各书酌定完竣日期清单》云："《日下旧闻考》，已进过一百六十六卷，未进约二十卷，计期于本年十二月完竣。"[2]同年十月初《各馆纂办书籍清单》又称："《日下旧闻考》，原限本年十二月内完竣。自定限后进过五次，共计十一卷。"[3]可知乾隆四十六年六月末已经进呈166卷，至十月初又进呈11卷，总计为177卷，已多于定本之160卷。现据稿本的分卷情况可知，前后卷数的差异主要是由分卷大小不同造成的，也就是说，从四十七年十月至十二月成书之前，或最晚到四十八年二月初进呈之前，馆臣曾对《日下旧闻考》的分卷进行过大的调整，这才形成了一百六十卷的定本。

接下来需要讨论稿本的抄写及修改时间。关于抄写时间，此稿本不同

---

① 只有一个例外，即表中第27行：稿本《国朝苑囿·圆明园四》一卷的内容对应定本卷八一《国朝苑囿·圆明园二》的卷末部分以及卷八二《国朝苑囿·圆明园三》的全卷内容。

② 《乾隆朝上谕档》，11册，第231页上。

③ 《乾隆朝上谕档》，11册，第395页下。

部分间存在较大的差异,这种差异主要体现在记载下限、行款格式及译名改写等方面,表明稿本各部分并不是在同一时间抄写完成的。稿本抄写时间的不同,实际上反映了《日下旧闻考》各部分内容纂修时间的先后次序,而这应该是纂修过程中分门进呈的结果。上文所引乾隆三十八年敕令纂修的上谕云:"每辑一门,以次进呈,候朕亲加鉴定。"可见该书系以门为单位逐次进呈,因而对于稿本的抄写时间,也应以门为单位分别加以讨论。下面首先根据稿本内容的下限来确定其中几门的抄写时间。

国朝宫室门。定本此门收入八首乾隆四十四年御制诗,均见于稿本,其中创作时间最晚者为是年九月下旬所作《养心殿晚坐诗》,则该门当抄成于四十四年九月以后。而定本卷一一《国朝宫室三》有乾隆四十六年四月二十五日《御制传胪六韵》,①却不见于稿本相应部分,此后所作诗文均未收入稿本。由此判断,此门当抄成于乾隆四十四年九月至四十六年四月间。

国朝苑囿门。定本此门中有四首乾隆四十五年九月所作御制诗,皆见于稿本;而定本卷七四、七五《国朝苑囿·南苑一》中收有乾隆四十七年二月所作御制诗四首,皆不见于稿本相应部分。可知稿本国朝苑囿门抄成于乾隆四十五年九月至四十七年二月间。

京畿门。稿本《密云县二》有乾隆四十四年五月御制《龙泉寺瞻礼二十韵》,②可据此确定其此门抄写的时间上限。又稿本《怀柔县》卷内有乾隆四十六年御制《弹汗行》及四十七年御制《过怀柔县咏古》,按此二者为整部稿本中仅见的创作于乾隆四十六年以后的诗文,但却并非底本原文,而是后来另纸增入。据高宗《御制诗集》及《清高宗实录》可知,《弹汗行》作于四十六年闰五月,则此门大致抄成于乾隆四十四年五月至四十六年闰五月之间。

郊坰门。定本卷一〇二《郊坰·西十二》收录乾隆四十三年《御制过南

---

① 此诗见高宗《御制诗集四集》卷八一(1308 册,第 606 页上),创作时间据其编次顺序及《实录》相关记载推定。

② 此诗见高宗《御制诗集四集》卷六二(1308 册,第 341 页上),创作时间据其编次顺序及《实录》相关记载推定。

岭阅武礼宝相实胜诸迭癸巳旧作韵》,却不见于稿本相应部分《郊坰·西十四》。据高宗《御制诗集四集》卷四六及《实录》相关记载可知,此诗作于四十三年三月初,则稿本《郊坰·西十四》当成于此前,这可以粗略看作郊坰门的抄写下限,而其上限则不得而知。

物产门。此门中朱彝尊原文多引据明人谢肇淛所著《五杂组》,此书最晚在乾隆四十三年二月已被列为禁书,[①]稿本对此多予以保留,而在定本中则全无踪迹。可知此门当抄成于乾隆四十三年二月以前。

除上述五门外,还有边障、形胜二门,虽然不能根据其内容判断抄成时间,但若着眼于此二门的其他特征,还是可以大致窥知端倪。

关于边障门,可从体例上推断其编纂年代。定本《日下旧闻考》的基本体例是,朱彝尊原文标一"原"字,朱昆田补遗标一"补"字,馆臣所增者标一"增"字,此三者为正文,皆顶格写,而注文则皆低两格写,以"朱彝尊原按"、"朱昆田原按"、"臣等谨按"相区别。然而,稿本边障门却显得有些特别。首先,正文凡遇朱彝尊、朱昆田之文,开首顶格三字字体均与上下文不同,且字距较挤,仅占两字的空间,显系后来挖改,透过此三字还可依稀看到底本的原貌:原仅两字,并无"原"、"补"等字样。其次,凡朱彝尊、朱昆田按语,底本皆低四格书写,后来在相关文字上方均加有顶格符号。再者,此门所引朱昆田按语,底本皆作"昆田谨按",其中"昆田"为小字,后将此四字贴纸改为"朱昆田原按"。上文讨论凡例问题时已指出,陆锡熊初拟凡例与后来的定本凡例在行款格式的规定上差异很大,相比而言,稿本边障门的体例更接近初拟凡例,而与定本凡例相去甚远。这种情况在稿本现存七门中显得尤为特殊,知其当为纂修初期的产物,亦系稿本中最早抄成者。

至于形胜门,可以根据其中译名改译情况推断其编纂年代。我们注意到,成书较早的边障、郊坰门所涉及的大量少数民族人名、地名,绝大部分在底本中尚未遭到馆臣改译,而是后来加以涂改或挖改,且在其后空白处补写

---

① 《云贵总督李侍尧等奏查出已禁未禁各书一并解京折》附《已禁书籍清单》,见《纂修四库全书档案》,上册,第779页。

了改译按语,字距十分紧凑,笔迹亦与上下文明显不同,可见在纂修前期馆臣尚未对译名大加改译。而成书较晚者如国朝苑囿门的译名则绝大部分为抄写时所改,按语亦为当时所加。检形胜门之译名,亦多为抄写时所改,故知其抄成当在编纂后期。

　　相比抄成时间,稿本中有关修改时间的信息更不明确,只能依据总裁黏签及增补内容的下限大致加以推断。《郊坰·西十三》有一张署名为"钱"的总裁粘签,"钱"当即钱汝诚,此人于乾隆四十二年六月任《日下旧闻考》总裁,①至四十四年病故,则稿本此门至迟在四十四年以前即已开始修改。又《物产一》有署名粘签云:"梁粟类一条地官古注疏未见,系出何书,查之。梁。"(见书影二)"梁"当即四十四年十二月任总裁官之梁国治,②知此门的修改时间当在四十五年以后。又《国朝苑囿·静明园一》"西宫门其中水城关"一条,稿本改动明显,天头有粘签云:"德大人查改。"类似的与"德大人"相关的修改意见还见于此门《清漪园一》、《圆明园一》、《圆明园二》诸卷。按此"德大人"即德保,乾隆四十六年五月任总裁,知国朝苑囿门之修改已在四十六年五月以后。再者,如上文所述,稿本京畿门中有乾隆四十七年五月御制诗,为后来附纸增入,这也是稿本中有明确时间信息的最晚记载,知其修改时间在此之后。综上可见,稿本的修改工作也是陆续进行的,从乾隆四十四年以前即已开始,一直持续到四十七年五月以后。

　　《日下旧闻考》自乾隆三十八年六月即开始编纂,至四十八年二月方正式进呈,纂修过程前后长达十年之久。国家图书馆所藏的这部稿本,有助于我们深入研究此书各门的次第修成过程,也为研究四库馆官修史书的编纂问题提供了一个难得的范本。当然,本文只是一次初步的探索,稿本所涉及的丰富的四库学议题,还有待今后进一步的发掘。

(原载《中华文史论丛》2015 年第 4 期)

----

①参见乾隆四十二年六月二十八日上谕,《乾隆朝上谕档》,8 册,第 687 页上。
②参见乾隆四十四年十二月十日上谕,《乾隆朝上谕档》,9 册,第 897 页下。

国家图书馆藏"陆费墀
《颐斋文稿》"考辨

——兼论陆锡熊对《四库全书》的贡献

一、问题之缘起

国家图书馆善本部藏有一部清人文集稿本,不题书名及撰人名氏,而《北京图书馆古籍善本书目》则著录为:陆费墀《颐斋文稿》,抄本,不分卷,二册,八行十八字,红格白口,四周双边,典藏号为14880。① 相关目录学著作对此俱无疑议,皆据以转录。② 此书近年已两度影印出版,③逐渐受到学界关

---

①《北京图书馆古籍善本书目》,书目文献出版社,1989年,第2606页。

②参见《中国古籍善本书目·集部》,上海古籍出版社,1998年,第1209页;王绍曾《清史稿艺文志拾遗》,中华书局,2000年,第1785页;李灵年、杨忠《清人别集总目》,安徽教育出版社,2000年,第1220页;柯愈春《清人诗文集总目提要》,北京古籍出版社,2002年,第738页;司马朝军《〈四库全书总目〉编纂考》附《四库馆臣别集目录》,武汉大学出版社,2005年,第761页;《中国古籍总目·集部》,中华书局、上海古籍出版社,2012年,第1532页。

③收入《国家图书馆藏钞稿本乾嘉名人别集丛刊》,国家图书馆出版社,2010年,第12册;《清代诗文集汇编》,上海古籍出版社,2010年,第375册。

注,已有学者将其当作陆费墀著作加以引述。① 陆费墀为乾嘉名儒,曾在《四库全书》馆充任要职,而此人著述流传至今者绝少,倘此书确为陆费氏所作,那么对于研究其生平仕宦及相关之四库学问题,无疑具有重要的文献价值。然而,我在利用此书的过程中发现,该书目前著录之作者及书名均存在明显问题。

《颐斋文稿》中多处自称"陆锡熊"。如《〈桐阴集〉题辞》文末落款曰:"乙巳小春,沪城友人陆锡熊书。"②此作者自称显然与国图之著录存在严重抵牾。类似的情况还出现在文稿的另外两处,分别为《谢授翰林院侍读恩札子》和《宫保大学士嘉勇福公平台述绩颂并序》,前文自称"臣锡熊",后文亦自称"锡熊"。③ 这些情况究竟说明了什么问题呢? 看来此书的作者还值得重新考究,这就是本文的缘起。

二、"陆费墀《颐斋文稿》"的底细

《颐斋文稿》收文凡八十一篇,经逐篇检核,其中有二十五篇见于陆锡熊《宝奎堂集》,④上文所引《谢授翰林院侍读恩札子》、《宫保大学士嘉勇福公平台述绩颂并序》二文即在其中。而除此二十五篇外,其余篇什所涉及之作者生平、交游亦与陆锡熊相吻合,而与陆费墀无涉。如其中十一篇均有题注云"某某岁作",所注年龄在十三至十六岁之间,后被统一改为"石埭少作",而"石埭少作"的说法亦屡见于陆锡熊《宝奎堂集》中。按王昶所作陆锡熊墓

---

① 张升《四库全书馆研究》,北京师范大学出版社,2012 年,第 74 页。该书引用《颐斋文稿》中《初拟校阅〈永乐大典〉条例》一文,并简要介绍陆费墀之生平,称是文当为陆费墀替四库总裁官所拟订。

② 《国家图书馆藏钞稿本乾嘉名人别集丛刊》,第 12 册,第 247 页。

③ 《国家图书馆藏钞稿本乾嘉名人别集丛刊》,第 12 册,第 151、275 页。

④ 陆锡熊《宝奎堂集》,《清代诗文集汇编》影印嘉庆十五年松江无求安居刻本,上海古籍出版社,2010 年,第 383 册。

志铭称其祖陆瀛龄"以选拔贡生官安徽石埭县教谕",①据乾隆《池州府志》知陆瀛龄于乾隆八年至十九年间任石埭县教谕,②而陆锡熊生于雍正十二年,乾隆八年方满九岁,随祖父客居石埭,上述文字当即彼时所作。相较之下,考陆费墀之少年经历,则完全找不到与石埭相关之痕迹。再如集中有《公祭同年邱木亭先生》一文,邱木亭即邱日荣,号木亭,乾隆二十六年进士,③陆锡熊亦于是年登科,④故有"同年"之称,而陆费墀中进士则已晚至乾隆三十一年,⑤知此文绝非陆费氏所作。以上两例颇具代表性,如对集中篇目加以逐篇考证,还可以找到更多类似的文字。综合上述信息,我们可以得出初步判断:此书当为陆锡熊所作,而与陆费墀并无关涉。

那么,此书究竟是陆锡熊的什么著作? 又为何被今人著录为"陆费墀《颐斋文稿》"呢?

陆锡熊著述之存世者,除了通行的《宝奎堂集》之外,我还注意到南京图书馆所藏陆锡熊《宝奎堂余集》两种。其中一种著录为抄本,不分卷,有刘之泗、李详跋;⑥另一种著录为稿本,一卷。⑦ 经检核,此著录与两书的实际情况存在严重抵牾。首先,二者行款、字体完全一致,且在所谓"稿本"中全然找不到修改痕迹,二者并不存在上述著录所称"稿本"与"抄本"的区别。其次,此所谓两种《宝奎堂余集》在内容上全无重合之处,前者所有之篇目恰为后者所无,显然并非同一部书的不同版本。"抄本"卷首刘、李二跋对其所见《宝奎堂余集》之内容进行过介绍,其中涉及之篇目颇有不见于"抄本"而见

---

① 王昶《春融堂集》卷五五《都察院左副都御史陆君墓志铭》,《清代诗文集汇编》影印嘉庆十二年塾南书舍刻本,第 358 册,第 548 页。

② 乾隆《池州府志》卷三一"秩官年表·府教职",乾隆四十三年刊本,叶 32a。

③ 同治《玉山县志》卷七"选举·进士",同治十二年刊本,叶 10a。

④ 王昶《春融堂集》卷五五《都察院左副都御史陆君墓志铭》,第 547 页。

⑤ 朱保炯、谢沛霖《明清进士题名碑录索引》,上海古籍出版社,1979 年,第 2734 页。

⑥ 索书号:GJ/EB/117149。李详跋称此本原题《宝奎堂余集》,而不题作者,李氏根据其内容判定为陆锡熊所作。类似考证亦可参见李详《愧生丛录》,江苏古籍出版社,2000 年,第 56 页。

⑦ 索书号:GJ/EB/115912。

于"稿本"者,但若将两本合而观之,又恰好与跋语所述一一相合。再者,据"抄本"跋语可知,该本分为上下两册,然而今之"抄本"仅有一册,而所谓"稿本"亦只有一册。综合以上情况判断,此二者原本应系同一部《宝奎堂余集》的上下两册,即刘、李二人所见之抄本。既然如此,上述著录与实际情况的矛盾是如何产生的? 著录所称"稿本"《宝奎堂余集》究竟所指为何? 这些问题都与所谓《颐斋文稿》的来历有着千丝万缕的联系。

将所谓《颐斋文稿》与南图所藏《宝奎堂余集》相比勘,不难发现二者从内容到形式都高度相似。首先,从内容上看,《颐斋文稿》凡八十一篇,《宝奎堂余集》凡八十五篇,二者虽然篇目顺序有一定差异,但实际包含之篇目则出入很小。《颐斋文稿》仅比《宝奎堂余集》多《初拟校阅永乐大典条例》、《初拟办理四库全书条例》两篇,而后者较前者多出《凤楼遗稿序》等六篇,其余七十余篇则完全一致。其次,从形式上看,二者分册相同,且钤有相同的藏书印。如上所述,《宝奎堂余集》分为两册,而《颐斋文稿》亦为两册,且二者下册首篇均为《贺卜宪斯入泮兼送南闱乡试序》一文。又二者上下两册首叶均钤有"曾为徐紫珊所藏"七字朱文长印,按徐紫珊即徐渭仁,上海人,与陆锡熊同里,卒于咸丰三年(1853),此二书皆曾藏于徐氏。由此看来,所谓《颐斋文稿》与《宝奎堂余集》当为同一种文献,即前者当为后者的另一种版本,其中个别篇目的出入则可能是流传过程中各有阙佚所造成的。

更值得注意的是,《颐斋文稿》中有大量修改内容皆已被《宝奎堂余集》所吸收。这些修改内容主要包括以下三种形式:第一种是天头加批语。如《颐斋文稿》底本凡"颙"、"琰"二字皆不避讳,而天头皆有后人所作眉批,或作"御名应改",或仅称"御名",可知此稿底本当抄成于乾隆年间,而修改则已在嘉庆时。又如《圣驾五巡江浙诗序》有一处阙文,天头批语称"脱一字应补"。① 再如《为王大臣谢赐〈南巡盛典〉札子》多处批语称某字当"另行顶格"云云。② 第二种形式为添加黏签。如《乾隆三十三年浙江乡试策问三

①《国家图书馆藏钞稿本乾嘉名人别集丛刊》,第 12 册,第 116 页。
②《国家图书馆藏钞稿本乾嘉名人别集丛刊》,第 12 册,第 139、140 页。

首》、《乾隆三十五年广东乡试策问二首》及《乾隆三十七年会试策问一首》三文之篇题即为黏签所加。① 第三种形式是在正文中直接加以修改,此种形式最为常用。如《为安徽京员谢展赈》篇题之"京"字下原作"僚",后人将其划掉而改为"员"字;②《〈桐阴集〉题辞》原作《〈漫塘文集〉序》,今题亦为后来所改。③ 又如上文所论及,稿中有十一篇题注原本皆作"某某岁作",后来将其统一改为"石埭少作"。至于具体行文中的文字改动则更为普遍,兹不备举。

以上列举的《颐斋文稿》中的修改内容,绝大部分已为南图所藏《宝奎堂余集》所吸收,如避讳、篇题等内容,抄本都作了相应改动。④ 如此看来,南图所藏者当为《宝奎堂余集》之定本,而国图所藏者则应该是其修改稿本。

那么,《宝奎堂余集》究竟是何时编定的? 它与《宝奎堂集》又是什么关系呢? 这要从陆锡熊著作的整理过程说起。陆锡熊卒于乾隆五十七年,其子陆庆循等搜集整理其著作,于嘉庆十五年刻成《宝奎堂集》十二卷、《篁村诗集》十二卷。但有迹象表明,陆锡熊生前可能已对其著述进行过初步的筛选和编集。王昶嘉庆五年所作陆氏墓志铭,称其"所著《宝奎堂文集》、《篁墩诗集》,虽不尽传,可无憾焉"。⑤ 从文义来判断,陆氏生前应该已将其诗文分别编集、定名。⑥ 又据王昶说,陆氏"诗文随手散佚,殁后搜篋中得数百首,皆应酬之作,非其称意者",⑦此篋中所得诗文显然不当在陆氏生前所编定之诗文集内,而这些正构成了《宝奎堂余集》以及《篁村余集》的主要来源。⑧ 可

---

①《国家图书馆藏钞稿本乾嘉名人别集丛刊》,第 12 册,第 186、189、196 页。

②《国家图书馆藏钞稿本乾嘉名人别集丛刊》,第 12 册,第 131 页。

③《国家图书馆藏钞稿本乾嘉名人别集丛刊》,第 12 册,第 245 页。

④不过,还是有部分改动内容未被采纳。如《娄县志》序》文末有黏签云:"此篇想系初拟之作,已有正本,似可不存。"此文今仍见于《宝奎堂余集》,未被删去。

⑤王昶《春融堂集》卷五五《都察院左副都御史陆君墓志铭》,第 548 页。

⑥值得注意的是,《篁村诗集》在此处被称为"篁墩诗集",这或许并非简单的文字讹误,而很可能保留了陆锡熊生前所定之名,"篁村"云云或为陆庆循刊刻前所改。

⑦王昶《湖海诗传》卷二四"陆锡熊",嘉庆刻本,叶 11a。

⑧按《篁村余集》多为不见于《篁村诗集》之诗作,其稿本现藏南京图书馆,索书号:GJ/EB/115012。

能陆庆循在整理其父遗著时,除《宝奎堂文集》和《篁墩诗集》外,还发现了数百篇集外之作,遂将其分别编为《宝奎堂余集》和《篁村余集》,并加以校勘整理,这应该就是《宝奎堂余集》的来历。而陆庆循在整理这些集外诗文时,又选择了其中一部分补入《宝奎堂集》和《篁墩诗集》中,一并付诸剞劂,这大概就是《宝奎堂余集》有若干篇目亦见于《宝奎堂集》的缘故。

通过以上考证可知,《宝奎堂余集》当是根据陆锡熊集外之文编辑而成,从国图藏稿本不避嘉庆帝讳来看,此稿本当抄成于乾隆末年。又稿本系以两种明显不同的字迹抄成,皆与现存陆锡熊手迹迥然有别,[1]且抄写十分工整,当非陆氏生前所为。再者,仔细观察稿本每叶版心,可于其下部隐约看到"吴郡陆氏本"五字,陆锡熊祖籍上海,古属吴郡,故称"吴郡陆氏",知此稿本所用乃其家特制用纸。综合看来,此稿应系陆锡熊殁后不久,后人根据其遗稿统一抄录编辑而成,而其修改定稿则已在嘉庆朝,可能就是在编刻《宝奎堂集》时完成的。

至此,我们基本弄清了国图藏所谓"《颐斋文稿》"的来历。然而,问题尚未得到彻底解决。国图究竟为何将陆锡熊《宝奎堂余集》之稿本著录为"陆费墀《颐斋文稿》"呢?而南京图书馆又为何会将同一部《宝奎堂余集》拆分为二,且一个著录为抄本,另一个又著录为稿本呢?

上文已经指出,国图所谓《颐斋文稿》其实就是南图所藏《宝奎堂余集》之初稿本。国图有关此稿本的著录始见于1989年出版的《北京图书馆善本书目》,而1959年版《北京图书馆善本书目》尚无此书,可知此书当为1959年后入藏国图。[2]而据南图工作人员撰文指出,1954年南京图书馆改为省馆后,曾遵照文化部指示,"将馆藏中的公报、外文书刊、古籍等61万册调拨给

---

①陆锡熊手迹见林立《墨踪书影——中国历代名人手迹》,南海出版公司,2004年,第359页。

②国图建国后善本之典藏号基本以入藏时间为序,1959年版《北京图书馆善本书目》著录善本一万一千余部,而《颐斋文稿》典藏号为14880,亦可证明其入藏编号当在1959年之后。

北京图书馆"。① 所谓《颐斋文稿》可能原藏于南图,即今南图著录为《宝奎堂余集》稿本者,后来被调拨给了国图。在调拨过程中,由于该稿本并未题写书名和著者,又因陆费墀与陆锡熊同在四库馆任职,遂将二人混淆,而陆费墀号"颐斋",且著有《颐斋赋稿》,②故将此稿本著录为"颐斋文稿"。至于南图将《宝奎堂余集》定本分别著录为抄本和稿本,大概是因为其稿本调拨给国图之后,却并未销去此稿本的记录,后来发现有目无书的问题,遂将《宝奎堂余集》定本一分为二,分别著录为抄本和稿本,以使目录与藏书相符。

三、从《宝奎堂余集》稿本看陆锡熊对《四库全书》的贡献

既知国图所藏"陆费墀《颐斋文稿》"实为陆锡熊《宝奎堂余集》之稿本,自然就很有必要对其内容重新加以检讨。此稿本中最富研究价值者,当属书末六篇与四库学相关之文献,依次为《恭拟〈文渊阁官制〉条例》、《为军机大臣议覆安徽学政朱筠采访遗书条奏》、《初拟校阅〈永乐大典〉条例》、《初拟办理〈四库全书〉条例》、《谨拟〈历代职官表〉凡例》、《谨拟〈日下旧闻考〉凡例》,其中三、四两篇不见于南图所藏《宝奎堂余集》。陆锡熊长期担任《四库全书》总纂官,故上述文献对于四库学的研究无疑具有重要意义,值得我们关注。限于篇幅,本文仅就其中所反映的陆锡熊对《四库全书》的贡献略作申说。

自乾隆三十八年至五十七年,陆锡熊任《四库全书》总纂官长达二十年之久,但他对《四库全书》的贡献却被同为四库总纂官的纪昀所掩盖,长期以来晦而不显。有鉴于此,司马朝军曾撰《陆锡熊对四库学的贡献》一文专门

---

① 包中协《"南京图书馆"馆名史话》,《江苏图书馆学报》1994 年第 5 期,第 42 页。我曾就此事咨询南京图书馆办公室、档案室,证实包文所云无误。
② 汪启淑《续印人传》卷二《陆颐斋传》,道光二十年海虞顾氏刻本,叶 13a。

论述该问题，①该文仅根据《宝奎堂集》加以讨论，但陆锡熊有关《四库全书》的大部分著述并未收入此集，而司马氏又未见《宝奎堂余集》及其稿本，因此这一问题还有很大的讨论空间。

上述六篇四库学文献可分为两类，一类是涉及《四库全书》总体编纂原则者，包括《恭拟〈文渊阁官制〉条例》、《为军机大臣议覆安徽学政朱筠采访遗书条奏》、《初拟校阅〈永乐大典〉条例》、《初拟办理〈四库全书〉条例》四篇；另一类是为四库馆官修史书草拟的凡例，包括《谨拟〈历代职官表〉凡例》、《谨拟〈日下旧闻考〉凡例》两篇。现逐一加以简要分析。

《恭拟〈文渊阁官制〉条例》系乾隆四十一年文渊阁落成之际，奉旨所撰关于其设官分职、管理制度的规定。② 此事原委详见是年六月三日上谕，因文渊阁建成，令大学士会同吏部、翰林院依照宋《麟台故事》之例，"议定《文渊阁官制》及赴阁观览章程"。③ 至六月二十六日，大学士舒赫德等即遵旨进呈《文渊阁官制》及相关章程。④ 将陆锡熊所拟《〈文渊阁官制〉条例》与后来正式进呈的条例相比较，虽然两者文字差异较大，但主要内容则基本相同。进呈条例落款署名者为舒赫德等八人，或为大学士，或为翰林院、吏部要员，未见陆锡熊之名。陆氏时任翰林院侍读、四库全书馆总纂官，由其草拟条例初稿，亦在情理之中，而数日之后，乾隆帝任命六名文渊阁直阁事，陆氏即在其列。

《为军机大臣议覆安徽学政朱筠采访遗书条奏》一文系《四库全书》开馆之前，时任军机处郎中的陆锡熊为军机处草拟的奏章。此奏进呈于乾隆三十八年二月六日，由刘统勋领衔上奏，⑤亦未见陆锡熊之名。此奏折向来被

①见《图书·情报·知识》第108期，2005年12月，第56—58页。

②《国家图书馆藏钞稿本乾嘉名人别集丛刊》，第12册，第423—428页。

③《谕内阁着大学士会同吏部翰林院依议定〈文渊阁官制〉及赴阁观览章程》，军机处上谕档，见中国第一历史档案馆编《纂修四库全书档案》，上海古籍出版社，1997年，上册，第517—518页。

④《大学士舒赫德等奏遵旨详议〈文渊阁官制〉及赴阁阅抄章程折》，军机处录副奏折，见《纂修四库全书档案》，上册，第523—528页。

⑤中国第一历史档案馆编：《乾隆朝上谕档》，档案出版社影印本，1991年，第7册，第275—278页。

视为促成四库开馆的一件至关重要的文献,而陆锡熊在其中所发挥的作用却不为人知。

《初拟校阅〈永乐大典〉条例》一文当作于乾隆三十八年二月。是月二十一日,刘统勋等就校阅《永乐大典》一事上奏云:"臣等恪遵谕旨,将应行条例公同悉心逐一酌议,谨拟定十三条,另缮清单进呈,恭请训示。俟发下,臣等即行遵照作速办理。"①陆氏起草的《初拟校阅〈永乐大典〉条例》大概就是这里所谓"清单"的内容。陆氏此文后半部分已有残阙,仅剩七条,且只涉及经、史、子三部,而未见集部。② 但从残存文字亦可约略看出《永乐大典》辑佚的基本原则和初步设想,如整部书与散见之书分别开列目录,按内容重要与否分别开列,四部分类以《文献通考》为准,经、史、子三部的去取标准等等。这些内容在后来《永乐大典》的辑佚过程中大都得到了贯彻和遵循。此文与《为军机大臣议覆安徽学政朱筠采访遗书条奏》均说明,早在四库开馆之前,陆锡熊已经参与了有关《四库全书》的核心策划。

《初拟办理〈四库全书〉条例》凡四十条,近三千字。③ 该文主要讨论《四库全书》的编纂原则,从总体构想到四部中每一小类的设置,内容颇为详尽。关于此条例之撰写时间,档案中并未留下直接记载,从其内容判断,当系四库开馆之初所拟。此《条例》内容大都与《四库全书》的实际部类相符,但也不尽相同者。如《条例》第九条拟以乐类入史部,而后来之成书则以乐入经部;又如第七条称拟立谶纬门,第十五条拟立谟训门,后来之成书则并无此二门;再如第四十条称存目之书亦当存其序,与今之《总目》不符。类似情况还有不少,值得四库学研究者予以充分重视。总之,这份详尽的条例是研究陆锡熊四库学贡献最为重要的文献,充分体现了陆氏在《四库全书》实际编纂过程中所起的核心作用。

《谨拟〈历代职官表〉凡例》、《谨拟〈日下旧闻考〉凡例》两篇都是四库馆

①中国第一历史档案馆编:《乾隆朝上谕档》,第7册,第287—288页。
②参见张升《四库全书馆研究》,第74页。
③《国家图书馆藏钞稿本乾嘉名人别集丛刊》,第12册,第447—468页。

官修书的凡例初稿,但二者情况又有所不同:《历代职官表》乃陆锡熊参与纂修者,而《日下旧闻考》却似乎与陆锡熊并无太大关系。《历代职官表》始撰于乾隆四十五年,成于五十年,陆锡熊任总纂官,由他草拟凡例自是理所当然。至于《日下旧闻考》,情况则全然不同。陆锡熊不见于该书书前所列之《职衔表》,并未经办此书,由其草拟凡例似乎有些让人难以理解。据《于文襄手札》,知此凡例作于乾隆三十八年六月是书草创之时,陆锡熊不仅为《日下旧闻考》拟定凡例,还向该书总裁于敏中推荐了两位主要的纂修人员。将此凡例与后来之定稿加以比对,可以看出,虽然具体条款颇有异同,但总体的纂修原则却并未改变。①

综合以上分析可以看出,陆锡熊之于《四库全书》远不止于《总目》的编纂工作,从筹划四库开馆,到《永乐大典》辑佚,从拟定全书编纂纲领,再到四库馆官修诸书的策划,陆氏几乎参与了《四库全书》编纂过程中的每个重要环节,发挥了统筹全局、发凡起例的关键作用。如此看来,陆锡熊对于《四库全书》的贡献,确实有必要加以重新评估。

(原载《中国典籍与文化》2014 年第 3 期)

---

① 有关《谨拟〈日下旧闻考〉凡例》的详细考证,参本书所收《〈日下旧闻考〉纂修考——兼谈新发现的四库稿本》。

下篇　随札论学

《辽史·奸臣传》《逆臣传》传目辨析

　　《辽史·奸臣传》序称"辽自耶律乙辛而下,奸臣十人",而传中所载奸臣实为十一人;又《逆臣传》序称"辽叛逆之臣二十有二",而其中所载逆臣仅二十一人。前者多一人,后者少一人,似非巧合。

　　问题的症结在于《萧图古辞传》。检《辽史·奸臣传》所载十一人,前十人皆属耶律乙辛奸党,惟传末之萧图古辞在乙辛得势前已被免为庶人,似不应列入《奸臣传》。考之辽宋史籍,方知萧图古辞为重元叛党的重要成员之一。据《辽史·道宗纪》,萧图古辞于清宁八年(1062)十二月拜北院枢密使,而重元之乱爆发于次年七月,其本传称"为枢密数月,所荐引多为重元党与,由是免为庶人",则其与重元叛党的关系已隐约可见。更值得注意的是,《续资治通鉴长编》卷一九九嘉祐八年(1063)七月戊辰条有这样一条记载:"宗元(即重元)怙宠,益骄恣,与其相某谋作乱。及相某以贪暴黜,宗元惧,谋愈急。洪基(即道宗)知其谋,阴为之备。"末有李焘注曰:"此据司马光《日记》,其称相某及太师某、副留守某,皆不得其名故也,当考。"参照《辽史》记载,知此处所称"相某"当指时任北院枢密使的萧图古辞。① 显然,萧图古辞在重元之乱前夕被罢免北院枢密使,是道宗翦除重元羽翼的重要举措,"以贪暴黜"则无非是一个借口而已。

众所周知,元修《辽史》的主要史源为辽耶律俨《皇朝实录》和金陈大任《辽史》,依萧图古辞的行迹来看,耶律俨和陈大任很可能是将其列入《逆臣传》的,如此《奸臣传》《逆臣传》之传目与序文则完全吻合。由于萧图古辞在重元之乱前已被罢黜,元朝史官对其与重元叛党的关系已不甚了了,加之《萧图古辞传》中又有"善伺颜色","为人奸佞有余,好聚敛,专愎,变更法度"之类符合奸臣形象的描述,故元修《辽史》将其移入《奸臣传》;而《奸臣传》《逆臣传》之序文则因仍耶律俨或陈大任之旧,未作相应调整,从而造成了序文与传目相互抵牾的现象。

（原载《中国史研究》2013 年第 2 期）

---

① 按《续资治通鉴》卷六〇嘉祐七年三月戊申条"考异",称"所谓相某者,当指(萧)革而言",陈述《契丹史论证稿》(国立北平研究院,1948 年,第 155 页)及蔡美彪《辽代后族与辽季后妃三案》(《历史研究》1994 年第 2 期)皆从其说,而陈氏《辽史补注》卷一一一则谓"相某者疑是萧图古辞或萧革",至其晚年修订再版的《契丹政治史稿》(人民出版社,1986 年,第 142 页)又持萧图古辞说。按萧革清宁四年十二月拜北院枢密使,八年三月致仕,重元之乱前任北院枢密使者乃萧图古辞,故"相某"必指后者无疑。

《辽史》所见辽朝先世"审吉国"考辨

《辽史·太祖纪》卷末赞语开首云:"辽之先,出自炎帝,世为审吉国。"①其中"审吉"一名不见他处,言契丹早期史者对此鲜有论及,似皆未明其所指。

检诸前代典籍,知此"审(審)吉"当系"密吉"形近之误。密吉,语出《文选》李善注引西晋张华《博物志》:"北方五狄:一曰匈奴,二曰秽貊,三曰密吉,四曰单(一作箪,李善疑为"单"字之误)于,五曰白屋。"②关于"北方五狄"更早的说法见《尔雅·释地》东汉李巡注:"一曰月支,二曰秽貊,三曰匈奴,四曰单于,五曰白屋。"③李巡所言"月支"在《博物志》中被替换成了"密吉",盖张氏此书本为猎奇之作,根据西晋实际情况及时人认知对经典叙述作出相应更新调适亦合情理。经过改订的"北方五狄"随《博物志》的辗转流布而为中古士人所知,复因李善注《文选》征引而对后世产生深远影响,《辽

---

①《辽史》卷一《太祖纪下》,中华书局,2016年,第26页。
②《文选》卷三五《册魏公九锡文》,中华书局,1977年,第501页。
③《尔雅注疏》卷七"释地",《十三经注疏》影印本,中华书局,1980年,第2616页。

史·太祖纪》所谓"审吉国"或即典出于此,惟稍有传写之讹。

然夷考"密吉"之实,又知其显与契丹先世无涉。《博物志》所记"密吉"实即后来北朝文献习称之"勿吉","密""勿"二字中古早期皆为重唇音明母字,密吉、勿吉当属同名异译,①前者反映了西晋人初闻其名的即时记录,而后者则是北魏官方的权威译法。如所周知,《魏书》分设勿吉、契丹两传,其中所述族源、道里、风俗、事迹殊异,且《勿吉传》明言该国"去洛五千里",使者朝觐北魏时几经辗转,最终"由契丹西境达和龙",②则勿吉与契丹判然有别。由此看来,《辽史·太祖纪赞》将"密吉"视作契丹先世的说法并无实据,恐系修史者昧于古音之变,乃以其为上世稀见北狄而强加关联,未免失之穿凿。

揆其史源,今本《辽史·太祖纪赞》开首所述辽朝先世当非昉于元末史臣,而应袭自金人陈大任奉敕所修《辽史》。理由有三:其一,就总体而言,元修《辽史》本纪主体记事兼采辽耶律俨《皇朝实录》与陈大任《辽史》二书,而其中论赞则属后人评述,每因陈氏之旧。其二,据《辽史·世表》,阿保机七世祖之名,"耶律俨《辽史》书为涅里,陈大任书为雅里",③《太祖纪赞》行文中称此人为"雅里"而非"涅里",知其直接文本来源当为陈书。其三,此处所述辽之先世,既不同于《魏书》以降历代正史,又迥异于后来元朝史官所主宇文、契丹同源说,更与辽人《皇朝实录》标榜之"辽为轩辕后"相去悬远(此二说并见《辽史·世表》开首),益可见这一略显冷僻稀奇的"审(密)吉国"当出金源史家之手。

(原载《中国史研究》2023 年第 2 期)

---

①参董刚《汉唐时期族名"貉"在东北亚的族群指涉及其演变——以历史语言和文献记录为中心》,《中国中古史集刊》第 4 辑,商务印书馆,2017 年,第 354—357 页。
②《魏书》卷一〇〇《勿吉传》,中华书局,2017 年,第 2405 页。
③《辽史》卷六三《世表》,第 1057 页。

四库提要所记《通鉴》
草卷的长度问题

　　《资治通鉴》世所推重,司马温公纂修此书的经过亦每每为后人乐道。清乾隆间官修《四库全书总目》(以下简称《总目》)卷四五《史部总叙》有云:"司马光《通鉴》,世称绝作……高似孙《纬略》载其与宋敏求书,称到洛八年,始了晋、宋、齐、梁、陈、隋六代。唐文字尤多,依年月编次为草卷,以四丈为一卷,计不减六七百卷;又称光作《通鉴》,一事用三四出处纂成,用杂史诸书凡二百二十二家。"(殿本、浙本《总目》于此并无异文。)

　　关于此段文字,张月好近撰《"四丈"还是"四十年"?——〈四库全书总目〉中的几个问题》一文,①称其中多有费解之处,特别是"以四丈为一卷"云云,用长度单位"丈"计量草卷这样的文献,令人"丈二和尚摸不着头脑";《总目》所引高似孙《纬略》一书今存,上述文字见于该书卷一二"通鉴"条:"唐文字尤多,托范梦得将诸书依年月编次为草卷,每四十(原注:阙)为一卷。"在《丛书集成初编》本《纬略》中(据《守山阁丛书》本排印),此段中"四

---

①张月好:《"四丈"还是"四十年"?——〈四库全书总目〉中的几个问题》,《古典文学知识》2020年第3期。

十"后的阙文作"年"字。张氏据此认定,《总目》所引"四丈"系"四十年"之讹,诸整理本当据《纬略》改正并出校记。

稍加蒐讨即可发现,《总目》此处其实并没有什么错讹。张氏所引存在阙字的《纬略》未标明版本,从上下文及实际情况判断当即《文渊阁四库全书》本,这是一个相对较晚方才出现的本子,不能作为判断《纬略》原文面貌的坚实依凭。《纬略》一书有多部早于《四库全书》的版本存世,检中国国家图书馆藏明郁冈斋抄本(07538)、明叶氏旧藏抄本(11485)、清初抄本(13362)此处皆作"每四丈截为一卷";另外,此书现存最早的刻本为明万历间沈士龙刻本,该本分为初印、中印和后印三种不同的印本,彼此之间存在文字异同,①其中哈佛燕京学社图书馆所藏为初印本,相关文字亦作"每四丈截为一卷",足见原书文字面貌在早期流传过程中并无分歧。

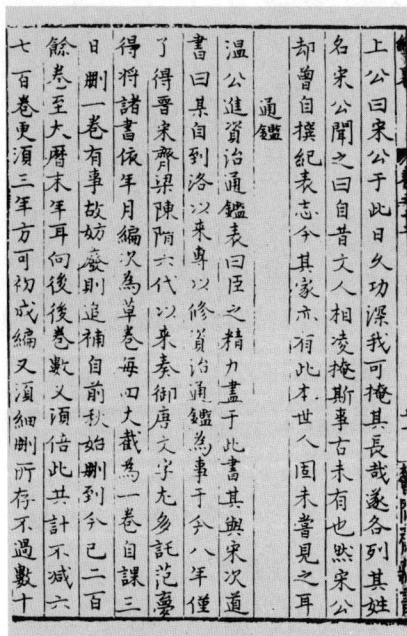

书影1　国家图书馆藏明郁冈斋抄本　　书影2　哈佛燕京图书馆藏沈刻初印本

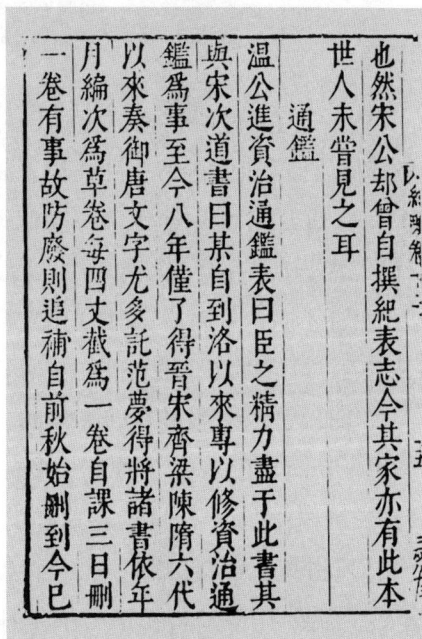

①参见陈晓兰《高似孙〈纬略〉版本源流考》,《儒家典籍与思想研究》第10辑,北京大学出版社,2018年。

那么,《文渊阁四库全书》本为何会出现阙文,而《守山阁丛书》本及《丛书集成初编》本又因何将"丈截"写作"十年"呢? 答案就藏在编纂《四库全书》时所使用的底本中。《纬略》一书的四库底本现藏于国家图书馆(19677),首叶钤有满汉合文"翰林院印",内多馆臣校签,此本亦为万历沈士龙刻本,但并非初印,而是相对晚出的第二次印本。检其中"编次为草卷每四"一句下纸叶刚好有所残破,原本"丈"字只剩上半部分,与"十"字形近,而"截"字则仅存右下角一点墨迹,此行天头有四库馆臣校签:"'十'字下缺一字。"足见此本进入四库馆时,是叶之残阙已如今貌,最初校理该书的馆臣误将"丈"之残文识作"十"字,直接影响到后来据此抄录的诸阁本。基于这一错误判断,诸阁本对阙文的处理办法又各不相同:文渊阁本较为谨慎,据实注明而未加更动;文津阁本则改作"四十页",显属无据妄补。此外,上文提到《丛书集成初编》底本为《守山阁丛书》本,而守山阁本之底本为《墨海金壶》本,三者此处皆作"四十年"。按《墨海金壶》乃嘉庆间张海鹏所刻丛书,底本多据杭州《文澜阁四库全书》本传抄,后来文澜阁书泰半毁于太平天国兵燹(《纬略》即在其中),如今只能藉助这类相对较早的传抄本来反推阁本的面貌;《墨海金壶》与《守山阁丛书》本《纬略》中所见"四十年"字样的最初源头,很可能就出现在文澜阁本校勘、抄写之时。面对底本的阙文,文澜阁本的纂修官给出了一种与文渊、文津两阁本不同的处理方案,然而如此增补自然也不会有什么别的依据,充其量算是一种并不高明的"理校"罢了。

除了现存《纬略》的版本情况,上述记载的史料来源亦值得考究。高似孙此书成于嘉定五年(1212),系杂采诸书而成,上引一条亦不例外。胡仔《苕溪渔隐丛话后集》卷二二曰:"余观温公与宋次道书,然后知其言之不诬也。其书云:'某自到洛以来,专以修《资治通鉴》为事,于今八年,仅了得晋、宋、齐、梁、陈、隋六代以来奏议;唐文字多,托范梦得将诸书依年月日编次为草卷,每四丈截为一卷,自课三日为删一卷,有事故妨废则追补。自前秋始删,到今已二百有余卷,才至大历末年耳。向后卷数须倍此,共计不减六七百卷,更须三年方可粗成编,又须细删,所存不过数十卷而已。'其费工如此。"

十字不欵一字
連字下欵一字

也然宋公都曾自撰紀表志今其家亦有此本
世人未嘗見之耳

通鑑

溫公進資治通鑑表曰臣之精力盡于此書其
鑑爲事至今八年僅了得晉宋齊梁陳隋六代
以來奏御唐文字尤多託范夢得將諸書依年
月編次爲草卷每四丈……爲一卷自課三日刪
一卷有事故妨廢則追……自前秋始刪到今巳

二百餘卷至大曆末年耳向後卷數又須倍此
共計不減六七百卷須更三年方可粗成緒又
須細删所存不過數十卷而已其費功如此溫
公居洛十五年故能成此書今學者觀通鑑往
往以爲編年之法然一事用三四處出處纂成
是其爲功大矣不觀正史精熟未易決通鑑之
功績也通鑑采正史之外其用雜史諸書凡二
百二十二家

孝水

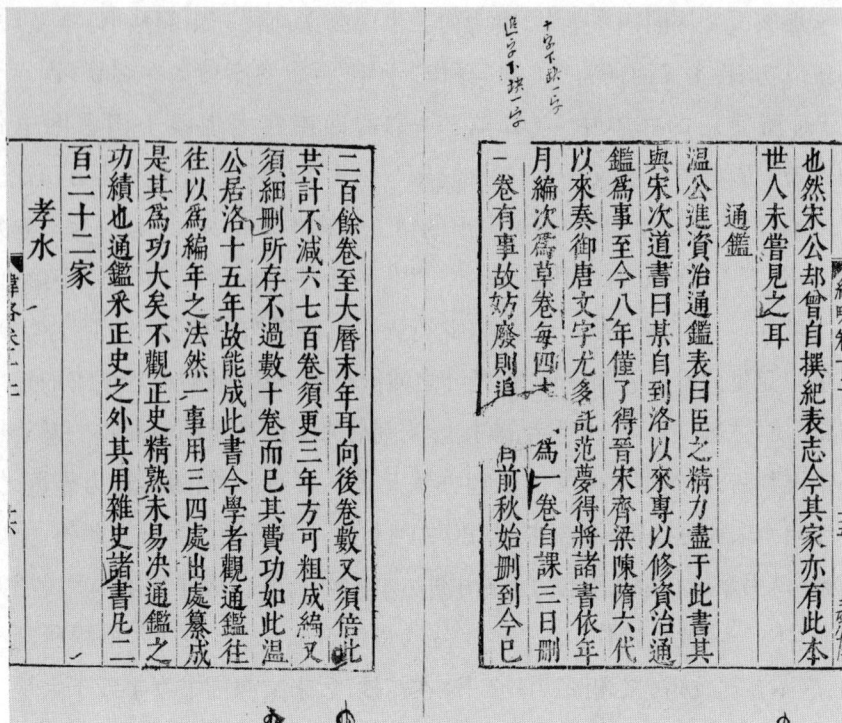

书影3　国家图书馆藏四库底本

这是现存文献中关于司马光致宋敏求（字次道）书信的最早记载，作者胡仔系南宋初年人，其书所记多为亲见而非转引他书，从此条上下文看，胡氏很可能直接录自司马光书信。《苕溪渔隐丛话后集》成书于乾道三年（1167），远早于《纬略》，且风行一时，很可能构成后者征引的对象。观胡仔所记可知，司马光书信原文即作"每四丈截为一卷"，《纬略》转引准确无误，而《总目·史部总叙》所记亦仅省略"截"字而已。

然则"每四丈截为一卷"又该如何理解呢？如果对古书形制和版本常识稍有了解，应该不难想到，温公此处描述的"草卷"属于典型的卷子本，"四丈"正是卷子的长度。从敦煌出土的实物看，纸卷长短不同，长的有二三丈，短的仅二三尺，相比之下，四丈长的《通鉴》草卷当属巨幅，尤可窥见撰作者用功之勤、搜罗之富、记载之详。结合书信内容可知，从唐朝开国（618）至大

御惟昔著官崇者是時宋公守鄭州歐公位在上公曰宋公
于此日久功深我可掩其長哉我宋公聞之曰自愧文人相
掩斯事古未有迺然宋公却曾自撰紀表志今其家亦有此
本世人未嘗見之耳

通鑑

溫公進資治通鑑表曰臣之精力盡于此書其與宋次道書
曰某自到洛以來專以修資治通鑑爲事至今八年僅了得
晉宋齊梁陳隋六代以來唐文字尤多託范夢得諸
書依年月編次爲草卷每四十年爲一卷自課三日刪一卷
有事故妨廢則追補自前秋始刪到今已二百餘卷至大歷
末年耳向後卷數又須倍此共計不減六七百卷須更三年
方可粗成編又須細刪所存不過數十卷而已其費功如此
溫公居洛十五年故能成此書今學者讀通鑑往往以爲編
年之法然一事用三四處出處纂成自其爲功大矣不觀正
史精熟未易決通鑑之功績也通鑑宋正史之外其用雜史
諸書凡二百二十二家

孝水

潘岳西征賦曰澡孝水以濯纓嘉美名之在兹李善曰字林
曰孝水在河南郡鄩道元曰在河南城西十餘里按山海經
曰平逢山西四十里魔山其陽多琊琈之玉俞隨之水出于其
陰北流注于穀世謂之孝水善不引山海經而引字林何也

九嶔

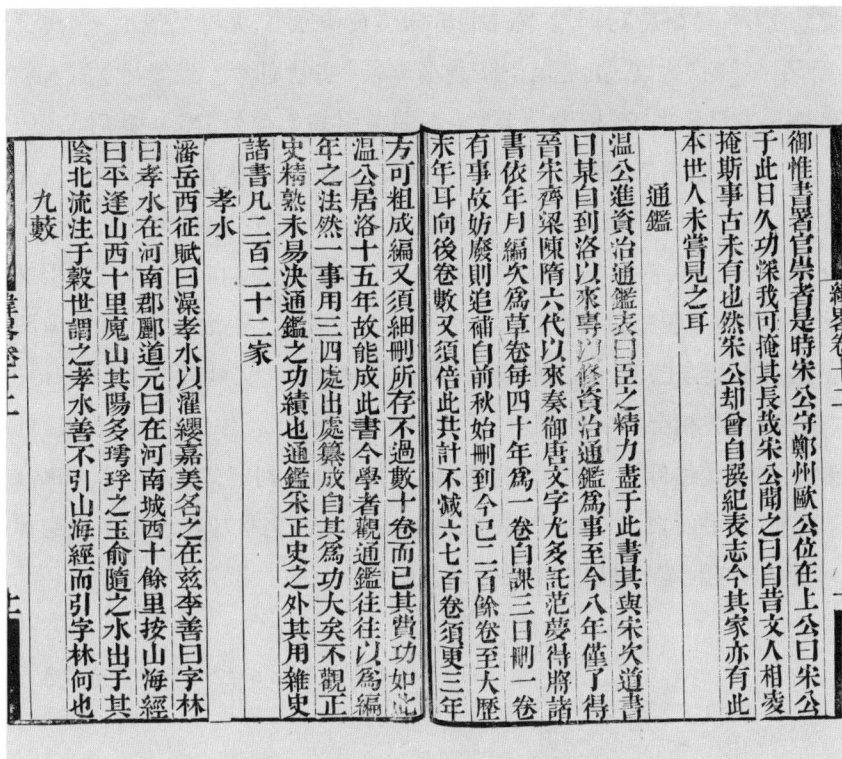

书影4　国家图书馆藏《墨海金壶》本

历末(779)约一百六十年，在草卷中当"二百有余卷"，则每卷仅记不足一年之史事，今本《通鉴》此段内容对应四十二卷，平均每卷约记四年之事，由此推知草卷每年记事当数倍于定本，个中差别正是温公仔细删削、精心筛汰的写照。倘若按照文澜阁系统所妄补后的文字"以四十年为一卷"，有唐一代不足三百年，仅当七八卷，与实际情境相去不啻霄壤。

行文至此，细心的读者或许仍有疑焉：既然"每四丈截为一卷"的正确文字在四库底本与诸阁本《纬略》中皆已不存，撰写《史部总叙》的馆臣又缘何得以征引呢？这就要说到《总目》的实际纂修过程。余嘉锡在其名著《四库提要辨证》开首《序录》中即已点出，《总目》纂修仓促，时常因陋就简："观其援据纷纶，似极赅博，及按其出处，则经部多取之《经义考》，史、子、集三部多取之《通考·经籍考》，即晁、陈书目亦未尝覆检原书，无论其他也。"《史部总叙》所引《纬略》之文，正是馆臣暗袭马端临《文献通考·经籍考》而未加说明的例证。马氏书于《资治通鉴》条下即援引高似孙《纬略》，其后又记"先公曰"："张新叟言洛阳有《资治通鉴》草稿盈两屋，黄鲁直阅数百卷，讫无一字草书(原注:见《李巽岩集》)，此温公所谓平生精力尽于此书也。"是书引其父马廷鸾之语，皆称"先公曰"，而《总目·史部总叙》在本文开首所引文段后紧接着就是"李焘《巽岩集》亦称张新甫见洛阳有《资治通鉴》草稿盈两屋(原注:按焘集今已佚，此据马端临《文献通考》述其父廷鸾之言)"一语，正与《通考》所载相合，惟将"张新叟"误记作"张新甫"。根据《史部总叙》的叙述顺序，结合《总目》全书的普遍情况，我们有理由判定，馆臣所引《纬略》当自《通考》转手而来，并未检核原书，如此偷懒耍滑之举却在无形中规避掉一处可能出现的问题，恐怕也是纂修诸公始料未及的。

(原载《文史知识》2022 年第 8 期)

四库提要篡改《四书反身录》说驳议

　　汉宋之争，无疑是清代学术思想史的核心议题之一，其中最引人注目者，当推乾隆年间篡修《四库全书》过程中的汉宋问题。一般认为，四库馆是当时汉学的大本营，馆臣高举崇汉抑宋之大旗，在《四库全书总目》中留下了众多带有这一倾向的批评与议论。对此，研究者多有论及，或褒或贬，见仁见智。新近刊发的张循《〈四库全书总目《四书反身录》提要〉辩证》一文（下简称"张文"）声称发现了一个典型的案例，能够证明四库馆臣对宋学的批判有时竟到了"欲加之罪，何患无词"的地步。张文认为，四库馆臣在撰写李颙（1627—1705）《四书反身录》一书的提要时，故意篡改李氏原文，以达成矫诬之目的，对李氏及其推崇的宋学家讲行了无中生有的批驳乃至构陷。[①] 若张文所论不差，诚可谓"罕有所见"，"怵目惊心"，无疑会令我们对四库馆臣的手段与底线有一番新的认识。然经细查，这一举证恐难成立。

　　让我们先来看看张文所提出的材料、问题及其论证的逻辑。《四库全书总目》卷三七《四书反身录》提要中，馆臣有如下一段评论：

①张循：《〈四库全书总目《四书反身录》提要〉辩证》，《清史研究》2016年第1期，第142—146页。

　　书中所引吕原明渡桥，舆人坠水，有溺死者。原明安坐桥上，神色如常。原明自谓未尝动心，容（引者按：即李颙）称其临生死而不动，世间何物可以动之？夫死生不变，固足征学者之得力，然必如容说，则孔子之微服过宋，孟子之不立岩墙，皆为动心矣。且厩焚必问伤人，乍见孺子入井，必有怵惕恻隐之心。舆夫溺死，而原明安坐不动，此正原明平时强制其心而流为黯刻之过。容顾称之为不动，则与告子之"不动心"何异乎？是亦主持太过，而流于偏驳者矣。①

此段中划线部分乃大略摘引李颙《四书反身录》之文，其后为馆臣之议论，对吕原明（即宋儒吕希哲）的见死不救、李颙的论学偏颇大加批评。正如张文所注意到的，现今通行的点校本李颙《二曲集》卷二九《四书反身录·大学》中的相关文字与提要所引在关键字眼上存在差异，其文曰：

　　吕原明晚年习静，虽惊恐危险，未尝少动。自历阳过山阳，渡桥桥坏，轿人俱坠，浮于水面，有溺死者，而原明安坐轿上，神色如常。后自省察较量，尝言十余年前在楚州，桥坏堕水中时，微觉心动；数年前大病，已稍胜前；今次疾病，全不动矣。故学问得力与不得力，临时便见。此公临生死而不动，世间何物可以动之乎？吾人居恒谈定谈静，试切己自反，此心果定果静，临境不动如此公否？②

其中最要紧的不同在于，提要所引"原明安坐桥上"在这里写作"原明安坐轿上"，一字之差，文义大变。提要所引意谓抬轿之人落水溺死，吕氏在桥上安然无恙而不施援手；点校本《二曲集》之文则是说吕氏与轿亦坠入水中，却仍处变不惊，气定神闲。

　　对于上述文字差异，张文的解释是四库馆臣在引用李颙之文时进行了故意的歪曲与篡改，不仅诬陷吕原明有"以理杀人"之罪，同时也使李颙背负

---

① 《四库全书总目》卷三七，中华书局影印浙江书局本，2008 年，第 316 页下栏。
② 陈俊民点校，中华书局，1996 年，第 403 页。个别标点有改动。

了是非不分的恶名。^①其论据有二：其一，征引朱熹《伊洛渊源录》、刘宗周《人谱杂记·知几篇》等文献，说明吕原明之事在李颙之前早已流传，皆作"安坐轿上"，此事为理学中人所习知，李氏不会弄错，故其原文必是"轿"字而非"桥"字。其二，援引前人论说，证明清代汉学家对理学的曲解并非偶然现象，而是普遍存在。

很明显，张文的第二条论据只能算作背景性、补充性的辅证，并不具备直接的说服力，其真正的核心证据只有第一条。毫无疑问，李颙所记故事原本确应是吕氏与从人一同落入水中，仍能"安坐轿上，神色如常"，这才有了此后李氏关于"临生死而不动"云云的感慨，然而，张文在此基础上的论证却存在明显的逻辑漏洞。张文的逻辑是，既然《四书反身录》原文应作"安坐轿上"，现在通行的点校本又与之相同，这一头一尾完全一致，那么，处在中间的四库馆臣所见之本自然也是如此，现在之所以呈现出文本差异，一定是馆臣从中做了手脚。这一论证过程显然对文献流传的复杂性估计不足，问题的症结在于，李颙原文应作"安坐轿上"，这是否就意味着四库馆臣所见之本亦如此？"轿"、"桥"二字形近，是否应首先考虑版本流布中传写致讹的可能？

关于四库馆臣当时所据《四书反身录》的来源，《总目》记为浙江巡抚采进本，查《浙江采集遗书总录》，其进呈之本为"刊本，四册"，^②知馆臣所据当为彼时通行之刻本。按《四书反身录》成书于康熙二十四年（1685），由李颙口授，王心敬笔录，在四库开馆以前凡有二刻，^③康熙二十五年由许孙荃初刻于陕西思砚斋，此本似印数较少，流传未广，今已无存；康熙三十一年李彦琂

①实际上，前人已经意识到这则提要存在问题。如杨武泉《四库全书总目辨误》即据《宋元学案》指出应为"安坐轿上"而非"安坐桥上"，溺死者为"从者"而非"舆人"（上海古籍出版社，2001年，第42—43页），并无进一步解释，而张文的论断无疑走得更远。
②沈初等：《浙江采集遗书总录·丙集》，杜泽逊、何灿点校，上海古籍出版社，2010年，第108页。
③关于《四书反身录》早期刊刻的大致情况，参见陈俊民点校本前言，第8—9页；张波：《李二曲著作考述》，《常熟理工学院》2014年第5期，第109页。其中陈俊民谓牛树梅蜀中刻本亦为早期刻本，误，此本今存，实刻于同治年间，详见下文。

重梓于肇庆,版式一仍初刻本之旧,保留了包括内封牌记"康熙二十五年新编二曲先生著《四书反身录》思砚斋梓行"在内的全部内容,仅正文前增李彦瑁《重梓四书反身录序》一篇,此本至今尚存,藏于天津图书馆、北京大学图书馆等处,《四库存目丛书》及《续修四库全书》即据天图本影印。① 经核,以上存在差异的引文在此重刻本中即误作"安坐桥上",与四库提要所引同而与点校本异。虽然无从得见真正的康熙二十五年初刻本,我们暂时无法确定其中是否已存在这一错讹,也未敢遽断四库所据为初刻还是覆刻,但可以确定的是,此误由来已久,当是抄写传刻过程中所形成,馆臣所见之本已误"轿"为"桥",绝非其所篡改。

毋庸讳言,对于这样一个并不复杂的文本错讹,撰写提要之馆臣不仅浑然不觉,还就此借题发挥,对吕希哲、李颙大加挞伐,其原因除了当时修书任务繁巨,仓促之间未及查考其他文献外,可能多少也与馆臣的思想倾向有关——这样的错误文本或许正好符合他们对于宋学家形象的预设与期待,因而轻而易举地得到采信。但无论如何,这都与所谓"欲加之罪""无中生有"的矫诬、构陷不可同日而语。

进一步查考《四书反身录》其他传世版本,我们还可发现,不仅四库馆臣所见之本如此,上述讹误在后来很长一段时间里还一直被因袭。此书自嘉庆以降曾多次重刻,有嘉庆十五年(1810)杨春和刻本、②道光十一年(1831)浙江书局刻本(底本为嘉庆二十二年萧山汤金钊刻本)、③咸丰光绪间湘阴奎楼蒋氏小嫏嬛山馆刻本(底本为道光八年长沙钱宝琛刻本)、④民国间上海扫

---

① 《四库全书存目丛书》经部第 173 册,齐鲁书社,1997 年;《续修四库全书》第 165 册,上海古籍出版社,1995 年;北京大学图书馆藏本索书号:SB/081.57/4061.2。按天图、北大藏本皆据牌记著录为康熙二十五年刻本,但其中实皆有三十一年李彦瑁序,知此著录有误。又此本前录康熙二十七年康乃心《四书反身录叙》一篇,或亦非二十五年初刻本所有。
② 北京大学图书馆藏本,索书号:Y/1370/42。
③ 北京大学图书馆藏本,索书号:X/096.78/4061。
④ 北京大学图书馆藏本,索书号:X/081.57/4061。

叶山房石印本等，①据书前序跋可知，这些版本均直接或间接出自康熙刻本，且多声称在刊刻之时进行过校勘，但经逐一检核，误"轿"为"桥"的问题在这些本子无一例外都还存在。

既然现存绝大部分版本皆有此误，那么，前文所引中华书局点校本《二曲集》中的正确文字究竟是在何时才形成的呢？据陈俊民点校前言可知，点校本中《四书反身录》部分系以光绪三年（1877）彭懋谦所刻《关中李二曲先生全集》为底本。今检彭氏刻本相关文字，确作"安坐轿上"，②并无差误，此本卷二九《四书反身录》开首，除康熙刻本诸序外，尚有牛树梅《重刊四书反身录识言》，则知其底本当为同治五年（1866）牛氏刻本。此牛氏刻本今存于上海图书馆等地，经核，上引文字亦作"安坐轿上"，③这是目前所知最早的正确版本。此本乃牛树梅任四川按察使时所刻，书前亦有康熙刻本诸序，与他本无异，所增者惟牛氏《重刊识言》一篇，其文曰："蜀中《反身录》之刻颇多，而《大学》有缺焉，下《论》有缺焉，《孟子》之缺尤多，《续录》则全未有也。《二曲集》刻工既竣，醵资尚余，因借善本梓之，亦谐荃赵君意也。"仅模糊称所据为"善本"，具体为何暂无从判断，但根据现存其他诸本皆误而此本始不误这一情况判断，很可能是牛氏在刊刻此书时依据相关文献进行过校改。这一晚出但正确的文字辗转为当今点校本所继承，遂成通行之文本，而曾长期存在的错误反倒渐渐不为人知了。

综上所述，《四书反身录》四库提要存在的问题，说到底是源于文献流传过程中的一个版本错讹，与所谓崇汉抑宋背景下的故意篡改、诬陷毫无关涉。诚然，和论者所希望呈现的怵目惊心的思想史经典案例相比，如今的答案未免有些简单甚至枯燥，但其间的落差或许正好可以提醒我们：思想附着

---

① 北京大学图书馆藏本，索书号：X/081.57/4061.3。

②《关中李二曲先生全集》卷二九《四书反身录·大学》，北京大学图书馆藏本（索书号：X/111.71/4061b），叶5a。

③《四书反身录》卷一，上海图书馆藏本（索书号：线普长426572—83），叶5a。

于文献而存在,思想史学首先应该是文献学,只有尽可能充分地考虑到文献流衍的种种问题,才能让思想史研究的宏论找到根基,获得保障。

(原载《清史研究》2016 年第 3 期)

吕颐浩《燕魏录》误题
《燕魏杂记》原因考

    《燕魏录》,两宋之际名臣吕颐浩所著,专记燕魏之地史事,对宋辽金史研究具有重要价值。自南宋至清初,此书似未曾单行,一直附于吕氏文集卷末。陈振孙《直斋书录解题》云:"《吕忠穆集》十五卷,丞相济南吕颐浩元直撰。后三卷为《燕魏录》,杂记古今事,卷末言金人败盟始末甚详。"①今本《忠穆集》乃乾隆间四库馆臣自《永乐大典》辑出,重编为八卷,末卷题作"燕魏杂记",仅二十条,后出单行诸本皆源于此。《全宋笔记》第二编所收《燕魏杂记》即据此点校,燕永成先生在点校前言中,根据陆游《老学庵笔记》所引书名与《书录解题》同,断定此书原名《燕魏录》,"燕魏杂记"系四库馆臣辑书时所改。②

    燕先生关于"燕魏杂记"一名出现时间的判断无疑是正确的。对此,本文可以补充一条最为直接的证据,现存残本《永乐大典》"局"字目"弹棋局"

---

①陈振孙:《直斋书录解题》卷一八,徐小蛮、顾美华点校,上海古籍出版社,2006年,第527页。
②《全宋笔记》第二编第8册,大象出版社,2003年,第241页。

条明确著其出处为"宋《吕忠穆公集·燕魏录上》",①可知四库馆臣所见《永乐大典》中吕氏此书之名确与宋人记载相同,仍题《燕魏录》,则今名显系四库辑录时形成。既知其然,还须知其所以然。值得进一步追问的是,《燕魏录》一名为何会在四库馆臣笔下变为《燕魏杂记》?

众所周知,四库馆臣好篡改古书,然其所改者多为涉及华夷观念或明清易代史事的违碍文字,似"燕魏录"这般,并无丝毫犯忌,显然与上述两种情况无关。那么,此处改动究竟是何缘故? 四库馆臣所撰吕氏《忠穆集》提要云:"《书录解题》又称集后三卷皆《燕魏杂记》,盖颐浩在河北时所作。"②此句《总目提要》与诸阁本书前提要皆同,值得注意的是,其中引《书录解题》之文与前文所引今本陈振孙原文并不一致,则馆臣所据恐非今本《书录解题》,而是别有所本。

考马端临《文献通考·经籍考》"吕忠穆集"条引陈振孙《书录解题》云:"丞相济南吕颐浩元直撰,后三卷为燕魏杂记古今事。"③对照上引《书录解题》原文不难发现,马氏引文于"燕魏"下夺一"录"字,致其与下句"杂记古今事"相联属,文义不通,而这样的错误引文却恰好与《忠穆集》四库提要所云相合。由此推测,后者所引《书录解题》似是转引自《文献通考》,而非亲见其书。揆诸当时之情理,今本《书录解题》也是四库馆臣自《永乐大典》中辑出,而这项工作是在乾隆三十八年四库刚刚开馆之际,与大典本《忠穆集》的辑录同时分头展开的,换句话说,最初负责辑校《忠穆集》的纂修官可能无法看到后来成书的辑本《书录解题》,故而只好从《文献通考》转引。诚如是,那接下来的问题就很清楚了:纂修官在转引时并未察觉马端临所引实有夺文,竟将原本分属两句的"燕魏"、"杂记"二词合为一名,进而以其为南宋时书名,据此将《永乐大典》中所辑《燕魏录》统统改题成了"燕魏杂记"。

以上是基于文字比勘和背景分析所作出的推断,久思而未敢言其必。

①《永乐大典》卷一九七八二,中华书局,1986 年,第 7390 页。
②《四库全书总目》卷一五六,中华书局影印浙江书局本,2008 年,第 1350 页。
③马端临:《文献通考》卷二三八,中华书局影印万有文库本,2006 年,第 1892 页。

近日翻检中国国家图书馆所藏清翰林院抄本《忠穆集》（索书号：05877），幸运地找到了支持此说的直接证据。此抄本半叶八行行廿一字，白口红格，四周双边，抄写较为工整，几无修改痕迹，钤有"翰林院印"及"诗龛藏书印（按此为法式善藏书印）"，其分卷、正文内容，与抄入阁本者几乎别无二致。总合上述版本信息可知，此本当系《忠穆集》自《永乐大典》辑出后的三次修改本，①其正文部分校勘价值有限，真正值得注意的是卷首提要。此提要基本保留了纂修官所撰初稿的模样，兹摘引与本文所论相关之文字如下：

> 忠穆集八卷　　臣等谨按《忠穆集》，吕颐浩撰……颐浩所著文集凡十五卷，见于《宋史·艺文志》、马端临《经籍考》者并同。其本久佚，今《永乐大典》内尚颇散见其遗篇，哀而辑之，得文一百三十七首，诗词五十八首，较之原目所存，盖什七而已……《经籍考》又称集后三卷皆《燕魏杂记》，盖亦颐浩在河北时所作，今只存二十九条，于故事颇有考据……乾隆四十年十一月恭校上。　　总纂官侍读学士臣陆锡熊、侍读臣纪昀　纂修官编修臣黄良栋

此提要落款除例行署陆锡熊、纪昀两位总纂官之名外，尚有纂修官黄良栋，此人应该就是负责《忠穆集》的馆臣，包括从《大典》中辑出、分卷、整理，直至撰写提要等一系列工作当皆出自此人之手。黄氏这则提要初稿完成于乾隆四十年十一月以前，与后来的定稿（包括四十六年抄成的文渊、文津阁本书前提要以及六十年成书之殿本、浙本总目提要）相比，存在不小的差异。就本文所论而言，上文所引定稿中《书录解题》又称集后三卷皆《燕魏杂记》"一语，在此初稿即作"《经籍考》又称集后三卷皆《燕魏杂记》"，正与上文的推断若合符契！至此可以断定，黄良栋整理《大典》本《忠穆集》时所据确为《经籍考》转引之文，他不但未能察觉其中实有脱文，更在关键之处断句失误，进而妄下雌黄，横生出一个子虚乌有的"燕魏杂记"。后来的总纂官对此

---

①判断标准参见张升《〈永乐大典〉流传与辑佚研究》，北京师范大学出版社，2010年，第163页。今存《大典》辑本之三次修改本多为法式善所藏，此《忠穆集》亦不例外。

提要进行修改、润色时，又径自将《经籍考》改为《书录解题》，①而未及核对原文，以致《燕魏录》本名就此湮没，可谓一误再误，遗祸后人。

综上所述，"燕魏杂记"实乃文献流传过程中出现的错误，绝非实有其名，今人引用时似宜改回《燕魏录》之名，还其以本来面目。这一个案同时也提醒我们，整理《大典》本之四库馆臣每以马端临《经籍考》转引者为陈振孙《书录解题》原文，由此衍生出的文献学问题恐怕还不止"燕魏杂记"一例。②

（原载《历史文献研究》第 38 辑，2017 年 2 月）

---

① 同理，提要初稿中"见于《宋史·艺文志》、马端临《经籍考》者并同"一语，在定稿中亦被改作"见于陈振孙《书录解题》、《宋史·艺文志》者并同"。
② 需要特别指出的是，武英殿聚珍本《直斋书录解题》书前提要落款时间为"乾隆三十八年七月恭校上"，说明该书《大典》辑本在此之前已整理完成并进呈，但这并不意味着武英殿本当时摆印已毕，更不能说此后辑成之书在整理过程中即可充分利用该书。对于这一点，本文的研究应该可以算一个不错的例证。

《中华再造善本》所收杭世骏 《金史补阙》辨伪

　　新近出版的《中华再造善本·明清编》收录抄本《金史补阙》一部,题清人杭世骏撰。是书首尾完整,凡四十卷,据书前影印说明知其底本为北京师范大学图书馆所藏清抄本。[①] 杭世骏(1696—1772)字大宗,浙江仁和人,清前期著名学者,晚年曾筑"补史亭",以补注《金史》,自称其书名曰"金史补阙"。[②] 此书流传至今者绝少,以往学界所知者仅有零星的残稿本及传抄本(详见下文),对其完整面貌则全无了解。此次影印出版的《金史补阙》为四十卷之完帙,如其确为杭氏之书,无疑可谓海内孤本,对金史研究及史学史研究均具有重要价值。然而,事实情况并非如此。

　　让我们先来了解一下这部《金史补阙》的大致情况。此书一函八册,每

---

① 题杭世骏:《金史补阙》,《中华再造善本·明清编》,国家图书馆出版社,2014年。
② 此书编纂大略参见杭世骏《道古堂文集》卷一九《补史亭记》,《清代诗文集汇编》影印乾隆四十一年刻光绪十四年汪曾唯增修本,上海古籍出版社,2010年,第282册,第206—207页;许宗彦《鉴止水斋集》卷一七《杭太史别传》,《清代诗文集汇编》影印清嘉庆二十四年德清许氏家刻本,上海古籍出版社,2010年版,第488册,第170页。"金史补阙"之名始见于杭氏《哭厉征君(鹗)》一诗中(《道古堂诗集》卷一六,第282册,第608页)。

半叶十二行行廿三字,无格。扉页有题识云:

> 全书四十卷,仁和杭大宗补注,世无刻本。有抱经堂、知不足斋藏
> 书印,盖乾嘉间抄写本,字虽不精,亦二百年物也。高密管真六书佶向
> 予索二百圆,以刀布二枚又银百圆易得之。近酷嗜善本而资力弱小,鬻
> 祖宗所遗田园,人皆非笑予之愚,不顾也。民国十五年荷月胶澳张镜芙
> 识于二观山房。

按张镜芙即张鉴祥(1890—1955),字镜芙,山东诸城人,近代著名藏书家、目
录学家。由题识可知,此书乃张氏自书贾手中购得,因其钤有卢文弨(抱经
堂)及鲍廷博(知不足斋)藏印而断为乾嘉时旧物。此题识后为"《金史补
阙》目录",之后为正文,每卷首行题:"《金史补阙》卷之某",次行下端题"仁
和杭世骏补注、汪惟宪审"。目录首叶钤"抱经/堂藏/书印"、"北京师范大学
图书馆"二印,卷一首叶钤"抱经/堂藏/书印"、"歙西长/塘鲍氏/知不足斋/
藏书印"。卷末另有一印"安丘郭连珍宝生监藏",安丘地近诸城,郭氏未详
何人,从题识仅及卢、鲍二印判断,此书为其收藏疑在张氏购置之后。书中
有朱笔点断,人名皆加专名号,间有校改,笔迹与题识同,知亦为镜芙所书。

若仅着眼于题名、藏书印这样的表面信息,自然很容易将此书当成难得
一见的孤本秘籍。然而,若对内容稍加考察就会发现,其实大谬不然。

首先引起我们怀疑的是,这部所谓的《金史补阙》与现存其他杭世骏补
注《金史》的著作从形式到内容全无相近之处。如前所述,以往学界已经注
意到,杭氏补《金史》之作有少量残卷流传至今,多题作"金史补"。如国家图
书馆藏有此书稿本四卷,分别为《艺文志》、《风土志》及列传卷六十三、六十
四;① 而北京大学图书馆则藏有其中《世纪》、本纪(太祖、太宗)部分的传抄
本。② 从这些残卷可以大致看出,杭世骏补注《金史》的基本体例是依托《金

---

① 国家图书馆缩微胶卷索书号:02059。
② 北大藏有此书清抄本一部(索书号:NC/2690/4147),民国抄本一部(索书号:NC/2690/4147.1)。
　与之内容基本相同的抄本还藏于浙江图书馆、中山大学图书馆、社科院历史所图书馆、日本京都大
　学东方文化研究所等处。

史》原文,寻找其他文献以补证之。如本纪、列传部分往往先列原文,而后补充史料,每则史料皆注明出处,而《艺文志》、《风土志》这样的志书则独立成文,补《金史》之未备,允称体例谨严。而这样的内容、体例则全不见于所谓《金史补阙》,二者可谓大相径庭。

且看《金史补阙》之目录:"卷一太祖武元皇帝上;卷二太祖武元皇帝下……(此间二十余卷皆为皇帝纪,名目从略)……卷二十六义宗皇帝;卷二十七开国功臣;卷二十八文学翰苑上;卷二十九文学翰苑下;卷三十楚国张邦昌录;卷三十一齐国刘豫录;卷三十二:立楚齐国册文、检视宋国库藏、取去宋国印宝、宗族随二帝北迁;卷三十三:天文、地理、燕京制度、汴京制度、陵庙制度、仪卫;卷三十四:旗帜、车伞、服色、千官品列;卷三十五:杂色仪制、诰敕、除授、天会皇统科举、天德科举;卷三十六:皂隶、浮图、道教、科条、赦宥、屯田、田猎、兵制;卷三十七:两国往来誓书;卷三十八:京府州军;卷三十九:初兴风土、男女冠服、婚姻饮食;卷四十:许奉使行程录。"显然,此书编纂体例及内容与上述《金史补》残卷判然有别,绝非一书。

将此所谓《金史补阙》与其他文献对照可知,该书从目录到正文居然全盘抄自《大金国志》,是一部彻头彻尾的伪书!

检《大金国志》目录,全书正为四十卷,且每卷之名目与上引《金史补阙》完全相同。再审两书之正文,亦相差无几。以二者卷一首叶为例(见书影一、二),除书名、作者不同外,《金史补阙》从格式到文字皆与《大金国志》完全一致。经逐卷比对,终其全书四十卷,莫不如此。关于《大金国志》一书,学界早有确论,其虽题名宋人宇文懋昭撰,实为元朝书贾射利而作的伪书,①其中天头的小字标目,正是这一时期书坊刻书的标志之一。而题名清人杭世骏所著《金史补阙》竟然与之完全相同,那么,只能有一种解释:所谓《金史补阙》实际上是抄袭《大金国志》而成,只不过改易书名,伪题作者罢了。

---

① 参见刘浦江:《再论〈大金国志〉的真伪——兼评〈大金国志校正〉》,《文献》1990 年第 3 期。

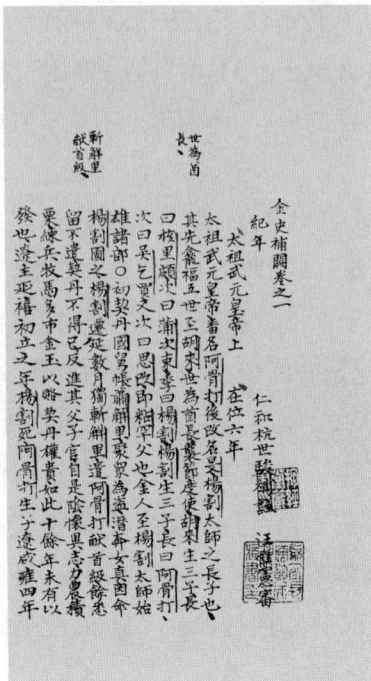

书影一:《金史补阙》卷一首叶　　**书影二:《大金国志》卷一首叶**

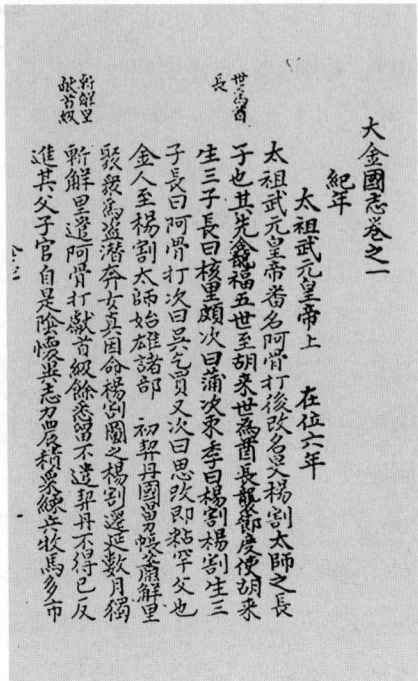

　　透过《金史补阙》中的一些蛛丝马迹,结合《大金国志》一书的版本情况,还可以进一步确定,作伪者所依据的《大金国志》实际上是一个残阙不全的本子。最明显的例证见于《金史补阙》卷40末叶,此叶结尾作"射贵臣、馆伴使副、国信使副离　之胜负各有差就赐袭衣就殿上请国　有差拜辞　酒三行各",其间有明显空行,文义不相联属,且下有阙文。核诸通行的全本《大金国志》,此段原文作:"射贵臣、馆伴使副、国信使副离席就射,三矢,弓弩从便用之,胜负各有差,就赐袭衣、鞍马。次日,朝辞,仪如见时。酒果毕,就殿上请国书,捧下殿。赐使副袭衣、物帛、鞍马,三节人物帛各有差。拜辞讫,就馆。酒行乐作,名为'惜别之会',又曰'换衣灯宴'。酒三行,各……"[1]除

---

[1] 崔文印:《大金国志校正》卷四〇末,中华书局,2011年,下册,第570页。按《大金国志》其他通行版本如扫叶山房刻本、四库全书本等,以及国图所藏三部明抄本皆与此同,并无阙佚。

划线部分外,自"酒三行各"至卷末,全本《大金国志》尚有二百五十余字的内容,《金史补阙》则全部脱佚。检核《大金国志》现存的其他版本系统可知,《金史补阙》的大段脱漏并非偶然。国家图书馆藏有清抄本《大金国志》一部,①其末叶的脱漏情况与《金史补阙》完全一致,类似的脱文还见于国图所藏渔阳山人跋抄本及北京大学图书馆所藏李盛铎跋抄本之中。由此可见,与通行的全本不同,《大金国志》的一些抄本存在卷末大段脱佚的情况,当出于同一版本系统,而《金史补阙》的作伪者所据以抄袭的《大金国志》正来自这一系统。

实际上,这部所谓《金史补阙》之中本就留下了其全抄《大金国志》的直接证据。此书四十卷正文之后,尚有《金国初兴本末》、《经进〈大金国志〉表》、《金国九主年谱》、《金国世系之图》四个附件,四者皆见于《大金国志》卷首,只不过在《金史补阙》中被作伪者移置于书末罢了。其中居然堂而皇之地照录《经进〈大金国志〉表》一文,作伪手法之拙劣、粗疏,于此可见一斑。

通过以上内容方面的考证,我们已可确知,所谓《金史补阙》实际上是一部全抄《大金国志》的伪书。在此基础上,回过头来重新审视被张镜芙视为至宝的卢、鲍两家藏书印鉴,很容易就会发现其中存在诸多破绽,当为赝品无疑。卢文弨确有"抱经堂藏书印",然就管见所及,皆为"抱经堂/藏书印"之朱文长方印,②而《金史补阙》所钤"抱经/堂藏/书印"白文方印不见于诸家印谱,且钤盖歪斜;所谓鲍廷博"歙西长/塘鲍氏/知不足斋/藏书印"不仅字迹模糊,其中"塘"字的写法亦与真品存在一定差异。③ 还可注意的是,此二印印色完全相同,显为同时所钤,这无疑更是其出于伪造的明证。可见,张镜芙所珍视的两枚印章,根本不足为凭。

---

① 国图缩微胶卷号:08045。书末有无名氏跋语曰:"此书得于乾隆丙午十二月郑天福官来,价贰两。"
② 如清华大学图书馆藏清抄本《论语笔解》(索书号:甲963 3282)即钤有"抱经堂/藏书印",此书前有卢文弨题识,此印当为真品。
③ 参见林申清《明清著名藏书家·藏书印》,北京图书馆出版社,2000年,第119页。

至此,所谓杭世骏《金史补阙》的伪书面目已被彻底揭出。那么,这部伪书究竟是何人所作? 此书在民国以前不见著录,而前引张氏题识称其购自"高密管真六书估",这一高密书贾或许就是作伪者。民国时期,伪造善本之风大盛,似这般改头换面,冒充秘籍者并不鲜见。如前所述,《金史补阙》一名因杭世骏本人文集及他人记载而广为后世所知,然此书却罕有流传,对其加以伪造无疑具有巨大的牟利空间。同时,关于杭氏此书的实际卷数、形式内容等关键问题,包括杭氏自述在内的众多记载均未提及,在客观上给作伪者留下了可乘之机。正是在这样的背景下,书贾才想出了用《大金国志》来冒充《金史补阙》的拙劣伎俩。

不幸的是,这一并不高明的作伪手法居然轻而易举地骗过了目录学家张镜芙。此伪书经张氏题识,又藉由其手流向世间,最终入藏北师大图书馆。上世纪七十年代至九十年代编纂《中国古籍善本书目》时,未及细查,始将其归入善本之列,①但似乎并未进入研究者的视野,亦未见其有何影响。如今,《中华再造善本》竟不加甄别,将此伪书作为孤本秘籍影印出版,使之化身千万,广为流布,难免会对学界产生误导。亡羊补牢,犹未为晚。所幸伪书付梓未久,倘此辨伪小文能使其负面影响有所减轻,则亦笔者之幸,学林之幸也。

附记:本文初稿完成于 2014 年 11 月,并在 2015 年 1 月 25 日第二届"丝绸之路与杭州"学术研讨会上宣读。临近刊发时偶见徐旭晟《杭世骏〈金史补〉稿、抄本及其史学价值》(《史林》2014 年第 6 期,于该年 12 月出版)曾提及北师大所藏《金史补阙》,徐氏未见原书及《中华再造善本》影印本,仅根据书目著录及首叶书影提出:"此本四十卷,与现存诸稿、抄本相去甚远,却与《大金国志》卷数暗合,故疑该本系《大金国志》的抄录本,并加以补注,而非《金史补》。因未窥全貌,故阙疑不论。"

---

① 《中国古籍善本书目·史部》,上海古籍出版社,1991 年,上册,第 85 页。1961 年《北京师范大学图书馆中文古籍目录》及 2002 年《北京师范大学图书馆古籍善本书目》皆未著录此书。

这一怀疑洵具卓识,但从我们目验后的研究来看,此伪书又绝非"抄录"、"补注"那样简单。

（原载《史学史研究》2016 年第 2 期）

李文田手稿的再发现：国图藏《四库全书表注》初探

　　国家图书馆善本部藏有《四库全书表注》一部，不著撰人名氏（典藏号为18460）。国图馆藏目录著录此书云："《四库全书表注》不分卷，清抄本，五册，字数、行数不一，无格。"①《中国古籍善本书目》《中国古籍总目》亦仅著录书名。今检此书之内容，旁征广引，对纪昀所撰《进四库全书表》逐句加以笺注，堪称精博；更为难得的是，其中字迹清丽遒劲，非一般俗手所撰，又多朱墨涂乙之迹，绝非普通抄本，而是一部珍贵的稿本，值得我们充分重视。然而，除了国图上述语焉不详的记载之外，就管见所及，当今的研究者再无片语涉及此书，遑论专门论述。兹不揣固陋，就此书的作者、成书及流传等问题略陈拙见，以期引起学界对此稿本的研究兴趣。

一、稿本的作者与来历

　　该稿本分为五册，前四册封面依次题作"四库全书表注"一、二、三、四，

---

① 《北京图书馆善本书目》，北京图书馆出版社，1989年，第1118页。

第五册封面无字,由此推断,此书原为四册,后经重装,将原本的第四册拆分为两册(此点在后文的论述中将得到进一步证实)。此书仅首尾叶钤"北京图书馆藏",未见其他藏书印鉴。其内容主要为一种笔迹书写而成,其中的涂改、粘签则似乎出自多人之手。

如学界以往所知,民国间林鹤年曾著《四库全书表文笺释》四卷,今存刻本,与此书标题类似。然取之与此书相对照,内容鲜有契合者,知此非林氏之书。那么,这部稿本究竟出自何人之手呢? 这还需要在传世的其他文献中寻找线索。

李渊硕所撰《顺德李文诚公行状》称传主李文田"著有《元秘史注》、《元圣武亲征录校注》、《元史地名考》、《塞北路程考》、《和林金石录》、《西游录注》、《双溪醉隐集笺》诸书。又著《四库提要进书表注》、《撼龙经注》,旁征博引,多所考据"。[①] 按李渊硕为李文田之子,此行状称其父著有《四库提要进书表注》一书,似与国图所藏《四库全书表注》书名类似。又检吴道熔所著李文田神道碑,记载其著述曰:"《元圣武亲征录注》一卷、《元秘史注》十五卷、《双溪醉隐集笺》六卷、《西游录注》一卷、《朔方备乘札记》一卷、《和林金石录》一卷、《和林诗》一卷、《撼龙经注》一卷,已刊行。《元圣武亲征录注》、《元秘史注》,尤精博,见称于时。别有《元史地名考》、《西使记注》、《塞北路程考》、《进四库全书表注》、诗文集、金石跋尾若干卷,稿藏于家。"[②]其中《进四库全书表注》显然即行状所称《四库提要进书表注》,而其书名较诸国图所藏稿本则仅多一字。

以上碑传资料虽然所记书名有所歧异,但可确知,李文田(1834—1895)曾有一部著述专门为《四库全书》进书表作注。那么,国图所藏稿本《四库全书表注》会不会就出自李氏之手呢? 我们可以通过其中的字迹来加以判别。按李氏为晚清书法名家,其墨宝流传至今者为数不少。如国图即藏有《西游

①李渊硕:《顺德李文诚公行状》,北京大学图书馆藏清末铅印本,叶 17a。
②吴道熔:《淡盦文存》卷二《礼部右侍郎李公神道碑铭》,《近代中国史料丛刊续编》第 20 册,文海出版社,1975 年,第 69—70 页。

录注》（索书号：13945）、《元史地名考》（索书号：18568）、《元朝秘史注》（索书号：00761）、《二李书札》（17905）等多部李氏手稿，将这些手稿与《四库全书表注》相对照，字迹完全一致，当出自同一人之手。由此我们可以断定，国图藏《四库全书表注》实乃李文田之手稿。

那么，这部稿本是如何流落到国家图书馆的呢？这个问题可以在前人的珍贵记录中找到部分答案。顾廷龙1939年3月27日致叶景葵信云："今日有书友送来两种甚好。一为沈学子批《韩昌黎诗集》……一为《四库表文注》，无撰人名氏，察其笔迹乃李仲约手稿，迹其所自，知由李劲庵（原注：仲约孙）押出，今已逾限矣。惟林朴山亦有《四库表文笺释》（原注：嘉业堂刻），且谓尝见李仲约注本，互参闻见。相较之下，尚有详略。索价二百元（原注：振文斋，旧为来薰阁伙）。馆中尚未定其去留耳。"①当时顾氏任职于燕京大学图书馆，负责为该馆买入古籍，此信即是就书籍去留问题向叶氏咨询。这里提到的李仲约（李文田字仲约）手稿《四库表文注》，显然就是国图所藏《四库全书表注》，只不过信中记载书名并不规范罢了。由顾氏此信可知，此稿本曾为李文田长孙李劲庵（1907—1997）抵押至当铺，逾期未取，遂在世间流通，后为振文斋所得，此时欲卖与燕大图书馆。几天后（4月3日），叶景葵就此事覆函云："奉廿八日所发复示，欣悉一切……《四库表文注》则馆中倩人一抄足矣（原注：如馆中不欲抄，乞为代抄，费由弟寄上）。"②可见叶氏并不赞同购买此书。4月10日顾氏覆函曰："若农《四库表文笺注》如能多留几日，必为传钞。"由此可知，这部稿本当时并未被燕京大学图书馆买下，而是在后来辗转入藏北图。1959年版《北京图书馆善本书目》著录善本一万一千余部，而无此稿本，③至1989年所出新版善本书目中方才著录此书，可知其当在六十年代至八十年代间入藏国图。

---

①顾廷龙：《顾廷龙文集》，上海科学技术文献出版社，2002年，第753页。

②叶景葵：《叶景葵致顾廷龙论书尺牍》，《历史文献》第1辑，上海社会科学院出版社，1999年，第31页。

③《北京图书馆善本书目》，北京图书馆出版社，1959年。

二、《四库全书表注》的成书与流传

在明确了这部稿本的来历之后,我们还需进一步追问,这部稿本最终是否成书? 或者说,这部稿本是否被抄录成定本并流传于世?

遍检诸家书目,并未发现关于此书成书情况及版本流传的记载。不过,近年的古籍拍卖记录中保留了宝贵的线索。盘龙企业拍卖股份有限公司2001 年 1 月 7 日"新世纪迎春拍卖会·古籍善本"上曾展出《四库全书表注》钞本一部,1 函 4 册,内封有题记云:"上《四库全书》表,传闻纪文达公手笔。此帙乃先侍郎公归养时所注,原稿已失,今从苏器甫师处借钞本,倩人录回。谨识之以期永宝。渊硕记。"①显然,这部《四库全书表注》与国图所藏稿本同为一书,且为后者的传抄本。此本最终归属何人,现不得而知,但它的存世本身就能为研究者提供不少的信息。

首先需要指出的是,此抄本为四册,而国图所藏稿本则为五册,疑稿本的后两册(仅第四册题为"四库全书表注四",第五册无标题)在后来抄录时被合为一册。

接下来讨论题记的问题。此题记未著年月,作者李渊硕(1881—?)即前引《顺德李文诚公行状》的作者,李文田之子,从文义可知,此题记作于李文田殁后(1895 年以后)。其中称此书为李文田"归养时所注",所谓"归养"者盖指同治十三年(1874)六月李氏奏请归养老母获准,于九月离京返乡,则李渊硕意谓是书当成于此后。然而,考察时代更早的相关记载可知,这一说法存在明显的问题。据王闿运(1833—1916)《湘绮楼日记》同治十二年(1873)四月二日云:"读仲约《四库书表注》四本。仲约之学,盖喜通博。"②按王氏为李文田(字仲约)同时代之人,二人过从甚密。从此记载可知,李氏《四库全书表注》一书完成后,曾呈王氏阅览。其中称此书为四册,疑王氏所见并

---

① 姜寻:《中国古籍文献拍卖图录》,北京图书馆出版社,2003 年,第 460 页。
② 王闿运:《湘绮楼日记》,学生书局,1985 年,第 122 页。

非稿本,也是誊抄、合并之本。由此可知,《四库全书表注》最晚至同治十二年以前即已成书,当时李氏尚未归养,而李渊硕亦未出生,其在抄本题记中关于此书成书时间的说法显然得自后来的传闻,并不足以凭信。

不过,关于《四库全书表注》定本的流传问题,这篇题记还是提供了重要的信息。李渊硕称此抄本乃传抄自苏器甫所藏抄本。按苏器甫即苏若瑚(1856—1917),字器甫,广东顺德乌洲人,李文田弟子。从此题记所反映的情况可以想见,李氏《四库全书表注》确曾一度以抄本的形式流传。关于这一推断,可以在其他文献中找到佐证。如前引顾廷龙信函所提及,清末林鹤年曾作有《四库全书表文笺释》一书,性质与李氏之书类似,其叙文称:"又博访诸通人及李仲约先生注本,互参闻见,商榷是非。觉始焉粗得崖略者,今不厌求详矣;始焉怀疑莫决者,今涣然冰释矣。"①此序作于宣统元年(1909年),知林氏创作此书过程中曾参考过李氏之书,揆诸文义,则其所见当为定本而非稿本。另外,缪荃孙亦曾得获此书。《艺风老人日记》乙卯(1915年)七月十一日云:"送《盐法通志》、《留溪外传》、《陈御史集》、《四库表注》,交孙莘如转交。"②按其中所谓《四库表注》恐亦指《四库全书表注》一书,缪氏与李文田交厚,在其《日记》中屡以"顺德师"、"若农师"称之,且两人多有书籍往还,疑此书亦为缪氏所抄得,并将之交与孙毓修(1871—1922,字莘如),由孙氏转交他人。可见,此书成书后,确曾在一定范围内传抄、流传。

经过本文的初步讨论可知,国图所藏《四库全书表注》实乃一部不为人知的李文田手稿。此书成书后,曾以少量抄本流传,至今抄本亦已罕觏,这部稿本则无疑更显珍贵。李氏为晚清著名学者,于版本目录之学造诣极深,同时亦为书法巨匠,故这部稿本兼集文献学价值与书法价值于一身,值得引起相关研究者的高度重视。

(原载《国际汉学研究通讯》第 12 辑,北京大学出版社,2016 年)

---

① 林鹤年:《四库全书表文笺释叙》,《求恕斋丛书》本,叶 1b。
② 缪荃孙著,张廷银、朱玉麒主编:《缪荃孙全集·日记》,凤凰出版社,2014 年,第 394 页。

《辽史补注》与史注传统

　　著名辽金史专家陈述(1911—1992)所著《辽史补注》近日在中华书局出版,诚可谓辽史学界一大盛事。此书始撰于上世纪三十年代,历经数十载的改撰增补,至作者去世时仍未完全定稿,实乃陈氏最重要的遗著,更是其毕生研究辽史之结晶。全书依元修《辽史》旧有卷帙,先录原文,继而广征相关文献,逐段加以补注。据粗略统计,《补注》所引文献逾九百种①,虽然此项数据对直接征引与转引文献未加区分,所得结果当较实际情况为多,但仍可大致反映该书在搜罗史料方面所投入的心血及取得的成就。今本共编为十册,排版字数约二百四十万字,较原中华书局点校本(主要点校者亦为陈述)之九十万字增广颇多。如此鸿篇巨制,堪称辽代史料之渊薮,治斯学者自须常备案头,反复研磨,其中的学术意义也只有在研究各具体问题的后来人与之产生对话、碰撞时才能真正彰显;同理,对于这笔学术遗产的全面评价,当然也需要学界经过很长一段时间的消化吸收方可切实展开。与书中宏富的内容一样,《辽史补注》的编纂形式本身其实亦颇值得考究,其中不仅关涉到

---

① 参见景爱《陈述学术评传》附录三《辽史补注征引文献》,花木兰出版社,2006 年,第 51—52 页。按其所据当为出版前之稿本。

古代史书补注传统之源流、优长与不足,同时也蕴含着对辽史学界既有成果的总结、对新兴取向的提示,本文即尝试从这一角度略作管窥。

一、从陈寅恪《辽史补注序》说起

二十世纪四十年代初,陈述撰成《辽史补注序例》(今中华书局本题作《自序》),陈寅恪为之序,开首即云:"裴世期之注《三国志》,深受当时内典合本子注之熏习,此盖吾国学术史之一大事,而后代评史者局于所见,不知今古学术系统之有别流,著述体裁之有变例,乃以喜聚异同,坐长烦芜为言,其实非也。"[1]陈寅恪提出此说实际上是基于两个背景:其一,南朝宋裴松之注《三国志》是现存第一部以大量增补史事为主要内容的史注著作;其二,以刘知几为代表的后世史评家多批评裴氏"喜聚异同,不加刊定,恣其击难,坐长烦芜"[2]。陈寅恪认为裴注所开创的史注传统取材详备,实有保存史料之功,又见陈述《序例》"所论宁详毋略之旨"正与此合,故称"《补注》之于《辽史》,亦将如裴注之附陈志,并重于学术之林"。《辽史补注》在正式问世之前的七十多年间一直享有盛誉,为学界所期待、瞩目,很大程度上与陈寅恪此序的高度评价及其中所论古史补注传统源出佛典说的广泛流传密不可分。

将《三国志》裴注这类史注体例之渊源追溯至佛家经典合本子注,是陈寅恪的著名论断之一,除此序文外,尚见于氏著《杨树达〈论语疏证〉序》《读〈洛阳伽蓝记〉书后》《徐高阮重刊〈洛阳伽蓝记〉序》诸篇。所谓"合本子注"并非佛典固有成词,而是陈氏提出的一个新概念,他在《支愍度学说考》称"中土佛典译出既多,往往同本而异译,于是有编纂'合本'以资对比者焉","其大字正文,母也,其夹注小字,子也,盖取别本之义同文异者,列入小注中,与大字正文互相配拟,即所谓'以子从母','事类相对'者也"。可知,陈

①《陈寅恪序》,陈述:《辽史补注》,中华书局,2018 年,第 1 页。此文原题"辽史补注序",手稿首页书影见《辽史补注》卷首。

②刘知几:《史通》卷五《补注》,浦起龙《史通通释》,王煦华整理,上海古籍出版社,2009 年,第 123 页。

氏所谓"合本子注"是指汇集不同佛经译本,制成"合本",加以比较研究,以一本为正文(母本),复以小注形式呈现异文(子注)。他认为裴注聚异同、存史料之法即受此影响。有研究者指出,"合本子注"概念的核心当在于"合本",其特点在于罗列平行文本进行对勘,而陈氏本人对于这一概念的理解和阐述亦存在前后矛盾之处①。

对于陈氏援内典为裴注来源的观点,周一良表示过明确质疑,认为裴注"多为补遗订误,而非字句出入,往往连篇累牍,达千百言,这与同本异译简单明了的情况有很大不同"②,指出了二者在注释内容和篇幅方面的巨大差异;胡宝国则在肯定周说的基础上进一步从经学影响的消退、南朝知识至上的风气及晋宋之际书籍整理、学术总结的盛行等方面分析了裴注的成因③,重新阐释了裴注出现的历史背景,客观上也消解了陈氏之说。尽管仍多有论者力主陈说,但似乎又都无法提出切实的论据,如认为"合本子注对史注内容是否起到影响或许还存在争议,但在体式上,子注对史注,尤其对史书自注无疑产生了许多积极的作用"④,其所谓子注体式是指史书小注的出现始于裴注,这显然忽视了经学注解中早已出现的小注传统(如最为典型的汉代章句等),而裴松之本人即为当时的经传学家,著有《集注丧服经传》,其以经学之小注形式融史学之时代内容,似更近情理。综合现有研究成果来看,陈寅恪之说从内容、形式等方面都很难得到史料的支撑,中国古代史书补注传统的出现似乎还是应该放在史学脱胎于经学而在魏晋以后逐渐取得独立地位的内在理路中理解,晋宋之际的社会风气、物质学术条件的转变构成其

---

①参见吴晶:《陈寅恪"合本子注"说新探》,《浙江社会科学》2008年第12期,第84—88页;于溯:《陈寅恪"合本子注"说发微》,《史林》2011年第3期,第84—90页;陈志远:《"合本子注"再检讨》,《汉语佛学评论》第6辑,上海古籍出版社,2018年,第101—117页。

②周一良:《魏晋南北朝史学著作的几个问题》,收入《魏晋南北朝史论集续编》,北京大学出版社,1991年,第91页。

③参见《汉唐间史学的发展(修订本)》,北京大学出版社,2014年,第71—85页;《知识至上的南朝学风》,《文史》2009年第4期,第151—170页;《东晋南朝的书籍整理与学术总结》,《中国史研究》2017年第1期,第59—72页。

④赵宏祥:《自注与子注——兼论六朝赋的自注》,《文学遗产》2016年第2期,第65—74页。

背后的实际动因。

陈寅恪《辽史补注序》在上引开首一段后又称"赵宋史家著述,如《续资治通鉴长编》《三朝北盟会编》《建炎以来系年要录》,最能得昔人合本子注之遗意",是将南宋史家长编考异之学亦归于合本子注之余脉。似乎在陈氏看来,凡以小注保存不同材料之史注皆可溯源于此。但这里存在的问题就更为明显:首先,史家自注与后人补注在功能上存在本质区别,著史者自撰考异,实欲明正文去取之原则,信以传信,疑以传疑,而与后人补注前史时尽力搜罗、铺陈排比大异其趣;其次,宋人长编考异之学始自司马光《通鉴考异》,陈氏所举南宋三史皆祖法于此,然温公《考异》并非附于《通鉴》原文,而在书外别本单行,与前代史注判然有别,更与佛家合本子注相去甚远。

《辽史补注序》又云:"回忆前在绝岛,苍黄逃死之际,取一巾箱坊本《建炎以来系年要录》抱持颂读,其汴京围困屈降诸卷,所述人事利害之回环,国论是非之纷错,殆极世态诡变之至奇。然其中颇复有不甚可解者,乃取当日身历目睹之事,以相印证,则忽豁然心通意会。平生读史凡四十年,从无似此亲切有味之快感,而死亡饥饿之苦遂亦置之量外矣。由今思之,倘非其书喜聚异同,取材详备,曷足以臻是耶?"从中可以看出,陈寅恪之所以对于"喜聚异同,取材详备"的注史体裁大加推许,特别表彰佛家合本子注形式的积极影响,甚至带有强烈的感情色彩,实与其切身遭际、家国命运有关,似不可一概以学术因素论之。

二、"考证之学,譬如积薪"

裴松之开创聚合材料、补注史书之传统,但在此后相当长的历史时期中,这种体裁并未取代原本的名物训诂之法而成为古代史书注解的主流。直至清代乾嘉时期,考据学风大盛,与此史书补注之旨颇相契合,因而涌现出一批模仿裴注之作,如惠栋《后汉书补注》,杭世骏《三国志补注》《金史补阙》、赵一清《三国志注补》、彭元瑞、刘凤诰《五代史记补注》等。其中与《辽史》相关者，主要为厉鹗《辽史拾遗》、杨复吉《辽史拾遗补》，而将此二者合为一书，正构成了陈述撰作《辽史补注》的萌芽和基础①。《辽史补注序例》称"补者效褚少孙之补《史记》，注者效裴松之之注三国"，其实，全书补撰的部分只占很小一部分，主要还是注文，可见此书的基本定位就是远祖裴注，近仿厉、杨二氏之书，以后者为实际基础再行增补。

清末民初，补注之学出现了继乾嘉之后的又一个高潮，如唐景崇《新唐书注》、王先谦《汉书补注》《后汉书集解》《新旧唐书合注》、吴士鉴《晋书斠注》等，皆属此类。针对刘知几批评补注之体为"吐果之核、弃药之滓"，陈述在《辽史补注序例》中反驳曰："有未尽然者，即补注所资，是否为修史时所已见，纵令修史所捐，是否仍有助于考史，是则王先谦、吴士鉴、唐景崇等所以仍有两汉、晋、唐诸书之补注也。"②显然，陈氏是有意识地将自己的工作纳入到传统注史的谱系之中，《辽史补注》亦可看作当时学术风尚影响下的产物。

同时还应该注意到，《辽史补注》之作，实际上是对有清以来关于《辽史》实证研究成果的全面吸收。除厉鹗、杨复吉二书外，书中引用了大量清人关于《辽史》及辽代史事的考证，主要包括顾炎武《日知录》、顾祖禹《读史方舆纪要》、朱彝尊《曝书亭集》、姜宸英《湛园札记》、何焯《义门读书记》、乾隆殿本《辽史》考证、钱大昕《廿二史考异》《十驾斋养新录》《养新余录》《潜研堂集》《诸史拾遗》、赵翼《廿二史札记》、王鸣盛《十七史商榷》、清廷官修《满洲源流考》《日下旧闻考》、李友棠《辽史纪事本末》、毕沅《续资治通鉴·考异》、江师韩《韩门缀学》、阮葵生《茶余客话》、俞正燮《癸巳类稿》、周春《辽诗话》、道光殿本《辽史》考证、梁章钜《浪迹丛谈》、张穆《蒙古游牧记》、戴熙《古钱丛话》、何秋涛《朔方备乘》、文廷式《纯常子枝语》、李慎儒《辽史地理

---

① 参见《辽史补注后记》，第 3773 页。
② 《序例》，《辽史补注》，第 11—12 页。

志考》等数十种①。同时,民国年间专门考订《辽史》之著作如陈汉章《辽史索隐》、若诚久治郎《辽史索引》、谭其骧《辽史订补》、张元济《辽史校勘记》、罗继祖《辽史校勘记》、冯家昇《辽史初校》等,亦成为陈述著书的直接资料来源。这些考证成果都以校补、考据为共同特点,一方面构筑了《辽史补注》的创作基础,另一方面也规定了长期以来辽史研究的基本取向。

元修《辽史》素以简陋著称,对于辽史研究者而言,"穷尽史料"既是必须的,也是可能的②,而补注这一体裁正是在实证层面穷尽史料的最好方法,陈述更是这方面的先行者、实践者。从《辽文汇》到《全辽文》,从《辽金闻见汇录》到《辽会要》,无一不是这一取向的体现,直至《辽史补注》蔚为大观。

综上可知,《辽史补注》既可视作补注传统作用于《辽史》研究的集成之作,又是对有清以来考订辽代史事成果的倾力囊括,同时也是陈述毕生学术追求的收束凝缩,具有多重的总结性质。此书的问世,在某种意义上讲,标志着辽史研究史料体系的基本确立。在史料匮乏的辽史研究领域,新材料的开拓往往是可遇而不可求的。就可预期的未来而言,元修《辽史》在史料体系中所占据的核心地位仍然不可撼动。探索新史料的工作当然永远不会停歇,只不过经过《辽史补注》"竭泽而渔"式的搜讨,后来者很大程度上只能在其基础上进行局部、零星的补充,而很难从根本上改变、突破这一史料体系的主体架构。

关于《辽史补注》一书对既往研究的继承、总结性质,作者有着明确的认识和清晰的表述。《补注序例》称"寅恪先生有言:'考证之学,譬如积薪。'今即就前贤所积者,续为增补,用资参证。"此处所借用陈寅恪"积薪"之喻,见于陈氏《三论李唐氏族问题》:"夫考证之业,譬诸积薪,后来者居上,自无

---

①除此之外,朱明镐《史纠》、徐乾学《资治通鉴后编·考异》、邵晋涵《旧五代史考异》、姚范《援鹑堂笔记》、秦蕙田《五礼通考》、沈家本《历代刑法考》、汪辉祖《九史同姓名略》等书亦有对《辽史》的考证研究,《补注》未及征引。

②参见刘浦江:《穷尽·旁通·预流:辽金史研究的困厄与出路》,《历史研究》2009 年第 6 期,收入《宋辽金史论集》,中华书局,2017 年,第 3—5 页。

胶守成见，一成不变之理。寅恪数年以来关于此问题先后所见亦有不同，按之前作二文，即已可知。"①细味陈氏原文，似与《补注序例》引述之旨趣略有差别。陈寅恪所强调者本为后来居上、后出转精之意，陈述引用时稍改原义，所欲凸显的无疑是《辽史补注》不断累加、层层递增的特点，而这种特点实际上关涉到补注之体及辽史研究所存在的某些方法论层面的问题。

三、"返于《辽史》之前"

陈述在《补注序例》中将撰作此书之目标概括为"但愿返于《辽史》之前，使大辽一代北方诸族及其与中原相涉之史迹，汇集于此，信而有征"。类似的义涵在其三十年代所作《自序》中还曾表述为"至于把颠倒了的历史再颠倒过来，更需要丰富准确的史料，更需要广聚异同"②。其中"返于《辽史》之前"、"把颠倒了的历史再颠倒过来"的提法与当今史学界常常探讨的"接近或回到历史现场"颇有几分神似，反映了陈氏作为一名现代史家的学术追求。

在陈述看来，实现上述目标的主要途径在于不断地汇集史料、广聚异同，其以"积薪"为喻强调不断累加、层层递增的重要性正在于此。我们姑且将这种研究方法称作对史料做"加法"，即以一种核心史料为基本骨架，广泛搜罗各种不同材料，不断填充血肉，史料多一分，对问题的认识可能就丰富一点，从这个意义上讲，补注之体可以称得上是对史料做加法的典范。就《辽史补注》而言，元修《辽史》自然构成了其中的骨架，而补充的诸多材料则是从局部、细节上对其进行补充与修正。

毫无疑问，在史学的积累阶段，史料的"加法"具有极其重要的奠基作用。然而问题在于，只凭借这样的"加法"究竟能在多大程度上达到"返于《辽史》之前"的目标呢？

①收入《金明馆丛稿二编》，生活·读书·新知三联书店，2001年，第346页。
②《自序》，《辽史补注》，第8页。

汉魏时期,史学附庸于经学,史注亦脱胎于经注。补注之体创于晋宋之际,其重要背景是史学逐步从经学中独立出来,但此种注释体裁的基本操作逻辑始终带有明显的经学色彩,即将史著视作一经典文本,以他书加以附益、补充。在这样的脉络和视野下,注史者往往会在不自觉间先接受所注史书呈现出的叙述框架,再以其他史料参合、补正,而对于史书本身的生成过程、文献源流、史料层次及叙述策略,似乎缺乏必要的甄别和研判。这在古代经史注家那里自然无可厚非,但若着眼于现代的史学研究,则恐有未安之处。

以《辽史》为例,其中纪、志、表、传各部分多有元末史官杂抄诸书所新作者,并无辽金旧史原本之独立史源作为依凭,因而这些文本很大程度上只能视作元人对于辽朝历史的理解和再阐释,或可名之曰"元人的辽史观",这种理解、阐释往往与辽朝当时的实际情况存在较大的差距。如《营卫志·部族上》一直被视作研究契丹建国以前部族发展历史的核心文献,但这其实是元人杂糅中原历代正史契丹传及辽金旧史零星记载而成的一部二手文献,其中所述辽代部族的定义、契丹早期史的发展脉络,对研究者产生了巨大的误导;又如《百官志》亦为元人抄撮旧史纪、传敷衍成篇,其所构建的辽代官制体系可谓漏洞百出,根本无法反映当时的实态;再如《部族表》《属国表》之设,特别是所谓"部族""属国"之区分,常常成为研究者热衷讨论的议题,但实际上辽金旧史并未设"表",上述称谓皆系元人新作时强立之名目,自然不可以此讨论辽代的族群关系和国际关系。这类存在系统性、方向性问题的文本在元修《辽史》中比比皆是。如果不对其加以彻底批判、拆解,而仍以其中所见叙述框架为基础加以补注、增广,就很容易被元人的辽史观所牵引,随着《辽史》既定的口径去讲述辽朝当时的史事。如此一来,距离"返于《辽史》之前"的目标恐怕会越来越远。

以上论说绝无苛求贤者之意,而是希望能够在充分尊重、利用前人积累的基础上,从当代学术的问题意识出发,提出另外一种视角和方法,即有时候我们在对史料做加法的同时,也需要适当考虑"减法"。治史者一方面要处理支离破碎的史料,另一方面又需要审慎地考虑史料背后所隐含的整体叙述。一种历史叙述的整体性、连续性越强,越容易被人先入为主地接受,其实这样的叙述框架更加值得警惕。与传统的史注工作不同,面对核心文本所呈现出的看似整饬的历史叙述,我们要做的首要工作应该是抽丝剥茧,正本清源,通过区分不同叙述主体、不同来源的史料,剔除干扰性因素,尽力回归历史主体自身的叙述,继而展开进一步的分析、研究,必要时需要以打破既有历史叙述连续性的方式来求得新的连续性。如此对待史料的态度,或许更有助于突破元修《辽史》的禁锢,接近辽朝当时的历史现场。

"加法"与"减法",并非截然对立的两种视角,而是相辅相成,互为表里。所谓"加法"通常表现为考据举证、网罗材料,而所谓"减法"则可以归结为立足于史源学的文本批判。在做加法之前,首先须对所获文本进行溯源、拆解,将其置于不同的叙述脉络和史料层次中加以考量、运用;而在做减法之时,自然亦离不开排比、参证之功,只有在充分掌握史料的基础上方能开展切实、有效的批判。因此,二者其实应该是现代学术视野中史料处理方法的一体两面,只不过在既往的辽史研究中,我们对于加法强调较多,而对减法的关注则颇显不足。

《辽史补注》可以看作前辈辽史大家对史料做加法的扛鼎之作,无疑会成为后学晚辈不断汲取营养、开拓创新的根基所在。站在巨人的肩膀上,新生代辽史学人有责任在不忘加法的同时,尝试减法,立中有破,破中有立,不断推动整个研究领域的深化与发展。

(原载《文汇报》2018 年 6 月 15 日第 7—8 版)

宋辽金史籍与四库学文献整理琐议

　　新近发布的《关于推进新时代古籍工作的意见》被视作现阶段开展古籍工作的纲领性文件，其中第八条为"提升古籍整理研究和编辑出版能力"。当前古籍整理的主要形式包括点校、影印两种，兹结合具体的研究、教学实践，从宋辽金史籍和四库学文献出发，谈谈我对目前这两类古籍整理工作所存在问题的粗浅看法。

　　点校方面，大概有三点值得再加留意。其一，古籍的点校整理应与文献本体的质性研究相结合。整理古籍的基础是对工作对象的深入认识，可以说关于被整理文献性质的判定，特别是真伪、作者、年代、价值等关键问题的认识，从根本上决定了整理工作的用力方向与投入程度。就已经整理的宋辽金史籍而言，不乏名实不符的伪书厕身其间，如所谓叶隆礼《契丹国志》、宇文懋昭《大金国志》、刘时举《续宋中兴编年资治通鉴》及佚名《宋史全文续资治通鉴》等书，其实皆属元朝前期建阳书贾批量造假，基本方法是杂抄、删节当时流行的南北著述而后托名宋人；又如题名辽朝王鼎所著《焚椒录》，一向被奉为辽代文学珍品，实际上很可能只是明朝后期江南文人所赝作的香艳小说。此类伪书并非全无价值，很多亦确有整理之必要，然而如果整理者对文献性质缺乏清醒的认识，对当时整体的书籍史图景罕有关照，则很可能出现方向性的疏误。

其二，底本、校本的选择应以全面深入的版本调查为前提。随着古籍普查、影印、电子化等工作的推进，越来越多的文献版本得为世人知晓、利用，这就要求整理者尽量摒弃从前就近取材、方便为先的版本选择理念，代之以系统摸排、梳理源流、优中选优。真正的版本调查不应满足于《中国古籍总目》《中国古籍善本书目》里的著录，实践证明其中所载往往只是存世版本的一半左右，惟有逐一翻检目前已出所有图书馆典藏目录，辅以电子检索、到馆验核，方可能最大程度地掌握版本情况。在全面调查的基础上，尽量通过选样校勘，梳理版本源流谱系，从中选定底本、通校本与参校本。在已经整理出版的宋辽金史籍中，以下现象并不鲜见，需格外警惕：对于宋元旧刻、明清旧抄尚存者，选用"违碍"文字、民族语汉译遭到篡改的《文渊阁四库全书》本作为底本，导致整理本先天不足、出现大量无谓的校勘记；对于宋元明未刻或旧刻不存者，以清人刻本为底本或主要校本，过度尊信或无意间承袭晚近校勘意见，而对明清抄本反映的早期面貌重视不足；对于仅存《永乐大典》辑本者，笼统地将四库系统视作铁板一块，不加区分，尤其忽视不同阶段、层次的四库稿本、传抄本的差别与意义；对于刻本的前后印、补版等问题缺乏关注，在版本选择、校勘裁断时多有失当等。

其三，笺注、校证等工作应尽量追求"敏锐而有节制"。电子检索时代的到来，不仅改变了资料的获取途径，更在相当程度上改变了古籍整理的呈现形式。在当前学术评价体制的重重挤压下，整理者常常不会满足于原本通行的点断、校勘，而越来越多地希望以笺注、校证的面貌呈现出来，这样做的结果就是作品的篇幅急剧扩充，其中的学术含量却可能因注水而不升反降，在中小型史籍、笔记以及诗文集的整理中表现尤为突出。此种风潮之下，研究者如何做到胡宝国先生所说的"敏锐而有节制"，的确值得深思和探索。个人的实践体会是，整理过程中当然应力求穷尽材料，"竭泽而渔"，但要明白这只是"后台"的准备工作，没有必要甚至可以说大部分都不应该未加按断地直接呈现在读者面前;最终的整理成果则当以问题为导向,区别资料层次,强化考证辨析,重点放在呈现文本本身的源流脉络、矛盾张力及独特价值,避免大水漫灌式的铺陈罗列。

影印方面,总体原则自然是尽可能地保留古籍原貌,但在实际操作中常因各种缘由而难以实现,致使古籍原本所包含的多方面信息有所衰减,并对相关学术研究造成干扰。这类情况中以往较为人知的主要是影印者的描润与改动,如民国时期商务印书馆影印百衲本二十四史及《四部丛刊》存在的种种问题。近年来所出《宋集珍本丛刊》一概采用制式版框,原书版心信息全部遗失;《文津阁四库全书提要汇编》从全书抽取各书卷首提要集中影印,每篇前概加“提要”二字,然内中多有将本属原书目录之内容误作馆臣所拟提要者。类似的影印工作其实是在制造新的版本,与古籍原貌相去较远,使用时须倍加小心。

除了文本内容的更改,这里还想特别提到影印技术、形式的选择对于古籍研究的影响,谨以四库全书相关稿钞本为例。我曾在湖南图书馆发现《续资治通鉴长编》的四库底本,其中保留了大量未经篡改的珍贵史料,藉此亦可看到四库馆臣重新改写原书所见民族语译名的多种手段,比较典型的一种做法是贴纸挖改,即用细薄白纸贴覆原有文字,纸上书写新的译名,透过薄纸尚可约略窥得原本文字。此本于 2016 年由中华书局影印出版,附录拙文《〈续资治通鉴长编〉四库底本之发现及其文献价值》。在审看全书校样时,我注意到出版社所采用的朱墨双色影印方法(按此法当为成本计,全书部头大、印量少,原色彩印造价高昂)难以反映原书所有贴纸挖改痕迹,特别是馆臣贴纸改动前的原始译名无从得见,遂于拙文论及挖改处添加注释曰:“需要特别指出的是,由于此次中华书局影印采用的是朱墨双色技术,原本所贴挖改白纸的颜色无法在影印本中得到体现,致使挖改文字与上下文有一定程度的混同,研究者需仔细留意相关部分字体及字距的差异,对此类情况做出判断。”遗憾的是,这条意在提醒读者注意影印本与原书间存在重要差异的注文,不知何故,并未出现在最终刊行的文本之中。如此一来,利用该本从事相关研究的学者难免会面临一些困扰,甚或认为其中诸多清人改译之名在底本原文中即已存在,从而对全书的性质产生怀疑,这显然是我们不愿意看到的结果。与之类似的还有《四库全书总目》各类稿钞本的影印,从最早出版的《天津图书馆藏纪晓岚删定〈四库全书总目〉稿本》到去年刚刚面世的《〈四库全书总目〉稿钞本丛刊》,一概采用黑白影印的形式,其中如挖改、裁切、粘签等关键细节每遭遮蔽,这也是《总目》文本生成、衍化等核心问题长期悬而未决的症结之一。考虑到四库修书过程中所采用的种种精微细致的编纂技艺,集中展示了古籍生命历程的丰富性与复杂性,很好地呈现出文献学研究的魅力所在,衷心希望今后类似的珍稀稿钞本能尽量采用原样彩印的形式,至少由相应收藏单位或出版机构向社会公布高清彩色照片,相信这会极大地促进四库文献以及其他古籍整理研究工作的深化与发展。

(原载《中国社会科学报》2022 年 8 月 5 日第 5 版)

"四把钥匙"与治史格局

今年是邓广铭先生诞辰一百一十五周年,也是他创办的北京大学中国古代史研究中心(原名中国中古史研究中心)成立四十周年。驻足回望不难发现,邓先生的诸多治学理念对中古史中心的设计蓝图与发展轨迹产生了深刻影响,值得仔细剖析。本文即选取先生最为人熟知的"四把钥匙"之说略加阐发,希望揭示其在通常所谓"入门工具"之外的意义。

1956 年,邓广铭先生在北大历史系的课堂上公开提出,要以职官、地理、年代、目录作为研究中国史的四把钥匙;大约在上世纪八十年代以后,他又进一步明确表述为职官制度、历史地理、年代学、目录学。关于这一说法的来源,邓先生在《〈宋代文官选任制度诸层面〉序言》中称是"参照清代乾嘉学者的意见"提出的。稍加考索即可知晓,这里所说的乾嘉学者应该是指钱大昕和王鸣盛。钱氏《廿二史考异》称"予尝论史家先通官制,次精舆地,次辨氏族,否则涉笔便误",《二十四史同姓名录序》亦曰:"予好读乙部书,涉猎卅年,窃谓史家所当讨论者有三端:曰舆地,曰官制,曰氏族。"此盖邓先生所谓职官、地理二者之所从出。而目录一项,或取自王鸣盛《十七史商榷》:"目录之学,学中第一紧要事,必从此问途,方能得其门而入。""凡读书,最切要者目录之学,目录明方可读书,不明终是乱读。"所述与邓先生的一贯立场颇为契合。至于年代,虽未见有明确标举者,但就乾嘉时人而言,钱大昕研治年代之学最深,著有《三统术衍》《宋辽金元四史朔闰考》《疑年录》等书,邓先生提出此条或受其启发,舍钱氏所重之"氏族"而改尊"年代",亦可见时代嬗递对学术旨趣的影响。钱、王二人淹贯四部,出经入史,以上论说看似为入门、避误计,其实无不是基于对学术脉络的通盘把握,对整个学术体系枢机纽带的深刻理解,所谓牵一发而动全身。乾嘉学术的要旨正在于以博通之人治专深之学,故能集传统考据学之大成,就史学言,堪称实证史学研究的第一次繁荣,影响深远。邓先生"四把钥匙"的提出,当然亦不止于具体字词上的参考,更是对乾嘉以来实证史学内在理路的总结、强调和发扬。

在乾嘉史家之外,民国时期的学术风气应是"四把钥匙"说更为切近的渊源。据邓先生晚年回忆,傅斯年提出的"史学即是史料学",与胡适提出的"系统的整理国故",一南一北,推动学界形成了重视史料的风气和氛围,"我置身这样一种学术环境中,受到这种风气的浸染,逐渐在实践中养成自己的治史风格,形成自己的治史观念"(《一位历史学家的不倦追求——邓广铭教授谈治学和历史研究》,《群言》1994 年第 9 期)。邓先生所描述的情形是上世纪二三十年代所谓"新历史考证学派"的兴起,是为实证史学研究的第二次繁荣。这一时期的实证史学,除了批判性地继承乾嘉学术中的"科学"因素外,还受到了德国兰克学派(主要是伯伦汉的《史学方法论》及朗格诺瓦、瑟诺博司合著的《史学原论》)的深刻影响,开始强调分科断代的专史研究。不过,那时候的分科断代多系先为通人而后再治专史,所"通"者除传统四部之学外,往往旁涉西学,治史格局不仅未因专业设置而稍显编狭,反由融会贯通而呈现出前所未有的全新面相。北大文科研究所及中研院史语所的建立,更使得现代意义上的学科交流与碰撞成为可能,如何在新的学科格局中定义与选择史学的核心问题被提上议程。学生时代及前期治学在如此氛围中度过,邓先生对于史料、对于实证史学的认识自然是一派通人气象,他每每引述胡适所谓"大处着眼,小处着手"来对应太史公笔下的"通古今之变,成一家之言"，将后者视作治史的至理名言，毕生努力的方向（见前揭《一位历史学家的不倦追求——邓广铭教授谈治学和历史研究》），正是这种理念的生动写照。

回顾两次发展高峰，我们发现，中国实证史学研究除了求真、求实的考据本色外，还有一份求通的底色。这份底色深植于传统史家学究天人的终极关怀，亦合乎古典学术一以贯之的内在逻辑，最终在新的历史条件下呈现出中西会通的治史格局。作为邓先生对实证史学方法的提炼，"四把钥匙"说的学术内涵在这样的脉络下或许才能得到更为充分的理解。

高峰过后，实证史学在上世纪下半叶遭遇了不公正的对待，曾长期陷入低谷。在五十年代中期"理论挂帅""以论带（代）史"的风潮下，邓先生从自身长期治史、教学的实践经验出发，首倡"四把钥匙"说，应该主要是缘于痛心时弊，力图扭转学风，对基础不牢、荒废学业者有所提醒。这在当时自然不可能产生什么效果，反而在后来的批判运动中被贴了大字报。直至八十年代，学术环境逐渐松解，实证史学得以复苏，"四把钥匙"方才作为一种形象的概括被广泛征引。此说最初为培养人才计，也是先生晚年强调学者应具"独断之学，考索之功"的前提，某种意义上既是门径，也是标准。对于四者的作用，一种比较通行的说法是：作为四种引导学者走上研究之路的先行知识，它们是寻找史料和解读史料不可或缺的工具；不懂职官制度，就难以弄清历史人物身任何职，负责何项政务；不懂历史地理，就难以弄清人物所在、事件发生的地点；不懂年代学，就难以明白人物所处、事件发生的时间；不懂目录学，就不知道到哪里寻找史料。这样的说法反映出当时的现实：历经长时间重理论、轻史料的风潮，史学界满目疮痍，百废待兴，亟需改变"虚妄"的学风，故而从邓先生本人到及门弟子乃至其他学界同道，都特别强调"四把钥匙"对于"求实"的意义。这在当时确属当务之急，不过时至今日，史学发展到新的阶段，我们对于"四把钥匙"的理解似可再进一步：它们并不限于引导初学者入门这样简单，更蕴藏着入门之后开辟学术阵地、拓展学术格局的可能路径，亦即上文所说"求通"层面的意义。

四把钥匙其实可以视作史家分析和诠释历史的四重经纬。职官是政治制度的核心与灵魂,规定了社会运行的机制和框架;地理提供了实在的空间感和现场感,是大到政治结构、小到社会事件赖以附着的基础构造;年代呈现出历史中的时间秩序,更是特定时代精神、气质的依托;目录不仅关乎对历史载体(史料)的认知,更关乎历史解释的源流脉络和史家本身的价值定位。时(年代)、空(地理)两轴加之架构(职官)、脉络(目录)二端,四者各主一面而又相互配合,汇聚在一起,方有可能真正开启历史的神秘之门。四者俱备的综合面相在专题论著中或许不易得见,但在完成历史叙述,例如撰写人物谱传之时却常常是避无可避,而这恰恰构成了邓先生非比寻常的学术特质,尤可见其通人器局。

以今天的学术眼光看,每把钥匙又可从内在的层次(深)、切面的关联(横)、长程的脉络(纵)三个角度分别加以理解。(一)职官制度。深向看,无论是关注制度本体的精密结构、功能和形式,还是着眼于实际政务运作过程与制度规定条文间的距离,都展现出较大的掘进空间;横向看,不同制度间的联动关系、整体制度架构的运转秩序、弥散周遭的制度文化乃至制度对于整个社会形态的塑造作用,已逐渐汇为研究者的关注焦点;纵向看,同类制度的源流衍变、制度沿革的内外动力以及隐伏其间的制度惯性、制度逻辑,构成了历史研究最具魅力的领域之一。(二)历史地理。深向看,是每一个具体地点的丰富性,可能包括自然地貌与人文景观的真实情势及组合方式,人地关系与功能分区,地志记载与地理实态的距离等;横向看,交通路线网络中的位置、区域社会中不同要素的关联结构、整体的军政形势与经济区位,则是空间视角下首先应该观察的对象;纵向看,除了历来强调的建制沿革外,自然条件与交通路线的变迁,人口状况特别是居民社会身份、族群身份的更动等,都可能呈现出原本意想不到的历史脉络。(三)年代学。深向看,史料中所见纪时干支背后可能隐藏着国家颁历与地方制历、通行历法与每年实际用历的参差,以及数字与干支换算时可能产生的问题;横向看,年号的选择、去取多与正统观念、政治文化关系密切,特殊时间节点经常被赋予浓重的象征意义,王朝亦需利用微调日历、周期再现等手段来进行政治宣传,不同政权间纪年方式的区别与互动亦是文化交流的重要方面;纵向看,历法衍变不仅是今人关注的要点,更是古代史家处理的核心因素,古人对于年代学的研究成果会直接影响到他们所编纂的、我们所看到的史料面貌。(四)目录学。深向看,任何史料都非铁板一块,而有着可以离析的文本层次和生成过程,这并不止于对材料原始性的是非判断,而关乎每一部文献的生命、每一种历史叙述的形成;横向看,每部文献其实都牵涉到编纂者所面对的实际情境,整体的文献环境、具体的人书互动关系乃至书籍社会史背景,都可能制约我们对于特定资料的理解;纵向看,贯通的文献源流具有区别于断代史料的意义,书籍形态、体制、义例的演进,知识体系与学术思想生成、流变的内在逻辑,构成了史料碎片背后的宽厚基盘。

总而言之,"四把钥匙"中的每一把其实都蕴含了一个观察历史的视角,甚至是一种独特的思维方式和问题意识,围绕它们进行的深入探索,有望从三个维度全面撑开中国古代史研究的格局。从纵向的维度,每把钥匙均堪称突破断代藩篱的利器,是史学内部获得贯通认识的有效抓手;从深向与横向的维度,每把钥匙所引出的亦多为相应时代的核心问题,无一不具备跨学科对话的可能,政治学、社会学、地理学、民族学、经济学、天文学、考古学、文学等学科都可能被调动起来。上述具体研究理路上的进展,恐非邓先生当年提出"四把钥匙"时所能想见,但四通八达的整体方向应该和他心底对实证史学的理解与期待相去未远。

以上臆解或亦有裨于反思时下的史学路径。作为当代宋史研究的开创者、"海内外宋史第一人",邓先生的通人底色似乎不甚为人提及,类似情况还包括唐长孺、韩儒林、谭其骧等诸位先生。他们常常被定位为在一个断代或专题领域取得最高成就的权威学者,但作为联结民国学术与"文革"以后学术的一辈,他们其实均是通人治专史,笔下的断代史多具通史眼光(或即陈寅恪《陈垣敦煌劫余录序》所谓"通识"),足以牵动前后脉络,甚而影响其他学科。如此说来,我们所习知的、严守藩篱的"断代"治史的研究路径和培养模式,其实只是近四十年逐渐形成的新传统,而背景正是在此之前的三十年剧变,造成原本求真、求通的实证史学传统的不绝如缕以及与之相配套的系统学术训练的严重缺位,故就学术本身的脉络而言,亦未必具有天经地义的合理性。在分科断代治史已呈现过密化趋势的今天,完全回归旧有史学传统既无可能亦无必要,况且深度的断代史研究确可提供十分紧要的专业训练,把握史料的复杂性、获得切实的时代感和历史感皆有赖于斯,因而求通之道似当在探索如何始于断代而不止于断代,究竟是先"渊"后"博"还是非"博"无以致"渊"……循此视角细忖"四把钥匙"的学术意蕴,重观中古史中心与史语所、文研所的学脉关联,以及邓先生草创之际的种种擘画,我们或许又会有全然不同的体悟。

(原载《读书》2022 年第 11 期)

《辽史》与史源学

采访/中华书局　胡珂

整理/北京大学人文社会科学研究院　王瑞

辽史在中国古代史各断代领域,相对没有那么热门,您是如何决定进入这一研究领域的? 在您看来,契丹人建立的辽朝在中国古代史上处于怎样的地位?

苗润博:我刚上大学时关注的就是北方民族史,因为自己出生在农牧交错地带,多沾染"胡俗",比如小时候玩耍的地方就是辽金著名捺钵地鸳鸯泊。在南开读大一时,上王晓欣老师的"中国古代后期史"课,王老师学元史出身,对整个北方民族史都有涉猎,这门课对我影响很大。也许是巧合,当时提交的作业就跟辽史有关,大概是对比了《辽史》和中原文献两个系统所记阿保机长子耶律倍事迹的异同。这个问题现在看来当然很稚嫩,不过至少在当时树立了一种比较明确的感觉:历史学不应该是谈"玄"的学问,而首先应该是考证的学问。

2008 年末刘浦江老师《松漠之间》出版,第二年秋天我读到这本书,感觉与一般做北方民族史的学者的研究路数很不一样。当时我正好在翻《四库全书总目》,很认同、钦佩刘老师由文献入史学的研究路径,于是打定主意要跟从刘老师研究辽金史。2010 年 9 月我从天津跑到北大旁听刘老师的课,课下和他聊起《松漠之间》里用到的一条史料,在史源上可能有问题。返津后收到刘老师邮件,问我愿不愿意来参加他开设的关于《辽史》修订的读书课。机会难得,我就这样懵懂地进来了,开始接受比较正规的辽史训练。

至于辽朝的历史定位,应该说,我当时进入这个领域,很大程度上是被刘老师的学术魅力吸引,并没有考虑辽史如何重要。现在看来,辽朝确实很重要,可以从两个角度来说:第一是中原王朝的视角,这里涉及学术分野的问题。中国古代史掐头去尾的话,中间的历史大概可以用两个七百年来概括,其实就是所谓的两个“南北朝”。第一个当然是魏晋南北朝时期,这一时期的历史入口是东汉,做魏晋南北朝史的学者讨论问题一般都会追溯到东汉。从东汉一直到唐代前期,即从公元一世纪初到八世纪初这段时间,其实构成了一个大的历史单元,南北对立、冲突与融合、交汇是这一历史时期的主动脉。一个很突出的现象是,做第一个“南北朝”史研究的学者往往将这七百年当作一个整体来思考,而且兼顾南北,因此就会做出一种通达的气象。而第二个七百年提的人比较少,这里指的是从安史之乱开始,一直到明朝宣德、正统年间,大概从 750 年到 1450 年的这段时间。就像东汉之于魏晋南北朝一样,安史之乱拉开了晚唐五代辽宋金元历史的序幕,南北的冲突、对立、碰撞、融合再一次逐渐成为最大的问题。这一问题并不以元朝的统一作为收束,政治传统、思想观念、行政建制以及社会各个层面的真正融汇要到明朝中前期。而第二个“南北朝”的实际起点,就是辽和五代、宋的对峙,后来的南北问题都是沿着这一脉络发展的结果。因此,我想说的是,研究辽史不应该把它做成东北地方史,也不能简单地处理为周边民族史,而是要把辽朝放在一种大格局之下来理解。刚才说到,研究第一个七百年历史的学者往往南北通治,前后勾连,那么我们做辽金史,包括宋史,也应该关照南北,把前后七百年的历史作为一个完整的历史单元来处理,“瞻前顾后”“左顾右盼”,这样可能会对辽朝的历史作出更准确的定位。

第二个是北方民族发展史的视角,这一点学界谈的比较多了。辽朝是第一个在坚守草原本位同时经营汉地的政权。当时的蕃汉分治,是针对不同的治理对象(契丹、汉、奚、渤海等)而采用不同的制度。华夏政权从汉朝到唐朝发展出一套典型的中原治理模式,即以郡县制为核心,对周边区域施行比较松散的羁縻统治;而辽朝则开启了一种因俗而治的模式,这种模式被后来的金、元、满清所继承,成为从"小中国"到"大中国"转变的起点。

从以上两个层面,我们大概能看出辽朝在历史上具有枢纽性的地位。

《辽史》是元末修的辽朝史,它在契丹王朝历史研究中的地位如何?

苗润博:辽史研究可用的材料,确实少的可怜。跟同时代的北宋相比,辽代文献留存数量可能连百分之一都不到。从传世文献看,辽朝几乎没有留下史部的文献,留下来的都是佛经。一些所谓辽朝人的史著,现在看来也都是后人所作的伪书。除此之外就是出土文献,比如北京的房山石经、辽朝统治辖境内出土的石刻。从绝对数量上来看,辽朝石刻与魏晋隋唐以及宋元,完全没法比。目前所公布的墓志,加起来可能只有不到三百方,其中还包括几十件解读率极低的契丹大字、小字墓志,这些材料都非常好,但是很难利用。这种情况下,惟一具有契丹王朝官方文献背景的《辽史》就成为研究辽史最基础、最核心、最重要的文献。

基于这样一种史料状况,辽史研究对于《辽史》的依赖程度大约达到九成以上,远远超过了其他断代对于相应时段官修正史的依赖。我们不得不面对一个尴尬的局面:《辽史》的记载基本上规定了辽史研究的主体框架。至于如何突破,每一代人都在想办法,我的办法就是"探源"。

您是在什么契机下开始做《辽史》探源工作的?怎么评价前人对元修《辽史》的认识程度?

苗润博:开始的契机当然就是跟随刘浦江老师做《辽史》点校本的修订工作。刘老师学术起家是邓广铭先生让他逐条考索《大金国志》的史源,通过文献考证逐渐进入金史,后来又把研究慢慢推广到辽史领域。刘老师带着我们重新点校《辽史》的时候,特别强调史源式校勘,注意版本校之外的他校,而他校的前提是对同源文本的利用。这里面涉及很具体的问题。从陈垣的四校法开始,校勘学都在提"他校",但是真正最有用的他校是什么? 是同源文本的校勘,而不是随便用不同系统的文献来校勘。比如一直到现在的二十四史修订本中,一种常见的做法是用石刻里的字来改正史,其实石刻和传世文献完全是两个系统,这样的他校原则上只能出校而不能轻易改字。史源学和校勘学是密切相关的。所以在刘老师的带领下,我们接受的训练既是校勘学的,也是史源学的。当然,那时所理解的史源学还很简单,就是"这条材料从哪儿来的"。

最初,并没有打算做整体性的《辽史》探源工作。项目组大概花了七八年的时间点校了一百十六卷《辽史》,我参与了五年。完整点校下来之后,自然会对《辽史》整部书的来源产生不一样的感觉。做的时候是一条一条地做,但做完之后就会有一种整体的感觉,一种质的变化,进而思考元朝史官在当时究竟利用了哪些材料来写作这部《辽史》。这个时候所关心的就不仅限于具体某条材料从哪里来,而是关注《辽史》整部文献是如何生成的。从史料学到文本学的转变,是一个潜移默化的过程。

2013年夏天我们完成了《辽史》修订本的初稿,之后几年,我又有一些自己的心得,但没有系统整理。一直到2018年春天写完博士论文,发初稿给别人看的时候,有学友指出其中对《辽史》文献来源的判断显得有点突兀。他们会问,你的判断是从哪里来的? 其实就是我们一条一条地点校出来的。这种点校过程中收获的"师傅带徒弟"式的技能,怎么样才能传递给别人?"小圈子"内的共识应该引发更多人的共鸣,哪怕是针锋相对的讨论。所以,我萌生了写这么一本书的念头,毕业后便开始了《〈辽史〉探源》的撰作。

其实早在上世纪三十年代初冯家昇先生就写了一本《辽史源流考》。当时陈垣的"史源学"概念还没有提出来,《辽史源流考》整本书里没有提到"史源"这个词,但它却是第一部用我们后来所说的"史源学"方法研究正史源流的著作。这本书里关于《辽史》文本来源、编撰过程等问题的论断,基本上构成了此后八九十年间辽史学界的主流认识。冯家昇的方法其实主要还是史料比对，比如《契丹国志》现在还保存着，他通过对比发现《辽史》肯定用过《契丹国志》这本书。但是《辽史》中大量的内容，没有现成的、大块的文献可资比对，这些问题就没有能够解决。这也导致我们对《辽史》的认识存在误区：虽然冯家昇离析了一部分《辽史》，但由于离析的部分比较少，所以人们还是习惯于把《辽史》的记载等同于"辽时"的记载。这就是我刚才提到的，《辽史》基本上框定了辽史研究的框架。那么，研究者的学术推进体现在哪里？主要就是"上穷碧落下黄泉，动手动脚找材料"——金石材料、宋代文献、元代文献、高丽文献等等，用这些材料去补充、修正《辽史》，《辽史》很自然就构成了研究的基盘。我们似乎一直是在做加法，但对累加的基盘本身却是分析不足的。

元人在修《辽史》的时候，对旧史材料进行了新的加工和创作，您如何看待元人的这项工作？

苗润博：这里涉及两个层次的问题，首先是元朝人能看到的辽朝史料的情况，其次是元朝史官在此基础上做了哪些加工，没有前一个的问题就说不清楚后一个问题。

以往学界没太注意的一个问题是，辽朝当时的汉文史书本身就具有一定的特殊性。我们看《辽史》，会感觉它和二十四史中的其他书很不一样，非常简陋，本纪一年可能就几句话，而且极少有长篇的奏疏诏令，不要说跟《宋史》，即便是和魏晋南北朝的正史以及后来的金元二史比也相去甚远。这是为什么？一直以来没有一个很好的解释。直到近年俄罗斯学者公布了东方写本研究所藏的一件契丹大字草书写本，这件写本有一万五千字，现在只公布了三页，但其中有三处都出现了同样的标题，大致可译成"大中央辽契丹国诸可汗之记"，而序文的落款年代又正好和辽兴宗时一次重要的修史相对应，也就是说这个抄本很可能包含辽朝的官修史书。

这让人想起了点校过程中遇到的一些奇怪现象。比如《辽史》里记载的宋朝、高丽、西夏的使节或者交战将领，有时候音都是对的，但是字一个都不对。比如潘美，在《辽史》里就有被记作"范密"的，按照现在的读音当然很奇怪,但在中古音中"潘美"和"范密"是可以勘同的。这说明现在看到的《辽史》中的部分汉文记载很可能是听音记事的,这是怎么来的? 我们知道,使节出使都要递名帖,名帖上写有名字,因此直接传抄的汉文记载不可能是记音的。由此推断,现在《辽史》的某些记载很有可能是从契丹文材料翻译过来的。

这一现象和新公布的俄罗斯契丹大字抄本合在一起,使我想到一个问题,辽朝很有可能采用了契丹字、汉文双轨的记史制度,这种制度一直延续到金代,在文献中留下了明确的证据。换句话说,辽朝当时的记史制度决定了现在看到的《辽史》和其他正史的面貌是不一样的。我们能够明显地看到契丹、汉文双轨之间是有主轴的,主轴是契丹文,相当一部分的汉语材料是从契丹文材料翻译过来的。而从更长时段的历史来看,这很可能是北族王朝第一次同时采用本族文字和汉字双轨来记录历史。辽朝的双轨记史制度具有明显的过渡性和不成熟性,与后来蒙古、满清更为完备的双轨制度有相当的差距:彼此之间是独立的两个系统,各记各的。辽朝汉人史官对于中枢政治本身就可能相当生疏、隔膜,加上从契丹文到汉文,再一层一层地留下来,从根本上决定了信息量的衰减,如此形成的汉文记载能在多大程度上保留了当时的史事,我们现在是要打问号的。这是第一个层面,即辽朝当时的记载,就有特殊性。

接下来说元人修史的问题。唐以后的惯例是易代修史,改朝换代后马上修前代正史,也是宣示正统的一种手段。但元末修《辽史》的时候距离辽朝灭亡已经两百多年了。辽朝本身汉文记史的材料就很少,辗转两百多年,幸运流传到元末的材料少之又少,这个时候史官所面临的窘境可以说是空前绝后的。当时所能用到的主干材料就两本书,一是辽朝末年成书的《皇朝实录》,二是金朝中期修的《辽史》。根据我的研究,元人见到的这两种书不仅简陋,而且都有残缺,根本不足以支撑修成一部作为国家最高政治文化工程的正史,因此元朝史官要做很多的添加工作,动各种各样的手脚,一个核心的目的就是充凑篇幅,小书结语中提到了五种具体方法,就不一一列举了。

笼统而言，《辽史》的纪传部分，元朝史官增饰的内容相对较少，源出于辽金两朝旧史的成分比较多，而志和表，元朝史官增加了特别多。顾炎武曾说"纪传一人之始末，表志一代之始末"，志和表是我们理解某个朝代最重要的、框架性的文献，而元朝史官增饰最多的恰恰就是这一部分。在辽金旧史里这些框架本来是没有的或者残缺的，那么元朝史官构筑框架的工作性质、影响就跟小修小补地抄材料完全不一样了。我说《辽史》的记载被等同于辽时的记载，从而构成了《辽史》研究的框架，指的就是元朝人做了大量的加法。其他正史因为面对着很多记载，史官主要的工作是做减法，而元末史官则大量使用宋代文献，包括宋朝国史以及当时尚能看到的一些南朝私家记录，去搭建辽金旧史中并不存在的叙述框架，这种框架性的东西恰恰成为我们探讨辽代历史的束缚。

您探源《辽史》的工作，可以说打破了元人框定的理解框架，在此之后，您认为未来的辽史研究还可能有哪些新的角度、新的空间？

苗润博：史源学视野下的文本批判，落脚点不应该在于"破"，而应该在于"立"。打破旧的认识框架后，我们能呈现出哪些新东西，这个更重要。只破不立的工作当然有意义，但不尽如人意。史源学批判最后的理想状态是，能够呈现出全新的问题空间。小书的结语中提到"走出元人的辽史观"，走出之后，我们应该走向哪里？现在常说要接近历史现场，打破元人的框架之后，就要尽量去看一看辽朝当时人的叙述究竟是怎么样的。我们在拆解元人的叙述框架时，会发现并不是拆着拆着什么都没有了。元人是在做加法，但是多少还是有一点基础的，我们把增加、附益的东西删减掉，剩下的东西往往就是辽朝当时人的叙述，尽管很少，但非常可贵。这部分可贵的叙述原本是被包裹起来的，像蚕茧一样，所以要做剥离的工作。相当一部分文本被剥离之后，我们会发现，辽朝当时的人对历史的认知和元朝史官所构筑的框架大相径庭，所呈现出来的历史面向是前所未知的，这就达到了"立"的目的。

举一个典型的例子。我的博士论文研究契丹早期史的问题,从元朝史官修成《辽史》到现在六七百年的时间里,我们讨论契丹建国以前的历史都是从北魏讲起,一直讲到耶律阿保机建国,呈现的是一条看似完满的线性脉络。我对《辽史·营卫志》做了史源学批判后,发现这一套记载是元朝史官拼接而成的,他们利用的资源有一少部分是辽朝的零星记载,但大部分是中原正史《契丹传》。我把元朝史官的框架拆解之后,发现还有一个实体存在,这就是辽朝当时人对于建国以前历史的认知。这种叙述跟中原文献以及元朝史官勾勒出来的框架完全不一样,它反映的其实是耶律阿保机家族自身的历史记忆,而这种记忆呈现出来的面向和契丹五百多年的发展史截然不同。就此牵出一个或许有些耸动的论点:阿保机家族很可能是在辽朝建立以前一百多年时才加入到契丹集团的后来者。在这种情况下,既有的关于契丹史、辽史的很多认识都需要重新检讨。后来成为辽朝统治家族的皇族和后族,全都是外来者,以往只知道后族萧氏出自回鹘,现在发现阿保机家族很可能是从大兴安岭南麓来的。两个后来者成了契丹王朝的统治力量,这是一个翻天覆地的变化,但在以往的历史叙述中却完全淹没无闻。如果不做史源学的批判我们不可能发现这样的问题。

刚刚举的这个例子是硕士时点校《辽史·营卫志·部族》的过程中发现的问题,在完成《〈辽史〉探源》之后,我发现类似的问题非常多,甚至可以说,既有的辽史叙述一半以上都需要"再出发"。当然,这里又分两种情况:一种是推倒了以后能够重来,剥离之后会发现有一些实体的东西露出来,有材料的依托,而且是重大问题,我们可以在此基础上继续讨论。还有一种情况就是,由于留下的材料很分散、很稀少,剥离之后要想重建的难度比较高,但我觉得也并非完全没有可能。

您谈到了很多辽史的特殊之处,元人同时修了《宋史》《辽史》《金史》,并且在一两年内就完成了,这三部史书有什么共性?《辽史》的史源特点、纂修过程,是不是中国古代正史修撰中普遍存在的现象?

苗润博:有元一代,很长一段时间里都在争论要不要修、如何修辽金宋史，但是真正修成可以说是毕其功于一役，在很短的时间内就完成了三部正史。这会带来不同的问题。比如《辽史》，短时间内要做好加法很难，东拼西凑出来的框架不忍卒读。而对于《宋史》，情况就不一样，宋代的记史制度非常完善，从日历、时政记到实录、国史，更不用说宋人的私家记述，材料太多，所以元修《宋史》面临的问题是要在短时间内大量做减法，最终采取的主要手段是花式抄国史。相对而言，《金史》在元修三部正史中能够使用的材料体量适中，加法、减法都不会做得太多，所以《金史》在后世有所谓"良史"之称，其实细究起来也是盛名之下。元修三史的参与者是同一拨人，他们在同样短的时间内做这些事情，呈现出不同的问题。

当时修撰三史有一个总纲领，即"三国各史书法，准《史记》《西汉书》《新唐书》"。《史记》《汉书》很渺远，远祖马班更多的是正统性的宣示，真正对三史框架具有规定性的史书是欧阳修、宋祁修撰的《新唐书》。我们从表、志的设置，尤其是各个志的名目来看，三史有过统筹安排，显然受到《新唐书》的影响。此外，既有关于元修三史的研究中，往往会忽略一个问题，元人面对的文献条件是一样的，翰林院当时所藏的官方典籍构成了元修三史的共同来源。以往讨论《宋史》《辽史》和《金史》，基本只关注各自使用的材料有哪些，其实这些材料互有穿插，特别是《辽史》《金史》在原材料很少的情况下，往往互相采摭，还会袭用宋朝国史的记载。

至于《辽史》在整个二十四史的范围内能否反映共性的问题，我觉得特殊性、极端性要大于共性。但正是它的极端性会使我们思考一些以往习焉不察的问题。清末以前，正史被赋予了与正经类似的经典性，章学诚说"以史翼经"，对于过去的读书人来说是一种先验性的认识，他们的思维世界是由正史和正经构成的。经书构成基本脉络，史书填充具体事例。在这种思维图式下，正史被看作历史本身，类似的逻辑其实一直延续到今天。尽管我们常说"不可迷信正史"，但在研究实践中，尤其对于材料比较少的断代领域，这几乎是一种思维惯性。因此，《辽史》探源工作中揭示出的《辽史》文本的特殊性，恰恰提醒我们应该反思正史的经典性。正史被奉为检验其他材料的标尺,它本身却是免检的,这种带有明显经学色彩的史学思维与正史的经典性互为表里、相辅相成。怎样彻底祛除这层魅影,还需要实实在在的探索。

《辽史》这一极端但又经典的案例,集中呈现出正史生成各个环节可能存在的问题。比如正史修撰和国家制度之间的关系,在中原史书框架下"即时记录—档案—史馆—正史",这条理所应当的脉络在很多情况下其实并不齐备,到底哪些制度影响了正史的生成? 哪些制度保证了正史的稳定结构? 后人修的正史与前代国史是不是理所当然的继承关系? 又有多少是后来做的加法或减法? 史官修史时面临的现实困难与因应措施是什么? 以往我们看待正史文本,每每认定是无须拆分的,可以直接拿来用,而事实上正史的记载存在很多"缝隙",可以将其区分为不同的模块或单元,每一个文本单元都可能代表不同来源的历史叙述。这样一来,原本铁板一块、相对僵化的历史叙述就变得灵动、丰富。同时,正史的叙述与当时人认知之间的距离,时人认知与历史本相的距离,都值得一层一层追问。

您新书的标题是"《辽史》探源",体现了史源学的学术脉络。书中使用的探源方法与以往的史源学研究是完全一致的吗?

苗润博:通常认为,中文语境下的"史源学"最初是由陈垣先生提出来的,但现在我们好像不太关注他当时提出这一概念到底在说什么。其实史源学在当时是一种训练学生的手段,陈垣先生让学生拿着顾炎武《日知录》、赵翼《廿二十札记》这类书逐条挑错,他有一句治史名言叫做"毋信人之言,人实诳汝"。清人引了某条材料论证某种史学问题,让学生去查证原书,最后发现清人引材料很不老实,往往会曲解文义。我们知道,清季民初对乾嘉朴学的成果作过系统的清理,陈垣先生也以乾嘉后学自居,自然要反思前人的工作。在那个年代,史源学主要的功能就是验证对错、不被人诳,并没有变成一种自觉的研究方法。后来人把它发扬光大、提炼总结,史源学也就具有了某种方法论的色彩,即做研究要用原始材料,二手材料不能随便用,要找到其来源。到目前为止,史源学研究的主体路径还是一条一条地追索材料来源。从一条条地挑错到一条条地溯源,其中的思维逻辑是一以贯之的,那就是史料学的取向,把史书看作一条一条供史家采撷的材料,这种"为我所用"的取向或许先天就隐含着某种工具性或者说功利性。

从实际效果看,史料学框架下的史源学研究可能存在三方面问题:其一,在可以找到文字类似的参证材料时,往往笼统依照不同文献的时间先后,论定其间存在直接线性的传抄关系,而忽视了同源异流或者存在"中间文本"的可能,原本更为复杂的文献脉络与历史情境由此遭到遮蔽。其二,对于缺乏现成、大段参照文本的情况,孤立的溯源往往会服务于研究者的论证目的,一条材料对论证有利,就使劲往早期的、可信的来源上靠,很少考虑编纂这个文献时能否用到、是否真正用过这种原始资料;一条材料不利于论证,就尽量把它的来源引向相反的方向。这种碎片式的史料溯源具有相当的随意性,因为主动权掌握在研究者手里。以上两点的共性在于,缺少了对文献源流的通体关照,不清楚史书作者当时究竟用过哪些书,全书之中相同类型、性质的记载究竟从何而来,研究的结果就可能会失去规定性和可验证性。其三,将文献拆解成一条条史料,作出非此即彼的真伪、正误判断,对于文本本身的结构、层次和缝隙缺乏省思,可能会导致只见树木不见森林,对整体的逻辑脉络不够敏感,不经意间为其中隐含的叙述框架所左右。这一点对历史学研究的影响尤为深广。

以上三方面的缺憾,都有必要从方法论和研究实践上不断加以总结和反思。从单一的、碎片式的史料学取向到整体的、贯通式的文本关照是一个大的方向,我目前所做的工作还很初步。陈垣先生上世纪三四十年代在北大开过"史源学实习"课程,八九十年后的今天,我很期待能有机会重开这样一门课。绝不敢妄称"新史源学",但确实希望能成为史源学的另一个维度,通过手把手的教学把这种方法传递下去,同时在更多的研究、教学实践中深化对史源学方法的体认。

批判、反思正史记载是当前学术界很流行的做法,比如中古史学界流行的"史料批判""历史书写",在您看来,对《辽史》进行探源这一方法与以上研究有何不同？

苗润博：我的研究领域并不是严格意义上的中古史，关于这个问题，以往思考得也很不够，只能姑妄言之。先说相同点，不管是史料批判、历史书写还是我所说的史源学，其实都关注"文本生成"的问题，把史书记载当做一个动态变化的过程，考察文本怎样形成、衍变，最终呈现为我们现在所看到的面貌。至于差异的话，或许可以从三方面谈。

一个是基本的着眼点。中古史学界流行的史料批判和历史书写，更多地关注历史背景、创作意图，日本史料批判的代表人物安部聪一郎曾将史料批判总结为关注史书的"构造、性格、执笔意图"。他们主要是从外部背景，包括社会风气、思想观念等去解释文本现象，当然也会分析文本，围绕书写模式，以及这些模式化的书写的形成提出问题，但主要是与社会背景建立关联。我接受的学术训练以及做的研究，更多地是希望走进文本内部，因此这里所说的史源学首先关注的是文本本身的生命历程。纵的一面是文献源流，比如元修《辽史》时所见的所有关于辽朝的文献记载是怎么流传到元朝的，这些文献是文本生成问题的核心，应该首先抓住的，也是最能抓住的，特别是长时段的文献源流，是我们尤其需要关注的。横的一面是文本的层次和结构，即最终形成的文本能否分成不同的单元，每一个单元能否牵出一条脉络来。哪些书留下来了（来源文献的流传过程），留下来的书后代修史时有没有用、怎么用（最终文献的编纂过程），横纵两条线其实是交汇在一起的。

第二可能是操作过程。相比于针对单一文本或者某些文本的细节、程式，把它们单独拎出来，进行社会风气、思想观念的考察，我的工作更希望从文献整体上进行观察。元朝史官修《辽史》整部书所用到的材料，其实影响到我们对每一篇具体文献的分析。单独地讨论一棵树和讨论一片森林中的一棵树，结果可能是不一样的。对《辽史》整部书有了某种感觉之后，再去讨论某个具体的文本，我觉得才容易讨论清楚。否则，我们看到的就只是一条一条或者一篇一篇，得到的认识相对来说就不那么通透。

第三是预期的结果。不管是什么样的批判方法，最后都要落到如何

"立"的问题,也就是前面说的提出、解决新问题。通过当时的社会风气、思想观念、制度背景、政治斗争、权力话语等因素可以解释文本现象,但如果这些因素不是分析文本得来的新知,就可能导致研究的结果只是验证既有的历史认识,呈现出一种微妙的循环。"探源"的工作首先希望呈现出文本本身的生命历程,深挖每一个环节,从而发现文本脉络、结构等方面的复杂性,这里反映的其实就是历史叙述本身的复杂性。把文献中的不同"地层"爬梳清楚、剥离开来,剔除后世增纂的部分,发现前所未知的历史事实,这是真正吸引人的地方。如果不对《辽史·营卫志》的文本做史源学批判,我们就很难看到阿保机家族很晚才加入契丹集团这么一个重要的历史面向。

是不是可以这样理解:您的落脚点是追求信息增量,最终要获得对于历史的新认识,而不止是拆解叙述过程?

苗润博:对。虽然做的是减法,但由此发现的、原本被包裹着的东西,则是新增的历史认识。总结一下的话,文献学的底色和提出历史学的新问题,或许是这本小书最重要的两端。因此我才在结语的最后说,史源学视野下的文本批判应该分为两个层次,首先是文献本身的层次,其次才是历史学分析的层次,不好颠乱,也不好僭越。

在这本书之后,您的研究方向和工作计划是什么?

苗润博:就辽史领域而言,现在第一个层次的文本批判已经做了不少,后面可能会主要着眼于史实重建。探源的过程,让我发现了很多重要的、基本的问题可以继续深挖。我的博士论文是在对《营卫志》研究的基础上,重新书写契丹早期历史,预计修改后出版。此外,我还希望接下来能够有机会用从文献到文本、从史源到史实的路径,将自己的研究领域慢慢推展到宋金元史。作为拓展的基础和准备,目前手边正在做一些相关重要文献的整理工作。

《〈辽史〉探源》题外话

《〈辽史〉探源》(以下简称《探源》)出版将近三年了。关于这本小书的核心关切和写作过程,我曾在绪言、结语及后记中有所交代,后来又在《上海书评》的访谈《〈辽史〉与史源学》中做过补充,差不多算得上"题无剩义"了。这次有幸奉到"新史学青年著作奖"组委会的命题作文,再谈此书,一时间竟不知从何说起。思量再三,决定稍稍跳出拙著,简单聊聊与之相关但又多少有些距离的几点感想。

一、"是非"与"源流"

《探源》一书的写作,依托于此前参与中华书局点校本《辽史》的修订工作。如果说20世纪六七十年代二十四史的第一次点校,确立了当代古籍整理的基本规范,那么2007年启动、至今仍在进行中的修订工作,则在很大程度上影响到学术研究范式的转型。在我看来,这一转型或可大致概括为:从是非式校勘到源流式校勘,从是非性考证到源流性考证。

传统校勘学多注重轩轾异文,判别正误,做出非此即彼的裁断,或对底本不足处加以改动，或"不主一本，择善而从"，努力恢复尽善尽美、惟一正确的理想文本。随着修订工作的深入，我们愈发深刻地认识到，诸多看似舛乱、不够"正确"的文字，未必是后世流传之讹误，而很可能指向创作者当时无意间留下的文本缝隙。对于这类问题，不仅不宜贸然校改，还可以此为突破口，窥见相应文本的资料来源与编纂过程。《探源》对于《辽史》各部分的讨论多建立在此类源流式校勘实践的基础上。

举一个小例子。《辽史·太祖纪》与《兵卫志》都胪列了阿保机升任契丹可汗以前的早期战功，记事基本相同而纪年体系迥异。前者称"唐天复元年（901），岁辛酉，痕德堇可汗立，以太祖为本部夷离堇，专征讨"，继以"明年"复"明年"的形式缕叙战功，直至所谓"太祖元年（907）"；后者则称"遥辇耶澜可汗十年，岁在辛酉，太祖授钺专征"，其下系"十一年""十二年""十五年"云云。中华书局点校本及修订本均以同书《世表》《仪卫志》曾记耶澜可汗事在唐武宗会昌年间（841—846），断定《兵卫志》系年有误，当以《太祖纪》为是，论者多从其说。不过在我看来，这恐怕不是一个简单的孰是孰非问题，而应从文本生成的角度加以解释。二者内容大同小异，只是纪年方式不同，一个以耶澜可汗纪年，另一个则以痕德堇可汗纪年，说明在元朝史官所见原始资料中并没有出现可汗纪年的形式，而仅有唐朝年号及干支纪年（如作唐天复元年，岁辛酉……明年……明年……明年……）。也就是说，关于天复元年辛酉岁对应遥辇时代契丹的哪一任可汗，元朝史官实无定见，且因分头纂修，未及统稿，负责《兵卫志》的史官系之于耶澜可汗十年，而主修《太祖纪》者则以其为痕德堇可汗元年，同为编撰之时所增入，恐怕都没有太充分的证据。参考五代时期史籍可知，天复元年契丹可汗确为痕德堇（钦德）而非耶澜，然其任职期限应始自光启年间（885—888）而至于天祐三年（906），约二十年，并非天复元年方才即位。由此看来，《太祖纪》与《兵卫志》的两种系年皆不无问题，单纯的是非校勘显然无法解决。这种矛盾与混乱实际上反映出元朝史官所据史源关于遥辇可汗世系的信息十分匮乏且语焉不详，《辽史》相应记载的可靠性亦有待系统地重检（如上文所称《世表》

《仪卫志》关于耶澜可汗时代的记述亦皆为元人新撰,本身就未必可信)。

不难看出,源流式校勘与源流性考证其实是一脉相承的。所谓源流性考证,除了文献本体的生成过程,还应充分考虑历史叙述的演化过程。在研究一些重大的历史关节时,面对不同文献乃至不同系统之间的记载分歧,如仅着眼于史料的截面或者说现存的终端文本,往往会认定二者有着不可调和的矛盾,而忽略了历史叙述本身可能存在的前后变化,既往关于契丹开国年代、阿保机即位方式等问题的讨论即是此类典型。如果从动态、生成而非静态、现成的角度加以重审,看似不同的历史叙述未必始终方枘圆凿、难以融通。与此相关联的是,如果在是非性考证的基础上,增加源流性考证的维度,则会有助于从看似确定无疑的单一线性叙述中剥离出原本复杂多元的图景,提出全新的历史学问题,这也是《探源》实现由文本批判进入史学研究的基本路径。

说到"源流",从章学诚的《校雠通义》到张元济的《校史随笔》,再到陈垣的"史源学实习",都曾有过不同程度的涉及。不过仔细揣摩就会发现,前贤所述校勘、版本以及史料学方面的源流,重在"源流有别",即区分文字优劣、版本高下和史料原始与否(如通常所说一手或二手材料等),落脚点仍然在于价值评判,在于如何利用。现在看来,这样的源流意识显然是不彻底的。《探源》中所称"文献源流"概念的核心在于将文献看作有机的生命体,"文本"首先是文献本身,其背景、来源、纂修、结构、抄刻、流传、被接受、被改造等各个环节都可以作为剖析的对象,每一个文献环节背后都牵涉到实际的历史情境,包括整体的文献环境、具体的人书互动关系乃至宏观的书籍社会史图景,连贯起来就是文献的生命历程。换言之,文献源流本身在学术意义上是独立的、自足的,并不依附于使用者的价值评判,亦未必需要舍流而从源。

二、"史料熟"与"文献熟"

"史料熟不等于文献熟。史料熟只是局限于某一断代,而文献熟则是一种整体的感觉。一旦文献熟了,上起先秦,下迄明清的史料都可以从容处理。"这是先师刘浦江教授多年前的教诲,曾由我记录在《走出辽金史》一文中。近年来,不止一位学友问到,这段话究竟是何义涵,史料熟和文献熟到底有何不同。其实,我自己也一直在研究实践中不断增进对此说的理解,《探源·结语》中所强调的"碎片"与"整体"的区别,某种意义上正是在这一脉络之下的延伸思考。

在刘师原本的语境中,史料熟和文献熟最直观的差异在于断代与通代的分野,是外在格局、气象的不同,除此之外,二者内在的核心区别还在于研究本位与路径的不同。所谓"文献熟是一种整体的感觉",并非要求读遍历代之书,而是要对文献的本质或者说文献本体有一个贯通的把握,理解其生成、衍化的机制和通例,特别是文献内在的复杂性、丰富性及约束性。而"史料"一词本身就隐含着为我所用的取向,由此产生的史料学主要介绍研治某一断代史应该看哪些书,某一部书中有哪些内容可以用来分析具体问题。在此脉络下,"历史(史籍、文献)被作为供史家采撷、筛汰、利用的材料(对象),其中呈现出的逻辑主体是史家而非文献本身,先天就可能隐含着史家主观方面的工具性、功利性诉求。(《探源·结语》)"由于对材料所在文献母体缺乏关照,孤立、零散地利用成为常态,这种漂萍式的碎片感可能会令研究者忽视文献源流本身所具有的规定性,增加文本解释的随意度和自由度。

此类情形在传统文史研究领域屡见不一见,譬如近来被重新热议的《满江红》真伪问题,前人的某些具体论断就可以从上述视角加以审视。或以清初沈雄《古今词话》及康熙朝《钦定历代诗余》等书所引陈郁《藏一话腴》论证该词已见宋人记录。按传世诸本《藏一话腴》皆云:"岳鄂王飞《谢收复河南赦及罢兵表》略曰:夷狄不情,犬羊无信,莫守金石之约,难充溪壑之求,暂图安而解倒垂犹云可也,欲长虑而尊中国岂其然乎?又曰:'身居将门,功无补于涓埃……(引者按:以下亦为表文内容,不录)'"从中可以看出,陈郁原书仅分段摘录岳飞《谢收复河南赦及罢兵表》,全然不及其他,而《古今词话》

相应条目则作："《话腴》曰:武穆《收复河南罢兵表》云:莫守金石之约,难充溪壑之求,暂图安而解倒悬犹之可也,欲远虑而尊中国岂其然乎? 故作《小重山》云:欲将心事付瑶琴,知音少,弦断有谁听,指主和议者。又作《满江红》,忠愤可见,其不欲等闲白了少年头,可以明其心事。"除了原书即已节录的《罢兵表》,还多出有关《小重山》《满江红》二词的评说。有论者以此条全为沈雄引《话腴》之文,故将《满江红》云云视作宋人佚简。这样的论据恐怕是站不住脚的,症结正在于只盯住史料碎片的内容,而对其所在文献本身的大体、通例缺乏关照。通览全书可知,《古今词话》采用引述资料与沈氏评断相结合的形式,惟所引前人论说与作者自家心裁之间常无明显区隔,多有混杂,读者稍不留神就会被其误导。上文所引《话腴》至"故作"前实已截止,内容与今本无异,其后多出的文字实乃沈氏自道,而与陈郁原文无涉。然沈书影响甚大,《钦定历代诗余》等后出之书多以之为据,终致陈陈相因,积非成是。倘若从文献大体着眼,这其实只是一个标点断句的问题。

又如清人潘永因《宋稗类钞》曰:"武穆家《谢昭雪表》云:'青编尘乙夜之观,白简悟壬人之谮。'最工。武穆有《满江红》词云:'怒发冲冠……(引者按:以下全载其辞,不录)'"潘氏此条未标出处,有研究者因开首"最工"以上文字略见罗大经《鹤林玉露》,而推定此条全部出自罗氏书的另一版本,亦可为宋人已见《满江红》之一证。按此说亦属单独拎出孤立史料,而全未顾及《宋稗类钞》及《鹤林玉露》两部文献本体的约束性。翻检《宋稗类钞》不难发现,潘永因抄书并非拘泥于每段记载止录一部文献,而常常会将出处不同但内容相关的资料杂糅、拼接在一起,此亦合古人抄书之通例。同时,《鹤林玉露》原本十八卷具存,《永乐大典》引文皆见今本,知其至少自明初以来即无散佚,又怎会偏偏到作《宋稗类钞》时凭空横生出一段他人未见的文字?《满江红》云云显系潘氏据明后期以来通行文本所补。这一案例生动地反映出,源头文献的流传过程与最终文献的编纂过程,一纵一横,构成了文献源流分析的基本坐标(详细论述见《〈辽史〉与史源学》),其中所蕴藏的实实在在的约束力,规定了学者不能根据研究需要而擅为损益。文献自有义例在,说的正是这种整体的感觉。

文献熟的整体感当然需要在不断积累中逐步确立、强化。前贤多以熟读先秦典籍为积累文献根基之要途,诚为确论,不过就个人体会而言,阅读明清以后书似亦十分必要,因为参证资料越多元,细节越复杂,约束性条件就越明显,自我驰骋的限度也就越容易把捉。况且这一时期的很多文献具备深入分析背后历史情境的充分条件,有的甚至尚未被从原生的脉络中抽离出来,此类个案无疑会深化我们对于人书互动关系的体认,携此认识再来反观前代文献就会有更审慎、切实的感觉。从这个意义上讲,《四库全书总目》的确是一个绝佳的训练场,除了历来所称治学津逮、按图索骥的功能外,《总目》本身的生成过程,尤其是其间所用种种精微细致的编纂技艺及宽阔广博的社会历史背景,集中呈现出文献生命历程的丰富性与多样性,有助于从根本上理解文献内在的源流脉络。

三、个案与方法

如果说源流式的校、证实践与贯通性的文献理念,构成了《探源》一书的学术底色,那么个案的典型性与方法的适用性则是在此之上关心的核心问题。

我曾尝试从三个层面总结《探源》的研究旨趣:“其一,系统深入地考证元修《辽史》各部分的文本来源、生成过程、存在问题及史料价值,呈现出《辽史》本身的生命历程,尤其注重对元朝史官编纂建构的叙述框架加以离析,开辟出全新的问题空间。其二,将《辽史》放置在整个中国古代正史文本生成、流变的大背景下,凸显其所具有的普遍性与特殊性意义,反思正史的经典性,推动正史史源研究走向精耕细作。其三,透过《辽史》这一典型个案,对传统的史源学研究作方法论层面的反思,探索历史学视野下文本批判的可能路径。”(《绪言》)具体的实现情况,当然由读者来批评,不过“始于《辽史》而不止于《辽史》”,确实是写作此书过程中力图一以贯之的追求。

近尝撰文提到，目前分科断代治史的模式和格局，未必具有天经地义的合理性，而更可能是学术传统遭遇现实政治挤压后的产物（《"四把钥匙"与治史格局》，《读书》2022年第11期）。断代研究可以呈现历史的剖面，训练深入史料的技能，但不应成为自我设限的藩篱。研究者的首要着力点当然在于个案的处理，展现真切的历史场景与演变脉络，但透过个案去探讨具有普遍性意义的问题，摸索互通性的方法，进而照亮整体历史的面貌，亦是好的个案研究的应有之义。能否真正跨越断代藩篱，尝试通贯的思考，关键之一或许在于，研究者所提出的问题是否足够尖锐，所选择的个案是否足够典型。

就探讨正史的文本生成问题而言，《辽史》大概有以下三方面值得注意。首先是史料地位足够重要。《辽史》一部书承载了契丹辽史研究九成以上的资料来源，奠定了整个断代领域的基本认知框架，剖析《辽史》本身就是在从根本上冲击既往的研究体系。其次是文本足够粗粝，留下的缝隙足够多。元修《辽史》成书仓促，且素材匮乏，须新作大量的二手文本，拼凑杂糅、捉襟见肘之间破绽百出，为拆解工作留下较大的发覆空间。再次是质证材料相对丰富。唐五代宋金元明乃至高丽文献中均存有与分析《辽史》文本来源直接相关的记载，特别是宋元文献辗转保存的辽人著述如赵至忠《虏廷杂记》、史愿《亡辽录》等书之片段，正构成对判明源流至关重要的枢纽性文本。以上三者，孤立地看，或许亦分别适用于其他正史，但若论集三方面特点于一身，则恐无出《辽史》之右者。这种独特的综合属性正是《探源》所处理个案的典型意义，也是得以对史源学方法有所反思、有所更新的内在依凭。

通常认为，中文语境下的"史源学"最初由陈垣先生提出。这在当时只是一种训练学生的手段：清人引了某条材料论证某个史学问题，陈垣就让学生去查证原书，发现清人引材料很不老实，往往会曲解文义。可见史源学的最初功能就是验证对错、不被人诳，并没有变成一种自觉的研究方法。后来人逐渐发扬光大、提炼总结，使得史源学似乎具有了某种方法论的色彩，即做研究要用原始材料，二手材料不能随便用，要找到其来源。截至目前，史源学研究的主体路径还是一条一条地追索材料来源。从碎片式的挑错到碎片式的溯源,其中的思维逻辑是一以贯之的,那就是史料学的取向,即将史书看作一条一条供史家采摭的材料。

从实际效果看,史料学框架下的史源学研究可能存在三方面问题:其一,在可以找到文字类似的参证材料时,往往笼统依照不同文献的时间先后,论定其间存在直接线性的传抄关系,而忽视了同源异流或者存在"中间文本"的可能,原本更为复杂的文献脉络与历史情境由此遭到遮蔽。其二,对于缺乏现成、大段参照文本的情况,孤立的溯源往往会服务于研究者的论证目的,一条材料对论证有利,就使劲往早期的、可信的来源上靠,很少考虑文献编纂时能否用到、是否真正用过这种原始资料;如果不利于论证,就尽量把它的来源引向相反的方向。这种碎片式的史料溯源具有相当的随意性,因为主动权始终掌握在研究者手中。以上两点的共性在于,缺少了对文献源流的通体关照,不清楚史书作者当时实际的书籍环境和编纂技艺,研究结果就很难得到有效的验证。其三,如果仅将文献看成一条条史料,做出真伪、正误、价值高低的判断,可能导致对于文本本身的结构、层次和缝隙反而缺乏省思,对整体的逻辑脉络不够敏感,"只见树木不见森林",不经意间为其中隐含的叙述框架所左右。这一点对历史学研究的影响尤为深广。

关于《探源》所摸索的史源学的新路径,《结语》与《〈辽史〉与史源学》中有过较为详细的论说,此处仅稍作总括。宏观而言,是从史料取向到文本取向、从碎片到整体的转型,是对文献源流本身与历史权力话语两个层面的拆分;中观而言,是对文本结构、文本单元、文本层次、叙述框架的强调;微观而言,是"同源异流"与"线性传抄"的对举,"中间文本"的突显,"文本缝隙"的发现等等。倘若这些探索可以为正史文本分析乃至史源学、文献学的更新提供某种桥梁或曰对话工具,则幸莫大焉。就我个人而言,上述方法层面的尝试专属于《探源》,亦未打算将此推展到对其他正史乃至其他文献的分析。时常向往这样一种理想的学术状态:研究者每完成一部著作,每处理一桩典型个案,都能首先提出独属于该个案本身的问题与方法,而不是用全新、独立的个案去验证、填充既有的研究范式——窃以为这正是从根源上避免陷入"有增长而无发展的泥沼"的不二法门。

（原载《澎湃新闻·私家历史》2023 年 3 月 12 日）

北京大学中国古代史研究中心丛刊

文化权力与政治文化——宋金元时期的《中庸》与道统问题

[德]苏费翔 [美]田 浩 著

宋本群经义疏的编校与刊印　　　　　　　　　　　李 霖 著

辽金史论　　　　　　　　　　　　　　　　　刘浦江 著

瀚海零缣——西域文献研究一集　　　　　　　　朱玉麒 著

版本源流与正史校勘　　　　　　　　　聂溦萌 陈 爽 编

祝总斌先生九十华诞颂寿论文集

　　　　　北京大学历史学系　北京大学中国古代史研究中心 编

吴荣曾先生九十华诞颂寿论文集

　　　　　北京大学历史学系　北京大学中国古代史研究中心 编

文献清源与史学问径　　　　　　　　　　　　苗润博 著